山东省县域
科技创新能力评价报告
2022

山东省创新发展研究院 著

科学技术文献出版社
SCIENTIFIC AND TECHNICAL DOCUMENTATION PRESS
·北京·

图书在版编目（CIP）数据

山东省县域科技创新能力评价报告 . 2022 / 山东省创新发展研究院著 . —北京：科学技术文献出版社，2024.1
ISBN 978-7-5235-1168-8

Ⅰ . ①山… Ⅱ . ①山… Ⅲ . ①技术革新—研究报告—山东—2022 Ⅳ . ① F124.3

中国国家版本馆 CIP 数据核字（2024）第 048002 号

山东省县域科技创新能力评价报告2022

策划编辑：张　丹　责任编辑：张　丹　邱晓春　责任校对：张永霞　责任出版：张志平

出　版　者	科学技术文献出版社
地　　　址	北京市复兴路15号　邮编 100038
出　版　部	（010）58882952，58882087（传真）
发　行　部	（010）58882868，58882870（传真）
官　方　网　址	www.stdp.com.cn
发　行　者	科学技术文献出版社发行　全国各地新华书店经销
印　刷　者	北京地大彩印有限公司
版　　　次	2024年1月第1版　2024年1月第1次印刷
开　　　本	889×1194　1/16
字　　　数	373千
印　　　张	23.25
书　　　号	ISBN 978-7-5235-1168-8
定　　　价	138.00元

版权所有　违法必究

购买本社图书，凡字迹不清、缺页、倒页、脱页者，本社发行部负责调换

《山东省县域科技创新能力评价报告2022》编辑委员会

主　任　　刘　峰

副主任　　王　文　　杜广选

委　员　　张　敬　　张绍华　　杨焱明

执笔人　　贾辛欣　　刘颖莹　　郭梦萦　　王兴卓　　白全民　　王金颖

　　　　　　王　倩　　张辰羽

前 言

县域强则山东强，县域是实现我省高质量发展的基础单元，也是建设创新型省份的坚实基础。2021年，我省生产总值超过千亿的县（市、区）达16个，超过500亿的县（市、区）达49个；一般公共预算收入超过百亿的县（市、区）达12个，超过50亿的县（市、区）达33个。

为进一步提升县域科技创新能力，近年来我省出台了一系列激励支持政策，通过专项资金、金融政策和要素保障等渠道激发县域科技创新活力，为我省县域经济高质量发展注入"源头活水"。2022年，山东省财政厅、省科技厅联合公布了10个科技创新强县。同年，科技部公布首批创新型县（市）验收通过名单，山东省邹城市、荣成市、龙口市通过创新型县（市）验收，县域创新驱动高质量发展进入新阶段。2023年，山东省寿光市、滕州市、桓台县、广饶县入围科技部确定的第二批创新型县（市）建设名单。

按照《山东省人民政府关于深化创新型省份建设若干措施的通知》（鲁政字〔2019〕142号）部署，在山东省科技厅和山东省统计局支持下，山东省创新发展研究院首次开展了2022年度县域科技创新能力评价相关工作，并形成《山东省县域科技创新能力评价报告2022》（以下简称《报告》）。

《报告》共分4个部分：第一部分是全省县域科技创新基本情况评价，包括全省县域科技创新发展基本情况、全省县域科技创新发展差异化评价等内容。第二部分是县域科技创新各级指标评价，包括一级指标评价和二级指标评价等内容。第三部分是县域科技创新水平分析，包括对136个县（市、区）科技创新发展情况、创新发展指标位次变动分析和建议等内容。第四部分是附录，包括指标体系、指标解释和评价方法等内容。

《报告》所用数据标注为"当年"的均为2021年数据；标注为"上年"的均为2020年数据。《报告》中第三部分136个县（市、区）排名仅为本类型内排名，并非136个县（市、区）整体排名。

《报告》尊重原始数据，力求客观公正，是山东省创新发展研究院首次出版的县域创新能力研究报告。《报告》形成过程中，山东省科技发展战略研究所白全民博士研究团队给予了大力协助，在此表示诚挚的感谢。同时，《报告》得到山东省创新发展研究院智库项目资助。

由于时间仓促，加之水平有限，《报告》难免有不尽如人意之处，恳请各界读者参阅批评指正，以便我们今后加以改进。

山东省县域科技创新能力评价研究小组
2023年12月

目 录

第一部分 全省县域科技创新基本情况评价 ··········· 1

一、全省县域科技创新发展基本情况 ··········· 1
（一）创新投入稳步增长，支撑县域创新发展 ··········· 3
（二）创新产出成效显著，区域发展相对均衡 ··········· 3
（三）创新绩效稳步提升，县域经济稳中向好 ··········· 4
（四）创新生态持续优化，区域创新极化特征明显 ··········· 4

二、全省县域科技创新发展差异化评价 ··········· 5
（一）市辖区科技创新发展评价 ··········· 5
（二）省财政直管县科技创新发展评价 ··········· 7
（三）其余县（市）科技创新发展评价 ··········· 8

第二部分 县域科技创新各级指标评价 ··········· 11

一、县域科技创新一级指标评价 ··········· 11
（一）创新投入评价 ··········· 11
（二）创新绩效评价 ··········· 15
（三）创新生态评价 ··········· 19

二、县域科技创新二级指标评价 ·· 23

（一）全社会 R&D 经费内部支出及占 GDP 的比重 ·················· 23

（二）县级财政科技支出及占县级财政一般公共预算支出比重 ············· 26

（三）规上工业企业每万名就业人员中研发人员数及提高幅度 ············· 31

（四）规上工业企业 R&D 经费支出占营业收入的比重 ··············· 35

（五）每亿元 GDP 技术合同成交额 ··································· 39

（六）规上高新技术产业产值占规上工业产值比重 ··············· 43

（七）万人有效发明专利拥有量 ····································· 47

（八）万元 GDP 综合能耗下降率 ···································· 51

（九）人均 GDP ·· 55

（十）企业享受研发费用加计扣除优惠政策获得的税收减免额 ········· 59

（十一）高新技术企业数及增长率 ································· 63

（十二）千家市场主体登记企业中科技型中小企业入库数量 ············· 67

（十三）规上工业企业中有研发活动企业占比 ····················· 71

第三部分　县域科技创新水平分析 ································ 77

一、济南市 ·· 77

（一）历下区 ·· 77

（二）市中区 ·· 80

（三）槐荫区 ·· 82

（四）天桥区 ·· 84

（五）历城区 ·· 86

（六）长清区 ·· 88

（七）章丘区 ·· 90

（八）济阳区 ·· 92

（九）莱芜区 ·· 94

目　录

  （十）钢城区 ··· 96
  （十一）平阴县 ·· 98
  （十二）商河县 ·· 100

二、青岛市 ··· 102
  （一）市南区 ··· 102
  （二）市北区 ··· 104
  （三）李沧区 ··· 106
  （四）崂山区 ··· 108
  （五）黄岛区 ··· 110
  （六）城阳区 ··· 112
  （七）即墨区 ··· 114
  （八）胶州市 ··· 116
  （九）平度市 ··· 118
  （十）莱西市 ··· 120

三、淄博市 ··· 122
  （一）淄川区 ··· 122
  （二）张店区 ··· 124
  （三）博山区 ··· 126
  （四）临淄区 ··· 128
  （五）周村区 ··· 130
  （六）桓台县 ··· 132
  （七）高青县 ··· 134
  （八）沂源县 ··· 136

四、枣庄市 ··· 138
  （一）市中区 ··· 138
  （二）薛城区 ··· 140
  （三）峄城区 ··· 142

（四）台儿庄区 ··· 144

（五）山亭区 ··· 146

（六）滕州市 ··· 148

五、东营市 ··· 150

（一）东营区 ··· 150

（二）河口区 ··· 152

（三）垦利区 ··· 154

（四）利津县 ··· 156

（五）广饶县 ··· 158

六、烟台市 ··· 160

（一）芝罘区 ··· 160

（二）福山区 ··· 162

（三）牟平区 ··· 164

（四）莱山区 ··· 166

（五）蓬莱区 ··· 168

（六）龙口市 ··· 170

（七）莱阳市 ··· 172

（八）莱州市 ··· 174

（九）招远市 ··· 176

（十）栖霞市 ··· 178

（十一）海阳市 ·· 180

七、潍坊市 ··· 182

（一）潍城区 ··· 182

（二）寒亭区 ··· 184

（三）坊子区 ··· 186

（四）奎文区 ··· 188

（五）青州市 ··· 190

目　录

　　（六）诸城市 　192
　　（七）寿光市 　194
　　（八）安丘市 　196
　　（九）高密市 　198
　　（十）昌邑市 　200
　　（十一）临朐县 　202
　　（十二）昌乐县 　204

八、济宁市　206
　　（一）任城区 　206
　　（二）兖州区 　208
　　（三）微山县 　210
　　（四）鱼台县 　212
　　（五）金乡县 　214
　　（六）嘉祥县 　216
　　（七）汶上县 　218
　　（八）泗水县 　220
　　（九）梁山县 　222
　　（十）曲阜市 　224
　　（十一）邹城市 　226

九、泰安市　228
　　（一）泰山区 　228
　　（二）岱岳区 　230
　　（三）新泰市 　232
　　（四）肥城市 　234
　　（五）宁阳县 　236
　　（六）东平县 　238

十、威海市 ··· 240

（一）环翠区 ··· 240
（二）文登区 ··· 242
（三）荣成市 ··· 244
（四）乳山市 ··· 246

十一、日照市 ··· 248

（一）东港区 ··· 248
（二）岚山区 ··· 250
（三）莒县 ··· 252
（四）五莲县 ··· 254

十二、临沂市 ··· 256

（一）兰山区 ··· 256
（二）罗庄区 ··· 258
（三）河东区 ··· 260
（四）沂南县 ··· 262
（五）郯城县 ··· 264
（六）沂水县 ··· 266
（七）兰陵县 ··· 268
（八）费县 ··· 270
（九）平邑县 ··· 272
（十）莒南县 ··· 274
（十一）蒙阴县 ··· 276
（十二）临沭县 ··· 278

十三、德州市 ··· 280

（一）德城区 ··· 280
（二）陵城区 ··· 282

目 录

  （三）禹城市 …………………………………………………… 284

  （四）乐陵市 …………………………………………………… 286

  （五）宁津县 …………………………………………………… 288

  （六）齐河县 …………………………………………………… 290

  （七）临邑县 …………………………………………………… 292

  （八）平原县 …………………………………………………… 294

  （九）武城县 …………………………………………………… 296

  （十）夏津县 …………………………………………………… 298

  （十一）庆云县 ………………………………………………… 300

十四、聊城市 ……………………………………………………………… 302

  （一）东昌府区 ………………………………………………… 302

  （二）茌平区 …………………………………………………… 304

  （三）临清市 …………………………………………………… 306

  （四）阳谷县 …………………………………………………… 308

  （五）莘县 ……………………………………………………… 310

  （六）东阿县 …………………………………………………… 312

  （七）冠县 ……………………………………………………… 314

  （八）高唐县 …………………………………………………… 316

十五、滨州市 ……………………………………………………………… 318

  （一）滨城区 …………………………………………………… 318

  （二）沾化区 …………………………………………………… 320

  （三）邹平市 …………………………………………………… 322

  （四）惠民县 …………………………………………………… 324

  （五）阳信县 …………………………………………………… 326

  （六）无棣县 …………………………………………………… 328

  （七）博兴县 …………………………………………………… 330

十六、菏泽市 ··· 332
    （一）牡丹区 ··· 332
    （二）定陶区 ··· 334
    （三）曹县 ·· 336
    （四）单县 ·· 338
    （五）成武县 ··· 340
    （六）巨野县 ··· 342
    （七）郓城县 ··· 344
    （八）鄄城县 ··· 346
    （九）东明县 ··· 348

附　录 ··· 351

    一、指标体系 ··· 351
    二、指标解释 ··· 351
    三、评价方法 ··· 355

第一部分 全省县域科技创新基本情况评价

一、全省县域科技创新发展基本情况

近年来，山东省委、省政府高度重视县域创新驱动经济高质量发展工作，先后印发《山东省人民政府办公厅关于加快县域创新驱动发展的实施意见》《关于深化扩权强县改革促进县域经济高质量发展的十条措施》《山东省科技创新强县财政激励政策实施方案》等文件。其中，作为重点举措，从 2022 年起至 2024 年，每年遴选 10 个创新投入大、能力强、成效突出的科技创新强县（市）给予重点支持，发挥其示范带动作用，激发县域科技创新活力，为县域经济高质量发展注入"源头活水"。2022 年，山东省科技厅、山东省财政厅联合评选出 10 个山东省科技创新强县。2023 年，山东省寿光市、滕州市、桓台县、广饶县 4 个县（市）入围第二批创新型县（市）建设名单。

自 2019 年起，山东省启动了县域经济高质量发展差异化评价工作。2022 年统筹考虑县域发展基础、发展要求、资源禀赋、经济结构等方面差异，将 136 个县（市、区）分为市辖区（58 个）、省财政直管县（41 个）、其余县（市）（37 个）三组。本报告参考该分组标准，在对县域科技创新水平进行总体评价分析的基础上，从市辖区、省财政直管县、其余县（市）3 个维度进行了差异化评价，具体类型划分如表 1-1 所示。

表 1-1　山东省 136 个县（市、区）组别划分情况

组别	县域名称
市辖区（58个）	济南市：历下区、市中区、槐荫区、天桥区、历城区、长清区、章丘区、济阳区、莱芜区、钢城区
	青岛市：市南区、市北区、李沧区、崂山区、黄岛区、城阳区、即墨区
	淄博市：淄川区、张店区、博山区、临淄区、周村区
	枣庄市：市中区、薛城区、峄城区、台儿庄区、山亭区
	东营市：东营区、河口区、垦利区
	烟台市：芝罘区、福山区、牟平区、莱山区、蓬莱区
	潍坊市：潍城区、寒亭区、坊子区、奎文区
	济宁市：任城区、兖州区
	泰安市：泰山区、岱岳区
	威海市：环翠区、文登区
	日照市：东港区、岚山区
	临沂市：兰山区、罗庄区、河东区
	德州市：德城区、陵城区
	聊城市：东昌府区、茌平区
	滨州市：滨城区、沾化区
	菏泽市：牡丹区、定陶区
省财政直管县（41个）	淄博市：高青县、沂源县
	潍坊市：安丘市、临朐县
	济宁市：微山县、鱼台县、金乡县、汶上县、泗水县、梁山县
	泰安市：宁阳县、东平县
	日照市：莒县、五莲县
	临沂市：郯城县、沂水县、兰陵县、平邑县、蒙阴县、临沭县
	德州市：乐陵市、宁津县、临邑县、平原县、夏津县、庆云县
	聊城市：临清市、阳谷县、莘县、冠县、高唐县
	滨州市：惠民县、阳信县、无棣县
	菏泽市：曹县、单县、成武县、巨野县、郓城县、鄄城县、东明县
其余县（市）（37个）	济南市：平阴县、商河县
	青岛市：胶州市、平度市、莱西市
	淄博市：桓台县
	枣庄市：滕州市

续表

组别	县域名称
其余县（市）（37个）	东营市：利津县、广饶县
	烟台市：龙口市、莱阳市、莱州市、招远市、栖霞市、海阳市
	潍坊市：青州市、诸城市、寿光市、高密市、昌邑市、昌乐县
	济宁市：嘉祥县、曲阜市、邹城市
	泰安市：新泰市、肥城市
	威海市：荣成市、乳山市
	临沂市：沂南县、费县、莒南县
	德州市：禹城市、齐河县、武城县
	聊城市：东阿县
	滨州市：邹平市、博兴县

从监测评价结果来看，县域创新进入了新阶段，呈现出创新投入稳步增长，创新产出成效显著，创新绩效稳步提升，创新生态持续优化等特征，但也发现县域间创新发展不均衡现象突出，市辖区创新资源高度集聚，而其他的县相对资源欠缺，创新发展的动力不足，创新极化现象明显等问题。

（一）创新投入稳步增长，支撑县域创新发展

2021年，全省136个县（市、区）（以下简称"县"）R&D经费支出达1926.49亿元，有125个县研发经费投入实现增长。其中，市辖区全社会研发经费总量高于其他两类县，占全部县域支出的比例超过60%。61个县研发经费投入强度高于全省平均水平（2.35%）。市辖区研发投入强度明显高于其他两类县，且高于全部县域水平。

研发人员投入力度不断加大。2021年，全部县域规上工业企业研发人员全时当量34.94万人年，122个县实现增长。规上工业企业每万名就业人员中研发人员数达641.06人年，较上年提高165.26人年。

（二）创新产出成效显著，区域发展相对均衡

2021年，全省136个县每亿元GDP技术合同成交额达266.35万元，较上年增加42.34万元。其中，市辖区技术交易表现突出，每亿元GDP技术合同成交额达到

362.12万元，高于全省平均水平；省财政直管县次之，较上年增长20.18%；其余县（市）表现虽较弱，但增速为43.68%。

专利产出持续提升，134个县万人有效发明专利拥有量较上年增长，其中，27个县超过全省平均水平（14.85件）。

（三）创新绩效稳步提升，县域经济稳中向好

2021年，全省136个县中有133个县人均GDP较上年提升，其中42个县超过全省平均水平（8.6万元/人），县域经济总体稳中向好发展。

从规上高新技术产业产值占规上工业产值比重分析，有53个县规上高新技术产业产值占规上工业产值比重超过全省平均水平（48.26%），76个县较上年提升。市辖区规上高新技术产业产值占规上工业产值比重最高，超过50%，说明其高质量发展态势良好；其余县（市）表现次之，2021年达到44.79%；而省财政直管县表现最弱，与其他两类存在较大差距，且出现下降态势，值得引起关注。

（四）创新生态持续优化，区域创新极化特征明显

高新技术企业代表着一个地区的科技创新发展水平和未来增长潜力，是反映区域经济高质量发展的重要方面，2021年，136个县高新技术企业数量较上年增加5686家。从县域高新技术企业分布情况来看，绝大多数高新技术企业集聚在市辖区，占比高达72.50%，其余县（市）、省财政直管县拥有的高新技术企业数量非常少，县域创新极化的特征非常明显。

从全省规上工业企业中有研发活动的企业占比看，县域规上工业企业研发活跃度进一步提升，有研发活动企业占比较上年提高，其中，省财政直管县平均值最高，其余县（市）次之，而市辖区表现最弱。

从评价结果来看，我省县域还存在以下几个突出问题。

（1）研发投入强度是国际上通用的衡量一个国家或地区科技投入强度和科技发展水平的指标。136个县中超过全省研发投入强度的仅有61个，占全部县的44.85%。

（2）县级财政科技投入不足。县级财政科技支出总量不大，占比大幅低于全省水平，且出现下降态势。说明县域科技支出受限于整体财力水平，难以为县域科技创新提供坚实的财力保障。2021年，县域财政科技支出较上年下降7.13%，县级财

政科技支出占县级财政一般公共预算支出的比重仅1.25%，较上年下降0.1个百分点。山东省县域财政科技支出与苏浙粤县域相比差距较大。

（3）创新人才短缺。受发展基础、地理条件、人文环境等因素制约，县域人才普遍存在存量不足、流失严重、结构不佳、效能偏低等问题，成为县域创新发展的瓶颈。2021年，全省县域规上工业企业研发人员中，只有62个县的研发人力投入强度超过全省规上工业企业平均水平；有30个县规上工业企业研发人员较上年增长超过了1000人年，有23个县较上年增长不足100人年，14个县出现下降。

（4）县域间创新能力差异较大，发展不平衡现象严重。通过计算发现，全部县创新能力离散系数达到52.18%，说明县域间创新能力差异较大。其中，其余县（市）之间差异最大，省财政直管县次之，市辖区之间差异最小，但均超过了50%。例如，全部县中，2021年，全社会R&D经费投入强度最高的县是茌平区5.02%，最低的县是奎文区0.27%，差距显著。

（5）高新技术企业分布高度集聚。从近两年的分布情况来看，高新技术企业集中分布在市辖区，2021年达到1.45万家，平均每个市辖区有250家高新技术企业；在37个其余县仅有3751家，平均每个县有101家；而最少的是省财政直管县（41个），仅有1735家，平均每个县仅有42家，差距明显。高新技术企业是区域集聚高端创新要素的有效载体，未来县域间创新差距存在进一步拉大的趋势。

二、全省县域科技创新发展差异化评价

（一）市辖区科技创新发展评价

全省共有58个市辖区，从市辖区综合科技创新水平得分来看（图1-1），2021年，市辖区平均得分为71.00，得分最高的为崂山区85.86，得分最低的为济阳区65.58，差异系数为5.17%。从结果来看，市辖区科技创新发展整体实力最强，但市辖区内差异较大。

从各区的两年排名情况来看，只有崂山区、历下区、滨城区、蓬莱区、台儿庄区、兰山区6个区排名不变，排名上升的市辖区有25个，排名下降的有27个。

从结果看，兖州区、临淄区、坊子区、博山区、陵城区等排名明显提升，科技创新工作取得较好成效。而芝罘区、东港区、德城区等下降幅度较大，值得引起注意。

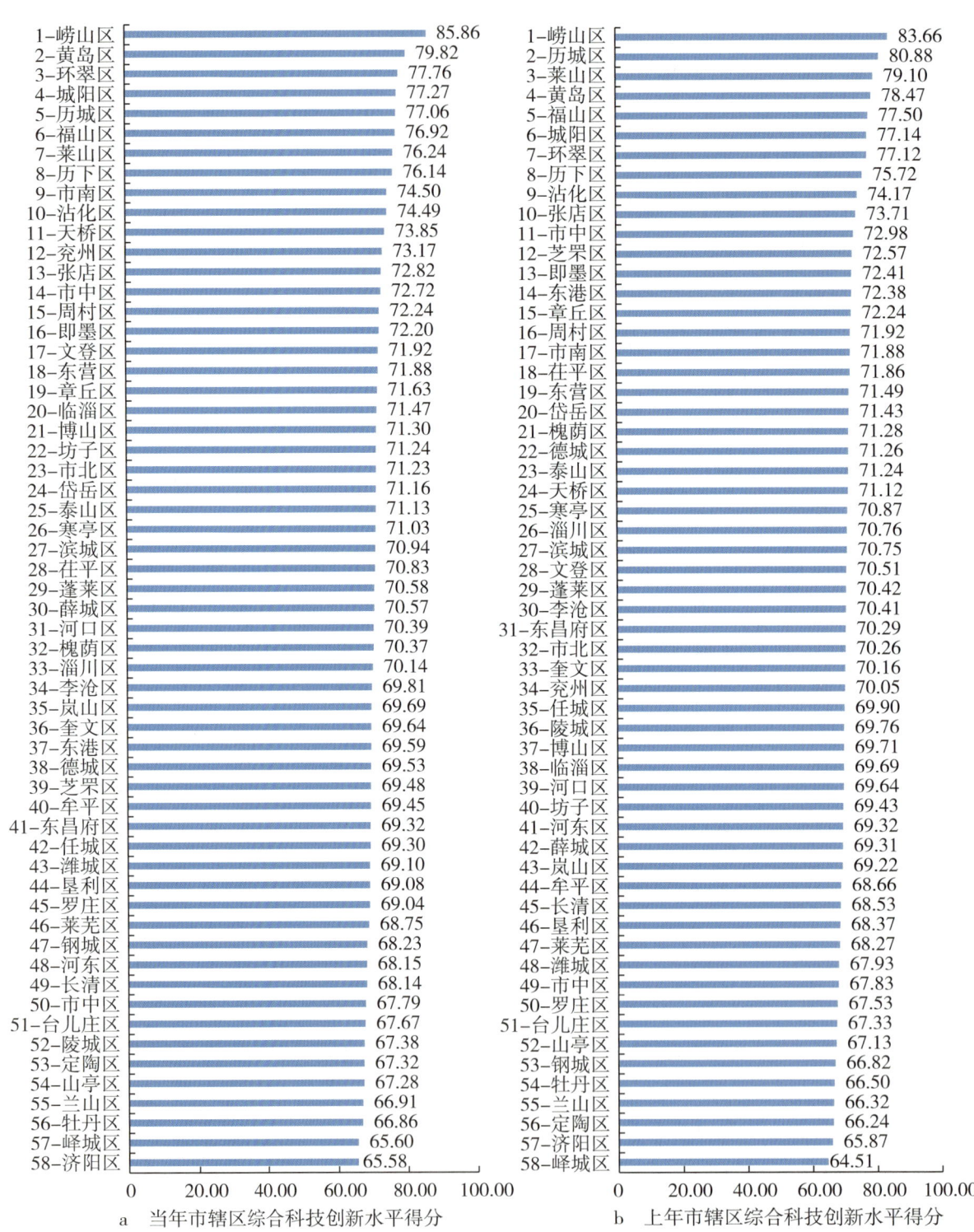

图 1-1 市辖区综合科技创新水平得分

（a 图中 14 为济南市中区，50 为枣庄市中区；b 图中 11 为济南市中区，49 为枣庄市中区）

（二）省财政直管县科技创新发展评价

全省共有41个省财政直管县，从省财政直管县综合科技创新水平得分来看（图1-2），2021年省财政直管县平均得分为68.55，得分最高的为沂源县73.06，得分最低的为曹县64.20，差异系数为3.33%。从结果来看，省财政直管县科技创新发展整体实力最弱，各县间差异在三类县域中列第2位。

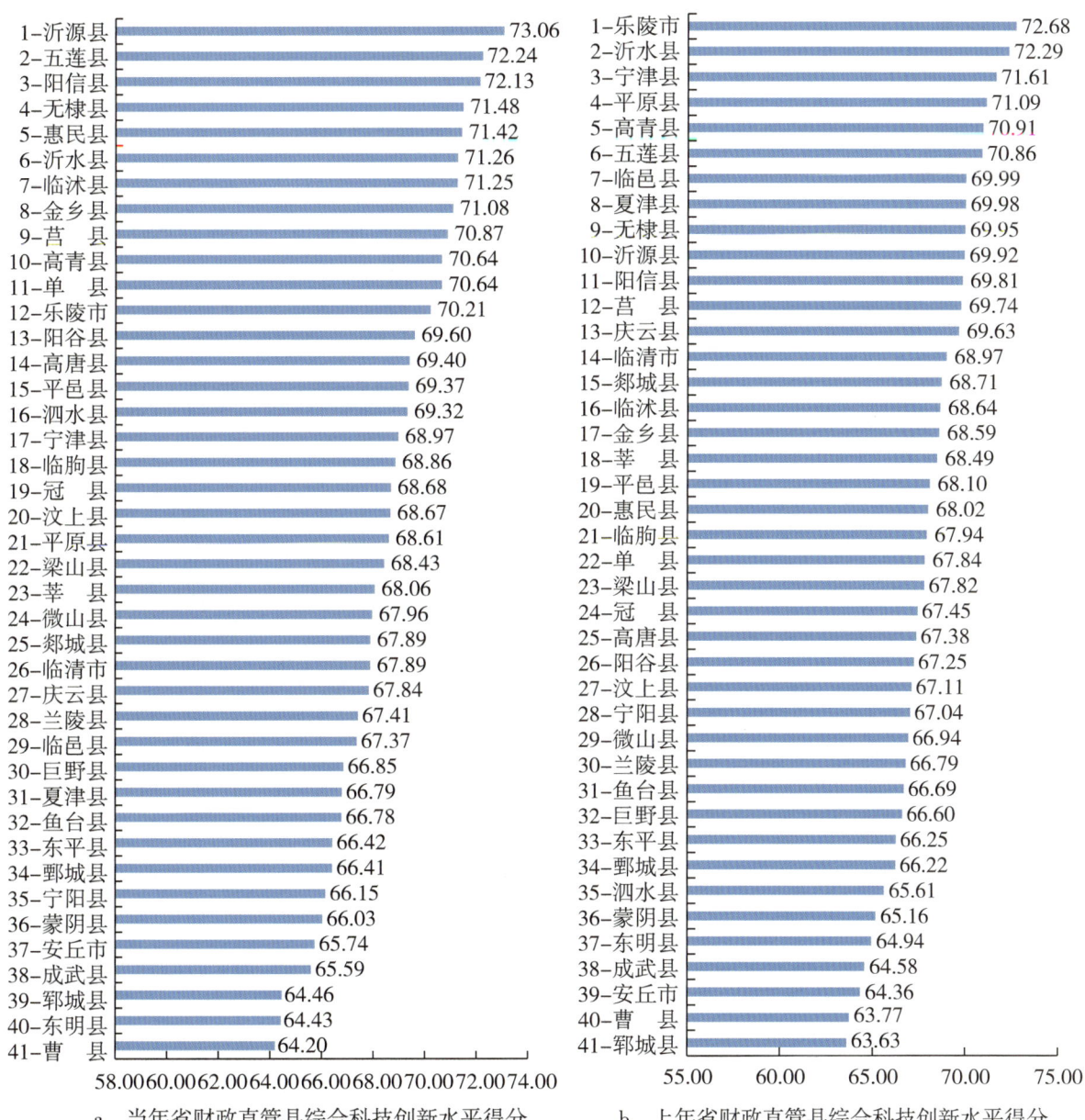

图1-2 省财政直管县综合科技创新水平得分

从各县的两年排名情况来看，东平县、鄄城县、蒙阴县、成武县4个县排名不变，排名上升的省财政直管县有22个，排名下降的有15个。

从结果来看，临邑县、夏津县下降幅度较大，由上年的前10位下降到当年的第29位、第31位，值得引起关注。

（三）其余县（市）科技创新发展评价

全省其余县（市）有37个，从其余县（市）综合科技创新水平得分来看（图1-3），2021年，其余县（市）平均得分为69.42，得分最高的为龙口市75.13，得分最低的为昌邑市65.32，差异系数为3.09%。从结果来看，其余县（市）科技创新发展整体实力列第2位，各县间差异最小。

从各县的两年排名情况来看，诸城市、莱西市2个市排名不变，排名上升的其余县（市）有18个，排名下降的其余县（市）有17个。

全省县域科技创新基本情况评价 | 第一部分

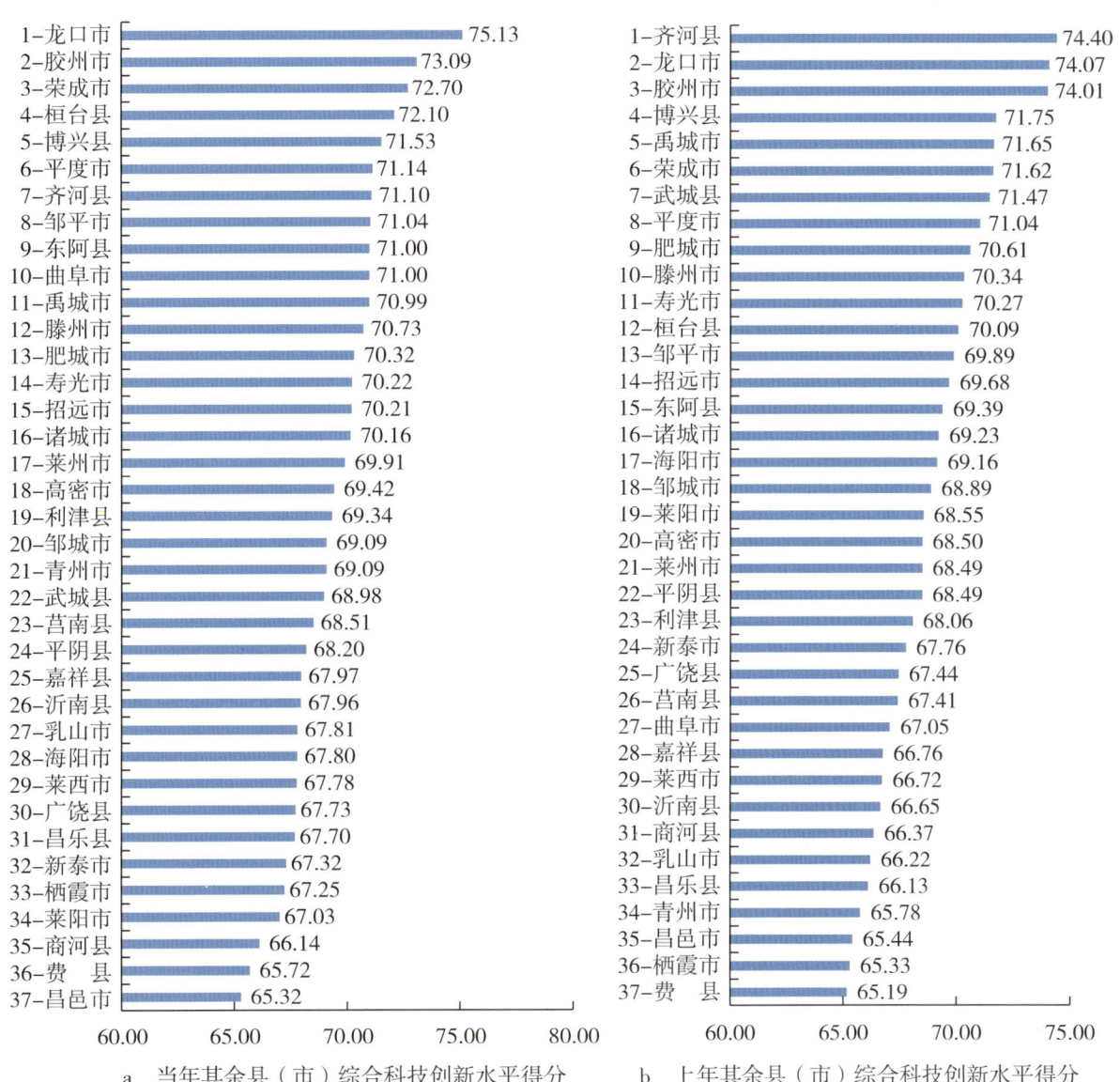

图 1-3 其余县（市）综合科技创新水平得分

从结果看，曲阜市、青州市较上年位次上升超过 10 位，武城县、莱阳市、海阳市位次下降超过 10 位，需引起关注。

第二部分 县域科技创新各级指标评价

一、县域科技创新一级指标评价

（一）创新投入评价

1. 市辖区创新投入评价

图 2-1 为 58 个市辖区创新投入一级指标得分排序。从评价得分来看，2021 年，市辖区创新投入平均得分为 70.46，得分最高的为崂山区 93.28，得分最低的为峄城区 63.07，差异系数为 6.99%。整体来看，市辖区科技创新投入整体水平较高，但市辖区间创新投入差异系数较大。

从各市辖区的两年排名情况来看，崂山区、周村区、罗庄区、台儿庄区、峄城区 5 个市辖区排名不变，排名上升的市辖区有 30 个，排名下降的有 23 个。

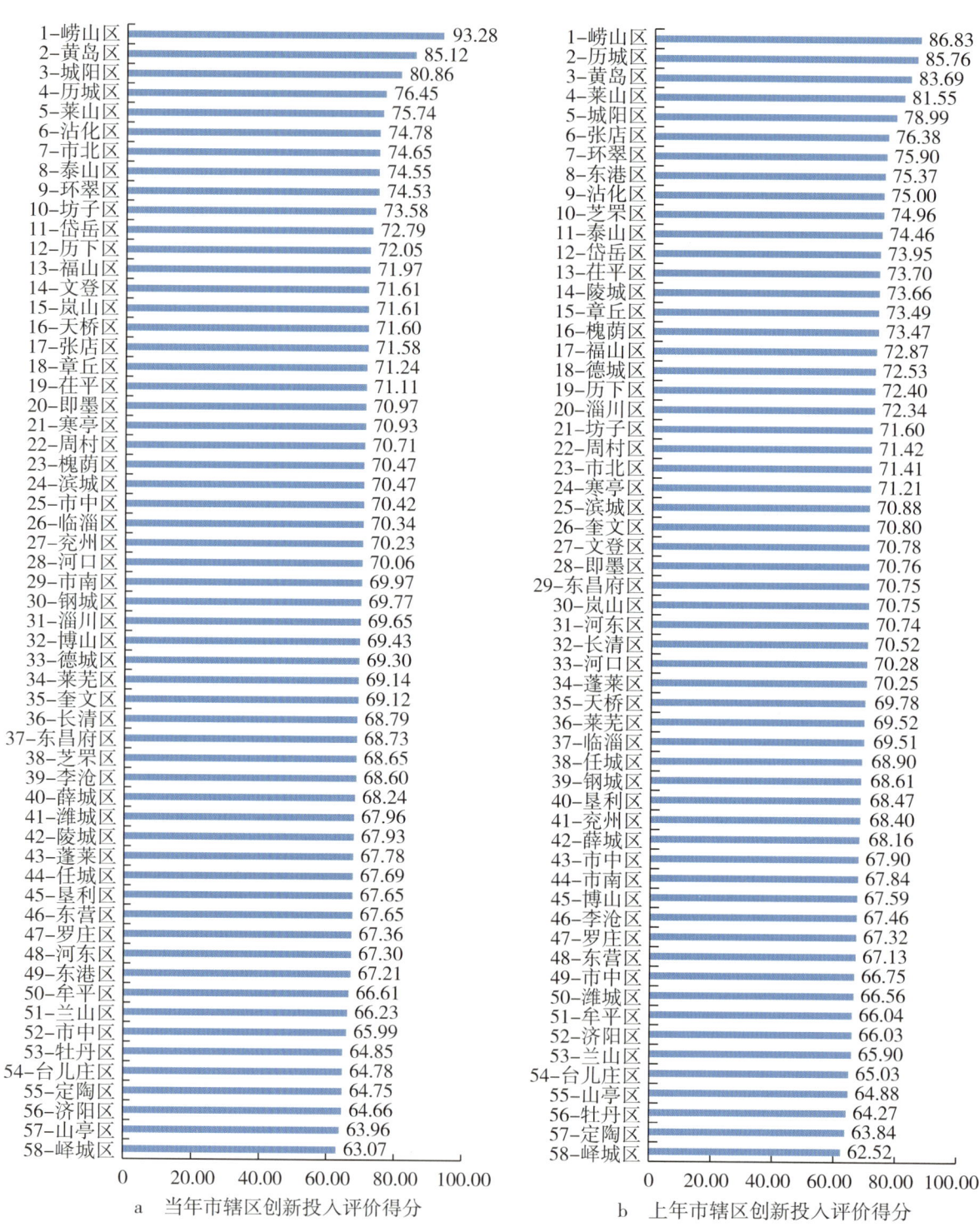

图 2-1　市辖区创新投入评价得分

（a 图中 25 为济南市中区，52 为枣庄市中区；b 图中 43 为枣庄市中区，49 为济南市中区）

2. 省财政直管县创新投入评价

图 2-2 为 41 个省财政直管县创新投入一级指标得分排序。从评价得分来看，2021 年，省财政直管县创新投入平均得分为 68.46，得分最高的为乐陵市 75.28，得分最低的为曹县 63.35，差异系数为 4.40%。从结果来看，省财政直管县科技创新投入整体水平最弱，但各县间差异有所缩小。

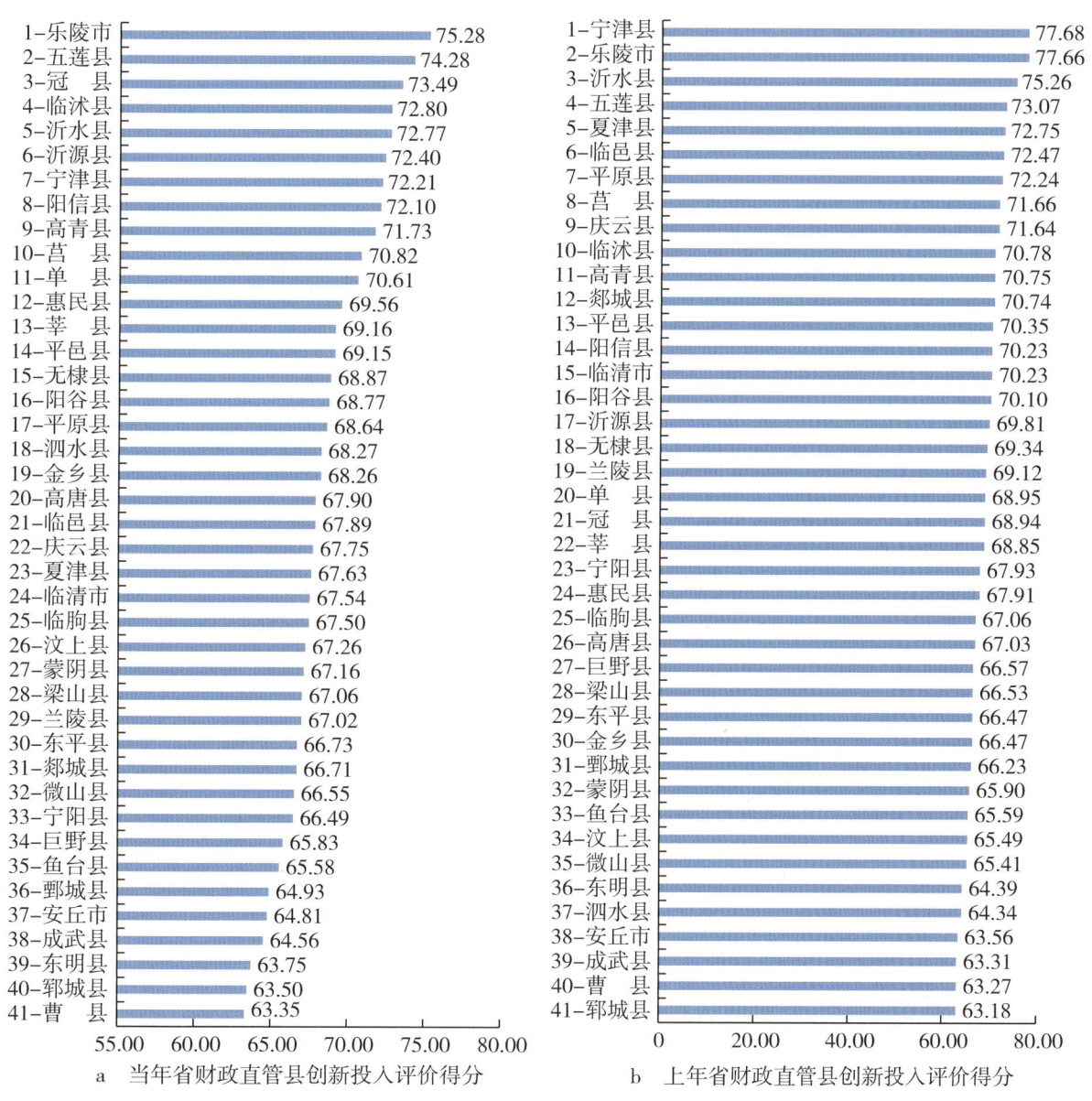

图 2-2 省财政直管县创新投入评价得分

从各省财政直管县的两年排名情况来看,只有阳谷县、临朐县、梁山县3个县排名不变,排名上升的省财政直管县有20个,排名下降的有18个。

从结果看,泗水县、冠县、惠民县、沂源县、金乡县等排名上升幅度较大,体现了对创新投入的重视。而夏津县、郯城县、临邑县、庆云县、兰陵县、平原县、宁阳县等下降幅度较大,也影响了科技创新的总体表现,值得引起注意。

3. 其余县(市)创新投入评价

图2-3为37个其余县(市)创新投入一级指标得分排序。从评价得分来看,

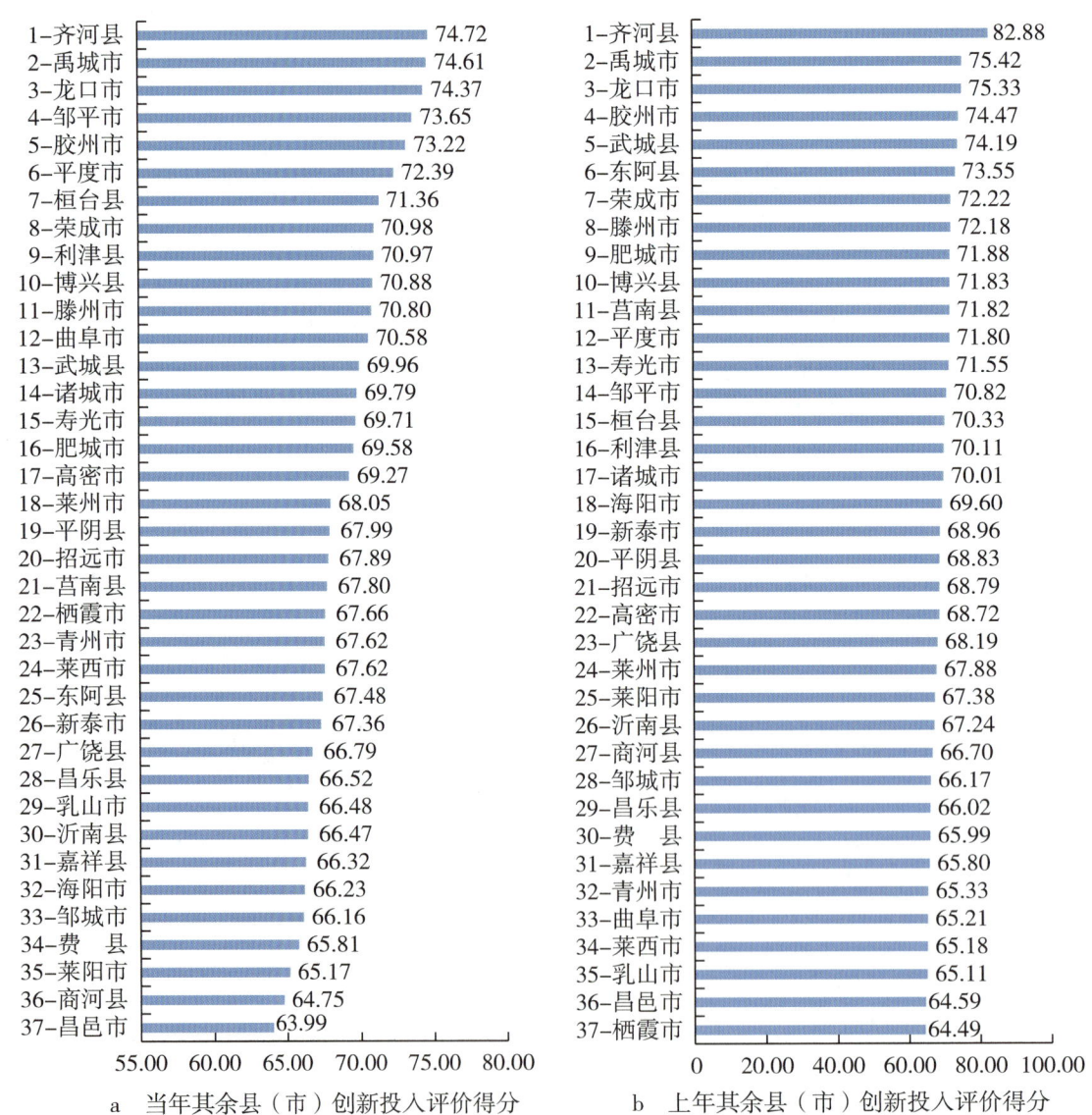

a 当年其余县(市)创新投入评价得分　　b 上年其余县(市)创新投入评价得分

图2-3 其余县(市)创新投入评价得分

2021年，其余县（市）平均得分为68.95，得分最高的为齐河县74.72，得分最低的为昌邑市63.99，差异系数为4.18%；上年其余县（市）平均得分为69.34，得分最高的也为齐河县82.88，得分最低的为栖霞市64.49，差异系数为5.61%。从结果来看，其余县（市）在三类分组中表现处于中游，且组内差异缩小态势明显。

从各其余县（市）的两年排名情况来看，只有齐河县、禹城市、龙口市、博兴县、嘉祥县5个县排名不变，排名上升的其余县（市）有15个，排名下降的有17个。

从结果看，曲阜市、栖霞市、邹平市、莱西市排名提升幅度较大，说明这4个市更加重视科技创新的投入，带动总体排名的大幅提升。东阿县、海阳市、莱阳市、莒南县等排名出现了较大幅度的下滑，从而影响了其总体排名，值得引起高度关注。

（二）创新绩效评价

1. 市辖区创新绩效评价

图2-4为58个市辖区创新绩效一级指标得分排序。从评价得分来看，2021年市辖区平均得分为72.34，得分最高的为崂山区87.54，得分最低的为济阳区65.09，差异系数为5.28%。从结果来看，市辖区科技创新绩效整体水平最高，但市辖区间创新绩效差异是三类分组中最大的。

从各市辖区的两年排名情况来看，只有崂山区、黄岛区、历城区、淄川区、岚山区、峄城区、莱芜区和济阳区8个区排名不变，排名上升的市辖区有23个，排名下降的有27个。

从结果看，即墨区、寒亭区、奎文区、李沧区等排名降幅较大，科技创新绩效不明显，值得引起重视。茌平区、罗庄区、天桥区、山亭区等的创新绩效排名有较大幅度提升，成为影响各市辖区科技创新综合水平发生明显变化的主要原因。

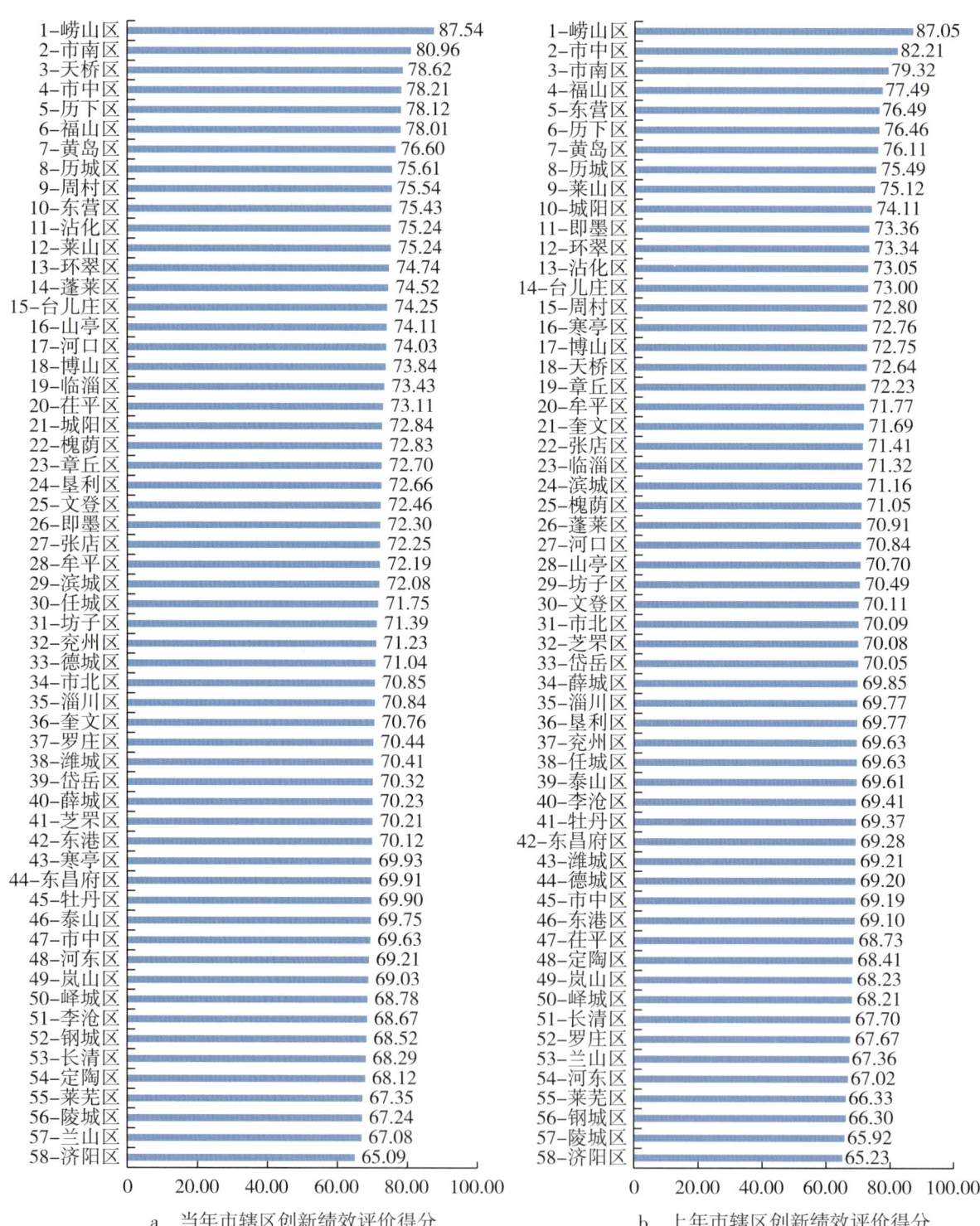

图 2-4 市辖区创新绩效评价得分

（a 图中 4 为济南市中区，47 为枣庄市中区；b 图中 2 为济南市中区，45 为枣庄市中区）

2. 省财政直管县创新绩效评价

图2-5为41个省财政直管县创新绩效一级指标得分排序。从评价得分来看，2021年，省财政直管县平均得分为68.59，得分最高的为沂源县76.51，得分最低的为冠县65.29，差异系数为3.26%。从结果来看，省财政直管县科技创新绩效整体水平较弱，各县间创新绩效差异较小，差异缩小态势明显。

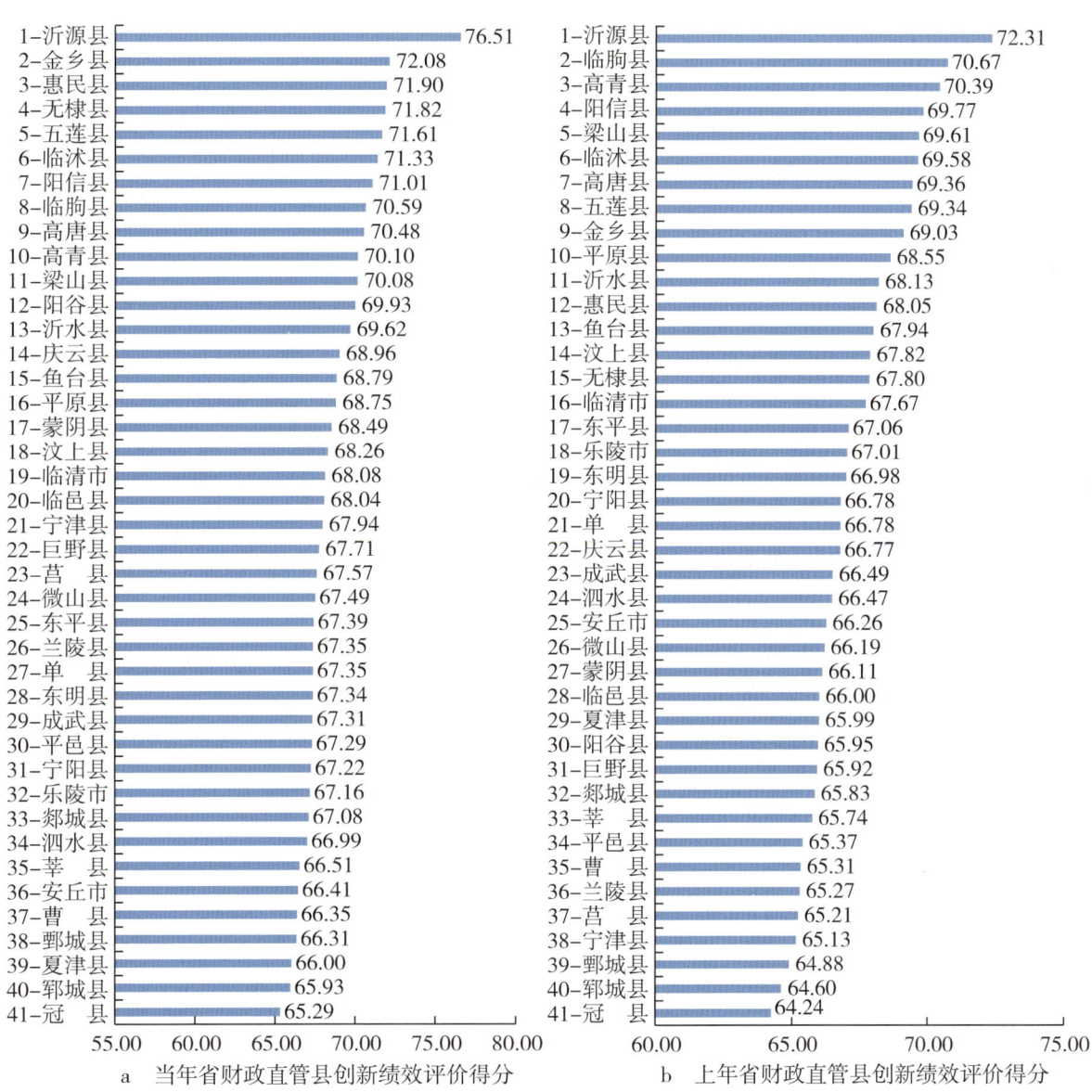

图2-5 省财政直管县创新绩效评价得分

从各省财政直管县的两年排名情况来看，只有沂源县、临沭县、冠县和郓城县4个县排名不变，排名上升的省财政直管县有15个，排名下降的有22个。

从结果看，莒县、宁津县、蒙阴县、无棣县、兰陵县、阳谷县等排名上升幅度较大，拉动了整体排名的提升。而安丘市、泗水县、宁阳县、夏津县、乐陵市等下降幅度较大，需要引起重视。

3. 其余县（市）创新绩效评价

图2-6为37个其余县（市）创新绩效一级指标得分排序。从评价得分来看，

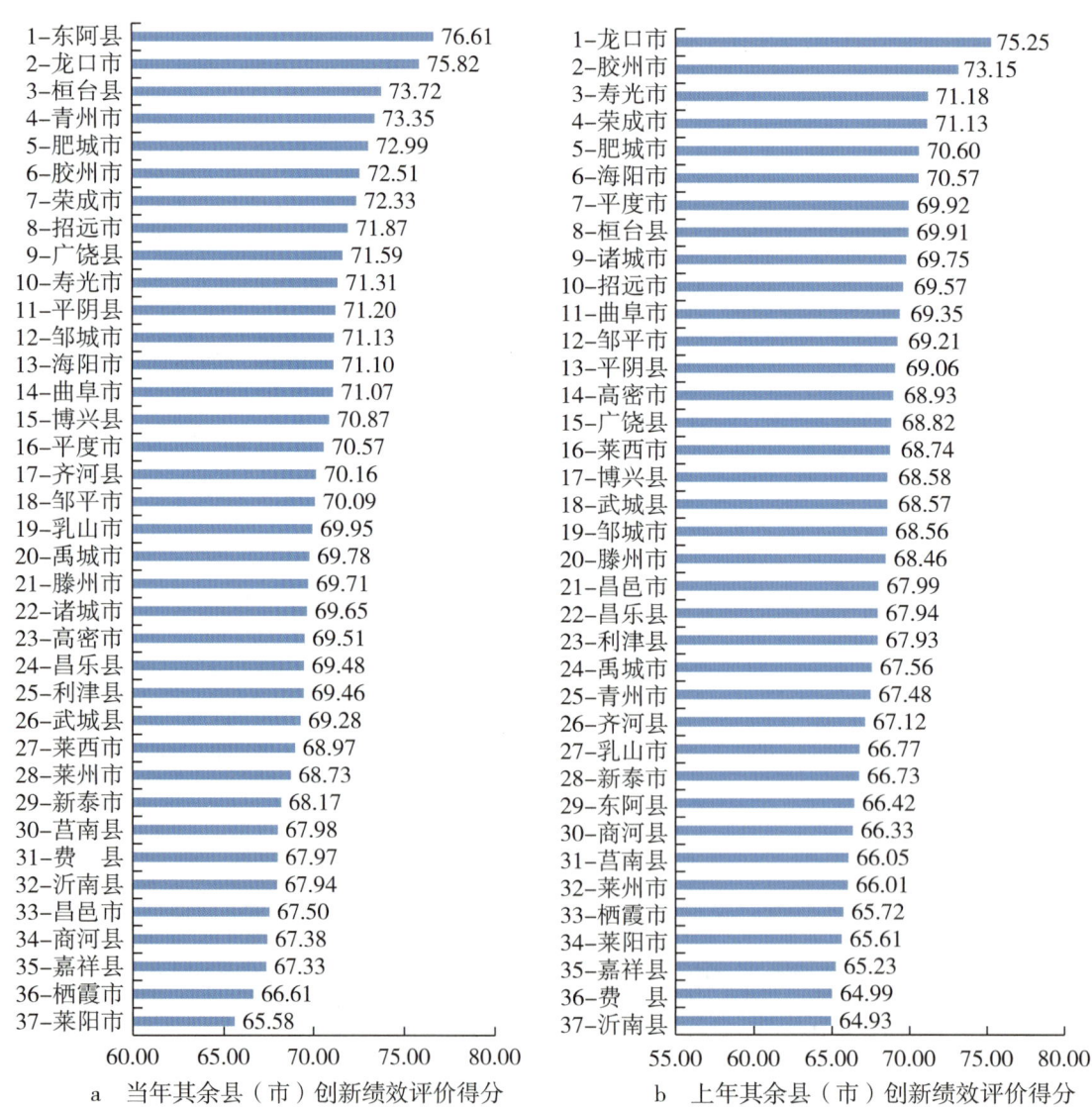

图2-6 其余县（市）创新绩效评价得分

2021年，其余县（市）平均得分为70.25，得分最高的为东阿县76.61，得分最低的为莱阳市65.58，差异系数为3.41%。从结果来看，其余县（市）在三类分组中表现处于中游，且各县间创新绩效差异居中。

从各其余县（市）的两年排名情况来看，只有肥城市和嘉祥县2个县排名不变，排名上升的其余县（市）有15个，排名下降的有20个。

从结果看，青州市、东阿县、齐河县排名提升幅度较大，说明这3个县的科技创新绩效有了较大改善，总体排名提升。莱西市、诸城市、昌邑市、平度市等市的排名则较大幅度的下降，科技创新成效不足，值得引起高度关注。

（三）创新生态评价

1. 市辖区创新生态评价

图2-7为58个市辖区创新生态一级指标得分排序。从评价得分来看，2021年，市辖区平均得分为70.78，得分最高的为环翠区84.39，得分最低的为山亭区63.56，差异系数为6.10%。从结果来看，市辖区科技创新生态进一步优化，但各市辖区间创新生态差异较大。

从各市辖区的两年排名情况来看，只有历下区、天桥区、历城区、章丘区、济阳区、黄岛区、城阳区、台儿庄区8个区排名不变，排名上升的市辖区有25个，排名下降的有25个。

从结果看，市南区、博山区、临淄区、薛城区、寒亭区、定陶区等的创新生态排名实现了较大幅度的上升，科技创新生态明显改善。排名下降的市辖区中槐荫区、芝罘区、任城区、河东区、德城区、陵城区、茌平区等下降幅度较大，科技创新生态有待进一步优化，应引起重视。

2. 省财政直管县创新生态评价

图2-8为41个省财政直管县创新生态一级指标得分排序。从评价得分来看，2021年省财政直管县平均得分为68.60，得分最高的为莒县74.42，得分最低的为东明县62.06，差异系数为4.78%。从结果来看，省财政直管县科技创新生态整体水平较弱，各县间差异居中。

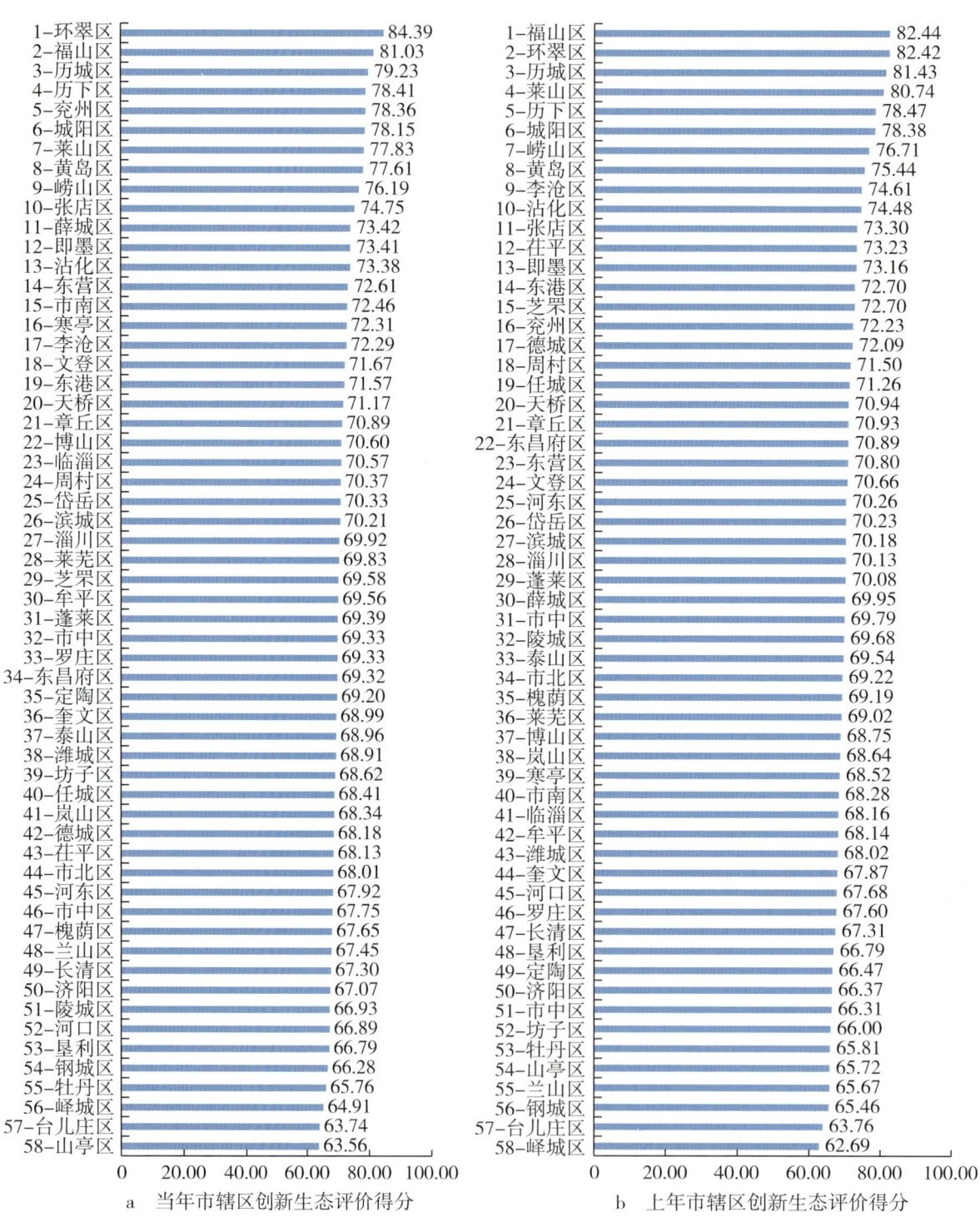

图 2-7 市辖区创新生态评价得分

（a 图中 32 为济南市中区，46 为枣庄市中区；b 图中 31 为济南市中区，51 为枣庄市中区）

县域科技创新各级指标评价 | 第二部分

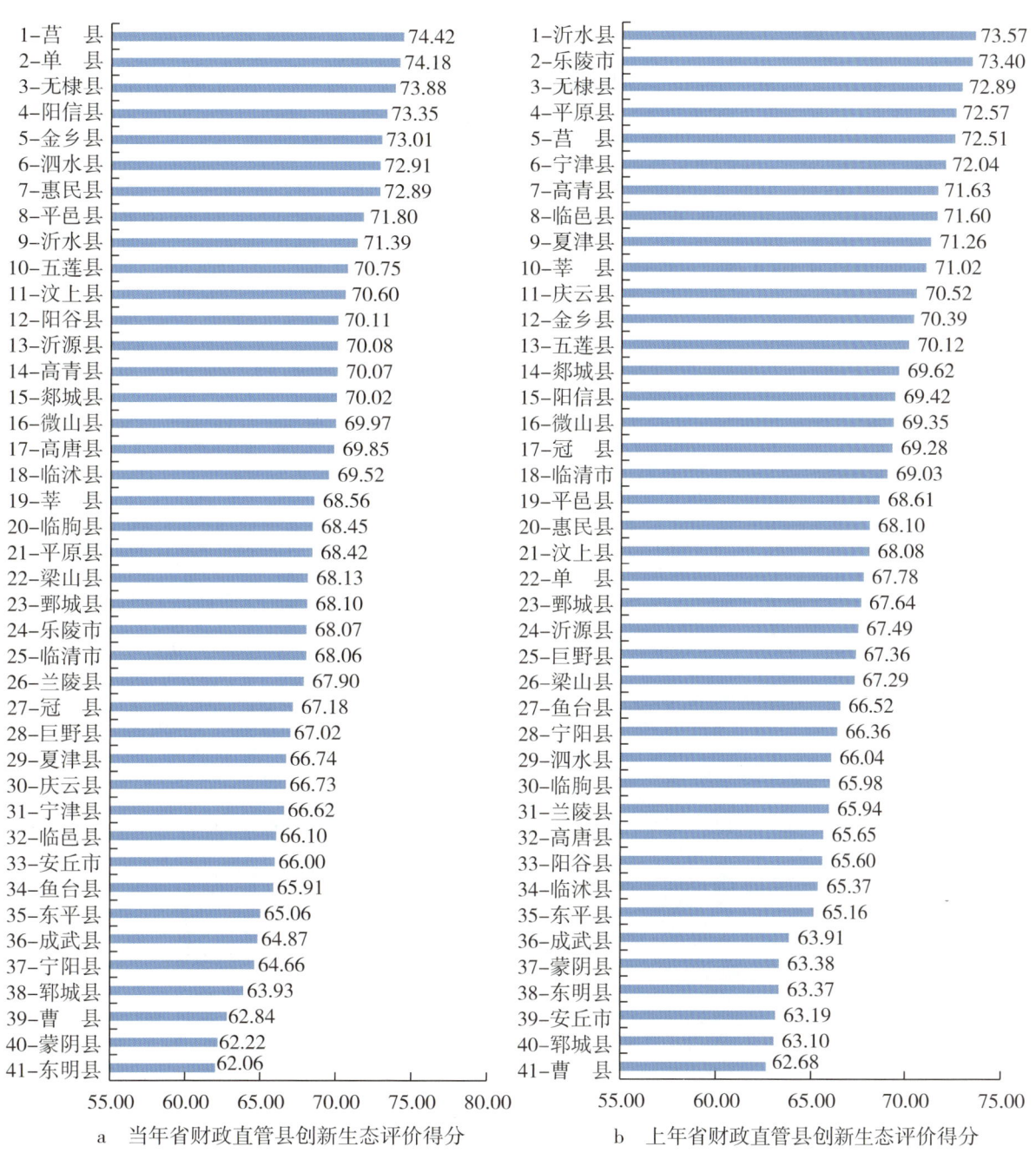

图 2-8 省财政直管县创新生态评价得分

从各省财政直管县的两年排名情况来看，只有微山县、东平县、无棣县、成武县、鄄城县 5 个县排名不变，排名上升的省财政直管县有 19 个，排名下降的有 17 个。

从结果看，泗水县、单县、临沭县、阳谷县、高唐县等排名上升幅度较大，科技创新生态有较大改善。而宁津县、庆云县、临邑县、夏津县、乐陵市等排名下降幅度较大，是拉低其科技创新综合水平的重要原因，需要引起重视。

3. 其余县（市）创新生态评价

图2-9为37个其余县（市）创新生态一级指标得分排序。从评价得分来看，2021年，其余县（市）平均得分为69.04，得分最高的为龙口市75.18，得分最低的

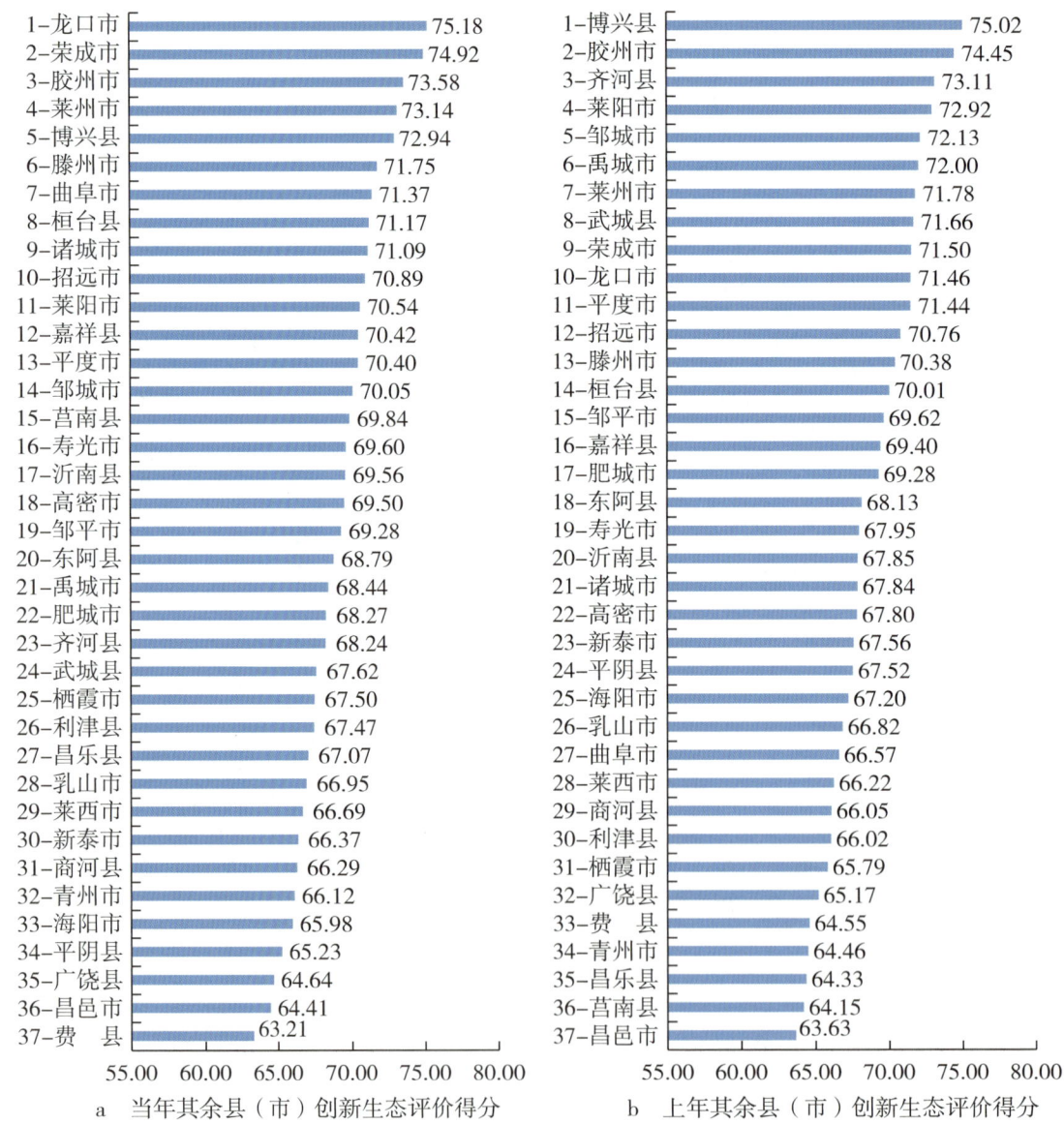

a 当年其余县（市）创新生态评价得分　　b 上年其余县（市）创新生态评价得分

图2-9　其余县（市）创新生态评价得分

为费县 63.21，差异系数为 4.20%；从结果来看，其余县（市）在三类分组中表现处于中游，各县间创新生态差异较小，差异缩小态势明显。

从各其余县（市）的两年排名情况来看，上升的县（市）有 18 个，下降的县（市）有 19 个。

从结果看，诸城市、曲阜市、莒南县排名提升幅度较大，说明这 3 个县（市）的科技创新生态有了较大改善，也带来总体排名的大幅提升。平阴县、齐河县、武城县、禹城市等市的排名则有较大幅度的下降，科技创新生态有待改善。

二、县域科技创新二级指标评价

（一）全社会 R&D 经费内部支出及占 GDP 的比重

1. 市辖区评价

图 2-10 为 58 个市辖区创新投入二级指标全社会 R&D 经费内部支出及占 GDP 的比重的得分排序。从评价得分来看，2021 年市辖区平均得分为 70.50，得分最高的为黄岛区 92.55，得分最低的为奎文区 60.40，差异系数为 9.77%。

从各市辖区两年排名情况来看，只有崂山区、河口区、长清区、滨城区、泰山区、东营区、博山区、牡丹区、山亭区 9 个市辖区排名不变，排名上升的市辖区有 24 个，排名下降的有 25 个。

从结果看，除兖州区位次提升幅度较大，历下区下降幅度较大值得重视外，其他市辖区位次变动都不大，说明市辖区研发投入相对稳定，未出现大幅波动情况。

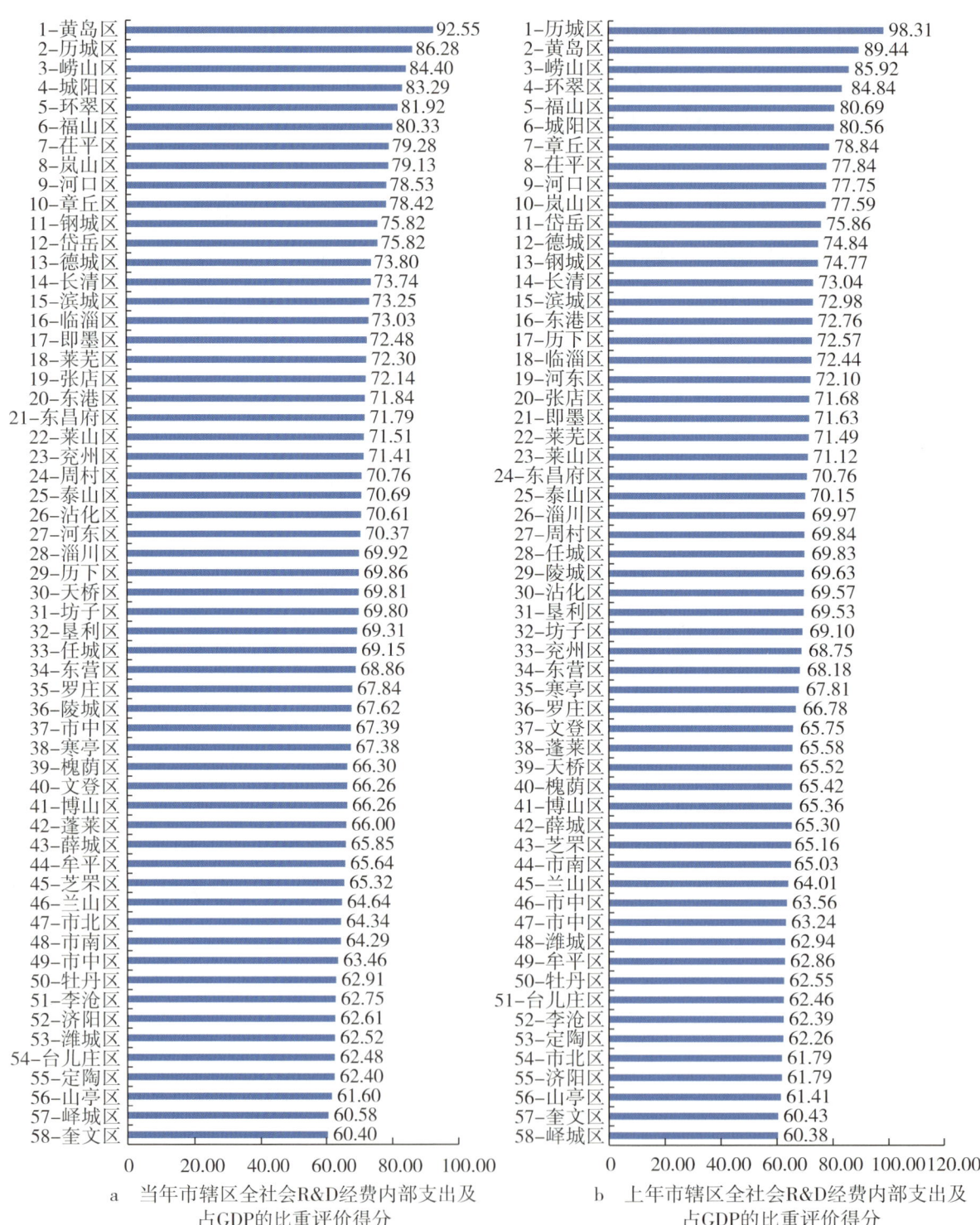

图 2-10 市辖区全社会 R&D 经费内部支出及占 GDP 的比重评价得分

（a 图中 37 为济南市中区，49 为枣庄市中区；b 图中 46 为济南市中区，47 为枣庄市中区）

第二部分 县域科技创新各级指标评价

2. 省财政直管县评价

图 2-11 为 41 个省财政直管县创新投入二级指标全社会 R&D 经费内部支出及占 GDP 的比重的得分排序。从评价得分来看，2021 年，省财政直管县平均得分为 66.99，得分最高的为冠县 76.58，得分最低的为郓城县 61.16，差异系数为 6.33%。

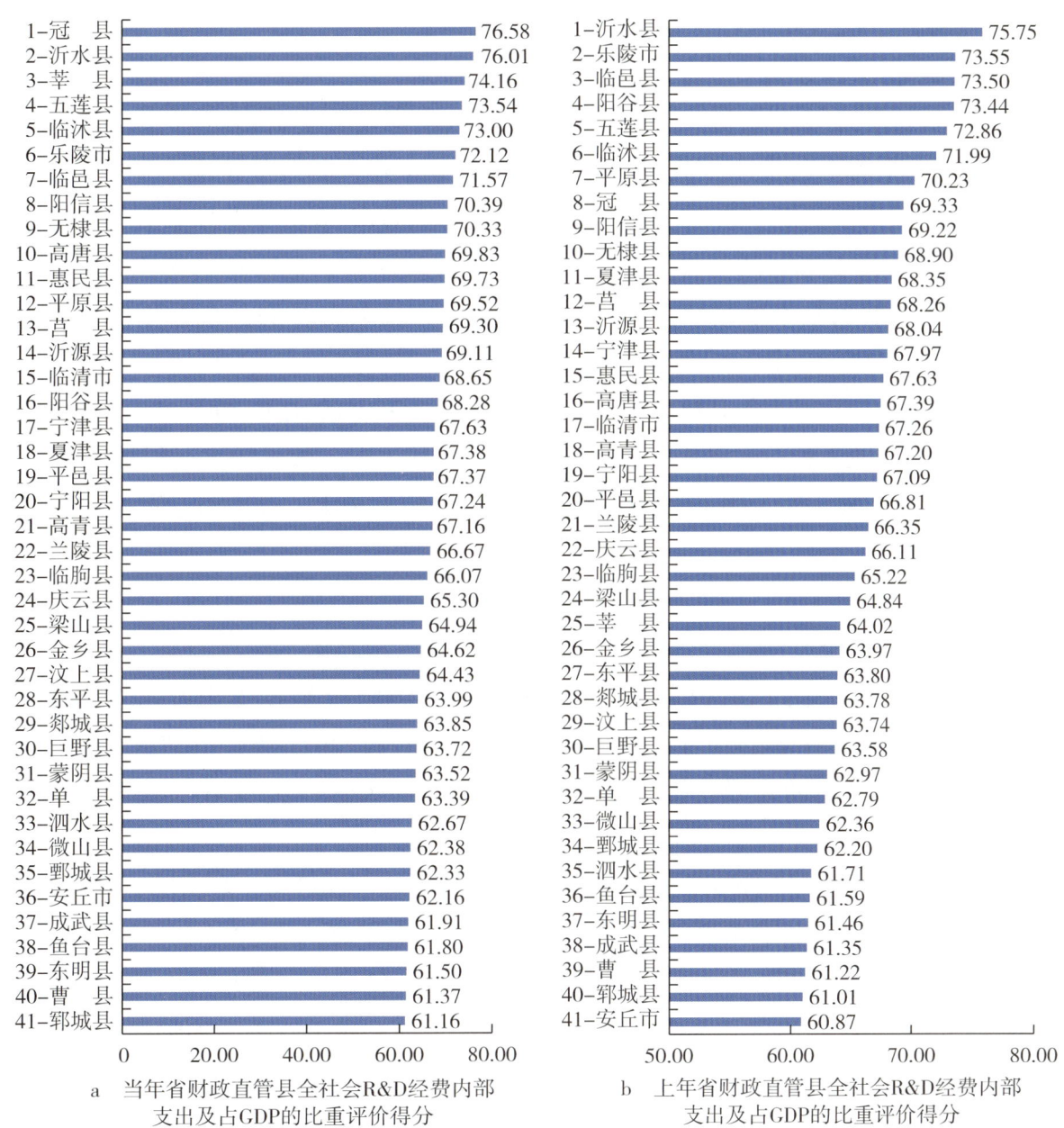

图 2-11 省财政直管县全社会 R&D 经费内部支出及占 GDP 的比重评价得分

从各省财政直管县两年排名情况来看，只有临朐县、金乡县、蒙阴县、单县、巨野县5个省财政直管县排名不变，排名上升的省财政直管县有14个，排名下降的有22个。

从结果看，除莘县位次提升幅度较大，阳谷县、夏津县下降幅度较大值得重视外，其他省财政直管县位次变动都不大，说明省财政直管县研发投入相对稳定，未出现大幅波动情况。

3. 其余县（市）评价

图2-12为37个其余县（市）创新投入二级指标全社会R&D经费内部支出及占GDP的比重的得分排序。从评价得分来看，2021年，其余县（市）平均得分为68.34，得分最高的为邹平市80.62，得分最低的为栖霞市60.62，差异系数为7.25%。

从各其余县（市）两年排名情况来看，只有莱西市、栖霞市、海阳市、昌邑市、乳山市、博兴县6个其余县（市）排名不变，排名上升的其余县（市）有19个，排名下降的有12个。

从结果看，在全社会R&D经费内部支出及占GDP的比重方面，37个其余县（市）整体表现较为稳定。其中，排名上升的其余县（市）数量较多，但幅度较小；排名下降的其余县（市）中，只有东阿县排名下降幅度最大，需要引起重视。

（二）县级财政科技支出及占县级财政一般公共预算支出比重

1. 市辖区评价

图2-13为58个市辖区创新投入二级指标县级财政科技支出及占县级财政一般公共预算支出比重的得分排序。从评价得分来看，2021年，市辖区平均得分为64.70，得分最高的为崂山区100.00，得分最低的为牡丹区60.00，差异系数为11.96%。

从各市辖区两年排名情况来看，黄岛区、崂山区、城阳区、兰山区、牡丹区5个市辖区排名不变，排名上升的市辖区有30个，排名下降的有23个。

从结果看，槐荫区、长清区、薛城区、罗庄区、德城区、滨城区、定陶区等排名上升幅度较大，说明这几个区在财政科技投入方面有较大改善，而临淄区、台儿庄区、山亭区、东营区、芝罘区、牟平区、陵城区等排名下降幅度较大，是拉低其创新投入得分的重要原因之一，应引起重视。

县域科技创新各级指标评价 | 第二部分

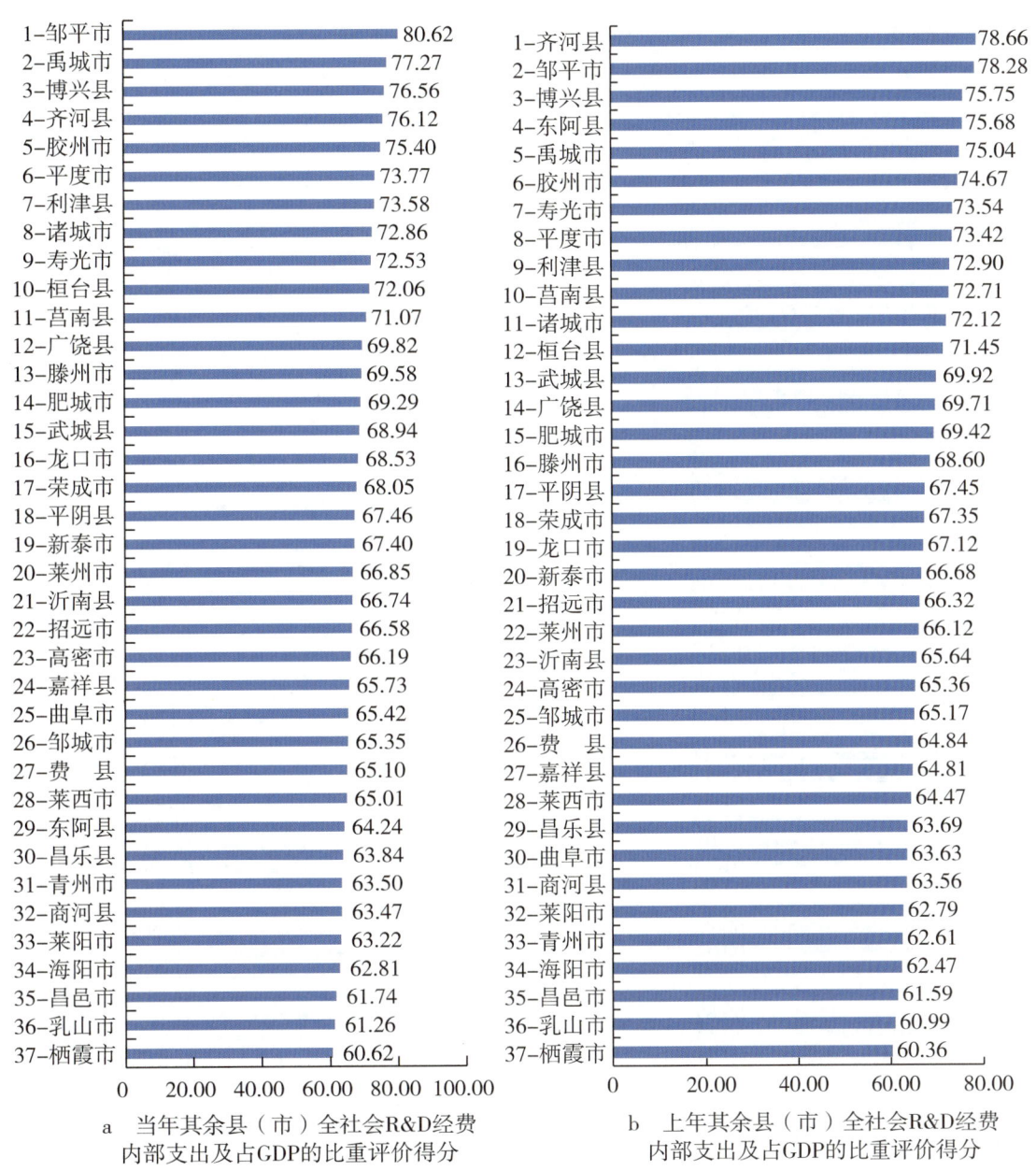

图 2-12 其余县（市）全社会 R&D 经费内部支出及占 GDP 的比重评价得分

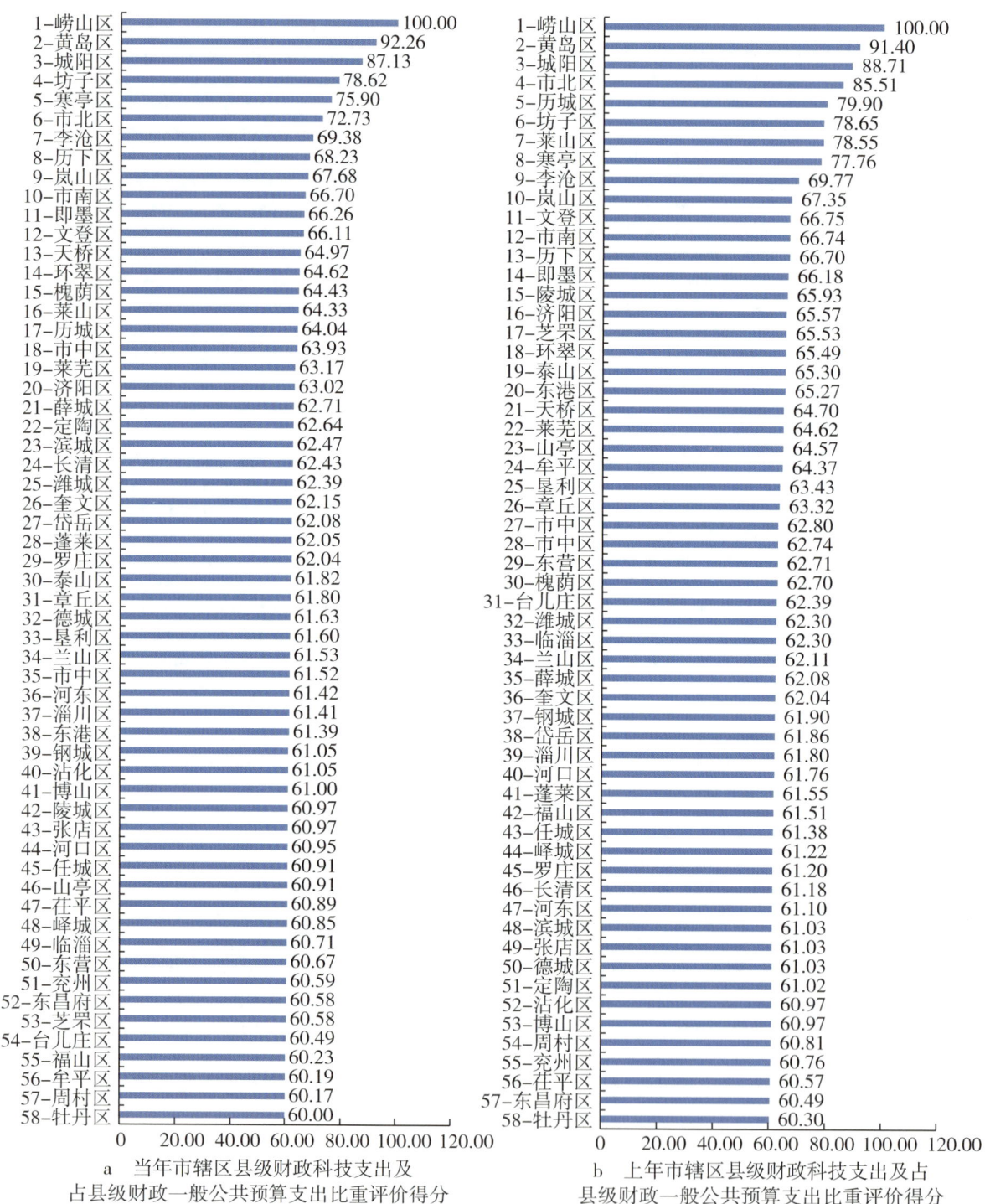

图 2-13 市辖区县级财政科技支出及占县级财政一般公共预算支出比重评价得分

（a 图中 18 为济南市中区，35 为枣庄市中区；b 图中 27 为济南市中区，28 为枣庄市中区）

2. 省财政直管县评价

图2-14为41个省财政直管县创新投入二级指标县级财政科技支出及占县级财政一般公共预算支出比重的得分排序。从评价得分来看，2021年省财政直管县平均

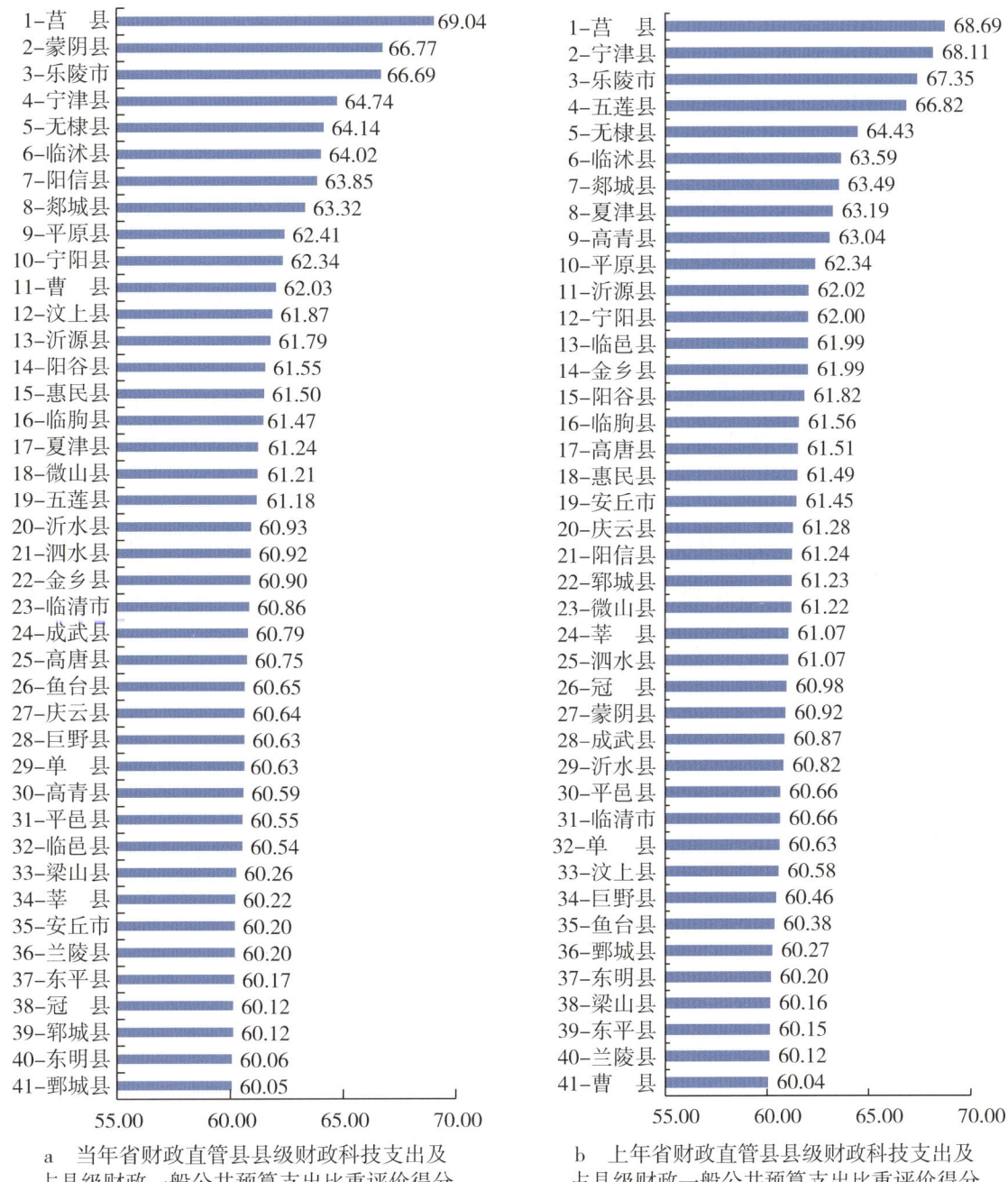

a 当年省财政直管县县级财政科技支出及占县级财政一般公共预算支出比重评价得分

b 上年省财政直管县县级财政科技支出及占县级财政一般公共预算支出比重评价得分

图2-14 省财政直管县县级财政科技支出及占县级财政一般公共预算支出比重评价得分

得分为 61.75，得分最高的为莒县 69.04，得分最低的为鄄城县 60.05，差异系数为 3.32%。

从各省财政直管县两年排名情况来看，只有临朐县、莒县、临沭县、乐陵市、无棣县 5 个县排名不变，排名上升的省财政直管县有 19 个，排名下降的有 17 个。

从结果看，汶上县、蒙阴县、阳信县、曹县等排名大幅上升，成为拉动其创新投入水平提升的主要原因。排名下降的省财政直管县中高青县、安丘市、五莲县、临邑县、郓城县等降幅较大，应加强对科技的重视。

3. 其余县（市）评价

图 2-15 为 37 个其余县（市）创新投入二级指标县级财政科技支出及占县级财政一般公共预算支出比重的得分排序。从评价得分来看，2021 年，其余县（市）平均得分为 63.77，得分最高的为龙口市 85.15，得分最低的为栖霞市 60.12，差异系数为 7.63%。

从各其余县（市）两年排名情况来看，只有龙口市、莱阳市、诸城市、寿光市 4 个其余县（市）排名不变，排名上升的其余县（市）有 16 个，排名下降的有 17 个。

从结果看，排名上升的其余县（市）中莱西市、费县、邹平市等增幅较大，说明这些县在政府资金支撑科技创新方面有明显改善，创新投入力度增强。而招远市、昌邑市、乳山市等排名下降，应引起重视。

县域科技创新各级指标评价 | 第二部分

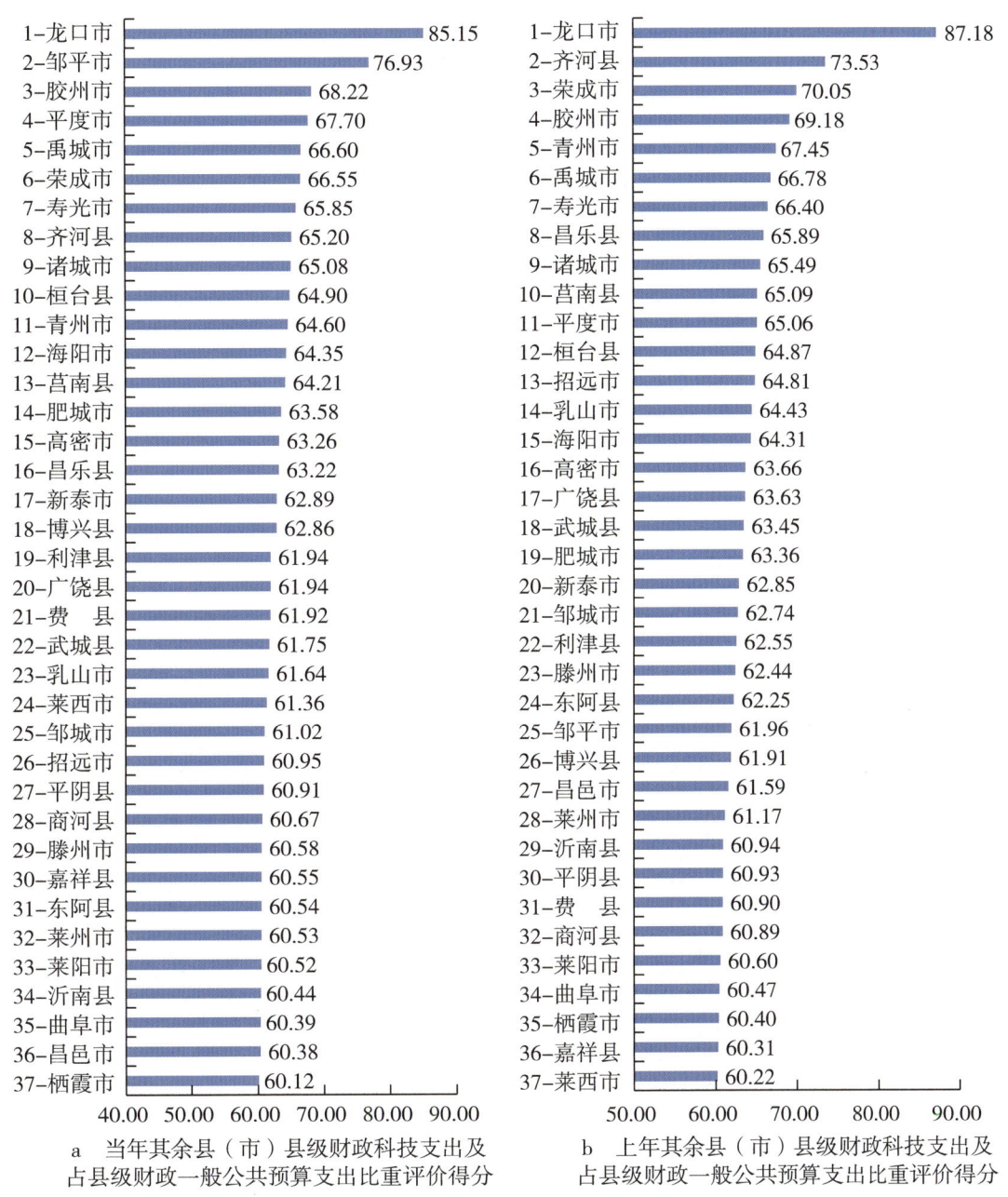

a 当年其余县（市）县级财政科技支出及占县级财政一般公共预算支出比重评价得分

b 上年其余县（市）县级财政科技支出及占县级财政一般公共预算支出比重评价得分

图2-15 其余县（市）县级财政科技支出及占县级财政一般公共预算支出比重评价得分

（三）规上工业企业每万名就业人员中研发人员数及提高幅度

1. 市辖区评价

图2-16为58个市辖区创新投入二级指标规上工业企业每万名就业人员中研

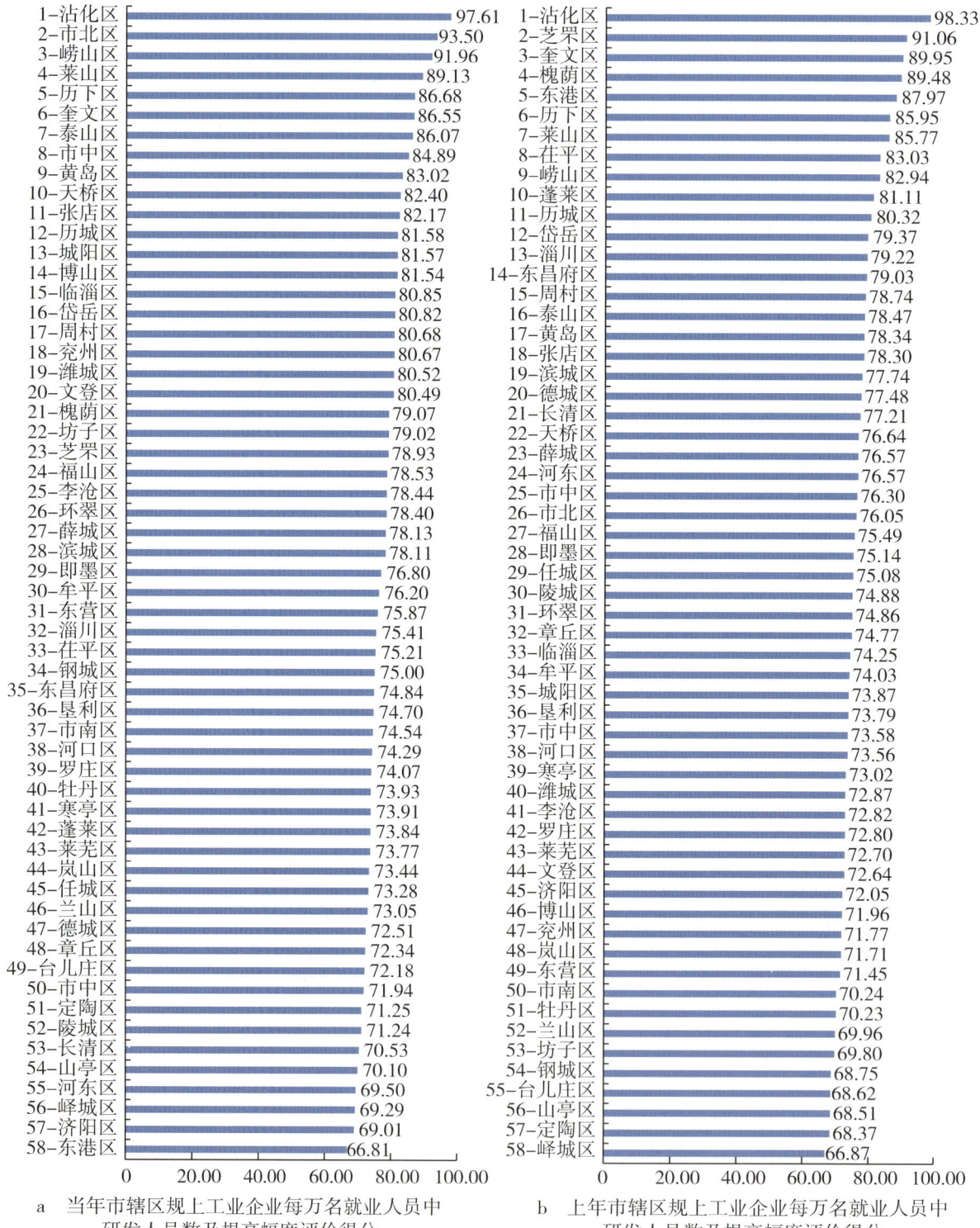

图2-16 市辖区规上工业企业每万名就业人员中研发人员数及提高幅度评价得分
（a图中8为济南市中区，50为枣庄市中区；b图中25为济南市中区，37为枣庄市中区）

发人员数及提高幅度的得分排序。从评价得分来看，2021年，市辖区平均得分为77.76，得分最高的为沾化区97.61，得分最低的为东港区66.81，差异系数为8.12%。

从各市辖区两年排名情况来看，只有莱芜区、河口区、垦利区、沾化区4个市辖区排名不变，排名上升的市辖区有31个，排名下降的有23个。

从结果看，排名上升的市辖区中钢城区、市北区、城阳区、博山区、兖州区、坊子区、文登区等增幅较大，成为拉动其创新投入得分上升的重要原因。东港区、蓬莱区、长清区、河东区、德城区、茌平区、陵城区、东昌府区、芝罘区等排名下降超过20位，下降幅度较大，应引起重视。

2. 省财政直管县评价

图2-17为41个省财政直管县创新投入二级指标规上工业企业每万名就业人员中研发人员数及提高幅度的得分排序。从评价得分来看，2021年，省财政直管县平均得分为77.07，得分最高的为单县91.48，得分最低的为曹县68.76，差异系数为7.36%。

从各省财政直管县两年排名情况来看，排名上升的省财政直管县有23个，排名下降的有18个。

从结果看，沂源县、泗水县、金乡县、五莲县等有大幅提升，说明这些县研发人才队伍正不断壮大。而郯城县、临邑县、平原县、夏津县、莘县、临清市等排名大幅下降，研发人力强度有待提升。

3. 其余县（市）评价

图2-18为37个其余县（市）创新投入二级指标规上工业企业每万名就业人员中研发人员数及提高幅度的得分排序。从评价得分来看，2021年，其余县（市）平均得分为76.21，得分最高的为曲阜市88.35，得分最低的为商河县69.42，差异系数为5.47%。

从各其余县（市）两年排名情况来看，只有胶州市排名不变，排名上升的其余县（市）有16个，排名下降的其余县（市）有20个。

从结果看，莱西市、栖霞市、青州市、曲阜市、乳山市等排名有较大幅度的提升，成为拉动创新投入得分提升的重要原因。莱阳市、海阳市、莒南县、禹城市、邹平市等下降幅度较大，研发投入排名也受到一定影响。

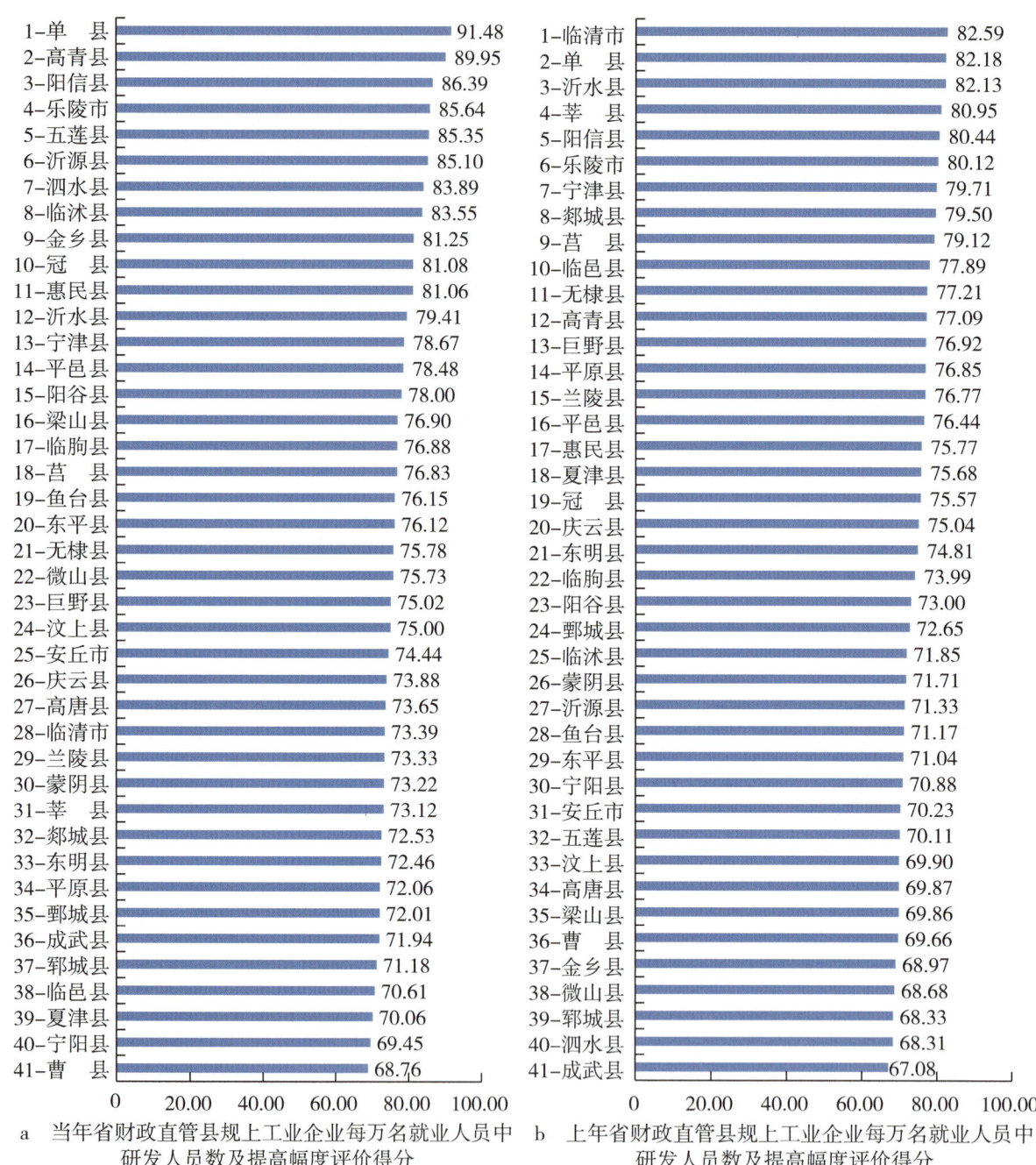

a 当年省财政直管县规上工业企业每万名就业人员中研发人员数及提高幅度评价得分

b 上年省财政直管县规上工业企业每万名就业人员中研发人员数及提高幅度评价得分

图2-17 省财政直管县规上工业企业每万名就业人员中研发人员数及提高幅度评价得分

县域科技创新各级指标评价 | 第二部分

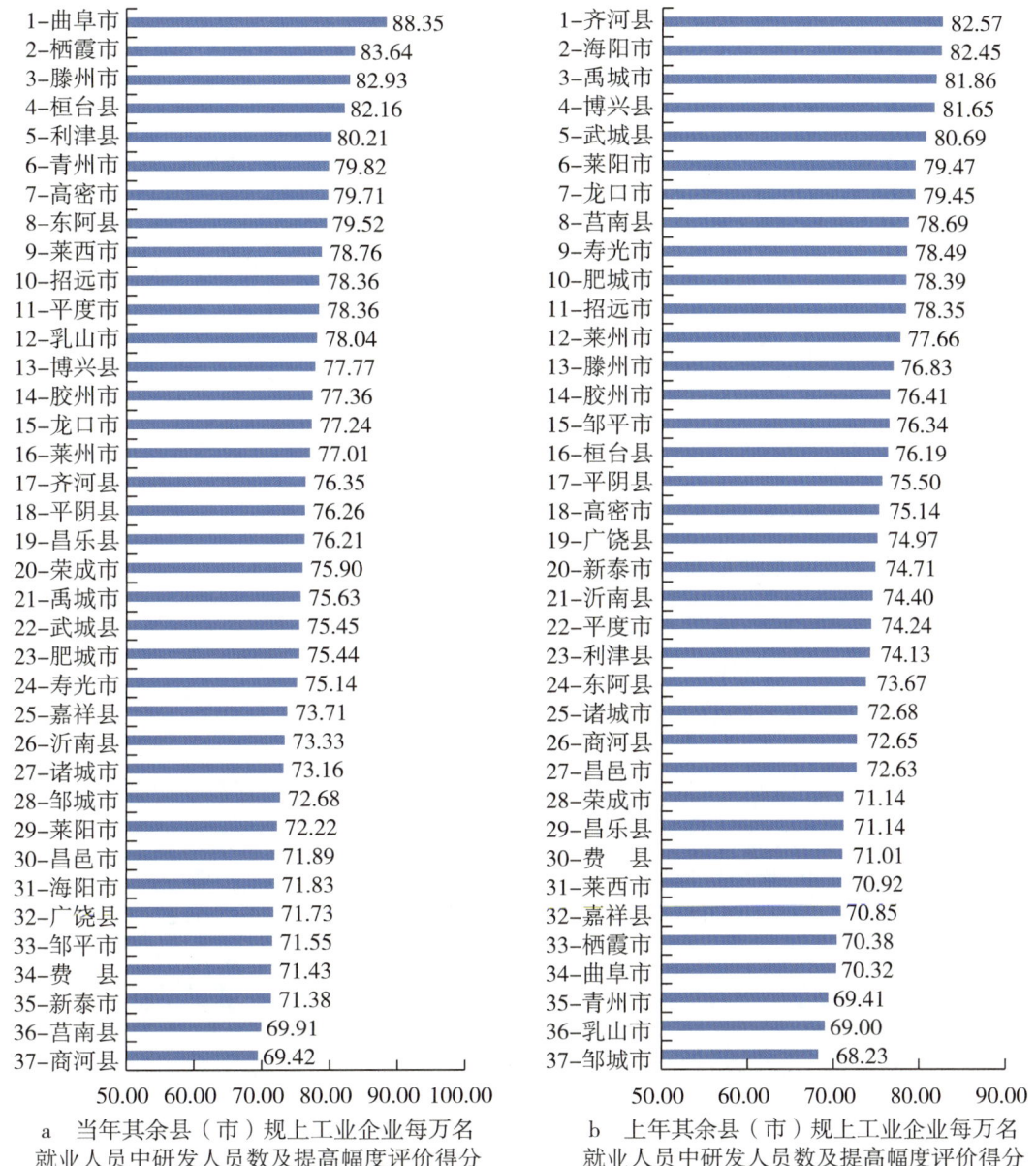

图 2-18 其余县（市）规上工业企业每万名就业人员中研发人员数及提高幅度评价得分

（四）规上工业企业 R&D 经费支出占营业收入的比重

1. 市辖区评价

图 2-19 为 58 个市辖区创新投入二级指标规上工业企业 R&D 经费支出占营业收入的比重的得分排序。从评价得分来看，2021 年，市辖区平均得分为 67.59，得

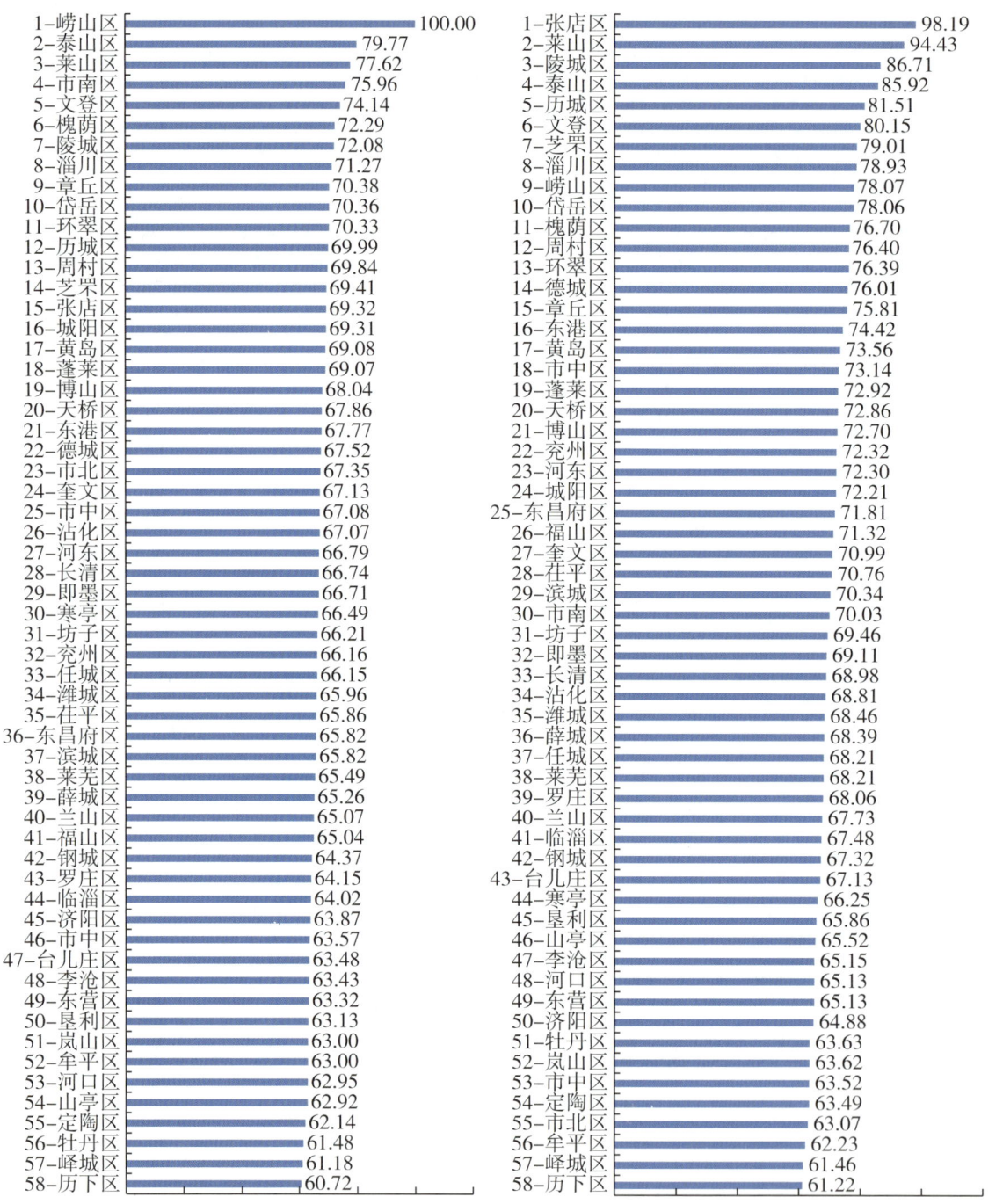

图 2-19 市辖区规上工业企业 R&D 经费支出占营业收入的比重评价得分

（a 图中 46 为济南市中区，25 为枣庄市中区；b 图中 53 为济南市中区，18 为枣庄市中区）

分最高的为崂山区 100.00，得分最低的为历下区 60.72，差异系数为 8.63%。

从各市辖区两年排名情况来看，只有历下区、天桥区、莱芜区、钢城区、黄岛区、淄川区、峄城区、东营区、坊子区、岱岳区、兰山区 11 个市辖区排名不变，排名上升的市辖区有 22 个，排名下降的有 25 个。

从结果看，市南区、市北区、寒亭区等提升幅度较大，说明这些市辖区更加重视企业研发经费的投入。张店区、福山区、兖州区、东昌府区等排名下降幅度较大，也是拉低创新投入得分的重要原因，应引起重视。

2. 省财政直管县评价

图 2-20 为 41 个省财政直管县创新投入二级指标规上工业企业 R&D 经费支出占营业收入的比重的得分排序。从评价得分来看，2021 年，省财政直管县平均得分为 67.13，得分最高的为宁津县 78.97，得分最低的为东明县 60.00，差异系数为 6.54%。

从各省财政直管县两年排名情况来看，只有临朐县、蒙阴县、宁津县、乐陵市、东明县 5 个省财政直管县排名不变，排名上升的省财政直管县有 17 个，排名下降的有 19 个。

从结果看，汶上县、冠县排名提升幅度较大，鱼台县、金乡县、梁山县等排名下降幅度较大，其余省财政直管县排名幅度均变化不大。说明省财政直管县企业研发投入强度整体表现较为稳定。

3. 其余县（市）评价

图 2-21 为 37 个其余县（市）创新投入二级指标规上工业企业 R&D 经费支出占营业收入的比重的得分排序。从评价得分来看，2021 年，其余县（市）平均得分为 66.39，得分最高的为齐河县 81.53，得分最低的为昌邑市 61.19，差异系数为 6.69%。

从各其余县（市）两年排名情况来看，只有海阳市、齐河县、邹平市等 3 个其余县（市）排名不变，排名上升的其余县（市）有 18 个，排名下降的有 16 个。

从结果看，莱州市、曲阜市提升幅度较大，东阿县排名幅度下降较大。其余县（市）企业研发投入强度整体表现较为稳定。

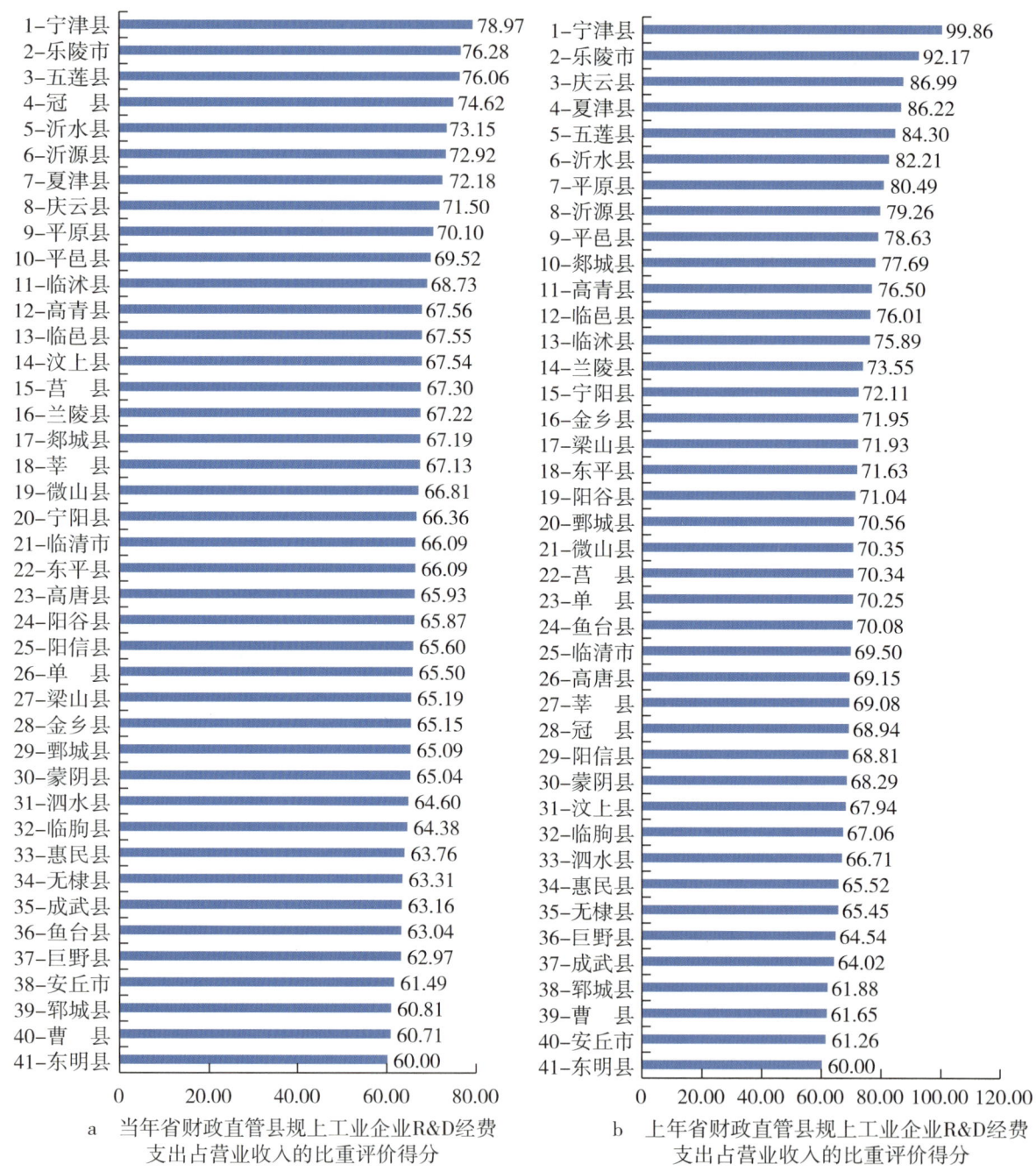

图 2-20 省财政直管县规上工业企业 R&D 经费支出占营业收入的比重评价得分

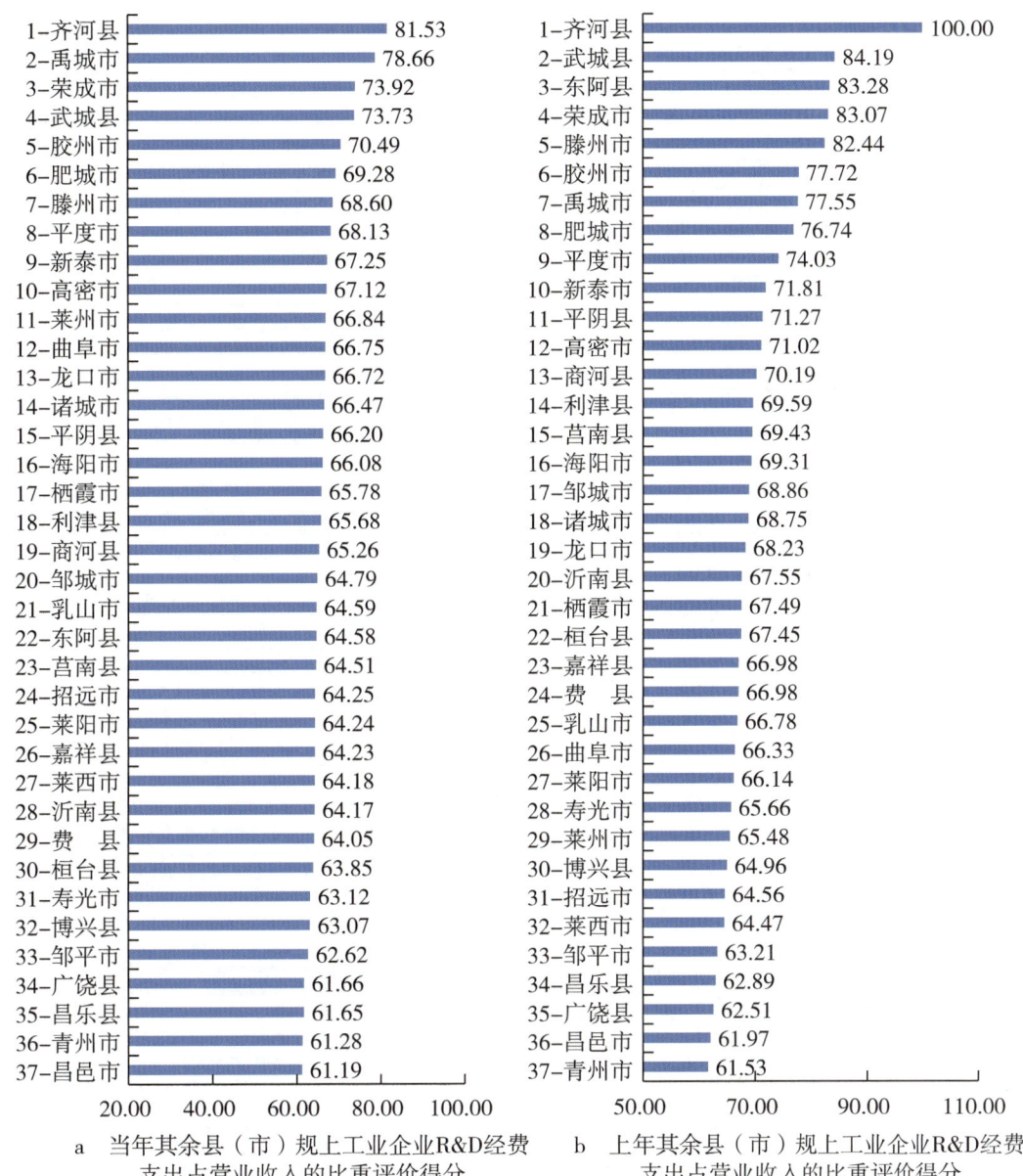

图 2-21 其余县（市）规上工业企业 R&D 经费支出占营业收入的比重评价得分

（五）每亿元 GDP 技术合同成交额

1. 市辖区评价

图 2-22 为 58 个市辖区创新绩效二级指标每亿元 GDP 技术合同成交额的得分排序。从评价得分来看，2021 年市辖区平均得分为 70.27，得分最高的为山亭区

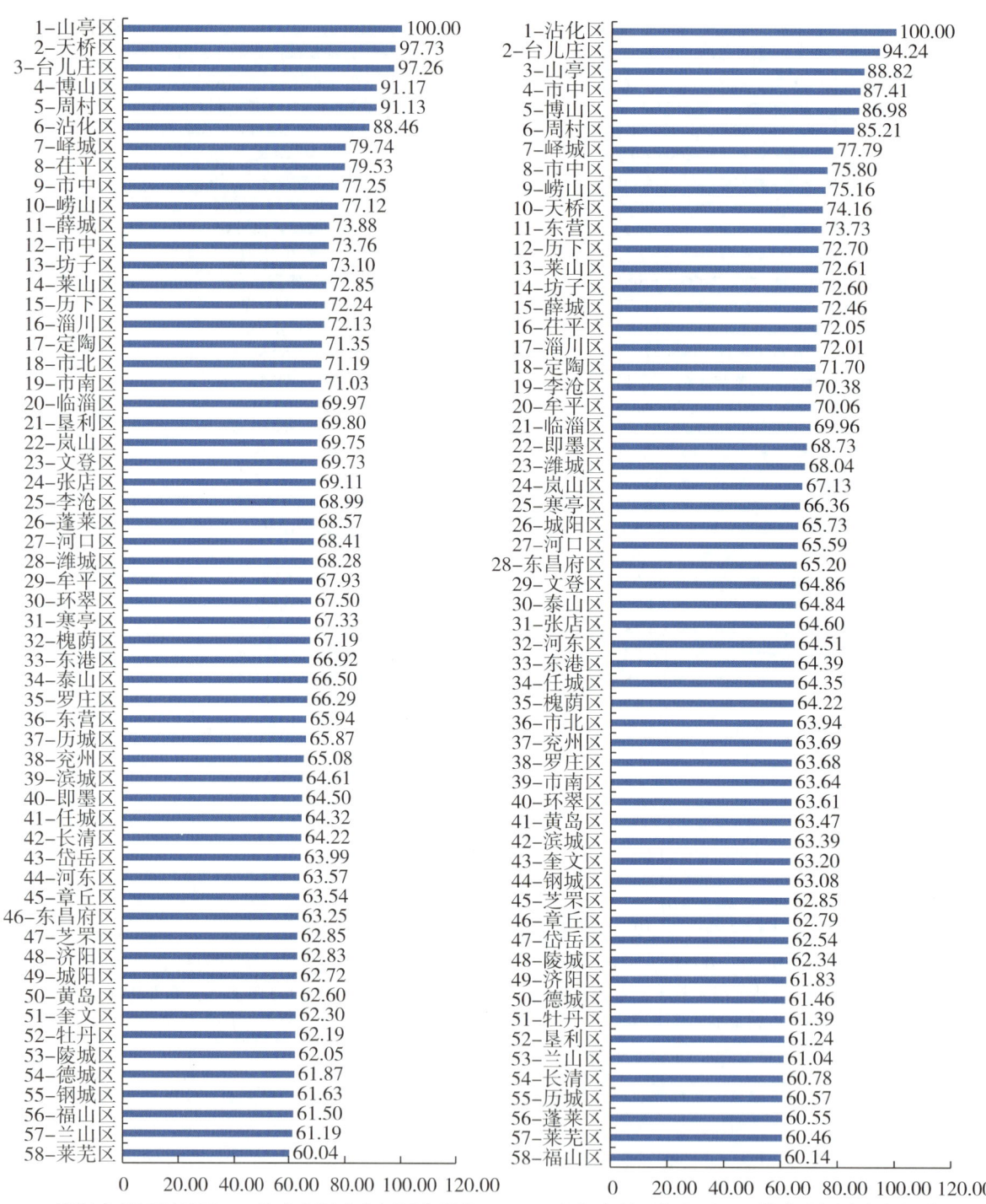

图 2-22 市辖区每亿元 GDP 技术合同成交额评价得分

（a 图中 12 为济南市中区，9 为枣庄市中区；b 图中 4 为济南市中区，8 为枣庄市中区）

100.00，得分最低的为莱芜区 60.04，差异系数为 13.58%。

从各市辖区两年排名情况来看，只有峄城区、河口区、东港区 3 个市辖区排名不变，排名上升的市辖区有 27 个，排名下降的有 28 个。

从结果看，市南区、垦利区、蓬莱区、市北区、历城区等提升幅度较大，说明这些市辖区科技成果转化成效明显。钢城区、城阳区、东营区、东昌府区等排名下降幅度较大，应引起重视。

2. 省财政直管县评价

图 2-23 为 41 个省财政直管县创新绩效二级指标每亿元 GDP 技术合同成交额的得分排序。从评价得分来看，2021 年省财政直管县平均得分为 69.15，得分最高的为沂源县 83.10，得分最低的为临邑县 60.23，差异系数为 7.67%。

从各省财政直管县两年排名情况来看，只有金乡县、东平县、郯城县、临邑县、冠县、成武县等 6 个省财政直管县排名不变，排名上升的省财政直管县有 13 个，排名下降的有 22 个。

从结果看，沂源县、五莲县、莒县、平邑县、惠民县等有大幅提升，拉动了其创新绩效得分上升。梁山县、平原县、庆云县等排名下降幅度较大，科技成果转化效益有待提高。

3. 其余县（市）评价

图 2-24 为 37 个其余县（市）创新绩效二级指标每亿元 GDP 技术合同成交额的得分排序。从评价得分来看，2021 年，其余县（市）平均得分为 67.11，得分最高的为东阿县 78.52，得分最低的为平阴县 60.00，差异系数为 5.90%。

从各其余县（市）两年排名情况来看，只有齐河县、寿光市、桓台县 3 个其余县（市）排名不变，排名上升的其余县（市）有 13 个，排名下降的有 21 个。

从结果看，利津县、广饶县、新泰市、乳山市等排名大幅提升，是拉动其创新绩效评价得分的重要原因之一。胶州市、青州市、诸城市、昌邑市、武城县等排名下降幅度较大，科技成果转化效率不高。

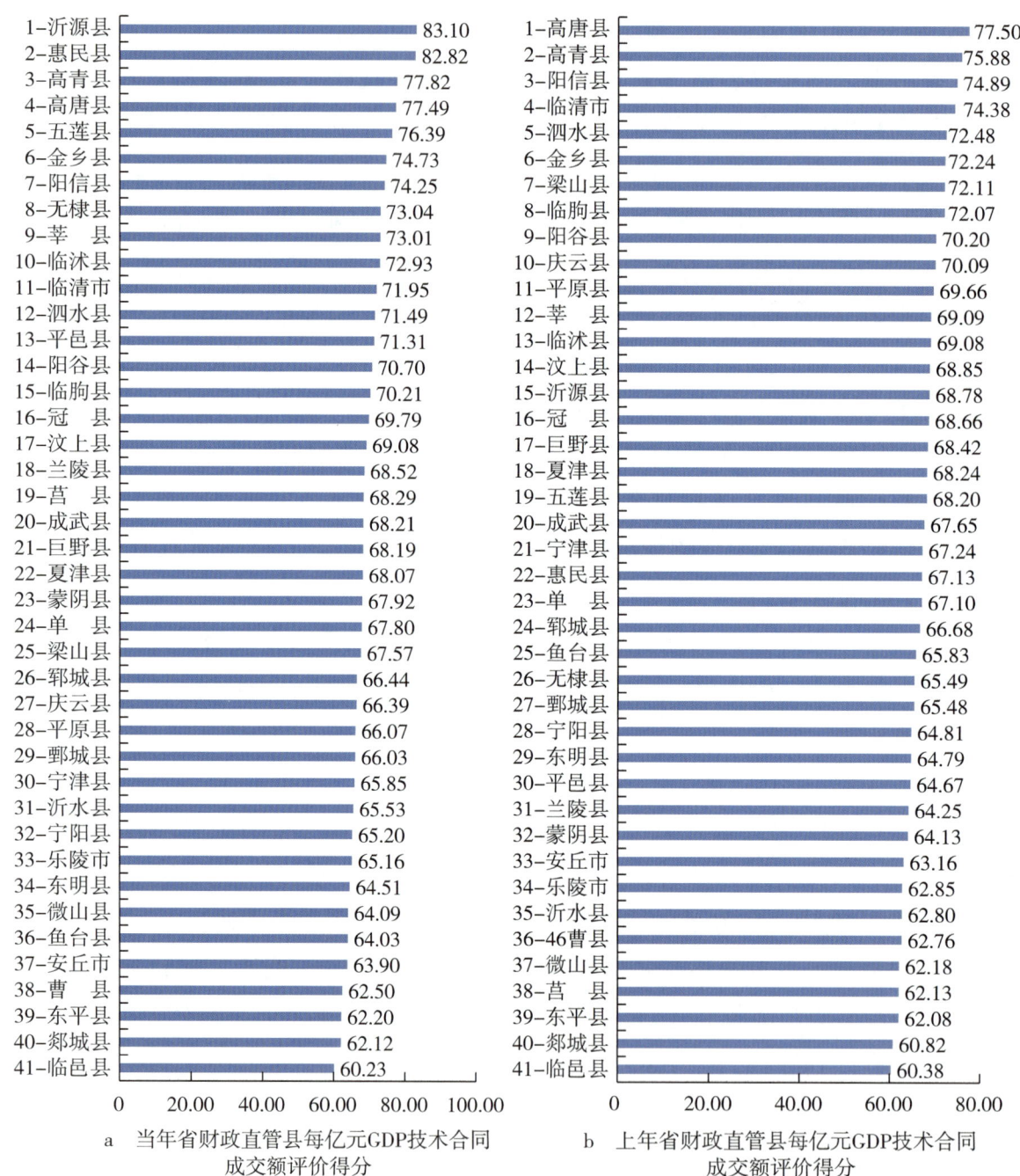

图 2-23 省财政直管县每亿元 GDP 技术合同成交额评价得分

县域科技创新各级指标评价 | 第二部分

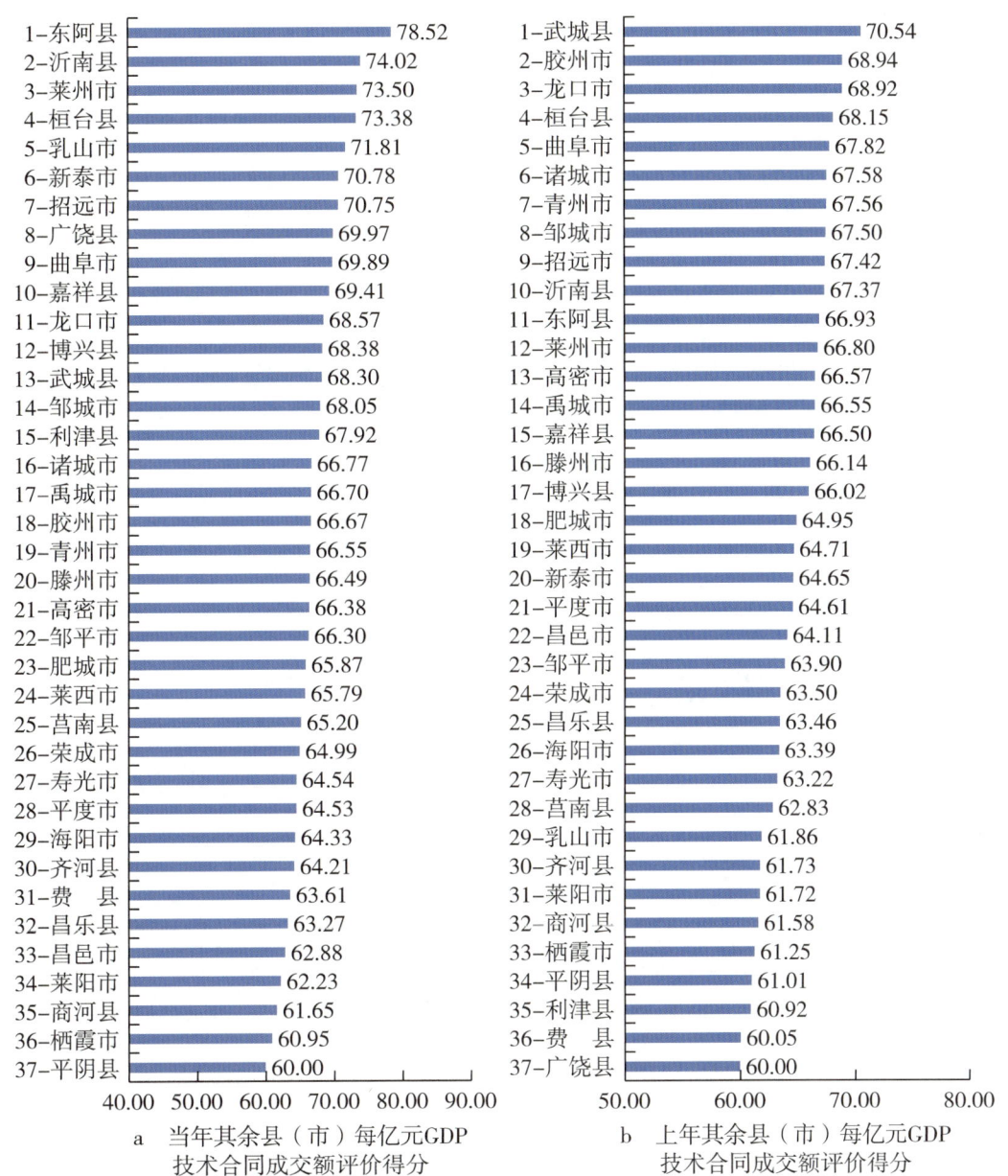

图 2-24 其余县（市）每亿元 GDP 技术合同成交额评价得分

（六）规上高新技术产业产值占规上工业产值比重

1. 市辖区评价

图 2-25 为 58 个市辖区创新绩效二级指标规上高新技术产业产值占规上工业产值比重的得分排序。从评价得分来看，2021 年，市辖区平均得分为 81.91，得分最

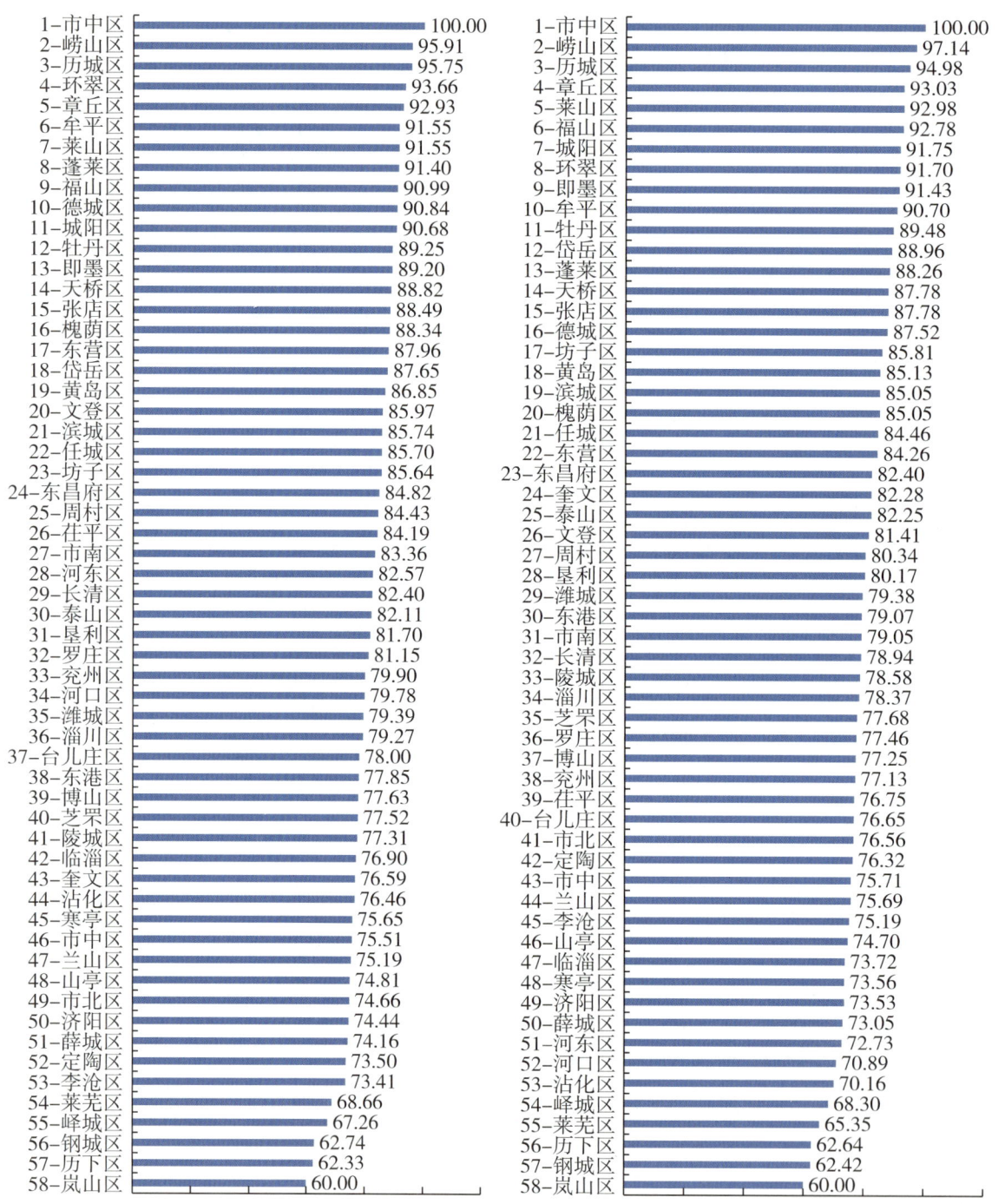

图 2-25 市辖区规上高新技术产业产值占规上工业产值比重评价得分

（a 图中 1 为济南市中区，46 为枣庄市中区；b 图中 1 为济南市中区，43 为枣庄市中区）

高的为济南市中区 100.00，得分最低的为岚山区 60.00，差异系数为 10.49%。

从各市辖区两年排名情况来看，只有济南市中区、天桥区、历城区、崂山区、张店区、岚山区 6 个市辖区排名不变，排名上升的市辖区有 21 个，排名下降的有 31 个。

从结果看，河口区、河东区、茌平区等上升幅度较大，高新技术产业的发展成效显著，是拉动其创新绩效水平的重要原因。奎文区、定陶区排名下降幅度较大，需要引起重视。

2. 省财政直管县评价

图 2-26 为 41 个省财政直管县创新绩效二级指标规上高新技术产业产值占规上工业产值比重的得分排序。从评价得分来看，2021 年，省财政直管县平均得分为 76.10，得分最高的为沂源县 95.74，得分最低的为冠县 62.36，差异系数为 8.40%。

从各省财政直管县两年排名情况来看，只有沂源县、汶上县、冠县等 3 个省财政直管县排名不变，排名上升的省财政直管县有 21 个，排名下降的有 17 个。

从结果看，宁津县、临邑县、阳谷县等规上高新技术产业产值占比位次有大幅提升，鱼台县、乐陵市、惠民县等排名下降幅度较大，成为其创新绩效下降的重要原因之一。

3. 其余县（市）评价

图 2-27 为 37 个其余县（市）创新绩效二级指标规上高新技术产业产值占规上工业产值比重的得分排序。从评价得分来看，2021 年，其余县（市）平均得分为 79.42，得分最高的为青州市 91.82，得分最低的为莱州市 67.95，差异系数为 8.56%。

从各其余县（市）两年排名情况来看，只有平阴县、莱州市、高密市、费县等 4 个其余县（市）排名不变，排名上升的其余县（市）有 13 个，排名下降的有 20 个。

从结果看，除了青州市、东阿县排名上升幅度较大，其余县（市）排名均变动不大，说明在规上高新技术产业产值占规上工业产值比重方面，其余县（市）整体表现较为稳定。

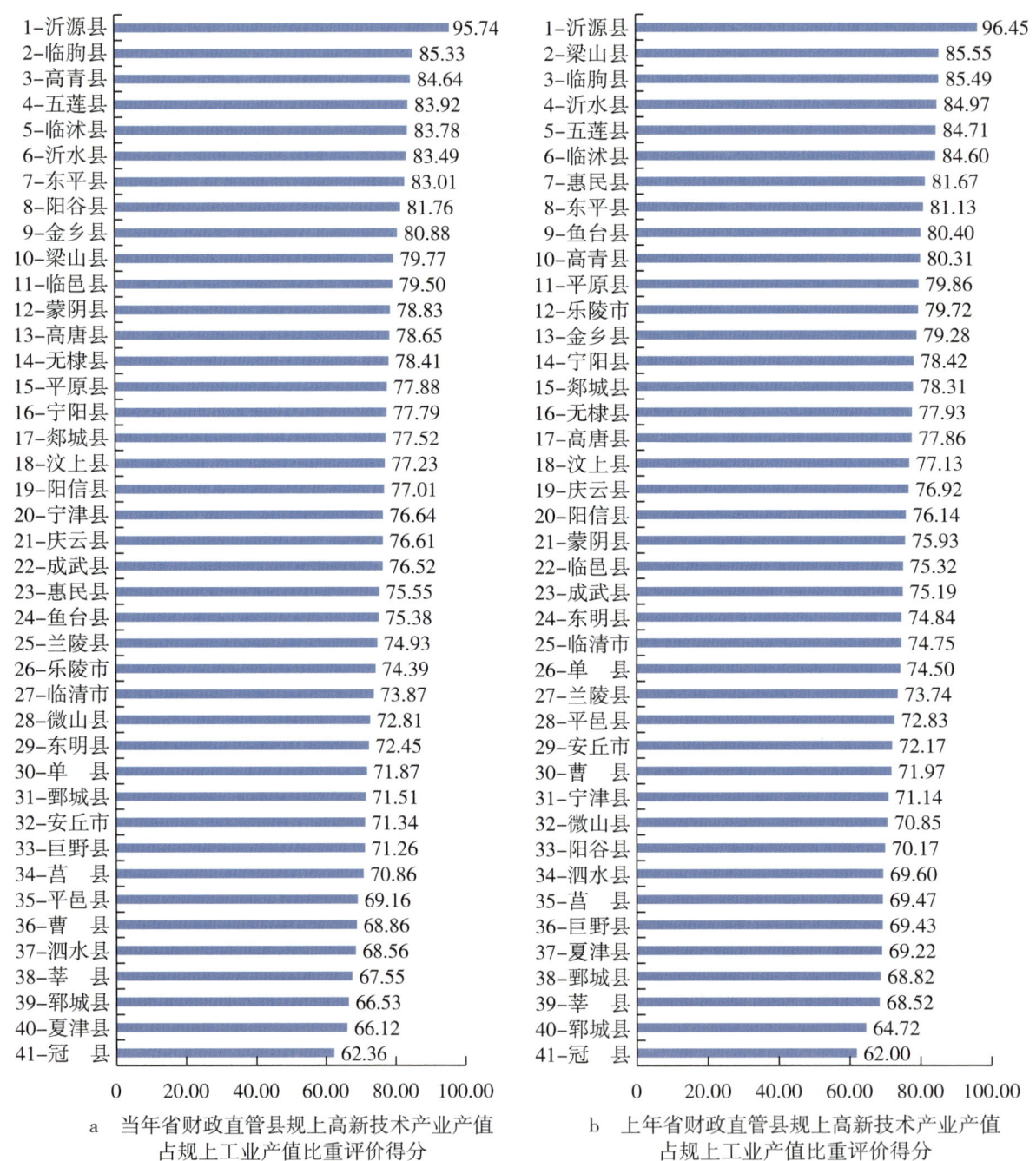

图 2-26 省财政直管县规上高新技术产业产值占规上工业产值比重评价得分

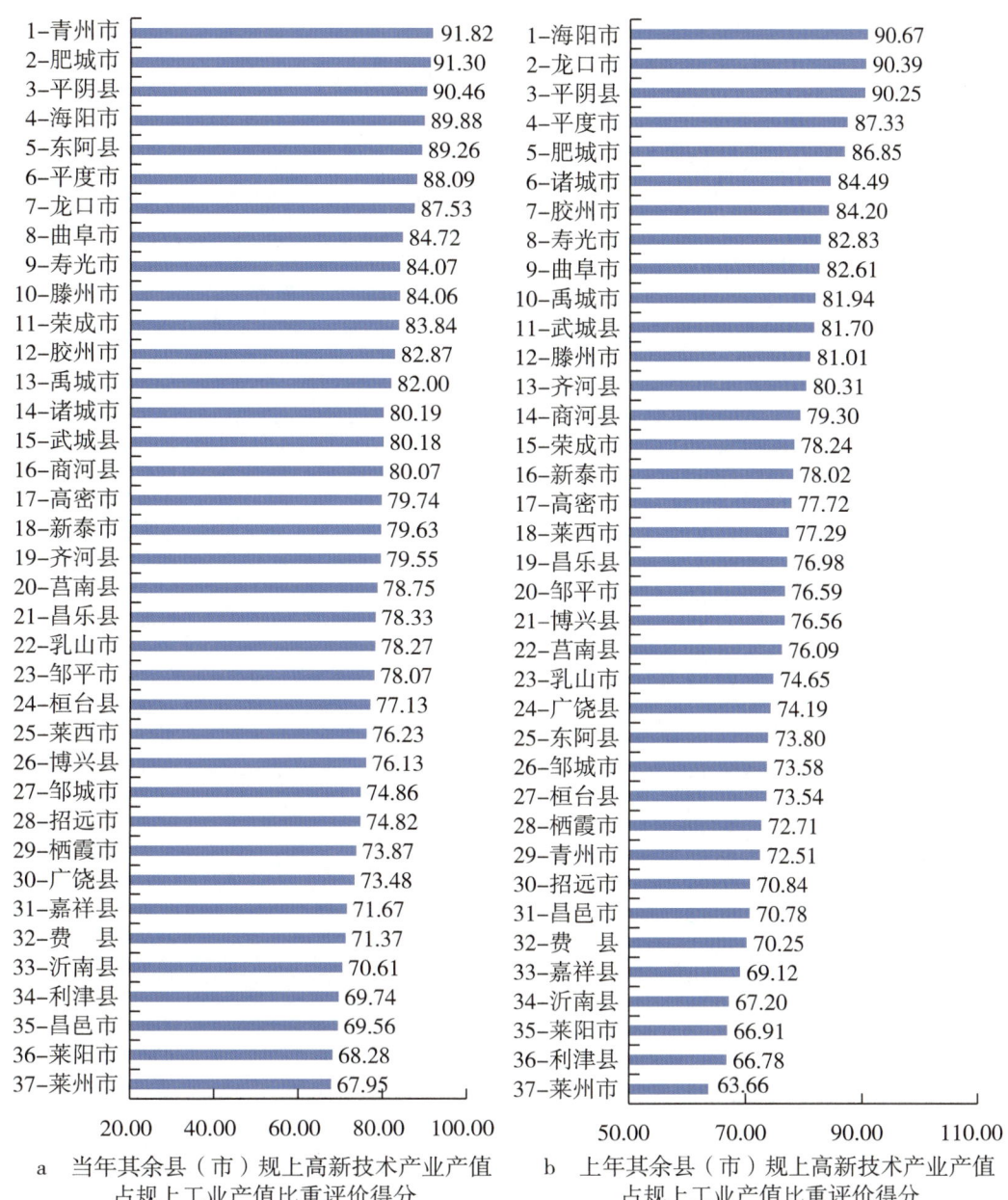

图 2-27 其余县（市）规上高新技术产业产值占规上工业产值比重评价得分

（七）万人有效发明专利拥有量

1. 市辖区评价

图 2-28 为 58 个市辖区创新绩效二级指标万人有效发明专利拥有量的得分排

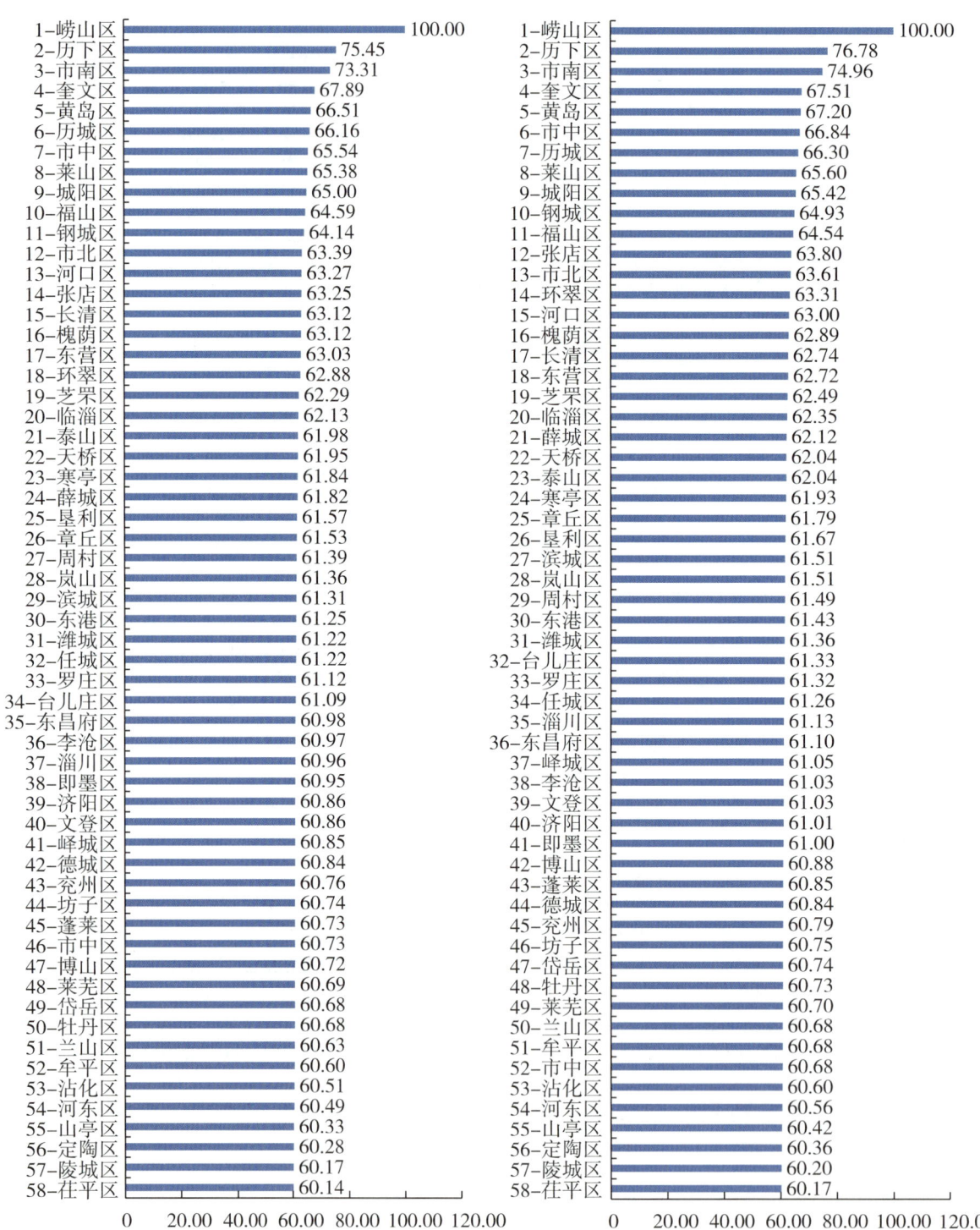

图 2-28 市辖区万人有效发明专利拥有量评价得分

（a 图中 7 为济南市中区，46 为枣庄市中区；b 图中 6 为济南市中区，52 为枣庄市中区）

序。从评价得分来看，2021年，市辖区平均得分为63.06，得分最高的为崂山区100.00，得分最低的为茌平区60.14，差异系数为9.07%。

从各市辖区两年排名情况来看，历下区、槐荫区等21个市辖区排名不变，排名上升的市辖区有20个，排名下降的有17个。

从结果看，枣庄市中区排名上升6位，提升幅度最大，博山区排名下降5位，下降幅度最大，总体来看，在万人有效发明专利拥有量方面，其余市辖区排名变动不大，市辖区整体表现较为稳定。

2. 省财政直管县评价

图2-29为41个省财政直管县创新绩效二级指标万人有效发明专利拥有量的得分排序。从评价得分来看，2021年省财政直管县平均得分为60.28，得分最高的为沂源县60.98，得分最低的为莘县60.00，差异系数为0.36%。

从各省财政直管县两年排名情况来看，只有沂源县、鱼台县等12个省财政直管县排名不变，排名上升的省财政直管县有13个，排名下降的有16个。

从结果看，各省财政直管县排名均变动不大，说明在万人有效发明专利拥有量方面，省财政直管县整体表现较为稳定。

3. 其余县（市）评价

图2-30为37个其余县（市）创新绩效二级指标万人有效发明专利拥有量的得分排序。从评价得分来看，2021年，其余县（市）平均得分为60.72，得分最高的为桓台县61.86，得分最低的为沂南县60.11，差异系数为0.73%。

从各其余县（市）两年排名情况来看，只有胶州市、莱西市等10个其余县（市）排名不变，排名上升的其余县（市）有12个，排名下降的有15个。

从结果看，利津县排名上升幅度较大，发明专利产出成效明显，其余县（市）排名均变动不大。说明在万人有效发明专利拥有量方面，其余县（市）发明专利产出整体表现较为稳定。

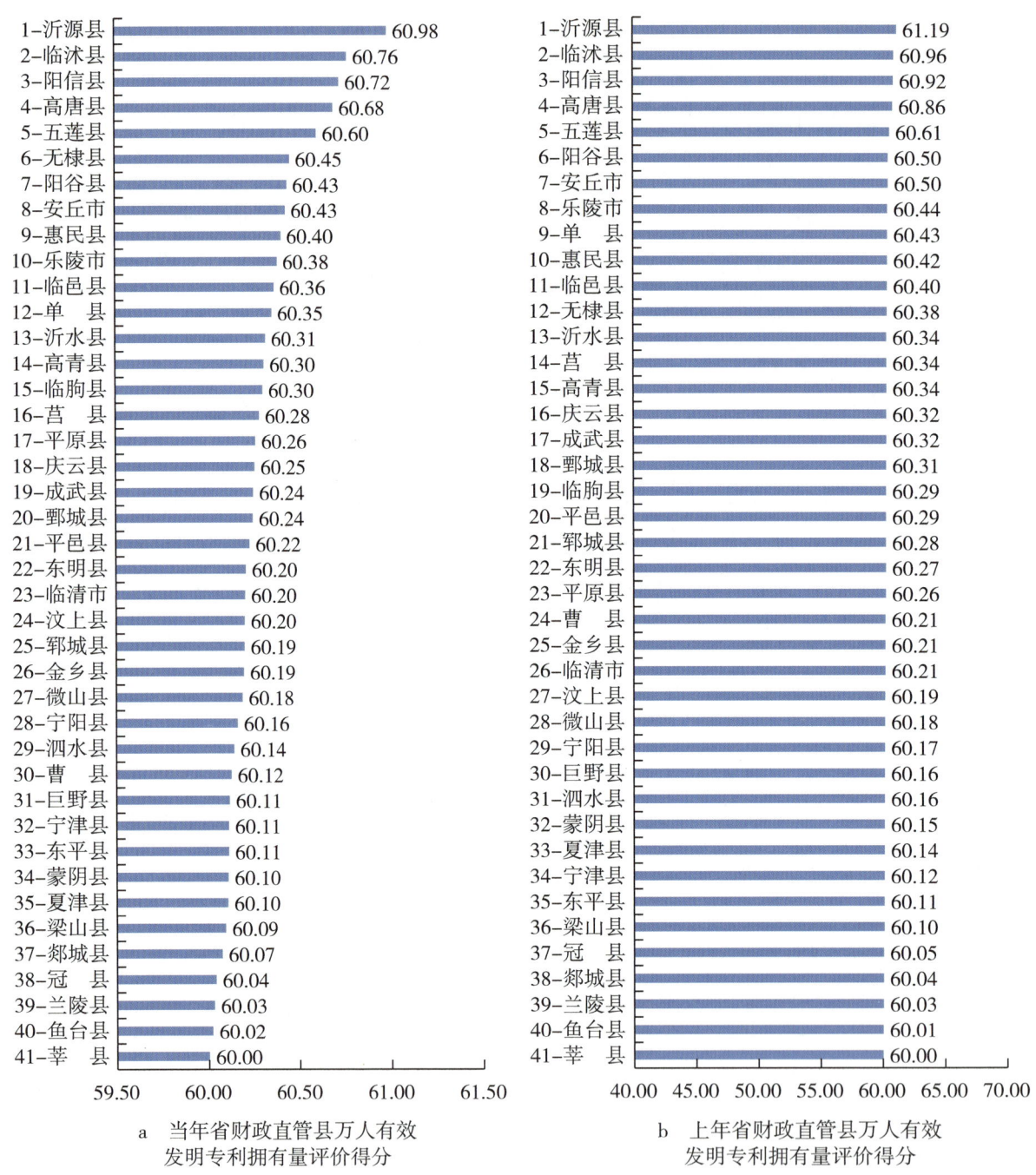

图 2-29　省财政直管县万人有效发明专利拥有量评价得分

县域科技创新各级指标评价 | 第二部分

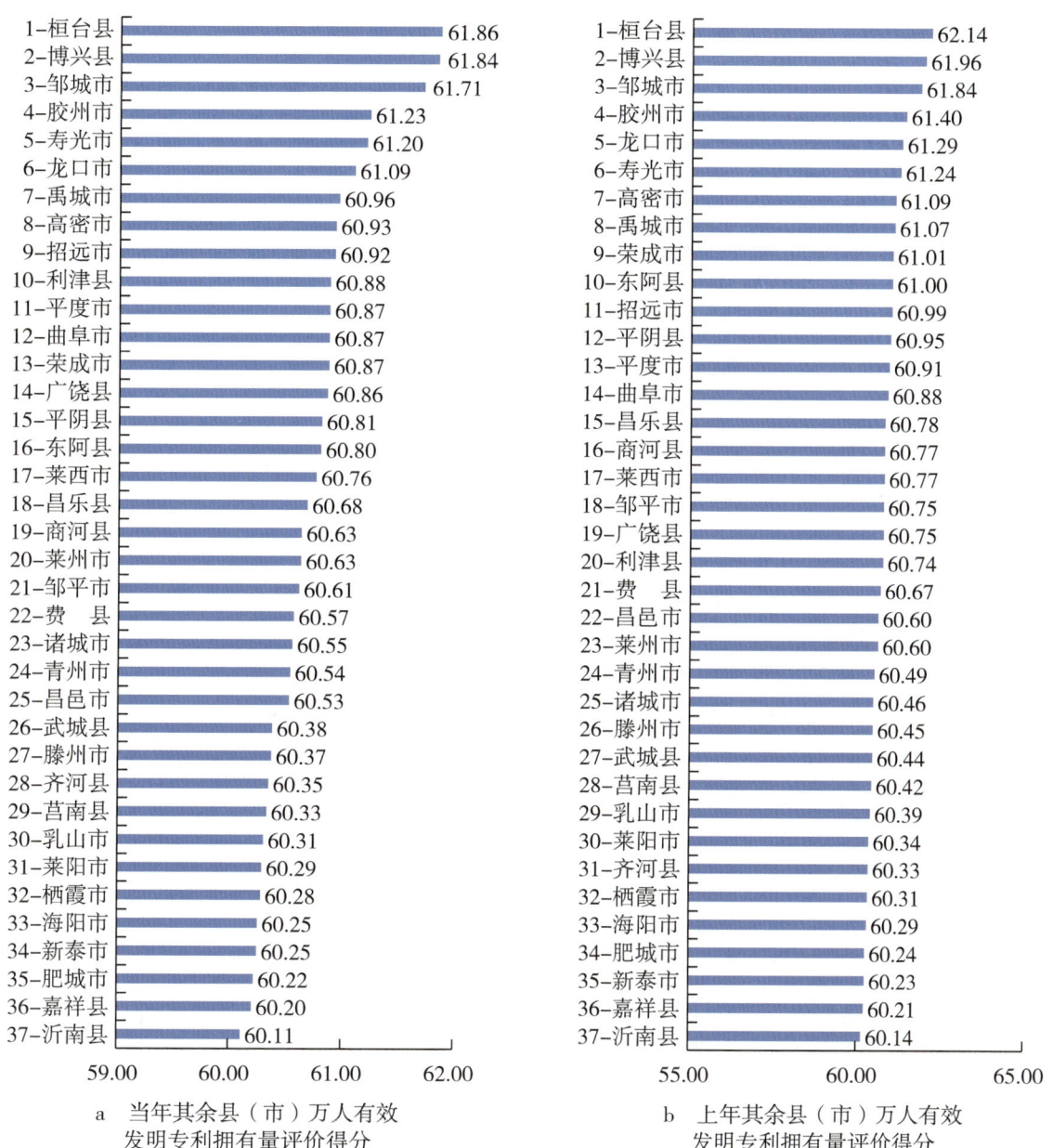

图 2-30 其余县（市）万人有效发明专利拥有量评价得分

（八）万元 GDP 综合能耗下降率

1. 市辖区评价

图 2-31 为 58 个市辖区创新绩效二级指标万元 GDP 综合能耗下降率的得分

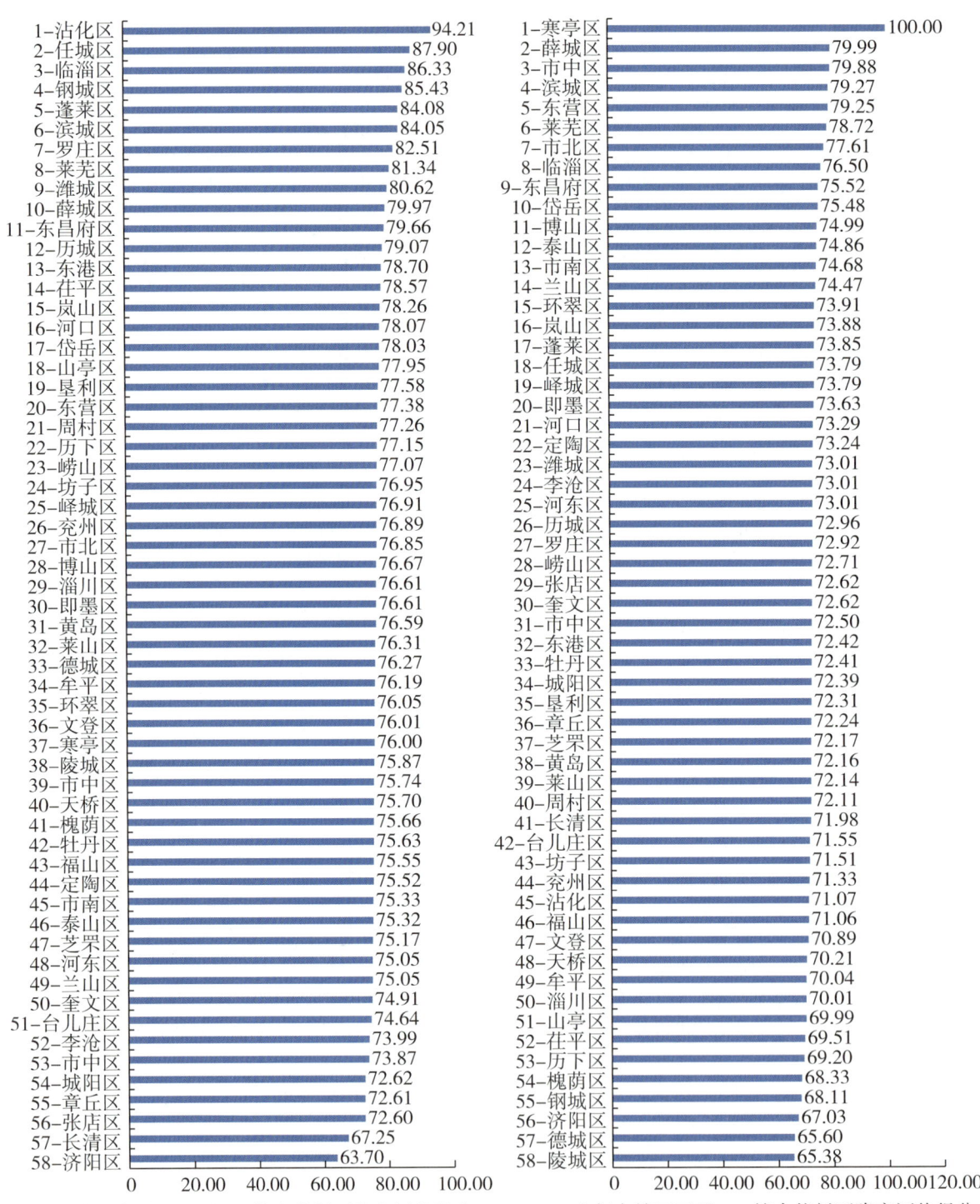

图 2-31 市辖区万元 GDP 综合能耗下降率评价得分

（a 图中 39 为济南市中区，53 为枣庄市中区；b 图中 3 为济南市中区，31 为枣庄市中区）

排序。从评价得分来看，2021年市辖区平均得分为77.31，得分最高的为沾化区94.21，得分最低的为济阳区63.70，差异系数为5.82%。

从各市辖区两年排名情况来看，排名上升的市辖区有29个，排名下降的有29个。

从结果看，在万元GDP综合能耗下降率方面，市辖区整体波动较大。有21个市辖区排名上升幅度超过10位，说明这些市辖区的万元GDP综合能耗有明显改善；有20个市辖区排名下降幅度超过10位，也是拉低其创新绩效得分的重要原因之一，应引起重视。

2. 省财政直管县评价

图2-32为41个省财政直管县创新绩效二级指标万元GDP综合能耗下降率的得分排序。从评价得分来看，2021年，省财政直管县平均得分为78.42，得分最高的为金乡县89.46，得分最低的为高青县60.00，差异系数为6.05%。

从各省财政直管县两年排名情况来看，只有泗水县、临沭县、阳信县3个省财政直管县排名不变，排名上升的省财政直管县有20个，排名下降的有18个。

从结果看，无棣县、梁山县、庆云县、平原县等排名大幅提升，拉动其创新绩效评价得分。安丘市、汶上县、临朐县、莘县、东平县等排名大幅下降，应引起重视。

3. 其余县（市）评价

图2-33为37个其余县（市）创新绩效二级指标万元GDP综合能耗下降率的得分排序。从评价得分来看，2021年，其余县（市）平均得分为79.27，得分最高的为东阿县100.00，得分最低的为新泰市68.81，差异系数为6.76%。

从各其余县（市）两年排名情况来看，只有商河县、龙口市、栖霞市等3个其余县（市）排名不变，排名上升的其余县（市）有17个，排名下降的其余县（市）有17个。

从结果看，东阿县、齐河县、桓台县、平阴县等排名大幅提升。胶州市、莱西市、莱阳市等排名下降幅度较大，需要引起注意。

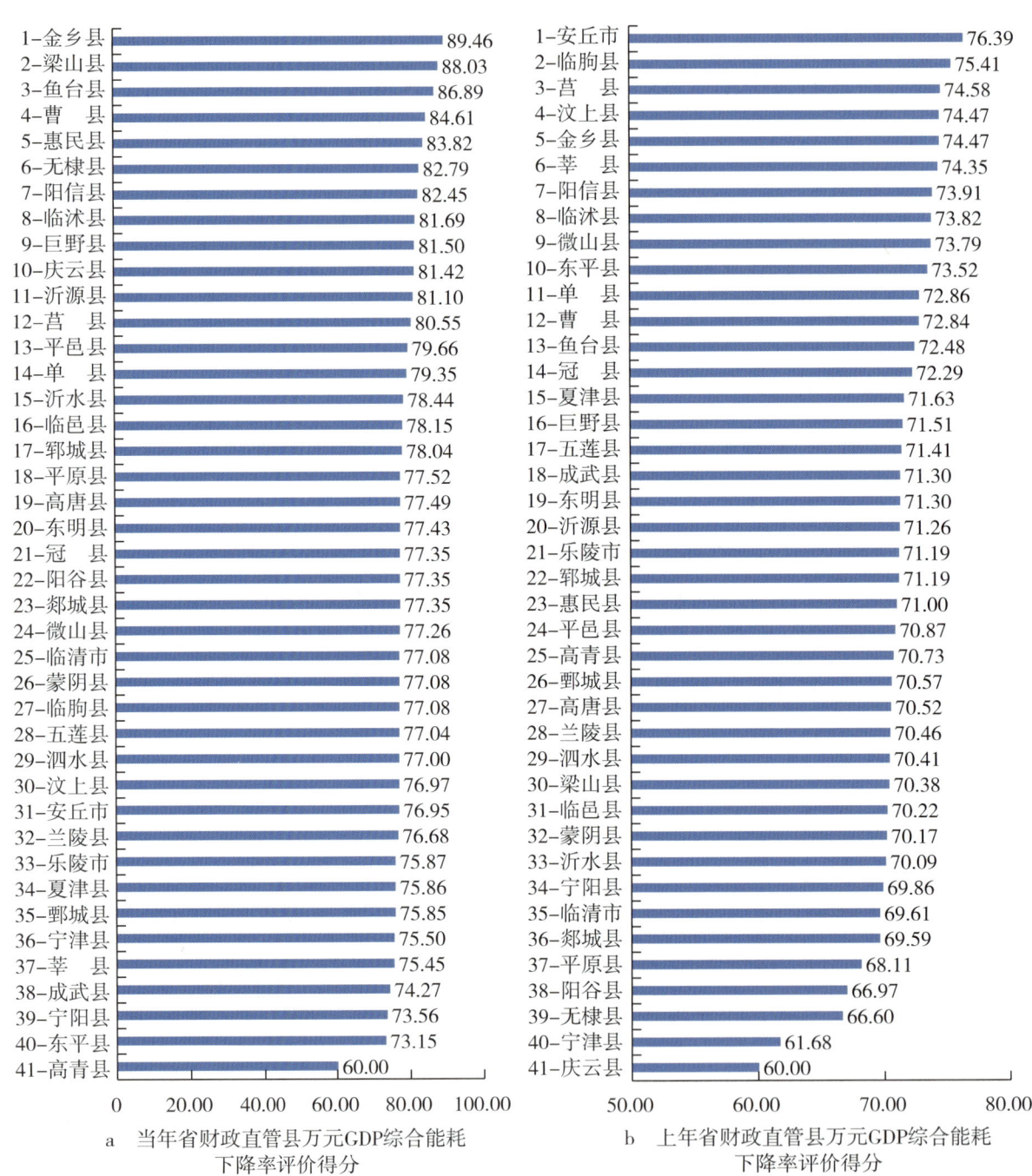

图 2-32　省财政直管县万元 GDP 综合能耗下降率评价得分

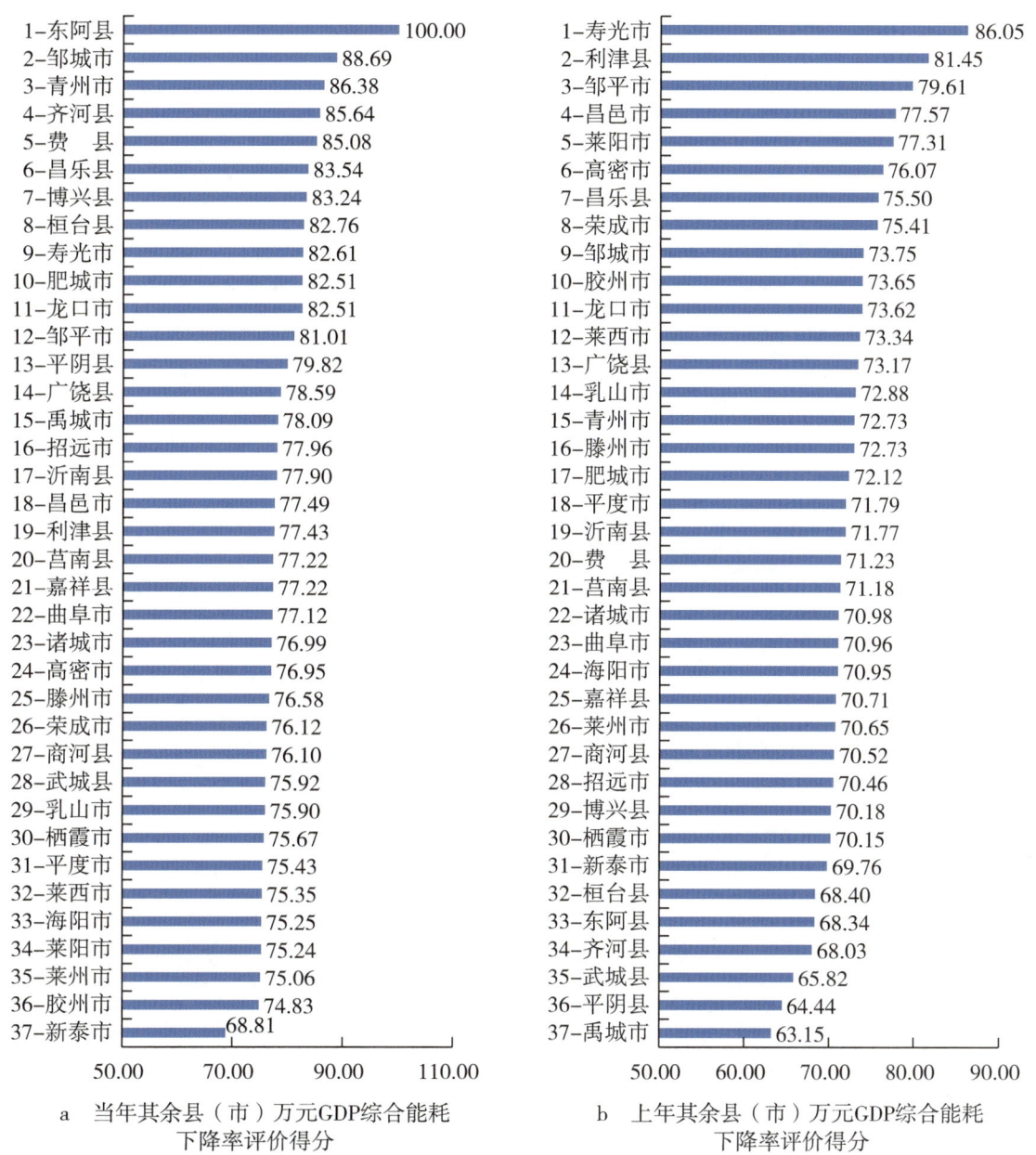

图 2-33 其余县（市）万元 GDP 综合能耗下降率评价得分

（九）人均 GDP

1. 市辖区评价

图 2-34 为 58 个市辖区创新绩效二级指标人均 GDP 的得分排序。从评价得分

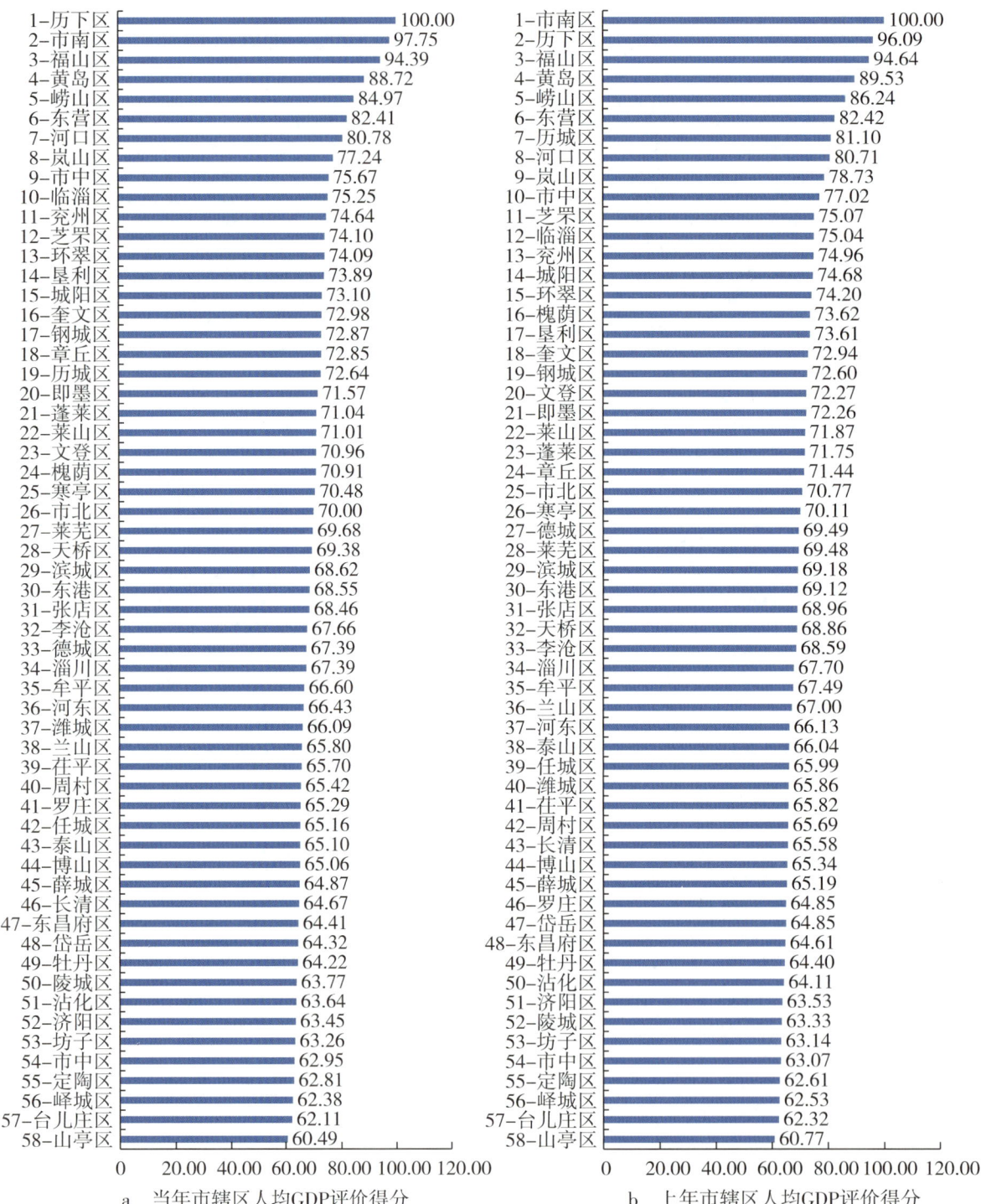

图 2-34 市辖区人均 GDP 评价得分

（a 图中 9 为济南市中区，54 为枣庄市中区；b 图中 10 为济南市中区，54 为枣庄市中区）

来看，2021年，市辖区平均得分为70.78，得分最高的为历下区100.00，得分最低的为山亭区60.49，差异系数为12.06%。

从各市辖区两年排名情况来看，只有黄岛区、崂山区等19个市辖区排名不变，排名上升的市辖区有24个，排名下降的有15个。

从结果看，历城区排名下降幅度较大，需要引起重视，其余市辖区排名均变动不大，说明在人均GDP方面，市辖区整体表现较为稳定。

2. 省财政直管县评价

图2-35为41个省财政直管县创新绩效二级指标人均GDP的得分排序。从评价得分来看，2021年省财政直管县平均得分为62.68，得分最高的为无棣县68.07，得分最低的为莘县60.00，差异系数为2.89%。

从各省财政直管县两年排名情况来看，高青县、微山县等18个省财政直管县排名不变，排名上升的省财政直管县有13个，排名下降的有10个。

从结果看，在人均GDP方面，省财政直管县整体表现较为稳定，排名均变动不大。

3. 其余县（市）评价

图2-36为37个其余县（市）创新绩效二级指标人均GDP的得分排序。从评价得分来看，2021年，其余县（市）平均得分为67.68，得分最高的为龙口市80.63，得分最低的为沂南县60.92，差异系数为7.23%。

从各其余县（市）两年排名情况来看，商河县、桓台县等16个其余县（市）排名不变，排名上升的其余县（市）有11个，排名下降的有10个。

从结果看，各县（市）排名变动不大，说明在人均GDP方面，其余县（市）整体表现较为稳定。

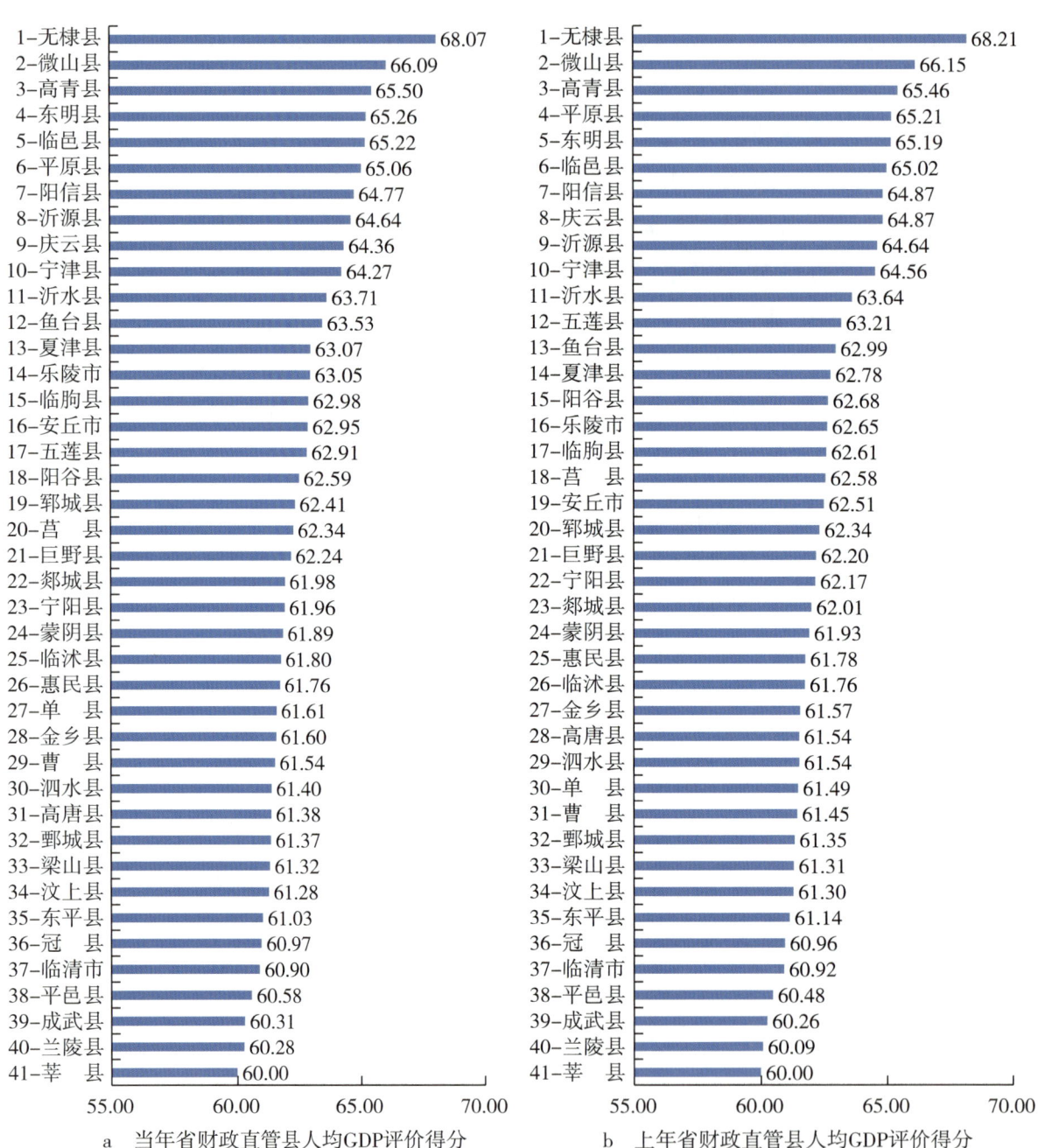

图 2-35 省财政直管县人均 GDP 评价得分

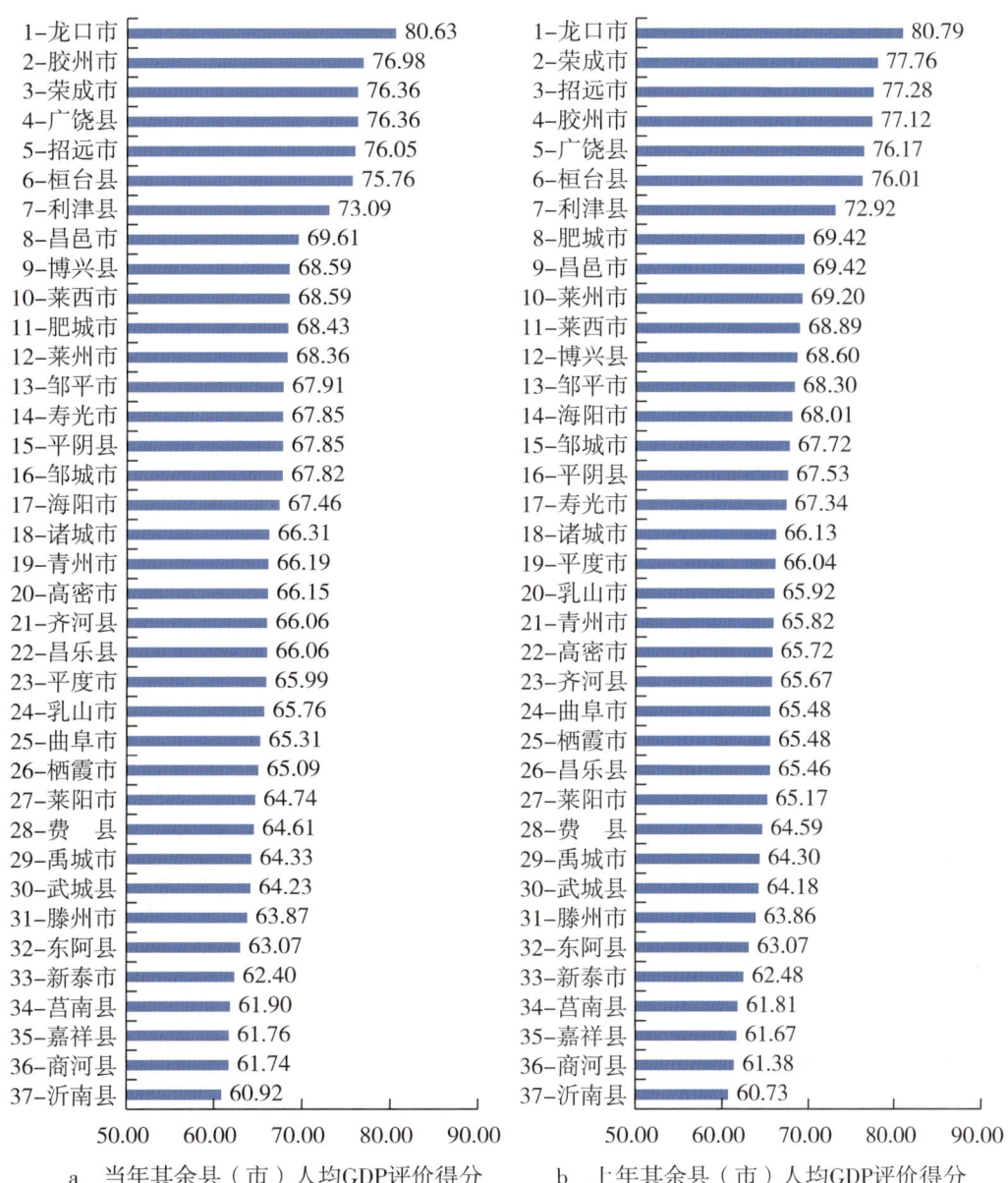

图 2-36　其余县（市）人均 GDP 评价得分

（十）企业享受研发费用加计扣除优惠政策获得的税收减免额

1. 市辖区评价

图 2-37 为 58 个市辖区创新生态二级指标企业享受研发费用加计扣除优惠政策获得的税收减免额的得分排序。从评价得分来看，2021 年，市辖区平均得分

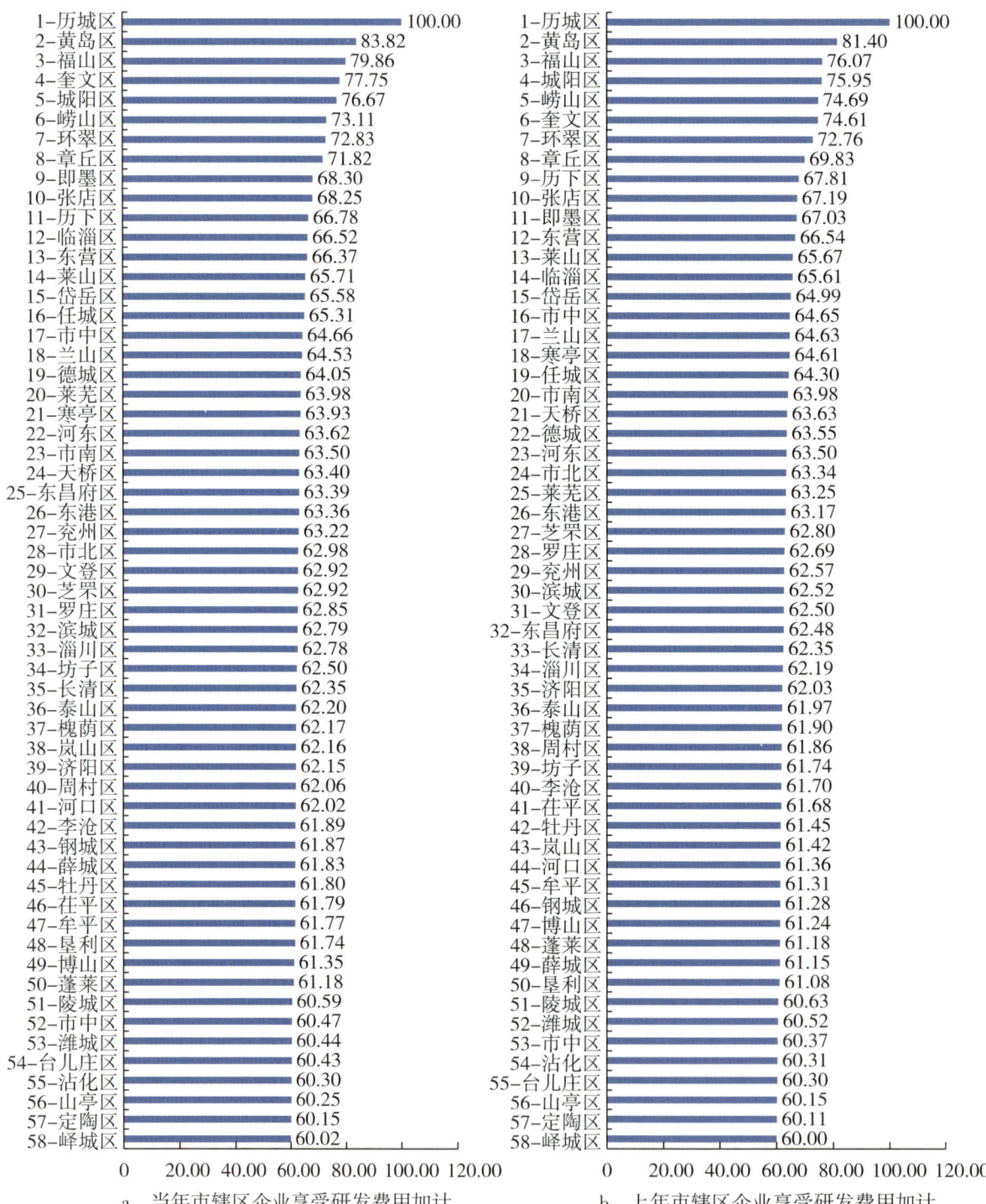

图 2-37 市辖区企业享受研发费用加计扣除优惠政策获得的税收减免额评价得分

（a 图中 17 为济南市中区，52 为枣庄市中区；b 图中 16 为济南市中区，53 为枣庄市中区）

为 65.23，得分最高的为历城区 100.00，得分最低的为峄城区 60.02，差异系数为 10.52%。

从各市辖区两年排名情况来看，只有槐荫区、历城区等 14 个市辖区排名不变，排名上升的市辖区有 19 个，排名下降的有 25 个。

从结果看，各市辖区排名均变动不大，说明在企业享受研发费用加计扣除优惠政策获得的税收减免额方面，市辖区整体表现较为稳定。

2. 省财政直管县评价

图 2-38 为 41 个省财政直管县创新生态二级指标企业享受研发费用加计扣除优惠政策获得的税收减免额的得分排序。从评价得分来看，2021 年省财政直管县平均得分为 60.72，得分最高的为沂水县 62.28，得分最低的为高唐县 60.00，差异系数为 0.90%。

从各省财政直管县两年排名情况来看，只有沂源县、鱼台县等 11 个省财政直管县排名不变，排名上升的省财政直管县有 15 个，排名下降的有 15 个。

从结果看，东平县、东明县等排名提升幅度较大，是其创新生态改善的重要原因。平邑县排名下降幅度超过 10 位，应引起重视。

3. 其余县（市）评价

图 2-39 为 37 个其余县（市）创新生态二级指标企业享受研发费用加计扣除优惠政策获得的税收减免额的得分排序。从评价得分来看，2021 年，其余县（市）平均得分为 62.35，得分最高的为胶州市 68.22，得分最低的为栖霞市 60.18，差异系数为 2.86%。

从各其余县（市）两年排名情况来看，只有胶州市、平度市等 10 个其余县（市）排名不变，排名上升的其余县（市）有 13 个，排名下降的有 14 个。

从结果看，各县（市）在企业享受研发费用加计扣除优惠政策获得的税收减免额方面的排名均变动不大，整体表现较为稳定，对创新生态位次变化影响不大。

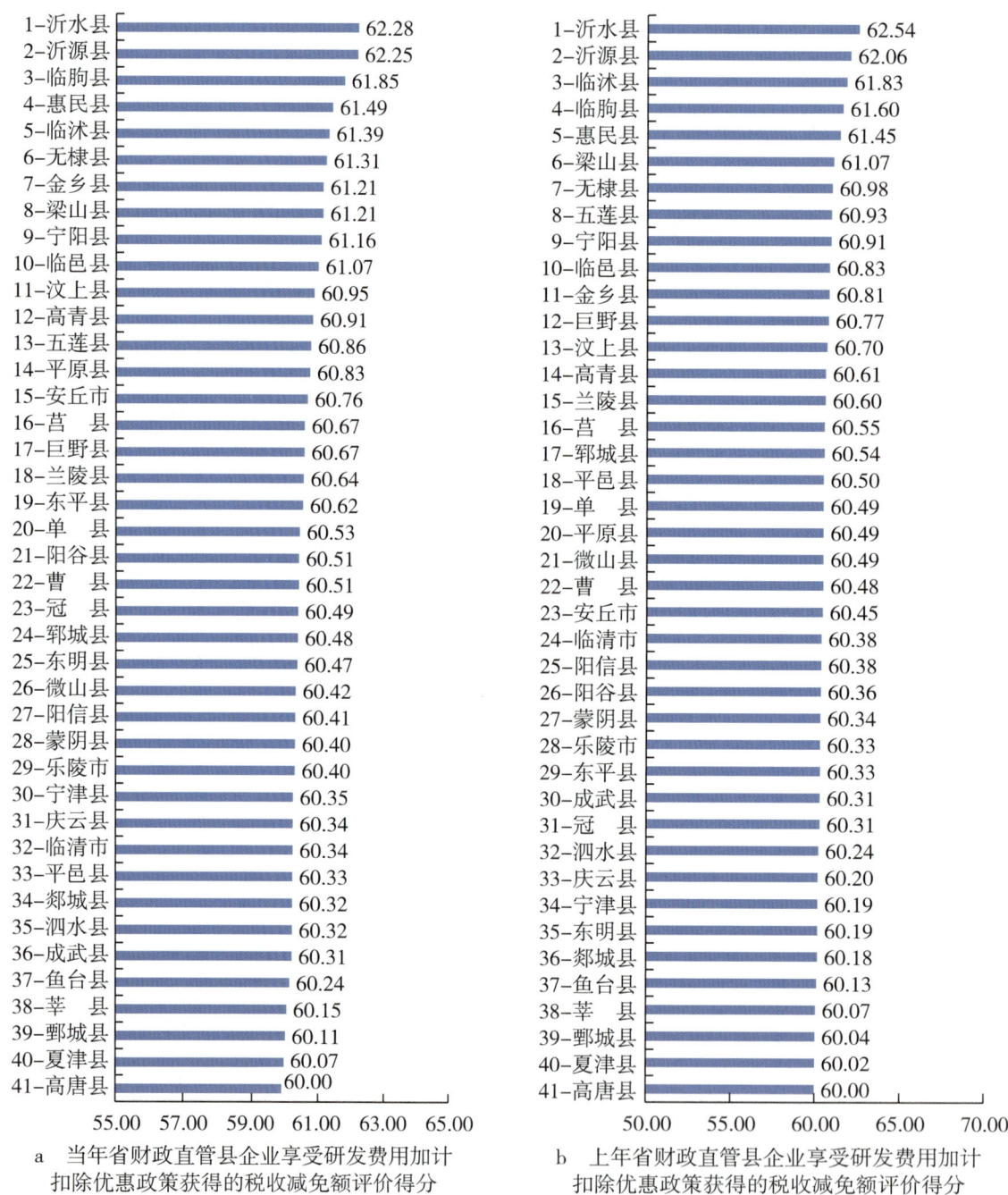

a 当年省财政直管县企业享受研发费用加计扣除优惠政策获得的税收减免额评价得分

b 上年省财政直管县企业享受研发费用加计扣除优惠政策获得的税收减免额评价得分

图 2-38 省财政直管县企业享受研发费用加计扣除优惠政策获得的税收减免额评价得分

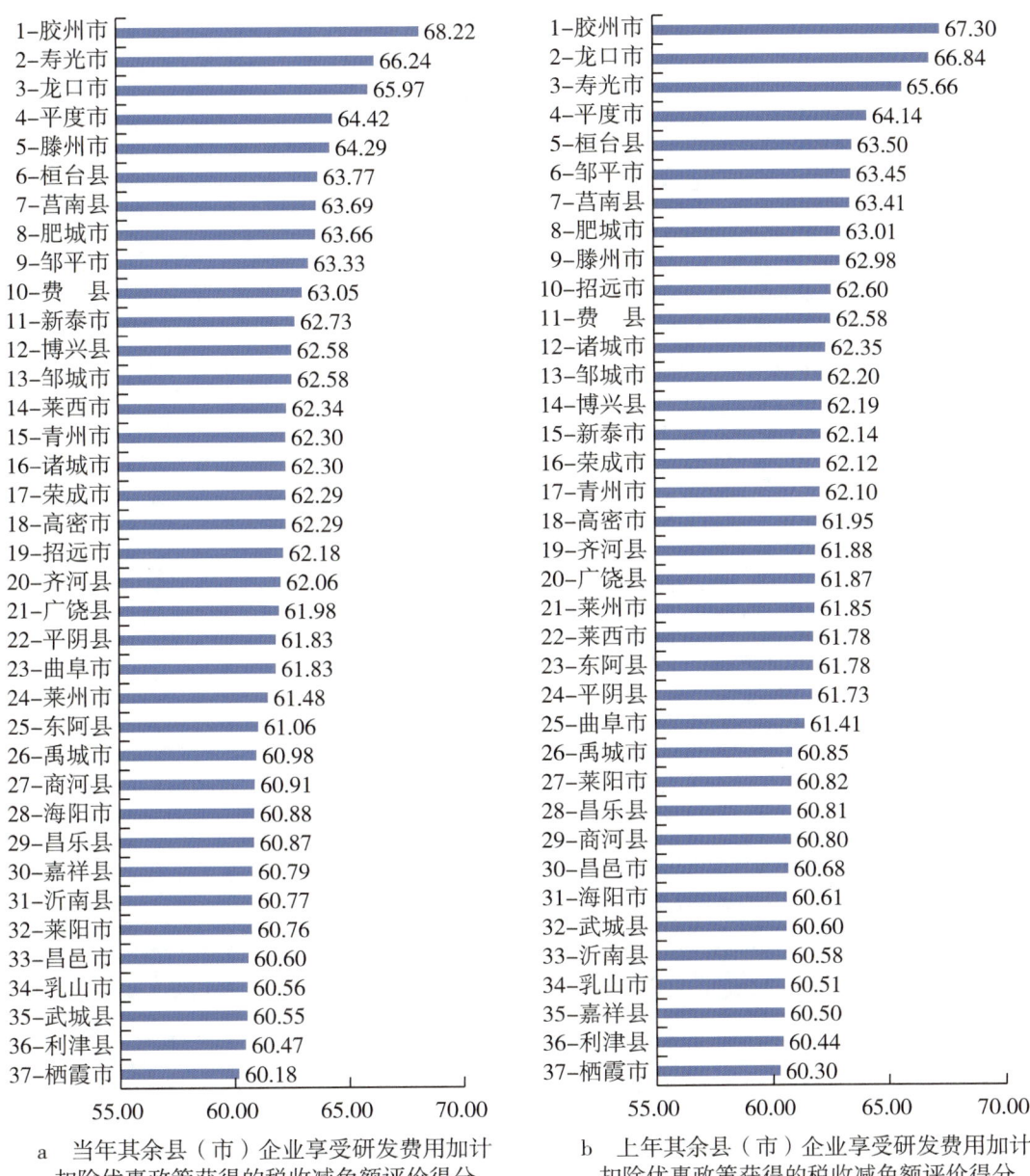

图 2-39 其余县（市）企业享受研发费用加计扣除优惠政策获得的税收减免额评价得分

（十一）高新技术企业数及增长率

1. 市辖区评价

图 2-40 为 58 个市辖区创新生态二级指标高新技术企业数及增长率的得分排

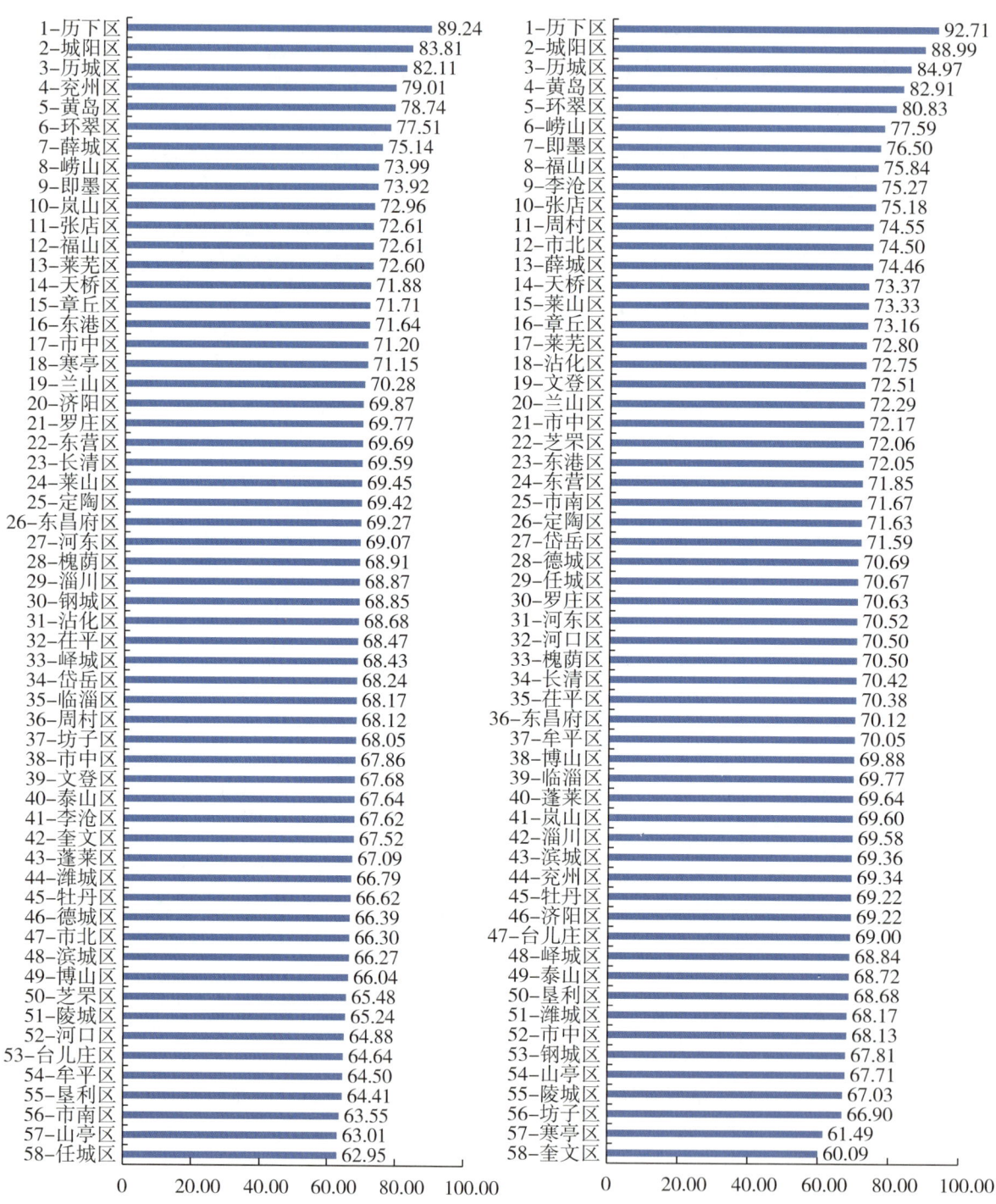

图 2-40 市辖区高新技术企业数及增长率评价得分

（a 图中 17 为济南市中区，38 为枣庄市中区；b 图中 21 为济南市中区，53 为枣庄市中区）

序。从评价得分来看，2021年，市辖区平均得分为69.92，得分最高的为历下区89.24，得分最低的为任城区62.95，差异系数为7.24%。

从各市辖区两年排名情况来看，只有历下区、天桥区、历城区、城阳区、牡丹区5个市辖区排名不变，排名上升的市辖区有28个，排名下降的有25个。

从结果看，济阳区、钢城区、寒亭区、兖州区、岚山区等排名大幅提升。市南区、市北区、李沧区、任城区等排名下降幅度较大，应加以重视。

2. 省财政直管县评价

图2-41为41个省财政直管县创新生态二级指标高新技术企业数及增长率的得分排序。从评价得分来看，2021年，省财政直管县平均得分为67.60，得分最高的为莒县74.01，得分最低的为东明县61.15，差异系数为4.11%。

从各省财政直管县两年排名情况来看，排名上升的省财政直管县有16个，排名下降的有25个。

从结果看，莘县、单县排名上升幅度超过了30位，拉动其创新生态得分提升。宁津县、庆云县、乐陵市、蒙阴县等排名大幅下降，应加大对高新技术企业的培育力度。

3. 其余县（市）评价

图2-42为37个其余县（市）创新生态二级指标高新技术企业数及增长率的得分排序。从评价得分来看，2021年，其余县（市）平均得分为67.36，得分最高的为胶州市75.49，得分最低的为平阴县62.41，差异系数为4.19%。

从各其余县（市）两年排名情况来看，只有胶州市排名不变，排名上升的其余县（市）有20个，排名下降的有16个。

从结果看，曲阜市、莒南县、沂南县、费县等排名上升幅度较大，是拉动其创新生态得分的重要原因。平阴县、莱州市、齐河县、武城县等排名大幅下降，应引起重视。

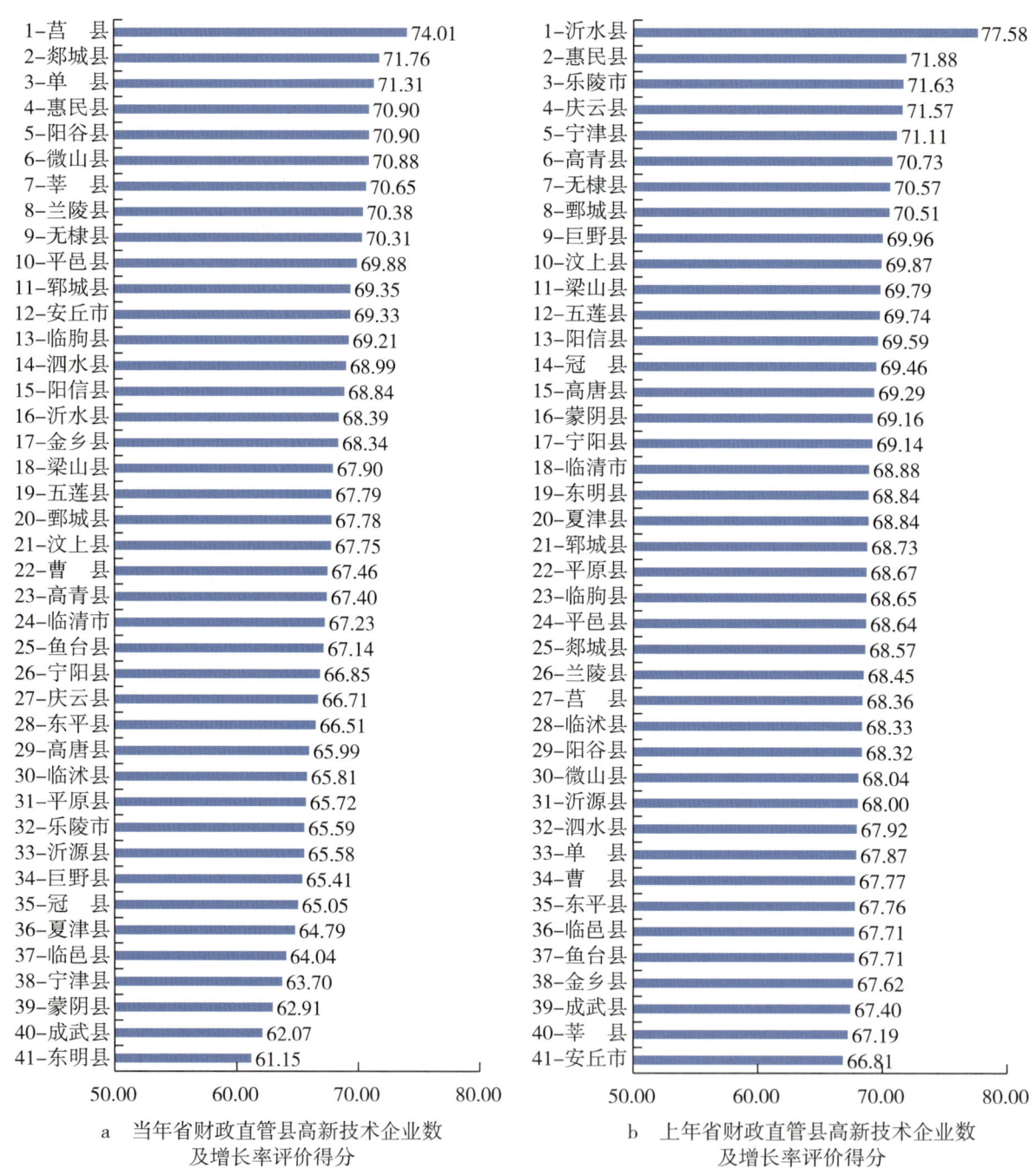

a 当年省财政直管县高新技术企业数及增长率评价得分

b 上年省财政直管县高新技术企业数及增长率评价得分

图 2-41 省财政直管县高新技术企业数及增长率评价得分

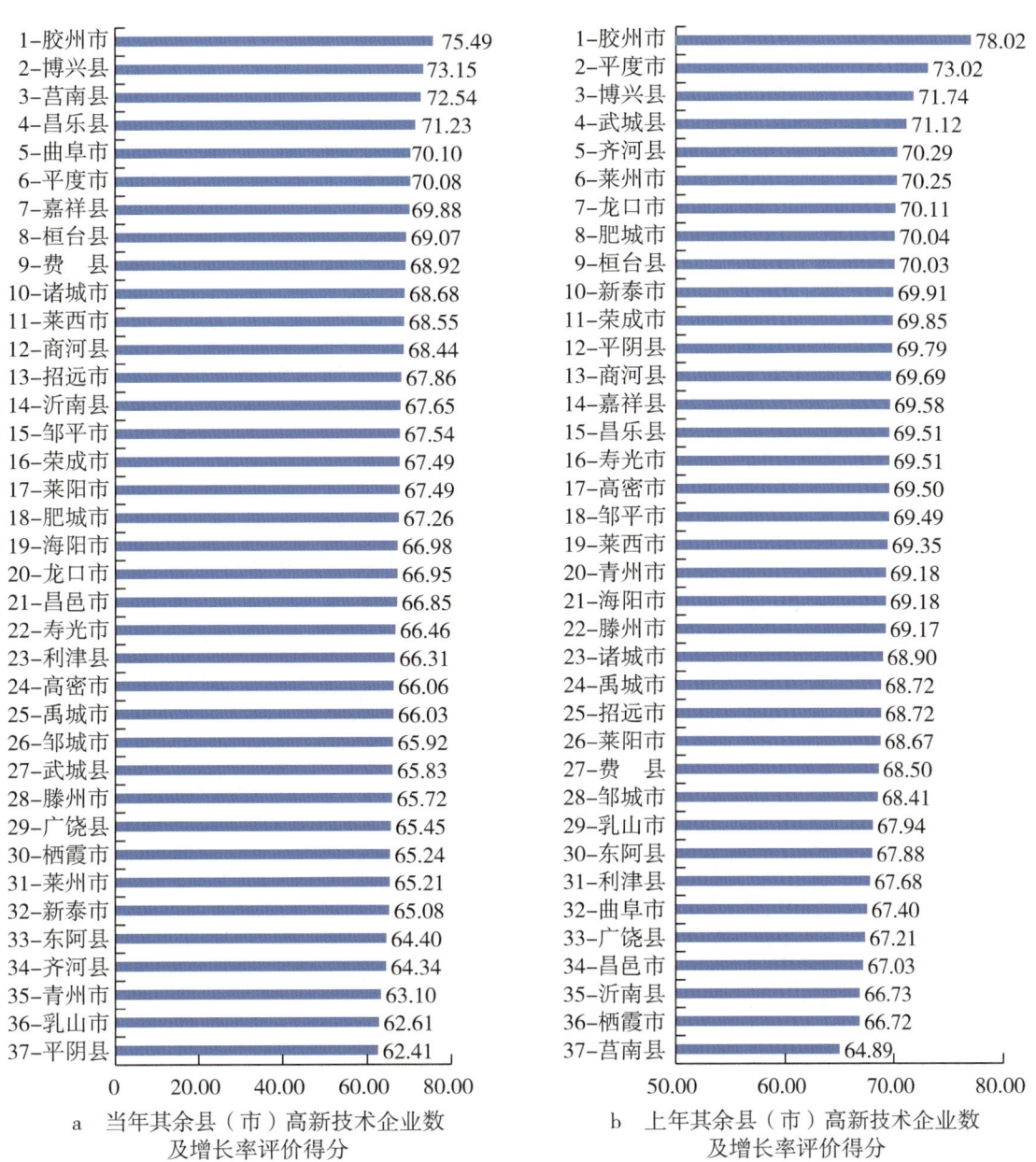

图 2-42 其余县（市）高新技术企业数及增长率评价得分

（十二）千家市场主体登记企业中科技型中小企业入库数量

1. 市辖区评价

图 2-43 为 58 个市辖区创新生态二级指标千家市场主体登记企业中科技型中

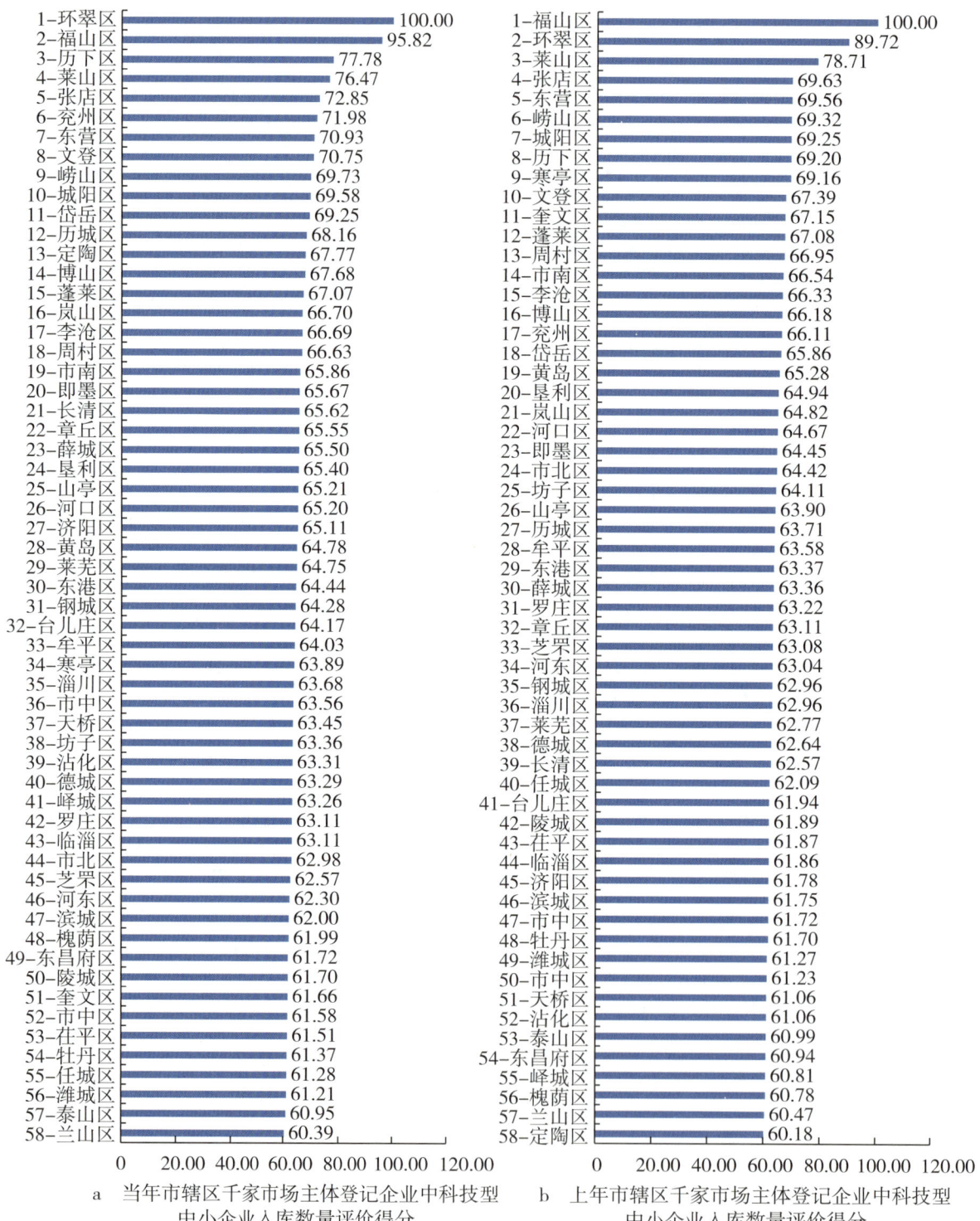

图 2-43 市辖区千家市场主体登记企业中科技型中小企业入库数量评价得分

（a 图中 37 为济南市中区，49 为枣庄市中区；b 图中 36 为济南市中区，52 为枣庄市中区）

小企业入库数量的得分排序。从评价得分来看，2021年，市辖区平均得分为66.39，得分最高的为环翠区100.00，得分最低的为兰山区60.39，差异系数为10.63%。

从各市辖区两年排名情况来看，排名上升的市辖区有26个，排名下降的有32个。

从结果看，长清区、济阳区、峄城区、历城区等排名大幅提升。市北区、奎文区、芝罘区、任城区等排名下降幅度较大，应引起重视。

2. 省财政直管县评价

图2-44为41个省财政直管县创新生态二级指标千家市场主体登记企业中科技型中小企业入库数量的得分排序。从评价得分来看，2021年，省财政直管县平均得分为61.82，得分最高的为五莲县66.40，得分最低的为曹县60.00，差异系数为2.06%。

从各省财政直管县两年排名情况来看，只有五莲县、莒县2个县排名不变，排名上升的有15个，排名下降的有24个。

从结果看，单县、临朐县、沂水县、微山县等提升幅度较大，说明这些县更加重视对科技型中小企业的培养。高青县、成武县、宁津县、临邑县等排名大幅下降，是拉低其创新生态得分的重要原因。

3. 其余县（市）评价

图2-45为37个其余县（市）创新生态二级指标千家市场主体登记企业中科技型中小企业入库数量的得分排序。从评价得分来看，2021年，其余县（市）平均得分为63.09，得分最高的为荣成市65.11，得分最低的为费县60.53，差异系数为2.11%。

从各其余县（市）两年排名情况来看，只有招远市、费县2个其余县（市）排名不变，排名上升的其余县（市）有18个，排名下降的有17个。

从结果看，青州市、曲阜市、沂南县、寿光市等排名提升幅度较大。平度市、莱西市排名大幅下降，应加以关注。

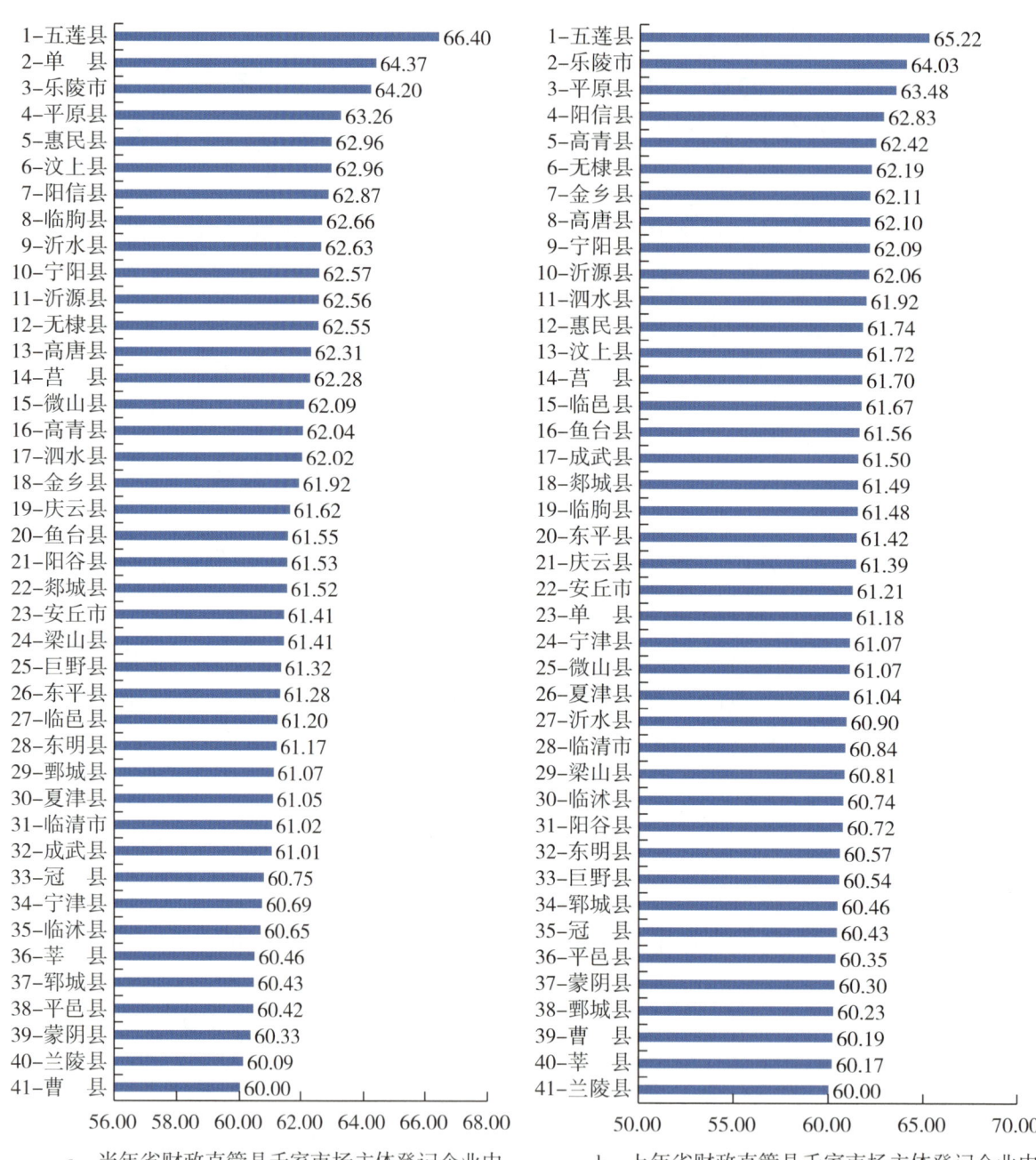

a 当年省财政直管县千家市场主体登记企业中科技型中小企业入库数量评价得分

b 上年省财政直管县千家市场主体登记企业中科技型中小企业入库数量评价得分

图 2-44　省财政直管县千家市场主体登记企业中科技型中小企业入库数量评价得分

县域科技创新各级指标评价 | **第二部分**

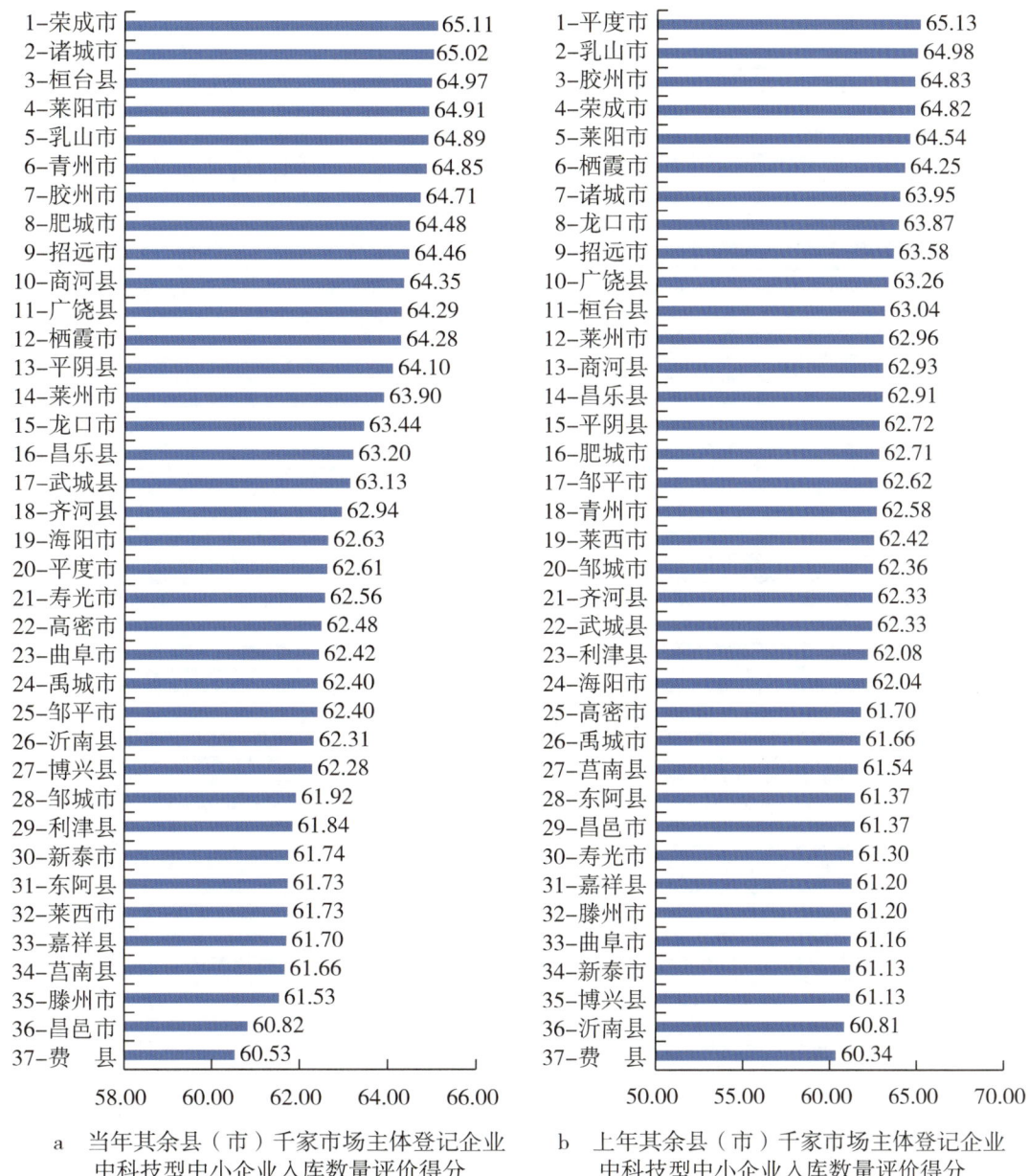

a 当年其余县（市）千家市场主体登记企业中科技型中小企业入库数量评价得分

b 上年其余县（市）千家市场主体登记企业中科技型中小企业入库数量评价得分

图2-45 其余县（市）千家市场主体登记企业中科技型中小企业入库数量评价得分

（十三）规上工业企业中有研发活动企业占比

1. 市辖区评价

图2-46为58个市辖区创新生态二级指标规上工业企业中有研发活动企业占比

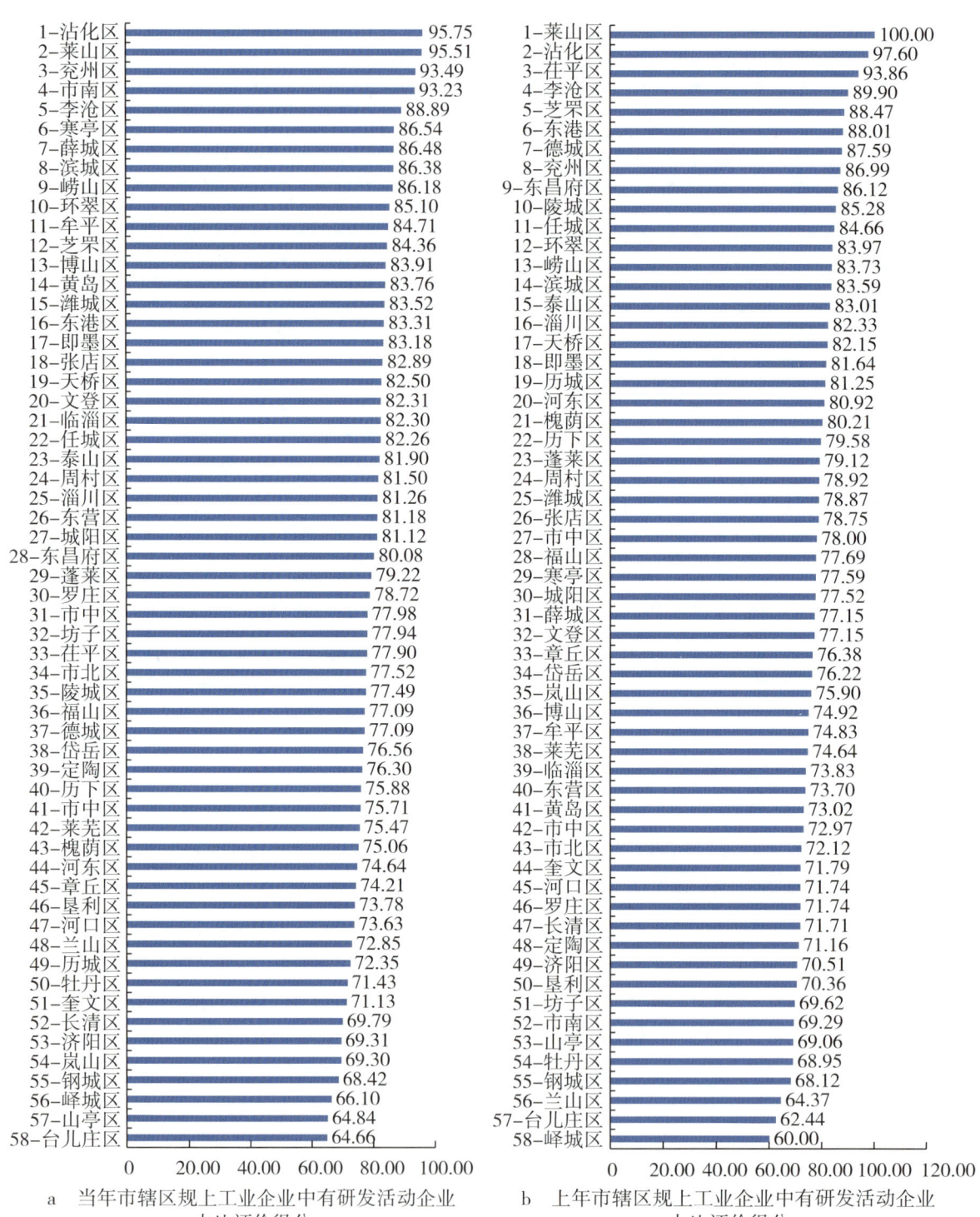

图 2-46 市辖区规上工业企业中有研发活动企业占比评价得分

（a 图中 41 为济南市中区，31 为枣庄市中区；b 图中 27 为济南市中区，42 为枣庄市中区）

的评价得分排序。从评价得分来看，2021年，市辖区平均得分为79.24，得分最高的为沾化区95.75，得分最低的为台儿庄区64.66，差异系数为9.01%。

从各市辖区两年排名情况来看，只有钢城区、周村区2个市辖区排名不变，排名上升的市辖区有27个，排名下降的市辖区有29个。

从结果看，市南区、黄岛区、博山区、牟平区、坊子区等排名大幅提升，说明这些市辖区企业研发活跃度提升。德城区、陵城区、茌平区、历城区等排名下降幅度较大，应加以重视。

2. 省财政直管县评价

图2-47为41个省财政直管县创新生态二级指标规上工业企业中有研发活动企业占比的得分排序。从评价得分来看，2021年，省财政直管县平均得分为80.86，得分最高的为无棣县95.91，得分最低的为曹县62.29，差异系数为11.62%。

从各省财政直管县两年排名情况来看，只有沂水县、蒙阴县、曹县、郓城县、东明县5个省财政直管县排名不变，排名上升的省财政直管县有17个，排名下降的有19个。

从结果看，泗水县、临沭县、高唐县、惠民县等大幅提升。庆云县、乐陵市、夏津县、莘县等排名下降幅度较大，应引起重视。

3. 其余县（市）评价

图2-48为37个其余县（市）创新生态二级指标规上工业企业中有研发活动企业占比的得分排序。从评价得分来看，2021年，其余县（市）平均得分为80.47，得分最高的为龙口市100.00，得分最低的为费县60.00，差异系数为11.06%。

从各其余县（市）两年排名情况来看，只有莱西市、昌邑市排名不变，排名上升的有18个，排名下降的有17个。

从结果看，曲阜市、诸城市、龙口市、莒南县等提升幅度较大。武城县、齐河县、禹城市等排名大幅下降，规上工业企业研发活力有待提升。

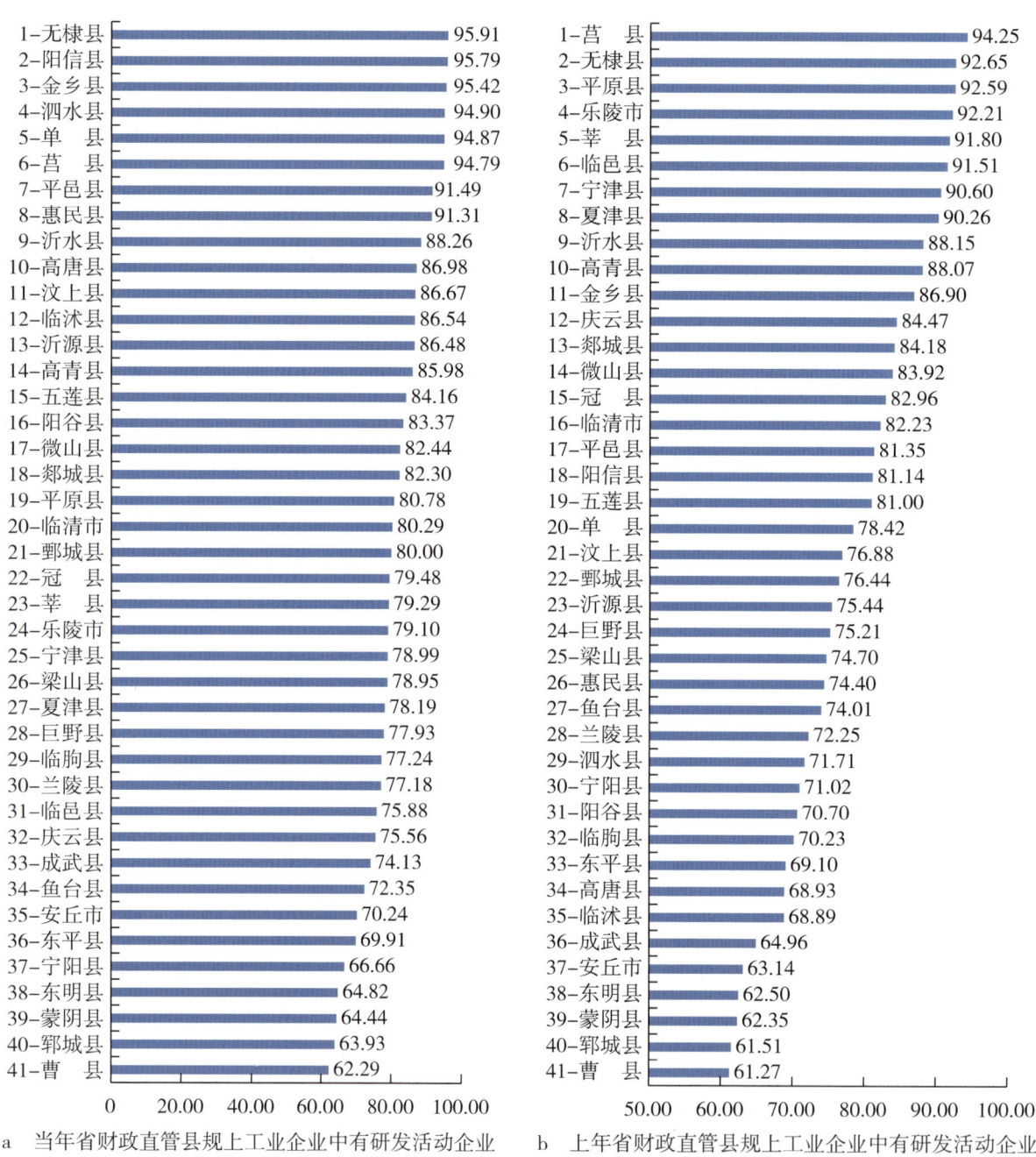

a 当年省财政直管县规上工业企业中有研发活动企业占比评价得分

b 上年省财政直管县规上工业企业中有研发活动企业占比评价得分

图 2-47 省财政直管县规上工业企业中有研发活动企业占比评价得分

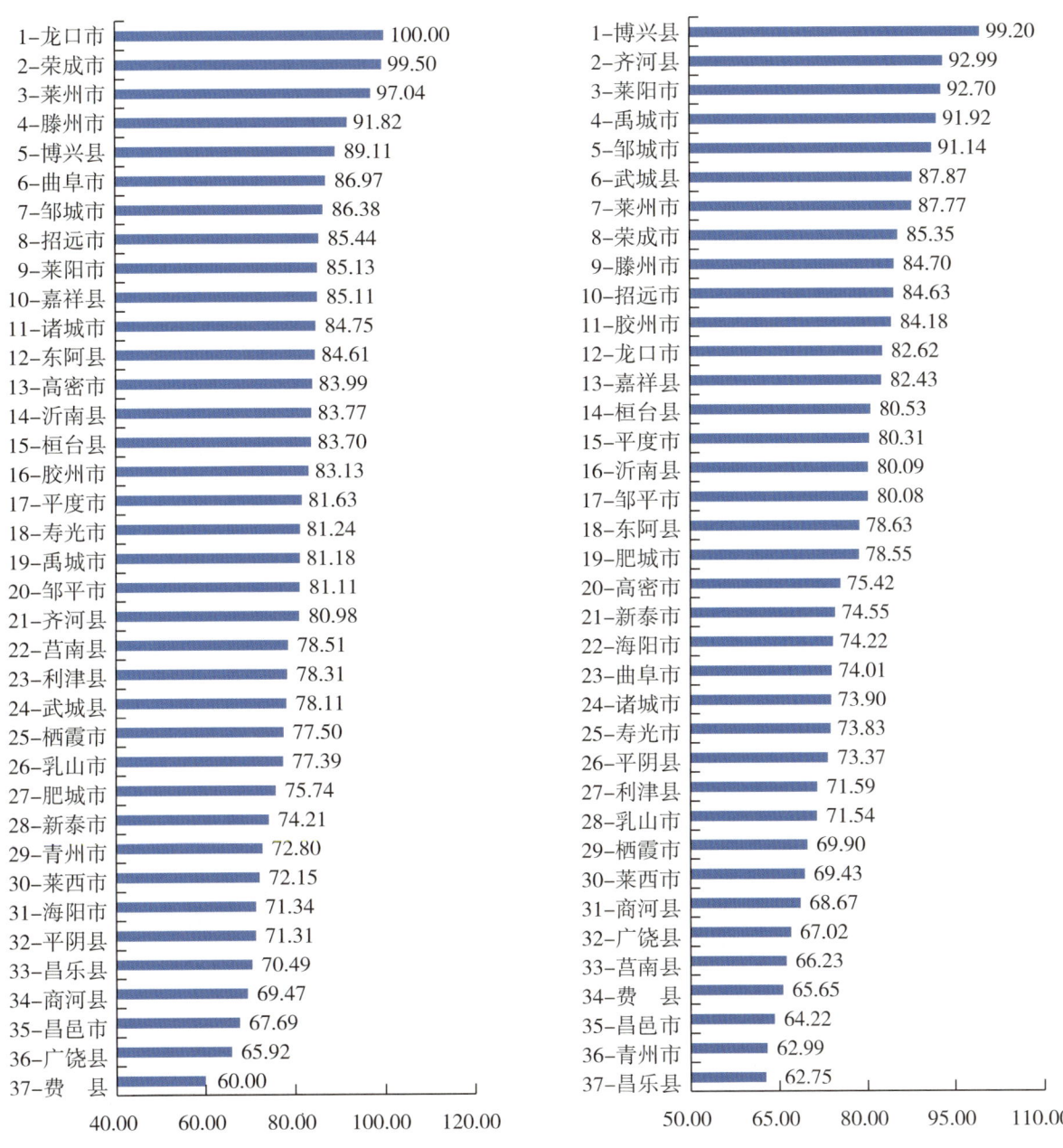

图 2-48 其余县（市）规上工业企业中有研发活动企业占比评价得分

第三部分　县域科技创新水平分析

一、济南市

（一）历下区

2021年，历下区综合科技创新水平得分76.14，在市辖区排名第8位，在济南市排名第2位。多项指标在全市名列前茅，其中，人均GDP达到30.29万元/人，万人有效发明专利拥有量突破135.90件，高新技术企业达到1497家，全社会R&D经费支出30.65亿元，每亿元GDP技术合同成交额达到428.69万元，科技创新成效显著。

从创新投入来看，历下区创新投入在市辖区排名第12位，较上年上升7位。其中，全社会R&D经费支出由上年的35.03亿元下降到30.65亿元；全社会R&D经费支出占比由上年的1.85%下降到当年的1.44%，不仅远低于市辖区平均水平（2.88%），且未达到山东省平均水平（2.35%），位次在市辖区中由第34位下降到第44位，成为创新投入指数排名不佳的主要原因之一。地方财政科技支出及占比稳步提升，反映了各级政府对科技创新重视程度进一步提高。规上工业企业每万名就业人员中研发人员数由第6位上升至第4位，但提高幅度基本与上年持平，规上工业企业中研发人员已初具规模；规上工业企业R&D经费支出占营业收入的比重连续两年排名市辖区末位，远低于市辖区平均值及全省平均值，需要引起重视。

从创新绩效来看，历下区创新绩效总体表现良好，位次由第6位提升到第5位。其中，每亿元GDP技术合同成交额出现小幅下降，排名市辖区的第15位；规上高新技术产业产值占规上工业产值比重表现较弱，且进一步下降，成为制约创新绩效表现的主要因素；万人有效发明专利拥有量、人均 GDP 排名前列；万元 GDP 综合能耗下降率明显改善，由第 53 位大幅提升到第 22 位。

从创新生态来看，历下区位次由第 5 位上升至第 4 位。其中，高新技术企业数在全省各县市区遥遥领先，连续排名第 1 位；千家市场主体登记企业中科技型中小企业入库数量大幅提升，排名第 3 位，企业创新的后备力量充足；企业享受研发费用加计扣除优惠政策获得的税收减免额持续提高；规上工业企业中有研发活动企业占比出现一定幅度下降，需要引起重视。

表 3-1 所示为济南市历下区科技创新指标值和排名。

近年来，历下区聚焦新一代信息技术、装备制造、现代金融、医养健康等优势产业，持续推进新旧动能转换，高质量跨越式发展换挡提速，工业企业亩均税收全市第一，上榜"中国工业百强区"。但是，在创新方面仍存在一定短板。其中，规上工业企业 R&D 经费支出占营业收入的比重、规上高新技术产业产值占规上工业产值比重、规上工业企业中有研发活动企业占比等排名比较落后，应重点关注。

表 3-1　济南市历下区科技创新指标值和排名

指标名称	指标值		市辖区排名		本市排名	
	上年	当年	上年	当年	上年	当年
综合科技创新水平得分	75.72	76.14	8	8	2	2
创新投入得分	72.40	72.05	19	12	4	2
全社会 R&D 经费支出（亿元）	35.03	30.65	8	9	3	3
全社会 R&D 经费支出占比（%）	1.85	1.44	34	44	7	10
地方财政科技支出（万元）	12 331	16 406	11	7	2	1
地方财政科技支出占比（%）	1.58	2.04	20	9	3	1
规上工业企业每万名就业人员中研发人员数（人年）	1002.37	1240.83	6	4	2	1
规上工业企业每万名就业人员中研发人员数提高幅度（人年）	147.95	238.47[①]	15	16	4	3
规上工业企业 R&D 经费支出占营业收入的比重（%）	0.43	0.37	58	58	12	12
创新绩效得分	76.46	78.12	6	5	2	3
每亿元 GDP 技术合同成交额（万元）	458.47	428.69	12	15	3	3
规上高新技术产业产值占规上工业产值比重（%）	7.59	6.27	56	57	11	12
万人有效发明专利拥有量（件）	113.83	135.90	2	2	1	1
万元 GDP 综合能耗下降率（%）	−0.73	4.25	53	22	8	5
人均 GDP（万元/人）	23.60	30.29	2	1	1	1
创新生态得分	78.47	78.41	5	4	2	2
高新技术企业数（家）	1071	1497	1	1	1	1
高新技术企业增长率（%）	39.45	39.78	18	39	6	11
千家市场主体登记企业中科技型中小企业入库数量（家）	79.06	165.28	8	3	1	1
规上工业企业中有研发活动企业占比（%）	43.18	40.00	22	40	4	2

---

① 注：表格中数据为四舍五入后数值。

（二）市中区

2021年，市中区综合科技创新水平得分72.72，在市辖区排名14位，在济南市排名第4位。2021年，每亿元GDP技术合同成交额达到480.16万元，万人有效发明专利拥有量增加至49.15件，人均GDP突破13.56万元/人，高新技术企业数新增91家，全社会R&D经费支出17.32亿元，科技创新成效良好。

从创新投入来看，市中区创新投入提升明显，在市辖区排名第25位。其中，规上工业企业每万名就业人员中研发人员数较上年增长357.65人年，提高幅度排名由第44位提升至第5位；地方财政科技支出占比较上年提高0.38个百分点，排名提升15位；全社会R&D经费支出和地方财政科技支出排名均较上年提高11位，反映了各级政府不断加大科技研发投入力度。

从创新绩效来看，市中区总体表现良好，在市辖区排名第4位。其中，规上高新技术产业产值占规上工业产值比重排名第1位；人均GDP排名上升1位；万元GDP综合能耗下降率由上年的13.81%下降到3.21%，排名下降36位；每亿元GDP技术合同成交额减少，排名由第4位下降到第12位。

从创新生态来看，市中区创新生态仍需改善，在市辖区排名第32位。其中，千家市场主体登记企业中科技型中小企业入库数量由17.42家增加至39.32家，排名上升至第36位；高新技术企业数排名提升2位；规上工业企业中有研发活动企业占比排名由第27位下降到第41位，需进一步鼓励企业开展研发活动。

表3-2所示为济南市市中区科技创新指标值和排名。

近年来，市中区实施传统优势工业产业链提升工程，进一步壮大电子信息、现代纺织、装备制造、新型建材产业集群，着力打造全链条、集聚化产业发展模式，以创新驱动企业高质量发展迈上"快车道"。但是，在创新方面短板明显，其中，全社会R&D经费支出占比、规上工业企业R&D经费支出占营业收入的比重、万元GDP综合能耗下降率、千家市场主体登记企业中科技型中小企业入库数量、规上工业企业中有研发活动企业占比等指标表现较弱，还需进一步加强。

表3-2 济南市市中区科技创新指标值和排名

指标名称	指标值		市辖区排名		本市排名	
	上年	当年	上年	当年	上年	当年
综合科技创新水平得分	72.98	72.72	11	14	3	4
创新投入得分	66.75	70.42	49	25	10	6
全社会R&D经费支出（亿元）	8.78	17.32	35	24	8	5
全社会R&D经费支出占比（%）	0.84	1.49	51	42	11	9
地方财政科技支出（万元）	5012	6866	25	14	7	3
地方财政科技支出占比（%）	0.74	1.12	32	17	7	4
规上工业企业每万名就业人员中研发人员数（人年）	582.93	940.57	20	11	4	4
规上工业企业每万名就业人员中研发人员数提高幅度（人年）	−5.23	357.65	44	5	8	1
规上工业企业R&D经费支出占营业收入的比重（%）	0.76	1.03	53	46	11	11
创新绩效得分	82.21	78.21	2	4	1	2
每亿元GDP技术合同成交额（万元）	986.85	480.16	4	12	1	2
规上高新技术产业产值占规上工业产值比重（%）	91.95	91.21	1	1	1	1
万人有效发明专利拥有量（件）	46.75	49.15	6	7	2	3
万元GDP综合能耗下降率（%）	13.81	3.21	3	39	1	7
人均GDP（万元/人）	12.43	13.56	10	9	3	2
创新生态得分	69.79	69.33	31	32	5	6
高新技术企业数（家）	160	251	20	18	5	5
高新技术企业增长率（%）	40.35	56.88	15	15	4	4
千家市场主体登记企业中科技型中小企业入库数量(家)	17.42	39.32	47	36	10	10
规上工业企业中有研发活动企业占比（%）	40.38	39.68	27	41	5	3

（三）槐荫区

2021年，槐荫区综合科技创新水平得分70.37，在市辖区排名第32位，在济南市排名第6位。其中，全社会R&D经费支出10.85亿元，万人有效发明专利拥有量27.99件，人均GDP达到10.28万元/人，高新技术企业数突破200家，科技创新成效有待加强。

从创新投入来看，槐荫区创新投入在市辖区排名第23位。其中，地方财政科技支出及占比增长幅度较大，位次均提升10位以上；规上工业企业R&D经费支出占营业收入的比重提升至第6位；规上工业企业每万名就业人员中研发人员数较上年减少68.27人年，提高幅度排名由第13位下降至第55位，成为创新投入的短板，应持续培养和引育研发创新人员。

从创新绩效来看，槐荫区创新绩效略有改善，排名第22位。其中，规上高新技术产业产值占规上工业产值比重和万人有效发明专利拥有量均较上年提升，排名均为第16位；每亿元GDP技术合同成交额排名上升3位；万元GDP综合能耗下降率排名提升13个位次，排名第41位；人均GDP由10.44万元/人下降至10.28万元/人，排名第24位。

从创新生态来看，槐荫区创新生态相对薄弱，排名下降12位，在市辖区排名第47位。其中，规上工业企业中有研发活动企业占比下降5.83个百分点，排名下降22位，是创新生态排名下降的主要原因；千家市场主体登记企业中科技型中小企业入库数量由9.67家增长至25.41家，排名上升8位，列第48位；企业享受研发费用加计扣除优惠政策落实有力。

表3-3所示为济南市槐荫区科技创新指标值和排名。

当前，槐荫区正全面构建以医养健康、先进材料、智能制造三大产业为主导，以新一代信息技术、文化旅游、商务会展、汽车消费四大产业为特色，以现代物流、现代金融两大产业为支撑的"342"现代化产业体系，不断塑造发展新动能新优势。但是，在创新生态方面仍存在较大的短板。其中，千家市场主体登记企业中科技型中小企业入库数量和规上工业企业中有研发活动企业占比等指标亟须改善。

县域科技创新水平分析 | 第三部分

表3-3 济南市槐荫区科技创新指标值和排名

指标名称	指标值		市辖区排名		本市排名	
	上年	当年	上年	当年	上年	当年
综合科技创新水平得分	71.28	70.37	21	32	5	6
创新投入得分	73.47	70.47	16	23	3	5
全社会R&D经费支出（亿元）	8.86	10.85	34	36	7	9
全社会R&D经费支出占比（%）	1.41	1.55	42	41	9	8
地方财政科技支出（万元）	3872	6467	27	16	8	5
地方财政科技支出占比（%）	0.84	1.39	30	15	6	3
规上工业企业每万名就业人员中研发人员数（人年）	1181.06	1112.79	1	7	1	2
规上工业企业每万名就业人员中研发人员数提高幅度（人年）	173.95	-68.27	13	55	3	12
规上工业企业R&D经费支出占营业收入的比重（%）	2.64	3.04	11	6	2	1
创新绩效得分	71.05	72.83	25	22	6	5
每亿元GDP技术合同成交额（万元）	153.62	257.63	35	32	4	4
规上高新技术产业产值占规上工业产值比重（%）	58.19	64.91	20	16	6	6
万人有效发明专利拥有量（件）	20.08	27.99	16	16	5	6
万元GDP综合能耗下降率（%）	-1.92	3.15	54	41	9	9
人均GDP（万元/人）	10.44	10.28	16	24	4	6
创新生态得分	69.19	67.65	35	47	6	7
高新技术企业数（家）	141	204	22	21	6	7
高新技术企业增长率（%）	21.55	44.68	44	30	11	9
千家市场主体登记企业中科技型中小企业入库数量（家）	9.67	25.41	56	48	12	12
规上工业企业中有研发活动企业占比（%）	44.29	38.46	21	43	3	5

（四）天桥区

2021 年，天桥区综合科技创新水平得分 73.85，在市辖区排名第 11 位，在济南市排名第 3 位。多项指标在全市排名有所提升，其中，全社会 R&D 经费支出达到 15.34 亿元，每亿元 GDP 技术合同成交额达到 1292.42 万元，地方财政科技支出占比达到 1.66%，高新技术企业数达到 307 家，科技创新成效明显改善。

从创新投入来看，天桥区创新投入持续加大，排名上升 19 位，列第 16 位。其中，规上工业企业每万名就业人员中研发人员数较上年增长 340.63 人年，排名由第 35 位上升至第 17 位；全社会 R&D 经费支出排名上升 11 位；全社会 R&D 经费支出占比较上年提高 0.86 个百分点，排名提升 10 位。全社会 R&D 经费支出占比和地方财政科技支出占比两项指标值虽较上年增长，仍与山东省平均水平存在一定差距，应进一步加大创新投入力度。

从创新绩效来看，天桥区创新绩效表现优异，排名由第 18 位上升至第 3 位，各指标均有增长。其中，每亿元 GDP 技术合同成交额位次跃升至第 2 位；规上高新技术产业产值占规上工业产值占规上工业产值比重和万人有效发明专利拥有量两个指标值均有改善，分别排名第 14 位和第 22 位；万元 GDP 综合能耗下降率排名上升 8 位，排名第 40 位，是创新绩效指标中相对较弱的环节，需要进一步改善。

从创新生态来看，天桥区稳步改善，排名第 20 位。其中，千家市场主体登记企业中科技型中小企业入库数量是上年的 3 倍多，排名上升 14 位；高新技术企业增速加快；规上工业企业中有研发活动企业占比较上年提高 4.77 个百分点。

表 3-4 所示为济南市天桥区科技创新指标值和排名。

近年来，天桥区抢抓新材料、智能制造等潜力新领域，聚焦电子信息、医疗器械等都市工业产业新趋势，进一步明确"新型制造业组团、现代农业组团、高科技发展组团、高端服务业发展组团、商贸发展组团"等 5 个重点区域的产业定位，努力打造多点支撑、板块联动、功能完备的产业平台，为区域高质量发展厚植优势，积蓄动能。但是在全社会 R&D 经费支出占比、万元 GDP 综合能耗下降率、人均 GDP 和千家市场主体登记企业中科技型中小企业入库数量等方面仍存在短板，急需提升。

表 3-4 济南市天桥区科技创新指标值和排名

指标名称	指标值		市辖区排名		本市排名	
	上年	当年	上年	当年	上年	当年
综合科技创新水平得分	71.12	73.85	24	11	6	3
创新投入得分	69.78	71.60	35	16	6	3
全社会R&D经费支出（亿元）	8.46	15.34	37	26	9	6
全社会R&D经费支出占比（%）	1.46	2.32	40	30	8	6
地方财政科技支出（万元）	5813	6277	21	17	6	6
地方财政科技支出占比（%）	1.51	1.66	21	12	4	2
规上工业企业每万名就业人员中研发人员数（人年）	439.73	780.37	35	17	8	5
规上工业企业每万名就业人员中研发人员数提高幅度（人年）	187.28	340.63	11	7	1	2
规上工业企业R&D经费支出占营业收入的比重（%）	2.09	2.02	20	20	4	4
创新绩效得分	72.64	78.62	18	3	4	1
每亿元GDP技术合同成交额（万元）	510.78	1292.42	10	2	2	1
规上高新技术产业产值占规上工业产值比重（%）	64.35	66.00	14	14	5	5
万人有效发明专利拥有量（件）	14.33	17.78	22	22	7	7
万元GDP综合能耗下降率（%）	0.64	3.18	48	40	7	8
人均GDP（万元/人）	7.65	9.23	32	28	8	8
创新生态得分	70.94	71.17	20	20	3	3
高新技术企业数（家）	198	307	15	14	4	4
高新技术企业增长率（%）	45.59	55.05	12	18	2	6
千家市场主体登记企业中科技型中小企业入库数量(家)	12.02	38.36	51	37	11	11
规上工业企业中有研发活动企业占比（%）	47.71	52.48	17	19	1	1

（五）历城区

2021年，历城区综合科技创新水平得分77.06，在市辖区排名第5位，在济南市排名第1位。多项指标在全市名列前茅，其中，全社会R&D经费支出85.40亿元，万人有效发明专利拥有量达到54.56件，高新技术企业数突破1000家，千家市场主体登记企业中科技型中小企业入库数量达到80.02家，科技创新生态良好。

从创新投入来看，历城区创新投入总体表现突出，在市辖区排名第4位。其中，规上工业企业每万名就业人员中研发人员数大幅提高，提高幅度位次由第47位上升至第33位；全社会R&D经费支出排名第2位；规上工业企业R&D经费支出占营业收入的比重下降到2.51%，排名下降至第12位；全社会R&D经费支出占比下降1.58个百分点，位次由第3位下降到第12位；地方财政科技支出及占比均出现较大幅度下降，应进一步完善政府研发投入机制。

从创新绩效来看，历城区创新绩效总体表现较好，位次与上年持平，在市辖区排名第8位。其中，每亿元GDP技术合同成交额大幅增加，位次由上年的第55位上升至第37位；规上高新技术产业产值占规上工业产值比重较上年提高1.01个百分点；万人有效发明专利拥有量、万元GDP综合能耗下降率两项指标值均有所改善；人均GDP排名下降了12位，是创新绩效指标中唯一排名下降的指标。

从创新生态来看，历城区创新生态在市辖区排名第3位。其中，高新技术企业数增长超300家，在市辖区排名第3位；千家市场主体登记企业中科技型中小企业入库数量大幅提升，企业创新的后备力量日渐增强；企业享受研发费用加计扣除优惠政策获得的税收减免额持续提高；规上工业企业中有研发活动企业占比位次由第19位下降至第49位，应鼓励企业开展研发活动。

表3-5所示为济南市历城区科技创新指标值和排名。

近年来，历城区瞄准数字经济、生物医药、贸易物流、新兴服务业"四大主导产业"，扎实推动"个转企""小升规""企申高""股上市"工作，持续夯实产业底盘，上榜"中国工业百强区"。但是，在创新方面短板明显。其中，规上工业企业每万名就业人员中研发人员数提高幅度、每亿元GDP技术合同成交额、高新技术企业增长率和规上工业企业中有研发活动企业占比等指标得分较低，还需持续加强提升力度。

表 3-5 济南市历城区科技创新指标值和排名

指标名称	指标值 上年	指标值 当年	市辖区排名 上年	市辖区排名 当年	本市排名 上年	本市排名 当年
综合科技创新水平得分	80.88	77.06	2	5	1	1
创新投入得分	85.76	76.45	2	4	1	1
全社会R&D经费支出（亿元）	110.82	85.40	1	2	1	1
全社会R&D经费支出占比（%）	4.69	3.11	3	12	1	4
地方财政科技支出（万元）	37 893	8020	4	12	1	2
地方财政科技支出占比（%）	4.32	1.05	7	18	1	5
规上工业企业每万名就业人员中研发人员数（人年）	840.18	989.89	9	10	3	3
规上工业企业每万名就业人员中研发人员数提高幅度（人年）	−39.45	149.71	47	33	9	5
规上工业企业R&D经费支出占营业收入的比重（%）	3.33	2.51	5	12	1	3
创新绩效得分	75.49	75.61	8	8	3	4
每亿元GDP技术合同成交额（万元）	22.37	212.98	55	37	11	5
规上高新技术产业产值占规上工业产值比重（%）	80.62	81.63	3	3	2	2
万人有效发明专利拥有量（件）	43.10	54.56	7	6	3	2
万元GDP综合能耗下降率（%）	4.40	5.66	26	12	3	4
人均GDP（万元/人）	14.82	11.47	7	19	2	5
创新生态得分	81.43	79.23	3	3	1	1
高新技术企业数（家）	755	1056	3	3	2	2
高新技术企业增长率（%）	30.40	39.87	32	37	8	10
千家市场主体登记企业中科技型中小企业入库数量（家）	33.79	80.02	27	12	2	2
规上工业企业中有研发活动企业占比（%）	46.12	33.33	19	49	2	7

（六）长清区

2021 年，长清区综合科技创新水平得分 68.14，在市辖区排名第 49 位，在济南市排名第 10 位。其中，全社会 R&D 经费支出达 13.41 亿元，全社会 R&D 经费支出占比在市辖区排名第 9 位，万人有效发明专利拥有量在市辖区排名提升至第 15 位，千家市场主体登记企业中科技型中小企业入库数量达 57.53 家，科技创新取得一定成效。

从创新投入来看，长清区创新投入表现一般，排名由第 32 位下降至第 36 位。其中，规上工业企业每万名就业人员中研发人员数较上年下降 38.93 人年，排名下降 17 位，人才投入力度不足，成为创新投入的薄弱环节；地方财政科技支出及占比上升幅度较大，排名分别上升 18 位及 22 位；全社会 R&D 经费支出及占比均小幅提升。

从创新绩效来看，长清区创新绩效有待改善，排名下降 2 位，排名第 53 位。其中，每亿元 GDP 技术合同成交额为上年的 5 倍多；人均 GDP、万元 GDP 综合能耗下降率排名落后，绿色发展水平和经济高质量发展还需进一步提升。

从创新生态来看，长清区创新生态仍有进步空间，排名下降 2 位，排名第 49 位。其中，千家市场主体登记企业中科技型中小企业入库数量增长一倍多，排名上升至 21 位；高新技术企业增长率排名上升 11 位；规上工业企业中有研发活动企业占比下降 0.77%，排名由第 47 位下降到第 52 位。

表 3-6 所示为济南市长清区科技创新指标值和排名。

近年来，长清区聚焦高端装备、智能制造、节能环保、文旅康养等主导产业，以及数字经济、生物经济等战略性新兴业态，积极推动传统产业转型升级，努力在"工业强市"中打造长清样板。但是，在科技创新方面还存在较多短板。其中，规上工业企业每万名就业人员中研发人员数、规上工业企业每万名就业人员中研发人员数提高幅度、万元 GDP 综合能耗下降率、人均 GDP、规上工业企业中有研发活动企业占比等指标排名靠后，需要高度重视。

表 3-6 济南市长清区科技创新指标值和排名

指标名称	指标值		市辖区排名		本市排名	
	上年	当年	上年	当年	上年	当年
综合科技创新水平得分	68.53	68.14	45	49	7	10
创新投入得分	70.52	68.79	32	36	5	9
全社会R&D经费支出（亿元）	12.06	13.41	29	30	6	8
全社会R&D经费支出占比（%）	3.53	3.60	11	9	4	2
地方财政科技支出（万元）	2045	4189	39	21	9	8
地方财政科技支出占比（%）	0.38	0.73	50	28	10	8
规上工业企业每万名就业人员中研发人员数（人年）	479.53	440.60	30	47	6	10
规上工业企业每万名就业人员中研发人员数提高幅度（人年）	178.09	−38.93	12	54	2	11
规上工业企业R&D经费支出占营业收入的比重（%）	1.54	1.76	33	28	7	5
创新绩效得分	67.70	68.29	51	53	8	9
每亿元GDP技术合同成交额（万元）	30.02	157.06	54	42	10	6
规上高新技术产业产值占规上工业产值比重（%）	44.39	51.51	32	29	8	7
万人有效发明专利拥有量（件）	19.06	28.03	17	15	6	5
万元GDP综合能耗下降率（%）	3.06	−3.05	41	57	5	11
人均GDP（万元/人）	5.73	5.99	43	46	10	10
创新生态得分	67.31	67.30	47	49	9	8
高新技术企业数（家）	110	170	25	24	8	8
高新技术企业增长率（%）	30.95	54.55	30	19	7	7
千家市场主体登记企业中科技型中小企业入库数量（家）	24.41	57.53	39	21	8	3
规上工业企业中有研发活动企业占比（%）	29.28	28.51	47	52	9	9

（七）章丘区

2021年，章丘区综合科技创新水平得分71.63，在市辖区排名第19位，在济南市排名第5位。多项指标在全市名列前茅，其中，全社会R&D经费支出39.09亿元，人均GDP达到11.62万元/人，高新技术企业数达到352家，千家市场主体登记企业中科技型中小企业入库数量达到56.95家，科技创新成效良好。

从创新投入来看，章丘区创新投入在市辖区排名第18位。其中，规上工业企业R&D经费支出占营业收入的比重增长至2.60%，排名上升至第9位；全社会R&D经费支出及占比分别排名第7位及第10位；地方财政科技支出及占比均较上年有所下降；规上工业企业每万名就业人员中研发人员数较上年减少6.71人年，创新人才及经费投入水平仍需提升。

从创新绩效来看，章丘区创新绩效有待改善，排名由第19位下降至第23位。其中，规上高新技术产业产值占规上工业产值比重排名第5位；每亿元GDP技术合同成交额排名第45位，位次落后；万元GDP综合能耗下降率下降19个位次，需要引起重视。

从创新生态来看，章丘区创新生态总体表现一般，排名与上年持平，排名第21位。其中，规上工业企业中有研发活动企业占比下降0.66个百分点，排名由第33位下降至第45位，企业创新活跃度需持续加强；排名上升较快的是千家市场主体登记企业中科技型中小企业入库数量，由上年的第32位上升至第22位，但与市辖区平均水平仍有一定的差距，需要进一步提升。

表3-7所示为济南市章丘区科技创新指标值和排名。

近年来，章丘区把推动汽车、新材料、机械装备、食品医药包装、建工建材及数字经济六大重点产业链发展作为工业经济高质量发展的重要突破口，以"高端化、智能化、绿色化、集群化"为主攻方向，加快构建"2+2+3"新型产业体系。但是，在创新方面仍有一些短板需要补足，其中，规上工业企业每万名就业人员中研发人员数提高幅度、每亿元GDP技术合同成交额、万元GDP综合能耗下降率、规上工业企业中有研发活动企业占比等指标排名落后，应引起重视。

表 3-7　济南市章丘区科技创新指标值和排名

指标名称	指标值		市辖区排名		本市排名	
	上年	当年	上年	当年	上年	当年
综合科技创新水平得分	72.24	71.63	15	19	4	5
创新投入得分	73.49	71.24	15	18	2	4
全社会 R&D 经费支出（亿元）	36.84	39.09	7	7	2	2
全社会 R&D 经费支出占比（%）	3.65	3.49	10	10	3	3
地方财政科技支出（万元）	7596	3918	17	22	5	9
地方财政科技支出占比（%）	0.64	0.48	37	36	9	9
规上工业企业每万名就业人员中研发人员数（人年）	535.64	528.93	24	38	5	7
规上工业企业每万名就业人员中研发人员数提高幅度（人年）	−52.74	−6.17	49	50	11	8
规上工业企业 R&D 经费支出占营业收入的比重（%）	2.51	2.60	15	9	3	2
创新绩效得分	72.23	72.70	19	23	5	6
每亿元 GDP 技术合同成交额（万元）	102.18	133.83	46	45	6	7
规上高新技术产业产值占规上工业产值比重（%）	76.21	75.27	4	5	3	3
万人有效发明专利拥有量（件）	12.62	14.07	25	26	8	8
万元 GDP 综合能耗下降率（%）	3.41	0.90	36	55	4	10
人均 GDP（万元/人）	9.16	11.62	24	18	6	4
创新生态得分	70.93	70.89	21	21	4	4
高新技术企业数（家）	238	352	13	12	3	3
高新技术企业增长率（%）	28.65	47.90	34	26	9	8
千家市场主体登记企业中科技型中小企业入库数量（家）	28.82	56.95	32	22	3	4
规上工业企业中有研发活动企业占比（%）	37.52	36.86	33	45	6	6

（八）济阳区

2021年，济阳区综合科技创新水平评价得分65.58，在市辖区排名第58位，在济南市排名第12位。全社会R&D经费支出2.51亿元，万人有效发明专利拥有量8.27件，高新技术企业数达到134家，每亿元GDP技术合同成交额达到109.97万元，科技创新取得一定成效。

从创新投入来看，济阳区创新投入有待改善，排名下降4位，在市辖区排名第56位。其中，全社会R&D经费支出及占比、规上工业企业R&D经费支出占营业收入的比重、规上工业企业每万名就业人员中研发人员数等指标排名落后；规上工业企业每万名就业人员中研发人员数提高幅度位次下降22位。

从创新绩效来看，济阳区创新绩效有待提升，排名连续两年居末位。各项指标排名落后，其中，万元GDP综合能耗下降率居末位。

从创新生态来看，济阳区创新生态进一步优化，排名第50位。其中，高新技术企业增长率提高至61.45%，超过市辖区均值46.90%，排名跃升至第11位；千家市场主体登记企业中科技型中小企业入库数量是上年的近3倍；规上工业企业中有研发活动企业占比下降4个位次，应持续营造优良的创新生态。

表3-8所示为济南市济阳区科技创新指标值和排名。

近年来，济阳区聚焦食品饮料、特医食品、智能制造、生物医药、新一代信息技术等优势产业，积极推动新旧动能转换，吸引了160余家国内外食品饮料企业集聚发展，被评为"省特色优势食品产业集群"。但是，在创新方面还存在较多短板，研发投入强度和财政科技支出占比均较低，绿色低碳发展亟待改善，节能降耗需持续加大力度，创新主体培育有待提升。

表 3-8 济南市济阳区科技创新指标值和排名

指标名称	指标值 上年	指标值 当年	市辖区排名 上年	市辖区排名 当年	本市排名 上年	本市排名 当年
综合科技创新水平得分	65.87	65.58	57	58	12	12
创新投入得分	66.03	64.66	52	56	12	12
全社会R&D经费支出（亿元）	1.85	2.51	55	54	12	11
全社会R&D经费支出占比（%）	0.76	0.94	53	50	12	12
地方财政科技支出（万元）	7860	5276	16	18	4	7
地方财政科技支出占比（%）	1.64	0.88	18	22	2	6
规上工业企业每万名就业人员中研发人员数（人年）	291.04	283.83	49	55	12	12
规上工业企业每万名就业人员中研发人员数提高幅度（人年）	54.09	−7.20	29	51	7	9
规上工业企业R&D经费支出占营业收入的比重（%）	0.95	1.10	50	45	10	10
创新绩效得分	65.23	65.09	58	58	12	12
每亿元GDP技术合同成交额（万元）	67.78	109.97	49	48	7	8
规上高新技术产业产值占规上工业产值比重（%）	32.17	33.57	49	50	9	9
万人有效发明专利拥有量（件）	7.35	8.27	40	39	9	9
万元GDP综合能耗下降率（%）	−3.69	−5.67	56	58	11	12
人均GDP（万元/人）	4.53	5.15	51	52	11	11
创新生态得分	66.37	67.07	50	50	10	9
高新技术企业数（家）	83	134	33	32	9	9
高新技术企业增长率（%）	22.06	61.45	40	11	10	3
千家市场主体登记企业中科技型中小企业入库数量（家）	17.91	52.99	45	27	9	5
规上工业企业中有研发活动企业占比（%）	27.15	27.61	49	53	10	11

（九）莱芜区

2021年，莱芜区综合科技创新水平得分68.75，在市辖区排名第46位，在济南市排名第7位。其中，高新技术企业增长率达70.59%，万元GDP综合能耗下降率排名第8位，全社会R&D经费支出23.50亿元，科技创新成效有待进一步提升。

从创新投入来看，莱芜区创新投入排名由第36位上升至第34位。其中，全社会R&D经费支出占比提升4个位次；规上工业企业每万名就业人员中研发人员数较上年增长88.05人年；地方财政科技支出及占比较上年均有所下降，需进一步发挥政府财政的支持引导作用。

从创新绩效来看，莱芜区创新绩效相对落后，排名与上年持平，列第55位。其中，万元GDP综合能耗下降率7.34%，远高于全省均值3.83%和市辖区均值4.37%；人均GDP、规上高新技术产业产值占规上工业产值比重和万人有效发明专利拥有量排名均较上年上升1位；每亿元GDP技术合同成交额仅15.54万元，排名末位。

从创新生态来看，莱芜区创新生态进步明显，排名上升8位，列第28位。其中，高新技术企业增长率居第6位；规上工业企业中有研发活动企业占比提高4.8个百分点；研发费用加计扣除优惠政策落实有力；千家市场主体登记企业中科技型中小企业入库数量排名上升8位。

表3-9所示为济南市莱芜区科技创新指标值和排名。

近年来，莱芜区锚定黄河流域先进制造业中心建设目标，大力实施"工业强区"战略，加快培育智能制造与高端装备、生物医药与大健康、精品钢与先进材料三大主导工业产业，初步形成了"以药为先、以车为本、以钢为基"的雁阵型产业体系。但是，在创新方面仍存在一定短板。创新绩效有待改善和提升，企业研发活跃度不高，研发创新人才不足，制约了研发创新活动的开展和创新能力的提升。

表 3-9　济南市莱芜区科技创新指标值和排名

指标名称	指标值		市辖区排名		本市排名	
	上年	当年	上年	当年	上年	当年
综合科技创新水平得分	68.27	68.75	47	46	9	7
创新投入得分	69.52	69.14	36	34	7	8
全社会R&D经费支出（亿元）	20.36	23.50	17	16	4	4
全社会R&D经费支出占比（%）	2.50	2.59	27	23	5	5
地方财政科技支出（万元）	9828	6753	14	15	3	4
地方财政科技支出占比（%）	0.95	0.79	26	25	5	7
规上工业企业每万名就业人员中研发人员数（人年）	412.25	500.30	38	39	9	8
规上工业企业每万名就业人员中研发人员数提高幅度（人年）	-45.40	88.05	48	44	10	7
规上工业企业R&D经费支出占营业收入的比重（%）	1.43	1.47	38	38	8	7
创新绩效得分	66.33	67.35	55	55	10	11
每亿元GDP技术合同成交额（万元）	18.60	15.54	57	58	12	11
规上高新技术产业产值占规上工业产值比重（%）	13.72	20.55	55	54	10	10
万人有效发明专利拥有量（件）	5.31	6.71	49	48	12	11
万元GDP综合能耗下降率（%）	12.24	7.34	6	8	2	2
人均GDP（万元/人）	8.01	9.44	28	27	7	7
创新生态得分	69.02	69.83	36	28	7	5
高新技术企业数（家）	136	232	23	20	7	6
高新技术企业增长率（%）	58.14	70.59	7	6	1	1
千家市场主体登记企业中科技型中小企业入库数量（家）	26.08	49.80	37	29	6	6
规上工业企业中有研发活动企业占比（%）	34.44	39.24	38	42	7	4

（十）钢城区

2021年，钢城区综合科技创新水平得分68.23，在市辖区排名第47位，在济南市排名第8位。其中，全社会R&D经费支出占比高达4.18%，居全市第1位，万人有效发明专利拥有量达到36.92件，人均GDP达到11.63万元/人，科技创新整体成效有待进一步提升。

从创新投入来看，钢城区创新投入稳步提升，在市辖区排名第30位。其中，全社会R&D经费支出较上年增长1.92亿元；全社会R&D经费支出占比排名第5位；规上工业企业每万名就业人员中研发人员数较上年增长152.70人年，上升幅度较大，提高幅度排名由第56位上升至第30位；地方财政科技支出及占比较上年均下降，位次相对靠后，政府需将科技创新作为财政支出重点领域，持续加大投入。

从创新绩效来看，钢城区创新绩效略有改善，排名第52位，排名靠后。其中，万元GDP综合能耗下降率排名由第55位上升至第4位，是拉动创新绩效排名提升的主要原因；万人有效发明专利拥有量和人均GDP分别排名第11位和第17位；规上高新技术产业产值占规上工业产值比重排名落后；每亿元GDP技术合同成交额较上年减少43.36万元，下降幅度较大。

从创新生态来看，钢城区创新生态仍需优化，排名上升2位，列第54位。其中，高新技术企业增长率位次提升40位；千家市场主体登记企业中科技型中小企业入库数量较上年增长18.05家；规上工业企业中有研发活动企业占比排名第55位，需持续激发企业创新活力。

表3-10所示为济南市钢城区科技创新指标值和排名。

近年来，钢城区重点实施"1+4+X"制造业链群提升行动，逐渐形成以精品钢为支柱产业，以装配式建筑、高端装备制造、汽车零部件、新材料为优势产业的产业链群。但是，在创新方面仍存在较多短板。其中，每亿元GDP技术合同成交额、规上高新技术产业产值占规上工业产值比重、企业享受研发费用加计扣除优惠政策获得的税收减免额、高新技术企业数、规上工业企业中有研发活动企业占比等提升力度还需持续加强。

表 3-10 济南市钢城区科技创新指标值和排名

指标名称	指标值		市辖区排名		本市排名	
	上年	当年	上年	当年	上年	当年
综合科技创新水平得分	66.82	68.23	53	47	10	8
创新投入得分	68.61	69.77	39	30	9	7
全社会R&D经费支出（亿元）	12.22	14.14	28	28	5	7
全社会R&D经费支出占比（%）	4.05	4.18	7	5	2	1
地方财政科技支出（万元）	1810	1031	42	50	10	12
地方财政科技支出占比（%）	0.74	0.45	32	38	7	10
规上工业企业每万名就业人员中研发人员数（人年）	346.76	499.47	43	40	10	9
规上工业企业每万名就业人员中研发人员数提高幅度（人年）	−234.47	152.70	56	30	12	4
规上工业企业R&D经费支出占营业收入的比重（%）	1.30	1.22	42	42	9	9
创新绩效得分	66.30	68.52	56	52	11	8
每亿元GDP技术合同成交额（万元）	112.69	69.33	44	55	5	10
规上高新技术产业产值占规上工业产值比重（%）	7.09	7.18	57	56	12	11
万人有效发明专利拥有量（件）	33.82	36.92	10	11	4	4
万元GDP综合能耗下降率（%）	−2.22	10.36	55	4	10	1
人均GDP（万元/人）	9.84	11.63	19	17	5	3
创新生态得分	65.46	66.28	56	54	12	11
高新技术企业数（家）	33	54	48	47	12	12
高新技术企业增长率（%）	17.86	63.64	49	9	12	2
千家市场主体登记企业中科技型中小企业入库数量（家）	27.63	45.68	35	31	4	8
规上工业企业中有研发活动企业占比（%）	22.94	25.93	55	55	12	12

（十一）平阴县

2021 年，平阴县综合科技创新水平得分 68.20，在其余县（市）排名第 24 位，在济南市排名第 9 位。其中，全社会 R&D 经费支出 5.87 亿元，每亿元 GDP 技术合同成交额 14.03 万元，人均 GDP 达到 8.18 万元 / 人，万人有效发明专利拥有量仅 7.76 件，高新技术企业数仅 57 家，科技创新整体水平还需进一步提升。

从创新投入来看，平阴县创新投入仍需提升，排名进步 1 位，在其余县（市）排名第 19 位。其中，地方财政科技支出和规上工业企业每万名就业人员中研发人员数提高幅度排名较上年均上升 4 位，分别排名第 28 位和第 15 位；全社会 R&D 经费支出由上年的 5.32 亿元增加至 5.87 亿元；全社会 R&D 经费支出占比、地方财政科技支出占比和规上工业企业 R&D 经费支出占营业收入的比重较上年均有所下降。

从创新绩效来看，平阴县创新绩效表现良好，排名上升 2 位，排名第 11 位。其中，规上高新技术产业产值占规上工业产值比重排名第 3 位；万人有效发明专利拥有量增长至 7.76 件；万元 GDP 综合能耗下降率排名上升 23 位；每亿元 GDP 技术合同成交额下降幅度较大，由上年的 38.15 万元减少至 14.03 万元，排名末位，科技创新成果转化还需持续提升。

从创新生态来看，平阴县创新生态亟待改善，排名下降 10 位，列第 34 位。其中，千家市场主体登记企业中科技型中小企业入库数量较上年增加 18.36 家；高新技术企业增长率较上年下降了 29.91 个百分点，是创新生态排名下降的主要原因之一；规上工业企业中有研发活动企业占比排名下降 6 个位次。

表 3-11 所示为济南市平阴县科技创新指标值和排名。

近年来，平阴县重点发展新一代信息技术、新能源、新材料、生物制药等为代表的新兴产业，全力做大做强高端装备零部件、炭材料、绿色建材、大健康"两优两特"产业集群，不断提升产业能级。但是，在创新方面还存在许多短板。其中，全社会 R&D 经费支出、地方财政科技支出、每亿元 GDP 技术合同成交额、高新技术企业增长率、规上工业企业中有研发活动企业占比等指标排名落后，还需持续提升。

表 3-11 济南市平阴县科技创新指标值和排名

指标名称	指标值		其余县（市）排名		本市排名	
	上年	当年	上年	当年	上年	当年
综合科技创新水平得分	68.49	68.20	22	24	8	9
创新投入得分	68.83	67.99	20	19	8	10
全社会R&D经费支出（亿元）	5.32	5.87	26	26	10	10
全社会R&D经费支出占比（%）	2.27	2.18	15	14	6	7
地方财政科技支出（万元）	1324	1404	32	28	12	10
地方财政科技支出占比（%）	0.36	0.34	29	25	11	11
规上工业企业每万名就业人员中研发人员数（人年）	456.61	602.50	19	18	7	6
规上工业企业每万名就业人员中研发人员数提高幅度（人年）	90.32	145.89	19	15	5	6
规上工业企业R&D经费支出占营业收入的比重（%）	1.86	1.64	11	15	5	6
创新绩效得分	69.06	71.20	13	11	7	7
每亿元GDP技术合同成交额（万元）	38.15	14.03	34	37	9	12
规上高新技术产业产值占规上工业产值比重（%）	69.94	69.70	3	3	4	4
万人有效发明专利拥有量（件）	6.96	7.76	12	15	10	10
万元GDP综合能耗下降率（%）	-7.21	6.22	36	13	12	3
人均GDP（万元/人）	6.87	8.18	16	14	9	9
创新生态得分	67.52	65.23	24	34	8	12
高新技术企业数（家）	51	57	19	27	11	11
高新技术企业增长率（%）	41.67	11.76	7	36	3	12
千家市场主体登记企业中科技型中小企业入库数量（家）	25.68	44.04	15	13	7	9
规上工业企业中有研发活动企业占比（%）	32.20	31.39	26	32	8	8

(十二)商河县

2021年,商河县综合科技创新水平得分66.14,在其余县(市)排名第35位,在济南市排名第11位。其中,千家市场主体登记企业中科技型中小企业入库数量排名第10位,规上高新技术产业产值占规上工业产值比重达46.27%,全社会R&D经费支出、人均GDP、每亿元GDP技术合同成交额等排名落后,科技创新成效不明显。

从创新投入来看,商河县创新投入亟需提升,排名第36位。其中,全社会R&D经费支出较上年增长了0.19亿元,排名上升1位;规上工业企业每万名就业人员中研发人员数较上年减少8.49人年,提高幅度排名下降13位,创新人才投入不足;地方财政科技支出、地方财政科技支出占比和规上工业企业R&D经费支出占营业收入的比重较上年均有所下降,需引起重视。

从创新绩效来看,商河县创新绩效有所优化,排名第34位。其中,人均GDP较上年增长0.71万元/人;每亿元GDP技术合同成交额、规上高新技术产业产值占规上工业产值比重、万人有效发明专利拥有量等指标值较上年略有增长。

从创新生态来看,商河县创新生态略有改善,排名第31位。其中,高新技术企业增长率排名第8位;高新技术企业数排名上升2位;千家市场主体登记企业中科技型中小企业入库数量增长至46.27家,排名第10位;规上工业企业中有研发活动企业占比较上年提高4.00个百分点。

表3-12所示为济南市商河县科技创新指标值和排名。

近年来,商河县全力以赴做大做强高端生物医药化工、现代高效农业、智能制造与高端装备和温泉康养等四大主导产业,计划培育形成生物医药化工、高端装备制造、绿色智能建筑、一二三产融合发展、金融和现代服务业5个过百亿元的特色产业集群。但是,在创新方面短板突出,研发经费投入、研发人力投入、企业研发活跃度、技术交易不足,影响其科技创新综合水平提升。

表 3-12 济南市商河县科技创新指标值和排名

指标名称	指标值		其余县（市）排名		本市排名	
	上年	当年	上年	当年	上年	当年
综合科技创新水平得分	66.37	66.14	31	35	11	11
创新投入得分	66.70	64.75	27	36	11	11
全社会R&D经费支出（亿元）	2.30	2.49	35	34	11	12
全社会R&D经费支出占比（%）	1.27	1.19	27	30	10	11
地方财政科技支出（万元）	1550	1157	31	29	11	11
地方财政科技支出占比（%）	0.31	0.27	31	27	12	12
规上工业企业每万名就业人员中研发人员数（人年）	323.96	315.48	26	37	11	11
规上工业企业每万名就业人员中研发人员数提高幅度（人年）	55.66	-8.49	22	35	6	10
规上工业企业R&D经费支出占营业收入的比重（%）	1.71	1.42	13	19	6	8
创新绩效得分	66.33	67.38	30	34	9	10
每亿元GDP技术合同成交额（万元）	58.68	70.11	32	35	8	9
规上高新技术产业产值占规上工业产值比重（%）	45.22	46.27	14	16	7	8
万人有效发明专利拥有量（件）	5.79	6.23	16	19	11	12
万元GDP综合能耗下降率（%）	1.06	3.48	27	27	6	6
人均GDP（万元/人）	3.27	3.98	36	36	12	12
创新生态得分	66.05	66.29	29	31	11	10
高新技术企业数（家）	53	83	17	15	10	10
高新技术企业增长率（%）	39.47	56.60	9	8	5	5
千家市场主体登记企业中科技型中小企业入库数量（家）	27.40	46.27	13	10	5	7
规上工业企业中有研发活动企业占比（%）	23.91	27.91	31	34	11	10

二、青岛市

（一）市南区

2021年，市南区综合科技创新水平得分74.50，在市辖区排名第9位，在青岛市排名第4位。多项指标在全市名列前茅，其中，每亿元GDP技术合同成交额达到387.75万元，万人有效发明专利拥有量达117.16件，人均GDP和规上工业企业中有研发活动企业占比本市排名均居首位，科技创新成效显著。

从创新投入来看，市南区创新投入稳步增长，排名上升15位，在市辖区排名第29位。其中，地方财政科技支出及占比均较上年增长，排名上升3位；规上工业企业每万名就业人员中研发人员数较上年增长155.06人年，提高幅度排名上升23位；规上工业企业R&D经费支出占营业收入的比重较上年提高2.20个百分点，排名由第30位上升至第4位，企业创新主体地位不断加强；全社会R&D经费支出较上年减少0.73亿元，全社会R&D经费支出占比下降0.14个百分点，研发经费投入成为创新投入的短板。

从创新绩效来看，市南区创新绩效优势明显，排名第2位。其中，人均GDP排名第2位；每亿元GDP技术合同成交额较上年增加254.90万元，排名上升20位，科技成果转化效率大幅提高；万人有效发明专利拥有量较上年增长15.66件；万元GDP综合能耗下降率跌至2.91%，排名下降32位，下降幅度较大，绿色发展水平还需继续提升。

从创新生态来看，市南区创新生态进一步优化，排名上升25位，列第15位。其中，千家市场主体登记企业中科技型中小企业入库数量较上年增加2.58家；规上工业企业中有研发活动企业占比较上年提高47.73个百分点，排名由第52位上升至第4位，企业创新活力大大提高；高新技术企业数较上年减少了7家，排名下降至第19位。

表3-13所示为青岛市市南区科技创新指标值和排名。

近年来，市南区实行"一产业一载体一政策一基金"，做大做强现代金融、数字经济、高端商务、时尚消费、航运物流、文化旅游六大主导产业，全面提升现代服务业能级，加快建设社会主义现代化国际大都市样板区。但是，在创新方面仍存在一定短板。研发经费、研发投入强度、研发人力投入强度等指标排名相对靠后，科技型企业培育需进一步加强。

表 3-13 青岛市市南区科技创新指标值和排名

指标名称	指标值		市辖区排名		本市排名	
	上年	当年	上年	当年	上年	当年
综合科技创新水平得分	71.88	74.50	17	9	6	4
创新投入得分	67.84	69.97	44	29	8	8
全社会R&D经费支出（亿元）	12.91	12.18	26	34	7	7
全社会R&D经费支出占比（%）	1.01	0.87	46	53	8	9
地方财政科技支出（万元）	9840	10 613	13	10	9	9
地方财政科技支出占比（%）	1.92	1.97	13	10	6	6
规上工业企业每万名就业人员中研发人员数（人年）	307.28	462.34	46	44	9	10
规上工业企业每万名就业人员中研发人员数提高幅度（人年）	-86.93	155.06	52	29	8	6
规上工业企业R&D经费支出占营业收入的比重（%）	1.69	3.89	30	4	6	2
创新绩效得分	79.32	80.96	3	2	2	2
每亿元GDP技术合同成交额（万元）	132.85	387.75	39	19	9	3
规上高新技术产业产值占规上工业产值比重（%）	44.64	53.68	31	27	7	6
万人有效发明专利拥有量（件）	101.50	117.16	3	3	2	2
万元GDP综合能耗下降率（%）	6.73	2.91	13	45	2	7
人均GDP（万元/人）	25.89	28.74	1	2	1	1
创新生态得分	68.28	72.46	40	15	9	6
高新技术企业数（家）	239	234	12	19	9	9
高新技术企业增长率（%）	5.75	-2.09	55	58	10	10
千家市场主体登记企业中科技型中小企业入库数量（家）	57.10	59.68	14	19	3	4
规上工业企业中有研发活动企业占比（%）	25.00	72.73	52	4	10	1

（二）市北区

2021年，市北区综合科技创新水平得分71.23，在市辖区排名第23位，在青岛市排名第7位。其中，全社会R&D经费支出10.49亿元，人均GDP达到9.66万元/人，高新技术企业数达到371家，每亿元GDP技术合同成交额393.21万元，科技创新取得良好成效。

从创新投入来看，市北区创新投入增长较快，排名上升16位，列第7位。其中，全社会R&D经费支出较上年增长5.31亿元；全社会R&D经费支出占比较上年提高0.45个百分点；规上工业企业每万名就业人员中研发人员数较上年增长663.08人年，提高幅度在市辖区排名第1位，创新人才集聚能力实现较大突破；规上工业企业R&D经费支出占营业收入的比重较上年提高1.21个百分点；地方财政科技支出及占比较上年下降，排名第4位及第6位。

从创新绩效来看，市北区创新绩效仍需改善，排名下降3位，排名第34位。其中，每亿元GDP技术合同成交额排名上升18位，科技成果转化效率大幅提高；人均GDP较上年增长0.89万元/人；规上高新技术产业产值占规上工业产值比重较上年降低4.95个百分点；万元GDP综合能耗下降率排名下降20位，绿色发展水平需进一步提升。

从创新生态来看，市北区创新生态需进一步优化，排名下降10位，列第44位。其中，规上工业企业中有研发活动企业占比排名由第43位上升至第34位；高新技术企业数371家，排名第11位；高新技术企业增长率排名靠后；千家市场主体登记企业中科技型中小企业入库数量排名下降了20位，创新生态是市北区科技创新的薄弱环节，应持续改善。

表3-14所示为青岛市市北区科技创新指标值和排名。

近年来，市北区着力构建以总部经济和数字经济为引领，以航运贸易、商务商贸、现代金融、都市工业、医养健康、文化创意为重的"2+6"特色产业体系，为建设现代产业先行城市提供强劲支撑。但在创新方面短板明显，其中，全社会R&D经费支出占比、规上高新技术产业产值占规上工业产值比重、高新技术企业增长率、千家市场主体登记企业中科技型中小企业入库数量等指标排名较落后，需重点关注。

表 3-14 青岛市市北区科技创新指标值和排名

指标名称	指标值		市辖区排名		本市排名	
	上年	当年	上年	当年	上年	当年
综合科技创新水平得分	70.26	71.23	32	23	9	7
创新投入得分	71.41	74.65	23	7	6	4
全社会 R&D 经费支出（亿元）	5.18	10.49	46	38	9	8
全社会 R&D 经费支出占比（%）	0.54	0.99	56	47	10	8
地方财政科技支出（万元）	37 666	23 136	5	4	4	4
地方财政科技支出占比（%）	6.93	3.34	2	6	2	4
规上工业企业每万名就业人员中研发人员数（人年）	480.97	1144.05	29	6	8	2
规上工业企业每万名就业人员中研发人员数提高幅度（人年）	98.39	663.08	25	1	2	1
规上工业企业 R&D 经费支出占营业收入的比重（%）	0.69	1.90	55	23	10	7
创新绩效得分	70.09	70.85	31	34	7	7
每亿元 GDP 技术合同成交额（万元）	143.57	393.21	36	18	8	2
规上高新技术产业产值占规上工业产值比重（%）	39.03	34.08	41	49	9	9
万人有效发明专利拥有量（件）	24.92	30.36	13	12	5	5
万元 GDP 综合能耗下降率（%）	10.72	4.03	7	27	1	2
人均 GDP（万元/人）	8.77	9.66	25	26	7	7
创新生态得分	69.22	68.01	34	44	8	9
高新技术企业数（家）	363	371	8	11	6	7
高新技术企业增长率（%）	6.14	2.20	54	56	9	9
千家市场主体登记企业中科技型中小企业入库数量（家）	39.69	34.15	24	44	9	8
规上工业企业中有研发活动企业占比（%）	30.00	43.10	43	34	8	9

(三)李沧区

2021年,李沧区综合科技创新水平得分69.81,在市辖区排名第34位,在青岛市排名第9位。其中,全社会R&D经费支出5.01亿元,人均GDP达8.05万元/人,高新技术企业数388家,万人有效发明专利拥有量仅9.20件,科技创新成效还需提升。

从创新投入来看,李沧区创新投入进一步提升,排名上升7位,列第39位。其中,规上工业企业每万名就业人员中研发人员数较上年增长137.11人年;全社会R&D经费支出比上年增加0.75亿元;地方财政科技支出占比较上年提高0.41个百分点;全社会R&D经费支出占比较上年提高0.05个百分点。

从创新绩效来看,李沧区创新绩效有待提高,排名由第40位下降至第51位。其中,万人有效发明专利拥有量提升2个位次;人均GDP提升1个位次;万元GDP综合能耗下降率排名下降幅度较大,由第24位下降至第52位;每亿元GDP技术合同成交额排名下降6位;规上高新技术产业产值占规上工业产值比重排名靠后。

从创新生态来看,李沧区创新生态排名第17位。其中,规上工业企业中有研发活动企业占比64.55%,位居前列;高新技术企业数排名第10位;千家市场主体登记企业中科技型中小企业入库数量较上年增长11.57家;高新技术企业增长率排名靠后。

表3-15所示为青岛市李沧区科技创新指标值和排名。

近年来,李沧区以数字经济、总部经济、枢纽经济为抓手,不断提升商贸服务业、现代金融业两大优势产业,做大做强新一代信息技术、新能源新材料、生物医药、智能制造四大新兴产业,加快构建"3+2+4"现代产业体系。但是,在创新方面仍存在一定短板,其中,研发投入规模及研发投入强度排名落后,产业结构转型升级面临压力,高新技术企业增长乏力,需引起关注。

表 3-15 青岛市李沧区科技创新指标值和排名

指标名称	指标值		市辖区排名		本市排名	
	上年	当年	上年	当年	上年	当年
综合科技创新水平得分	70.41	69.81	30	34	8	9
创新投入得分	67.46	68.60	46	39	9	9
全社会 R&D 经费支出（亿元）	4.26	5.01	48	49	10	10
全社会 R&D 经费支出占比（%）	0.78	0.83	52	54	9	10
地方财政科技支出（万元）	17 501	14 828	8	9	6	8
地方财政科技支出占比（%）	2.32	2.73	10	8	5	5
规上工业企业每万名就业人员中研发人员数（人年）	638.51	775.62	16	18	2	5
规上工业企业每万名就业人员中研发人员数提高幅度（人年）	-305.33	137.11	57	37	10	8
规上工业企业 R&D 经费支出占营业收入的比重（%）	0.99	1.00	47	48	8	10
创新绩效得分	69.41	68.67	40	51	9	10
每亿元 GDP 技术合同成交额（万元）	374.91	318.74	19	25	2	4
规上高新技术产业产值占规上工业产值比重（%）	35.92	31.24	45	53	10	10
万人有效发明专利拥有量（件）	7.54	9.20	38	36	7	7
万元 GDP 综合能耗下降率（%）	4.46	1.92	24	52	6	9
人均 GDP（万元/人）	7.49	8.05	33	32	9	9
创新生态得分	74.61	72.29	9	17	4	7
高新技术企业数（家）	351	388	9	10	7	6
高新技术企业增长率（%）	21.88	10.54	43	55	2	8
千家市场主体登记企业中科技型中小企业入库数量（家）	55.41	66.98	15	17	4	3
规上工业企业中有研发活动企业占比（%）	61.40	64.55	4	5	1	2

（四）崂山区

2021年，崂山区综合科技创新水平得分85.86，在市辖区和青岛市排名均与上年持平，排名第1位。多项指标在全市名列前茅，其中，全社会R&D经费支出47.97亿元，每亿元GDP技术合同成交额达594.12万元，万人有效发明专利拥有量增长至350.61件，人均GDP达19.95万元/人，高新技术企业数突破625家，科技创新成效显著。

从创新投入来看，崂山区创新投入得分93.28，排名第1位。其中，地方财政科技支出及占比均排名第1位；全社会R&D经费支出47.97亿元，全社会R&D经费支出占比4.74%，排名第2位；规上工业企业每万名就业人员中研发人员数增长至1323.60人年，排名第2位；规上工业企业R&D经费支出占营业收入的比重较上年提高6.60个百分点，由第9位跃升至第1位。

从创新绩效来看，崂山区创新绩效得分87.54，排名第1位。其中，万人有效发明专利拥有量和人均GDP两个指标值均较上年有所增长，分别排名第1位和第5位；规上高新技术产业产值占规上工业产值比重排名第2位；每亿元GDP技术合同成交额较上年增长47.29万元；万元GDP综合能耗下降率排名上升5位，排名第23位。

从创新生态来看，崂山区创新生态在市辖区排名第9位。其中，高新技术企业数较上年增加147家，排名第6位；规上工业企业中有研发活动企业占比排名上升4位，在市辖区排名第9位；千家市场主体登记企业中科技型中小企业入库数量由上年的80.01家增加至93.92家，排名第9位。

表3-16所示为青岛市崂山区科技创新指标值和排名。

近年来，崂山区重点发展虚拟现实、人工智能、智能制造及工业互联网、生物医药健康、现代金融、软件和信息服务和文化旅游7条产业链，聚力培育工业互联网全产业生态，打造"世界工业互联网之都"创新区。但在创新方面仍存在一定短板，高新技术企业增长乏力，排名落后，还需持续关注。

县域科技创新水平分析 | 第三部分

表 3-16 青岛市崂山区科技创新指标值和排名

指标名称	指标值		市辖区排名		本市排名	
	上年	当年	上年	当年	上年	当年
综合科技创新水平得分	83.66	85.86	1	1	1	1
创新投入得分	86.83	93.28	1	1	1	1
全社会R&D经费支出（亿元）	46.14	47.97	5	6	2	3
全社会R&D经费支出占比（%）	5.21	4.74	1	2	1	1
地方财政科技支出（万元）	85 090	101 029	1	1	1	1
地方财政科技支出占比（%）	7.42	7.28	1	1	1	1
规上工业企业每万名就业人员中研发人员数（人年）	867.87	1323.60	7	2	1	1
规上工业企业每万名就业人员中研发人员数提高幅度（人年）	104.03	455.73	23	3	1	2
规上工业企业R&D经费支出占营业收入的比重（%）	2.83	9.43	9	1	1	1
创新绩效得分	87.05	87.54	1	1	1	1
每亿元GDP技术合同成交额（万元）	546.83	594.12	9	10	1	1
规上高新技术产业产值占规上工业产值比重（%）	85.50	81.98	2	2	1	1
万人有效发明专利拥有量（件）	270.54	350.61	1	1	1	1
万元GDP综合能耗下降率（%）	4.05	4.19	28	23	7	1
人均GDP（万元/人）	17.83	19.95	5	5	3	3
创新生态得分	76.71	76.19	7	9	2	3
高新技术企业数（家）	478	625	6	6	4	4
高新技术企业增长率（%）	13.54	30.75	51	47	6	5
千家市场主体登记企业中科技型中小企业入库数量（家）	80.01	93.92	6	9	1	1
规上工业企业中有研发活动企业占比（%）	50.51	59.43	13	9	3	3

(五) 黄岛区

2021年，黄岛区综合科技创新水平得分79.82，在市辖区排名第2位，在青岛市排名第2位。多项指标在全市名列前茅，其中，全社会R&D经费支出达122.49亿元，万人有效发明专利拥有量达57.69件，人均GDP增长至22.53万元/人，高新技术企业数达到933家，科技创新成效显著。

从创新投入来看，黄岛区创新投入提升明显，在市辖区排名第2位。其中，全社会R&D经费支出达122.49亿元，较上年增长22.48%；全社会R&D经费支出占比较上年提高0.11个百分点；地方财政科技支出和规上工业企业R&D经费支出占营业收入的比重排名第2位和第17位；规上工业企业每万名就业人员中研发人员数较上年增长286.64人年，提高幅度排名上升12位。

从创新绩效来看，黄岛区创新绩效优势明显，排名第7位。其中，人均GDP和万人有效发明专利拥有量均有所改善，分别排名第4位和第5位；规上高新技术产业产值占规上工业产值比重较上年提高3.18个百分点；每亿元GDP技术合同成交额较上年减少24.55万元，排名由第41位下降至第50位。

从创新生态来看，黄岛区创新生态略有改善，排名与上年持平，列第8位。其中，高新技术企业数增长28.87%，总数排名第4位；千家市场主体登记企业中科技型中小企业入库数量较上年增加3.36家；规上工业企业中有研发活动企业占比达到54.86%，超过了全省平均水平（47.33%），排名提升27位。

表3-17所示为青岛市黄岛区科技创新指标值和排名。

近年来，黄岛区实施制造业强区战略，以智能化、高端化、集群化提升发展智能家电、化工及新材料、新能源、船舶海工、高端装备、海洋食品等产业，加快布局海洋生物医药、新一代半导体等战略性新兴产业，科技赋能家电电子、机械装备等传统优势产业，抢占新兴产业发展机遇。但是，在创新方面还有提升空间，其中，技术市场交易、高新技术企业发展及科技型中小企业等科技型企业培育应成为重点关注方面。

表 3-17 青岛市黄岛区科技创新指标值和排名

指标名称	指标值		市辖区排名		本市排名	
	上年	当年	上年	当年	上年	当年
综合科技创新水平得分	78.47	79.82	4	2	2	2
创新投入得分	83.69	85.12	3	2	2	2
全社会R&D经费支出（亿元）	100.01	122.49	2	1	1	1
全社会R&D经费支出占比（%）	2.69	2.80	23	17	4	4
地方财政科技支出（万元）	83 031	99 852	2	2	2	2
地方财政科技支出占比（%）	3.73	3.91	8	5	4	3
规上工业企业每万名就业人员中研发人员数（人年）	615.67	902.31	17	13	5	3
规上工业企业每万名就业人员中研发人员数提高幅度（人年）	92.99	286.64	26	14	3	5
规上工业企业R&D经费支出占营业收入的比重（%）	2.19	2.30	17	17	4	5
创新绩效得分	76.11	76.60	7	7	3	3
每亿元GDP技术合同成交额（万元）	126.56	102.01	41	50	10	10
规上高新技术产业产值占规上工业产值比重（%）	58.38	61.56	18	19	5	5
万人有效发明专利拥有量（件）	49.19	57.69	5	5	3	3
万元GDP综合能耗下降率（%）	3.30	3.84	38	31	9	4
人均GDP（万元/人）	19.76	22.53	4	4	2	2
创新生态得分	75.44	77.61	8	8	3	2
高新技术企业数（家）	724	933	4	4	2	2
高新技术企业增长率（%）	9.86	28.87	52	51	8	7
千家市场主体登记企业中科技型中小企业入库数量（家）	46.71	50.07	19	28	5	6
规上工业企业中有研发活动企业占比（%）	31.59	54.86	41	14	7	4

（六）城阳区

2021年，城阳区综合科技创新水平得分77.27，在市辖区排名第4位，在青岛市排名第3位。其中，全社会R&D经费支出54.13亿元，万人有效发明专利拥有量达44.43件，人均GDP达到11.79万元/人，高新技术企业数突破1245家，科技创新成效显著。

从创新投入来看，城阳区创新投入持续增加，排名由第5位上升至第3位。地方财政科技支出排名保持第3位；规上工业企业每万名就业人员中研发人员数较上年增长293.70人年；规上工业企业R&D经费支出占营业收入的比重排名上升8位；全社会R&D经费支出及占比均有小幅度提升，分别排名第4位及第6位。

从创新绩效来看，城阳区创新绩效有待提高，排名由第10位下降至第21位。万人有效发明专利拥有量较上年增长7.29件；人均GDP较上年增长0.73万元/人；每亿元GDP技术合同成交额较上年减少101.76万元，排名降幅最大，由第26位下降至第49位；万元GDP综合能耗下降率排名下降20位。

从创新生态来看，城阳区创新生态进一步优化，排名与上年持平，列第6位。其中，高新技术企业数排名第2位；千家市场主体登记企业中科技型中小企业入库数量较上年增长13.10家；规上工业企业中有研发活动企业占比提高超10个百分点；高新技术企业增长率排名相对落后。

表3-18所示为青岛市城阳区科技创新指标值和排名。

近年来，城阳区大力发展轨道交通、生物医药及医疗器械、先进高分子新材料、集成电路、食品饮料、氢能与储能等六大产业，全面构建以实体经济为核心、以先进制造业为方向、先进制造业和现代服务业融合发展的现代产业体系。在创新方面仍存在一定短板。具体来看，城阳区大部分指标位居前列，但每亿元GDP技术合同成交额、万元GDP综合能耗下降率、高新技术企业增长率等指标排名靠后，应作为提高科技创新综合水平需要重点关注的方面。

表 3-18 青岛市城阳区科技创新指标值和排名

指标名称	指标值		市辖区排名		本市排名	
	上年	当年	上年	当年	上年	当年
综合科技创新水平得分	77.14	77.27	6	4	3	3
创新投入得分	78.99	80.86	5	3	3	3
全社会 R&D 经费支出（亿元）	44.44	54.13	6	4	3	2
全社会 R&D 经费支出占比（%）	3.67	4.06	9	6	2	2
地方财政科技支出（万元）	57 978	62 889	3	3	3	3
地方财政科技支出占比（%）	5.76	5.57	6	3	3	2
规上工业企业每万名就业人员中研发人员数（人年）	491.76	785.46	27	16	6	4
规上工业企业每万名就业人员中研发人员数提高幅度（人年）	-61.39	293.70	51	11	7	4
规上工业企业 R&D 经费支出占营业收入的比重（%）	2.00	2.35	24	16	5	4
创新绩效得分	74.11	72.84	10	21	4	4
每亿元 GDP 技术合同成交额（万元）	207.88	106.12	26	49	5	9
规上高新技术产业产值占规上工业产值比重（%）	73.32	70.19	7	11	2	2
万人有效发明专利拥有量（件）	37.14	44.43	9	9	4	4
万元 GDP 综合能耗下降率（%）	3.62	0.91	34	54	8	10
人均 GDP（万元/人）	11.06	11.79	14	15	5	5
创新生态得分	78.38	78.15	6	6	1	1
高新技术企业数（家）	965	1245	2	2	1	1
高新技术企业增长率（%）	19.28	29.02	47	50	4	6
千家市场主体登记企业中科技型中小企业入库数量（家）	79.48	92.58	7	10	2	2
规上工业企业中有研发活动企业占比（%）	39.53	49.88	30	27	6	8

（七）即墨区

2021年，即墨区综合科技创新水平得分72.20，在市辖区排名第16位，在青岛市排名第6位。其中，全社会R&D经费支出31.52亿元，人均GDP达10.74万元/人，高新技术企业数达560家，千家市场主体登记企业中科技型中小企业入库数量57.96家，科技创新成效有待进一步提升。

从创新投入来看，即墨区创新投入增长较快，排名由第28位上升至第20位。其中，全社会R&D经费支出达31.52亿元，排名第8位；规上工业企业每万名就业人员中研发人员数较上年增长148.74人年；地方财政科技支出及占比排名分别上升2位及8位，政府对科技投入的支持力度加大；规上工业企业R&D经费支出占营业收入的比重较上年提高0.20个百分点。

从创新绩效来看，即墨区创新绩效仍需提升，排名下降幅度较大，由第11位下降到第26位。其中，每亿元GDP技术合同成交额较上年减少149.26万元，排名下降18位，列第40位；规上高新技术产业产值占规上工业产值比重较上年下降5.75个百分点；万人有效发明专利拥有量和人均GDP有小幅度提升，排名分别为第38位和第20位；万元GDP综合能耗下降率排名下降10位。

从创新生态来看，即墨区创新生态进一步改善，排名第12位。其中，千家市场主体登记企业中科技型中小企业入库数量排名上升3位；高新技术企业数比上年增加156家；规上工业企业中有研发活动企业占比较上年提高近7个百分点。

表3-19所示为青岛市即墨区科技创新指标值和排名。

近年来，即墨区积极培育壮大数字经济，培强做大汽车、生物医药、先进材料、通用航空、轨道交通等先进制造业，推动纺织服装、机械家电等传统优势产业转型升级，突破发展市场商贸、现代物流、高端服务和高端文旅等现代服务业，构建高级化、链群化、开放型的现代产业体系。但是，在创新方面还存在一定短板。其中，每亿元GDP技术合同成交额、高新技术企业增长率、万人有效发明专利拥有量等指标需重点关注。

表 3-19 青岛市即墨区科技创新指标值和排名

指标名称	指标值		市辖区排名		本市排名	
	上年	当年	上年	当年	上年	当年
综合科技创新水平得分	72.41	72.20	13	16	5	6
创新投入得分	70.76	70.97	28	20	7	7
全社会 R&D 经费支出（亿元）	26.91	31.52	9	8	5	5
全社会 R&D 经费支出占比（%）	2.10	2.17	31	32	6	6
地方财政科技支出（万元）	14 161	15 689	10	8	7	7
地方财政科技支出占比（%）	1.10	1.23	24	16	8	9
规上工业企业每万名就业人员中研发人员数（人年）	489.28	638.02	28	32	7	8
规上工业企业每万名就业人员中研发人员数提高幅度（人年）	27.47	148.74	32	34	4	7
规上工业企业 R&D 经费支出占营业收入的比重（%）	1.55	1.75	32	29	7	8
创新绩效得分	73.36	72.30	11	26	5	6
每亿元 GDP 技术合同成交额（万元）	315.84	166.58	22	40	4	8
规上高新技术产业产值占规上工业产值比重（%）	72.60	66.85	9	13	3	3
万人有效发明专利拥有量（件）	7.28	9.02	41	38	8	8
万元 GDP 综合能耗下降率（%）	5.30	3.85	20	30	4	3
人均 GDP（万元/人）	9.64	10.74	21	20	6	6
创新生态得分	73.16	73.41	13	12	6	5
高新技术企业数（家）	404	560	7	7	5	5
高新技术企业增长率（%）	22.42	38.61	39	40	1	2
千家市场主体登记企业中科技型中小企业入库数量（家）	39.92	57.96	23	20	8	5
规上工业企业中有研发活动企业占比（%）	46.80	53.78	18	17	4	5

（八）胶州市

2021年，胶州市综合科技创新水平得分73.09，在其余县（市）排名第2位，在青岛市排名第5位。其中，全社会R&D经费支出38.39亿元，每亿元GDP技术合同成交额达240.17万元，万人有效发明专利拥有量增长至11.47件，人均GDP达到14.46万元/人，科技创新取得明显成效。

从创新投入来看，胶州市创新投入优势明显，排名第5位。其中，全社会R&D经费支出达38.39亿元，在其余县（市）排名居首位；规上工业企业R&D经费支出占营业收入的比重、全社会R&D经费支出占比、地方财政科技支出占比位次分别提高1位、2位、3位；地方财政科技支出20 545万元，排名第3位；规上工业企业每万名就业人员中研发人员数较上年增加112.37人年。

从创新绩效来看，胶州市创新绩效排名由第2位下降至第6位。其中，人均GDP较上年增长近2万元/人；万人有效发明专利拥有量增长1.45件；每亿元GDP技术合同成交额较上年减少83.00万元；规上高新技术产业产值占规上工业产值比重位次下降5位；万元GDP综合能耗下降率下降至36位，排名相对落后。

从创新生态来看，胶州市创新生态保持领先优势，排名第3位。其中，高新技术企业数连续两年排名第1位；千家市场主体登记企业中科技型中小企业入库数量增加6.52家，排名第7位；规上工业企业中有研发活动企业占比较上年提高2.37个百分点。

表3-20所示为青岛市胶州市科技创新指标值和排名。

近年来，胶州市着力打造九大产业集群，做强智能家电、机械装备、食品饮料三大优势产业集群；做大集成电路、智能制造装备、生物医药及医疗器械三大新兴产业集群；做优现代金融、现代物流、现代商贸三大现代服务业产业集群。在创新方面仍存在一定短板。其中，规上工业企业每万名就业人员中研发人员数提高幅度、万元GDP综合能耗下降率、高新技术企业增长率等排名落后，应重点关注，进一提高科技创新总体水平。

表 3-20 青岛市胶州市科技创新指标值和排名

指标名称	指标值		其余县（市）排名		本市排名	
	上年	当年	上年	当年	上年	当年
综合科技创新水平得分	74.01	73.09	3	2	4	5
创新投入得分	74.47	73.22	4	5	4	5
全社会R&D经费支出（亿元）	32.59	38.39	1	1	4	4
全社会R&D经费支出占比（%）	2.66	2.64	13	11	5	5
地方财政科技支出（万元）	20 485	20 545	3	3	5	5
地方财政科技支出占比（%）	1.66	1.59	7	4	7	7
规上工业企业每万名就业人员中研发人员数（人年）	618.91	731.28	8	9	4	7
规上工业企业每万名就业人员中研发人员数提高幅度（人年）	−40.30	112.37	29	22	6	10
规上工业企业R&D经费支出占营业收入的比重（%）	2.78	2.63	6	5	2	3
创新绩效得分	73.15	72.51	2	6	6	5
每亿元GDP技术合同成交额（万元）	323.17	240.17	2	18	3	5
规上高新技术产业产值占规上工业产值比重（%）	56.28	52.58	7	12	6	7
万人有效发明专利拥有量（件）	10.02	11.47	4	4	6	6
万元GDP综合能耗下降率（%）	5.33	2.54	10	36	3	8
人均GDP（万元/人）	12.49	14.46	4	2	4	4
创新生态得分	74.45	73.58	2	3	5	4
高新技术企业数（家）	494	674	1	1	3	3
高新技术企业增长率（%）	14.62	36.44	29	25	5	3
千家市场主体登记企业中科技型中小企业入库数量（家）	43.00	49.52	3	7	7	7
规上工业企业中有研发活动企业占比（%）	51.30	53.67	11	16	2	6

（九）平度市

2021年，平度市综合科技创新水平得分71.14，在其余县（市）排名第6位，在青岛市排名第8位。其中，全社会R&D经费支出24.38亿元，每亿元GDP技术合同成交额167.44万元，万人有效发明专利拥有量8.36件，人均GDP 6.90万元/人，高新技术企业数348家，科技创新取得一定成效。

从创新投入来看，平度市创新投入稳步提升，排名由第12位上升至第6位。其中，全社会R&D经费支出较上年增长2.82亿元，保持第4位；全社会R&D经费支出占比2.97%，排名第7位；地方财政科技支出占比较上年提高0.61个百分点；规上工业企业每万名就业人员中研发人员数较上年增长136.55人年；地方财政科技支出增长7250万元。

从创新绩效来看，平度市创新绩效仍需改善，由第7位下降至第16位。其中，万人有效发明专利拥有量排名由第13位上升至第11位；规上高新技术产业产值占规上工业产值比重排名第6位；人均GDP排名下降4位；每亿元GDP技术合同成交额较上年减少0.11万元，排名下降7位，列第28位；万元GDP综合能耗下降率排名由第18位下降至第31位。

从创新生态来看，平度市排名第13位，创新生态有待进一步优化。其中，高新技术企业数排名保持第2位；规上工业企业中有研发活动企业占比排名下降2位；千家市场主体登记企业中科技型中小企业入库数量较上年减少14.66家，排名由第1位下降至第20位，应引起重视。

表3-21所示为青岛市平度市科技创新指标值和排名。

近年来，平度市聚焦智能家电、高端化工、食品饮料等优势产业，加快推动优势产业实现高端化、智能化、绿色化发展，做强培优先进金属材料、通用航空、生物医药、航空航天、轨道交通、石油石化等新兴产业，加快培育发展新动能。但是，在创新方面仍有提升空间。需在技术市场交易、科技型企业培育、产业结构转型升级等方面加大提升力度。

表 3-21 青岛市平度市科技创新指标值和排名

指标名称	指标值		其余县（市）排名		本市排名	
	上年	当年	上年	当年	上年	当年
综合科技创新水平得分	71.04	71.14	8	6	7	8
创新投入得分	71.80	72.39	12	6	5	6
全社会R&D经费支出（亿元）	21.56	24.38	4	4	6	6
全社会R&D经费支出占比（%）	3.01	2.97	9	7	3	3
地方财政科技支出（万元）	11 231	18 481	7	4	8	6
地方财政科技支出占比（%）	0.97	1.58	18	5	9	8
规上工业企业每万名就业人员中研发人员数（人年）	633.94	770.49	6	4	3	6
规上工业企业每万名就业人员中研发人员数提高幅度（人年）	-204.57	136.55	36	17	9	9
规上工业企业R&D经费支出占营业收入的比重（%）	2.26	2.08	9	8	3	6
创新绩效得分	69.92	70.57	7	16	8	8
每亿元GDP技术合同成交额（万元）	167.55	167.44	21	28	7	7
规上高新技术产业产值占规上工业产值比重（%）	63.34	64.35	4	6	4	4
万人有效发明专利拥有量（件）	6.70	8.36	13	11	9	9
万元GDP综合能耗下降率（%）	2.79	2.98	18	31	10	5
人均GDP（万元/人）	6.00	6.90	19	23	10	10
创新生态得分	71.44	70.40	11	13	7	8
高新技术企业数（家）	257	348	2	2	8	8
高新技术企业增长率（%）	20.09	35.41	22	28	3	4
千家市场主体登记企业中科技型中小企业入库数量（家）	45.54	30.88	1	20	6	9
规上工业企业中有研发活动企业占比（%）	44.47	50.84	15	17	5	7

（十）莱西市

2021年，莱西市综合科技创新水平得分67.78，在其余县（市）排名第29位，在青岛市排名连续两年列第10位。其中，全社会R&D经费支出8.23亿元，每亿元GDP技术合同成交额210.12万元，万人有效发明专利拥有量仅7.35件，人均GDP达8.69万元/人，高新技术企业数达176家，科技创新成效还需进一步提升。

从创新投入来看，莱西市创新投入进步明显，排名上升10位，列第24位。其中，全社会R&D经费支出较上年增长1.36亿元；地方财政科技支出是上年的近3倍，排名上升16位；地方财政科技支出占比提高0.26个百分点；规上工业企业每万名就业人员中研发人员数较上年增长301.60人年，排名上升10位；规上工业企业R&D经费支出占营业收入的比重排名上升5位。

从创新绩效来看，莱西市创新绩效排名下降11位，列第27位。其中，每亿元GDP技术合同成交额较上年增长38.75万元，排名下降5位；人均GDP较上年增长1.02万元/人，排名第9位；规上高新技术产业产值占规上工业产值比重较上年降低3.05个百分点，排名下降7位；万元GDP综合能耗下降率排名下降20位。

从创新生态来看，莱西市创新生态略有改善，排名第29位。其中，高新技术企业数增长率较快、达45.45%，高新技术企业数排名保持第3位；规上工业企业中有研发活动企业占比提高7.71个百分点；千家市场主体登记企业中科技型中小企业入库数量排名下降13位。

表3-22所示为青岛市莱西市科技创新指标值和排名。

近年来，莱西市不断巩固发展以新能源汽车、通用航空、石墨新材料、绿色建筑、生物医药、新一代信息技术六大战略性新兴产业和高端食品饮料产业为主的"6+1"现代产业体系，为建设现代产业先行城市提供坚强支撑。但在创新方面仍存在较多短板。其中，全社会R&D经费支出占比、万元GDP综合能耗下降率、千家市场主体登记企业中科技型中小企业入库数量、规上工业企业中有研发活动企业占比等指标排名落后，应加强关注。

表 3-22 青岛市莱西市科技创新指标值和排名

指标名称	指标值		其余县（市）排名		本市排名	
	上年	当年	上年	当年	上年	当年
综合科技创新水平得分	66.72	67.78	29	29	10	10
创新投入得分	65.18	67.62	34	24	10	10
全社会 R&D 经费支出（亿元）	6.87	8.23	23	22	8	9
全社会 R&D 经费支出占比（%）	1.25	1.32	28	28	7	7
地方财政科技支出（万元）	813	3217	35	19	10	10
地方财政科技支出占比（%）	0.10	0.36	37	24	10	10
规上工业企业每万名就业人员中研发人员数（人年）	265.13	566.73	32	22	10	9
规上工业企业每万名就业人员中研发人员数提高幅度（人年）	8.40	301.60	27	7	5	3
规上工业企业 R&D 经费支出占营业收入的比重（%）	0.89	1.17	32	27	9	9
创新绩效得分	68.74	68.97	16	27	10	9
每亿元 GDP 技术合同成交额（万元）	171.37	210.12	19	24	6	6
规上高新技术产业产值占规上工业产值比重（%）	40.66	37.61	18	25	8	8
万人有效发明专利拥有量（件）	5.78	7.35	17	17	10	10
万元 GDP 综合能耗下降率（%）	4.91	2.92	12	32	5	6
人均 GDP（万元/人）	7.67	8.69	11	9	8	8
创新生态得分	66.22	66.69	28	29	10	10
高新技术企业数（家）	121	176	3	3	10	10
高新技术企业增长率（%）	11.01	45.45	31	17	7	1
千家市场主体登记企业中科技型中小企业入库数量（家）	23.20	23.07	19	32	10	10
规上工业企业中有研发活动企业占比（%）	25.25	32.96	30	30	9	10

三、淄博市

（一）淄川区

2021年，淄川区综合科技创新水平得分70.14，在市辖区排名第33位，在淄博市排名第8位。其中，每亿元GDP技术合同成交额达到425.06万元，万人有效发明专利拥有量9.14件，人均GDP达到7.86万元/人，高新技术企业数98家，科技创新成效还需进一步提升。

从创新投入来看，淄川区创新投入仍需加强，排名由第20位下降至第31位。其中，规上工业企业R&D经费支出占营业收入的比重保持第8位；全社会R&D经费支出增长1.14亿元，但占比较上年降低0.10个百分点；地方财政科技支出减少1190万元；规上工业企业每万名就业人员中研发人员数较上年增长18.20人年，增长缓慢。

从创新绩效来看，淄川区创新绩效略有改善，排名与上年持平，列第35位。其中，万元GDP综合能耗下降率排名上升21位；规上高新技术产业产值占规上工业产值比重较上年提高1.35个百分点；每亿元GDP技术合同成交额较上年减少8.58万元，技术交易有待提升。

从创新生态来看，淄川区排名第27位，创新生态有待优化。其中，高新技术企业数较上年增长36家；规上工业企业中有研发活动企业占比较上年提高2.12个百分点；千家市场主体登记企业中科技型中小企业入库数量较上年增加12.72家。

表3-23所示为淄博市淄川区科技创新指标值和排名。

近年来，淄川区将新材料、智能装备、新医药和电子信息"四强"产业确立为推动新旧动能转换和高质量发展的主攻方向，着力提升建材建陶建筑、商贸物流电商、纺织服装高端化三大优势产业，实现"产业强区"。但是，在创新方面还存在较多短板。其中，规上工业企业每万名就业人员中研发人员数提高幅度、地方财政科技支出占比、万人有效发明专利拥有量、高新技术企业数等指标排名靠后，需要引起重视。

表 3-23 淄博市淄川区科技创新指标值和排名

指标名称	指标值		市辖区排名		本市排名	
	上年	当年	上年	当年	上年	当年
综合科技创新水平得分	70.76	70.14	26	33	4	8
创新投入得分	72.34	69.65	20	31	2	7
全社会R&D经费支出（亿元）	11.83	12.97	30	31	4	4
全社会R&D经费支出占比（%）	2.60	2.50	25	26	4	5
地方财政科技支出（万元）	3607	2417	29	32	2	3
地方财政科技支出占比（%）	0.46	0.46	42	37	5	3
规上工业企业每万名就业人员中研发人员数（人年）	702.38	720.58	11	24	1	8
规上工业企业每万名就业人员中研发人员数提高幅度（人年）	49.68	18.20	30	48	3	8
规上工业企业R&D经费支出占营业收入的比重（%）	2.96	2.80	8	8	3	2
创新绩效得分	69.77	70.84	35	35	8	7
每亿元GDP技术合同成交额（万元）	433.64	425.06	17	16	4	6
规上高新技术产业产值占规上工业产值比重（%）	43.11	44.46	34	36	5	5
万人有效发明专利拥有量（件）	8.18	9.14	35	37	6	6
万元GDP综合能耗下降率（%）	0.37	3.85	50	29	7	6
人均GDP（万元/人）	6.97	7.86	34	33	4	4
创新生态得分	70.13	69.92	28	27	4	8
高新技术企业数（家）	62	98	37	37	4	4
高新技术企业增长率（%）	34.78	58.06	24	12	5	2
千家市场主体登记企业中科技型中小企业入库数量（家）	27.60	40.32	36	35	5	5
规上工业企业中有研发活动企业占比（%）	48.03	50.15	16	25	2	8

（二）张店区

2021年，张店区综合科技创新水平得分72.82，在市辖区排名第13位，在淄博市排名第2位。多项指标在全市名列前茅，其中，全社会R&D经费支出26.16亿元，万人有效发明专利拥有量达到29.12件，高新技术企业数达到463家，千家市场主体登记企业中科技型中小企业入库数量121.61家，科技创新成效显著。

从创新投入来看，张店区创新投入仍需加强，排名下降11位，列第17位。其中，全社会R&D经费支出较上年增长13.89%；规上工业企业每万名就业人员中研发人员数较上年增长237.02人年；规上工业企业R&D经费支出占营业收入的比重较上年降低3.35个百分点，排名由第1位下降至第15位；地方财政科技支出较上年减少55万元，地方财政科技支出占比较上年降低0.01个百分点，政府科技创新经费投入还需进一步提高。

从创新绩效来看，张店区创新绩效略排名由第22位下降至第27位。其中，每亿元GDP技术合同成交额排名第24位；规上高新技术产业产值占规上工业产值比重、万人有效发明专利拥有量人均GDP均有不同程度的提升；万元GDP综合能耗下降率排名大幅下降，由第29位下降至第56位，绿色化发展需引起重视。

从创新生态来看，张店区创新生态稳步改善，排名第10位。其中，高新技术企业数较上年增加134家，排名第8位；千家市场主体登记企业中科技型中小企业入库数量排名第5位；规上工业企业中有研发活动企业占比较上年提高11.52个百分点，排名上升8位。

表3-24所示为淄博市张店区科技创新指标值和排名。

近年来，张店区围绕构建数字经济、总部经济、高端服务业、高端轻制造业、人工智能、医药康养"2+4"现代产业体系，科学布局生态产业新城、总部经济创新小镇、环理工大学创业创新带、楼宇经济项目、东部高端服务业项目集聚区、双碳创新产业园等"六大产业板块"，持续深化新旧动能转换。但是，在创新方面仍存在一定短板。其中，地方财政科技支出、万元GDP综合能耗下降率、高新技术企业增长率等指标排名落后，应作为提升科技创新综合水平的主要着力点。

县域科技创新水平分析 | 第三部分

表 3-24 淄博市张店区科技创新指标值和排名

指标名称	指标值		市辖区排名		本市排名	
	上年	当年	上年	当年	上年	当年
综合科技创新水平得分	73.71	72.82	10	13	1	2
创新投入得分	76.38	71.58	6	17	1	3
全社会R&D经费支出（亿元）	22.97	26.16	12	10	1	1
全社会R&D经费支出占比（%）	2.38	2.38	29	29	5	6
地方财政科技支出（万元）	1507	1452	49	42	6	5
地方财政科技支出占比（%）	0.38	0.37	50	45	7	5
规上工业企业每万名就业人员中研发人员数（人年）	672.76	909.78	13	12	2	2
规上工业企业每万名就业人员中研发人员数提高幅度（人年）	22.98	237.02	33	17	4	6
规上工业企业R&D经费支出占营业收入的比重（%）	5.71	2.36	1	15	1	4
创新绩效得分	71.41	72.25	22	27	4	6
每亿元GDP技术合同成交额（万元）	167.15	322.77	31	24	8	8
规上高新技术产业产值占规上工业产值比重（%）	64.35	65.25	14	15	2	2
万人有效发明专利拥有量（件）	26.20	29.12	12	14	1	1
万元GDP综合能耗下降率（%）	3.92	0.90	29	56	3	7
人均GDP（万元/人）	7.71	8.60	31	31	3	3
创新生态得分	73.30	74.75	11	10	1	1
高新技术企业数（家）	329	463	10	8	1	1
高新技术企业增长率（%）	28.02	40.73	35	35	7	6
千家市场主体登记企业中科技型中小企业入库数量（家）	82.56	121.61	4	5	1	1
规上工业企业中有研发活动企业占比（%）	41.71	53.23	26	18	5	5

（三）博山区

2021年，博山区综合科技创新水平得分71.30，在市辖区排名第21位，在淄博市排名第6位。其中，地方财政科技支出1453万元，每亿元GDP技术合同成交额高达1070.33万元，千家市场主体登记企业中科技型中小企业入库数量达到75.82家，科技创新潜力较大。

从创新投入来看，博山区创新投入涨势良好，排名由第45位上升至第32位。其中，全社会R&D经费支出占比排名上升1位；地方财政科技支出增长至1453万元，排名上升13位；地方财政科技支出占比和规上工业企业R&D经费支出占营业收入的比重排名分别上升3位和2位；规上工业企业每万名就业人员中研发人员数较上年增长303.65人年，创新人才集聚能力显著增强；全社会R&D经费支出较上年增长0.92亿元，排名第50位，排名较为落后。

从创新绩效来看，博山区创新绩效稳步提升，排名第18位。其中，每亿元GDP技术合同成交额较上年增加98.98亿元，排名第4位；万人有效发明专利拥有量较上年增长0.56件；人均GDP较上年增长0.67万元/人；万元GDP综合能耗下降率排名下降17位。

从创新生态来看，博山区创新生态持续优化，列第22位，排名较上年上升15位。其中，千家市场主体登记企业中科技型中小企业入库数量较上年增长超20家；高新技术企业数较上年增长18家；规上工业企业中有研发活动企业占比较上年提高20.20个百分点，排名由第36位上升至第13位。

表3-25所示为淄博市博山区科技创新指标值和排名。

近年来，博山区引导机电泵、汽车智造、健康医药、新型材料4个传统优势产业绿色高端发展，聚焦新经济应用场景推动数字经济、新能源两个新兴产业快速特色发展，聚焦绿色高端规范铸造行业有序发展。但是，在创新方面仍存在一定短板。其中，全社会R&D经费支出、万人有效发明专利拥有量、高新技术企业数等指标排名靠后，还需加大发展力度。

表 3-25　淄博市博山区科技创新指标值和排名

指标名称	指标值		市辖区排名		本市排名	
	上年	当年	上年	当年	上年	当年
综合科技创新水平得分	69.71	71.30	37	21	7	6
创新投入得分	67.59	69.43	45	32	8	8
全社会 R&D 经费支出（亿元）	3.97	4.89	49	50	8	7
全社会 R&D 经费支出占比（％）	1.71	1.88	36	35	8	8
地方财政科技支出（万元）	1210	1453	54	41	7	4
地方财政科技支出占比（％）	0.39	0.38	47	44	6	4
规上工业企业每万名就业人员中研发人员数（人年）	465.96	769.61	32	19	6	6
规上工业企业每万名就业人员中研发人员数提高幅度（人年）	−158.84	303.65	55	9	7	3
规上工业企业 R&D 经费支出占营业收入的比重（％）	2.07	2.06	21	19	6	5
创新绩效得分	72.75	73.84	17	18	2	3
每亿元 GDP 技术合同成交额（万元）	971.35	1070.33	5	4	1	1
规上高新技术产业产值占规上工业产值比重（％）	40.57	40.77	37	39	6	6
万人有效发明专利拥有量（件）	6.49	7.05	42	47	7	7
万元 GDP 综合能耗下降率（％）	7.16	3.90	11	28	2	5
人均 GDP（万元/人）	5.59	6.26	44	44	7	7
创新生态得分	68.75	70.60	37	22	6	3
高新技术企业数（家）	45	63	43	45	6	6
高新技术企业增长率（％）	45.16	40.00	13	36	3	7
千家市场主体登记企业中科技型中小企业入库数量（家）	54.18	75.82	16	14	3	2
规上工业企业中有研发活动企业占比（％）	34.95	55.15	36	13	7	3

（四）临淄区

2021年，临淄区综合科技创新水平得分71.47，在市辖区排名第20位，在淄博市排名第5位。多项指标在全市名列前茅，其中，全社会R&D经费支出23.89亿元，万人有效发明专利拥有量达到19.38件，人均GDP达到13.27万元/人，高新技术企业数达到117家，科技创新成效明显。

从创新投入来看，临淄区创新投入排名第26位，较上年上升11位。其中，全社会R&D经费支出及占比较上年均提升1个位次；规上工业企业每万名就业人员中研发人员数增长282.32人年，创新人才投入成效显著；地方财政科技支出较上年大幅减少2165万元；地方财政科技支出占比由0.70%下降至0.26%，排名第50位，政府科技投入水平还需进一步提升；规上工业企业R&D经费支出占营业收入的比重较上年下降0.19个百分点。

从创新绩效来看，临淄区创新绩效稳步提升，排名上升4位，列第19位。其中，规上高新技术产业产值占规上工业产值比重较上年提高6.52个百分点；万人有效发明专利拥有量较上年小幅增长，保持第20位；万元GDP综合能耗下降率跃升至第3位，绿色化发展水平进一步提升；人均GDP较上年增长2.00万元/人，排名第10位。

从创新生态来看，临淄区创新生态持续优化，排名由第41位上升至第23位。其中，规上工业企业中有研发活动企业占比提高19.10个百分点，排名由第39位上升至第21位；高新技术企业数较上年增长50.00%；千家市场主体登记企业中科技型中小企业入库数量增长近一倍。

表3-26所示为淄博市临淄区科技创新指标值和排名。

近年来，临淄区做大做强炼化一体化、碳三碳四、尼龙新材料、聚氨酯四大主导产业链，入选全省现代农业十强县，成为全省工业、农业"双十强"区县之一。但在创新方面仍存在短板。研发投入力度、政府财政支撑、科技型企业培育及产业结构转型方面还有待提升。

表 3-26 淄博市临淄区科技创新指标值和排名

指标名称	指标值		市辖区排名		本市排名	
	上年	当年	上年	当年	上年	当年
综合科技创新水平得分	69.69	71.47	38	20	8	5
创新投入得分	69.51	70.34	37	26	7	6
全社会R&D经费支出（亿元）	20.43	23.89	16	15	2	2
全社会R&D经费支出占比（%）	2.79	2.78	20	19	2	3
地方财政科技支出（万元）	3544	1379	30	44	3	6
地方财政科技支出占比（%）	0.70	0.26	35	50	3	7
规上工业企业每万名就业人员中研发人员数（人年）	465.89	748.21	33	20	7	7
规上工业企业每万名就业人员中研发人员数提高幅度（人年）	-4.75	282.32	43	15	6	4
规上工业企业R&D经费支出占营业收入的比重（%）	1.32	1.13	41	44	7	7
创新绩效得分	71.32	73.43	23	19	5	5
每亿元GDP技术合同成交额（万元）	360.00	351.97	21	20	5	7
规上高新技术产业产值占规上工业产值比重（%）	32.60	39.12	47	42	7	8
万人有效发明专利拥有量（件）	16.42	19.38	20	20	2	2
万元GDP综合能耗下降率（%）	9.21	11.02	8	3	1	1
人均GDP（万元/人）	11.27	13.27	12	10	2	2
创新生态得分	68.16	70.57	41	23	7	4
高新技术企业数（家）	78	117	34	33	2	2
高新技术企业增长率（%）	32.20	50.00	29	23	6	4
千家市场主体登记企业中科技型中小企业入库数量（家）	18.58	35.31	44	43	8	6
规上工业企业中有研发活动企业占比（%）	33.02	52.12	39	21	8	6

(五）周村区

2021年，周村区综合科技创新水平得分72.24，在市辖区排名第15位，在淄博市排名第3位。多项指标在全市排名靠前，其中，全社会R&D经费支出8.09亿元，每亿元GDP技术合同成交额达1068.79万元，万人有效发明专利拥有量12.89件，高新技术企业数114家，科技创新成效较好。

从创新投入来看，周村区创新投入排名保持第22位。其中，全社会R&D经费支出由上年的6.85亿元增长到8.09亿元；全社会R&D经费支出占比达3.03%，排名上升3位，列第13位；规上工业企业每万名就业人员中研发人员数较上年增加224.35人年；地方财政科技支出及占比较上年均有不同程度下降，排名落后，政府科技投入不足。

从创新绩效来看，周村区创新绩效排名由第15位提升到第9位。其中，每亿元GDP技术合同成交额排名上升1位，列市辖区第5位；规上高新技术产业产值占规上工业产值比重较上年提高8.55个百分点；万人有效发明专利拥有量、人均GDP排名均上升2位；万元GDP综合能耗下降率出现明显的改善，排名由第40位上升至第21位。

从创新生态来看，周村区创新生态仍需进一步优化，排名第24位。其中，规上工业企业中有研发活动企业占比提高8.60个百分点；高新技术企业数增加38家，增速放缓；千家市场主体登记企业中科技型中小企业入库数量位次下降5位。

表3-27所示为淄博市周村区科技创新指标值和排名。

近年来，周村区优化提升纺织丝绸、沙发家具、电子电器三大传统产业，培育壮大装备制造、新材料两大新兴产业，繁荣发展现代物流、文化旅游两大现代服务业，深入实施创新驱动发展战略。但是，在科技创新方面短板突出。地方财政科技支出排名靠后，政府创新投入水平还需持续提高，研发人力投入及科技型企业培育仍需加大力度。

表 3-27　淄博市周村区科技创新指标值和排名

指标名称	指标值		市辖区排名		本市排名	
	上年	当年	上年	当年	上年	当年
综合科技创新水平得分	71.92	72.24	16	15	2	3
创新投入得分	71.42	70.71	22	22	3	5
全社会R&D经费支出（亿元）	6.85	8.09	41	41	5	5
全社会R&D经费支出占比（%）	2.90	3.03	16	13	1	1
地方财政科技支出（万元）	973	347	56	57	8	8
地方财政科技支出占比（%）	0.35	0.13	54	56	8	8
规上工业企业每万名就业人员中研发人员数（人年）	593.61	817.96	19	15	3	5
规上工业企业每万名就业人员中研发人员数提高幅度（人年）	146.55	224.35	16	19	1	7
规上工业企业R&D经费支出占营业收入的比重（%）	2.60	2.48	12	13	5	3
创新绩效得分	72.80	75.54	15	9	1	2
每亿元GDP技术合同成交额（万元）	907.92	1068.79	6	5	2	2
规上高新技术产业产值占规上工业产值比重（%）	47.56	56.11	27	25	3	4
万人有效发明专利拥有量（件）	10.65	12.89	29	27	4	4
万元GDP综合能耗下降率（%）	3.23	4.33	40	21	4	4
人均GDP（万元/人）	5.79	6.51	42	40	5	6
创新生态得分	71.50	70.37	18	24	3	5
高新技术企业数（家）	76	114	36	35	3	3
高新技术企业增长率（%）	105.41	50.00	2	23	1	5
千家市场主体登记企业中科技型中小企业入库数量（家）	60.51	66.47	13	18	2	3
规上工业企业中有研发活动企业占比（%）	42.01	50.61	24	24	4	7

（六）桓台县

2021年，桓台县综合科技创新水平得分72.10，在其余县（市）排名第4位，在淄博市排名第4位。其中，人均GDP达到13.62万元/人，每亿元GDP技术合同成交额467.24万元，地方财政科技支出突破7711万元，万人有效发明专利拥有量16.98件，高新技术企业增长率达到60.71%，科技创新成效显著。

从创新投入来看，桓台县创新投入持续增长，排名由第15位上升至第7位。其中，全社会R&D经费支出增长超过2亿元，排名保持第7位；全社会R&D经费支出占比、地方财政科技支出占比均上升3位；规上工业企业每万名就业人员中研发人员数较上年增长281.11人年，排名第2位；规上工业企业R&D经费支出占营业收入的比重下降0.23个百分点。

从创新绩效来看，桓台县创新绩效增势强劲，排名由第8位上升至第3位。其中，万人有效发明专利拥有量、每亿元GDP技术合同成交额、人均GDP指标均较上年实现增长，排名保持第1位、第4位和第6位；规上高新技术产业产值占规上工业产值比重提高7.43个百分点；万元GDP综合能耗下降率上升24位。

从创新生态来看，桓台县创新生态表现亮眼，排名由第14位上升至第8位。其中，规上工业企业中有研发活动企业占比提高9.91个百分点；高新技术企业数增加34家，排名上升4位；千家市场主体登记企业中科技型中小企业入库数量排名上升8位。

表3-28所示为淄博市桓台县科技创新指标值和排名。

近年来，桓台县聚焦氟硅、丙烯、高分子新材料三大产业集群，培优做强氟、硅、膜、氢、聚氨酯、聚烯烃、聚酰胺等七大新兴产业链，是淄博市首个同时拥有3个省"十强"产业"雁阵形"集群的区县。但在科技创新方面仍存在短板。尤其在规上工业企业研发投入、高新技术产业产值占比方面相对薄弱，还需重点发力。

表 3-28 淄博市桓台县科技创新指标值和排名

指标名称	指标值		其余县（市）排名		本市排名	
	上年	当年	上年	当年	上年	当年
综合科技创新水平得分	70.09	72.10	12	4	5	4
创新投入得分	70.33	71.36	15	7	5	4
全社会R&D经费支出（亿元）	16.08	18.79	7	7	3	3
全社会R&D经费支出占比（%）	2.77	2.79	12	9	3	2
地方财政科技支出（万元）	6569	7711	13	10	1	1
地方财政科技支出占比（%）	1.49	1.47	8	7	1	1
规上工业企业每万名就业人员中研发人员数（人年）	565.61	846.72	11	2	4	4
规上工业企业每万名就业人员中研发人员数提高幅度（人年）	7.76	281.11	28	9	5	5
规上工业企业R&D经费支出占营业收入的比重（%）	1.32	1.09	22	30	8	8
创新绩效得分	69.91	73.72	8	3	7	4
每亿元GDP技术合同成交额（万元）	294.83	467.24	4	4	7	5
规上高新技术产业产值占规上工业产值比重（%）	32.21	39.64	27	24	8	7
万人有效发明专利拥有量（件）	14.98	16.98	1	1	3	3
万元GDP综合能耗下降率（%）	−1.83	8.38	32	8	8	2
人均GDP（万元/人）	11.84	13.62	6	6	1	1
创新生态得分	70.01	71.17	14	8	5	2
高新技术企业数（家）	56	90	16	12	5	5
高新技术企业增长率（%）	43.59	60.71	6	7	4	1
千家市场主体登记企业中科技型中小企业入库数量(家)	28.26	51.79	11	3	4	4
规上工业企业中有研发活动企业占比（%）	44.85	54.76	14	15	3	4

（七）高青县

2021年，高青县综合科技创新水平得分70.64，在省财政直管县排名第10位，在淄博市排名第7位。企业创新优势明显，其中，规上工业企业每万名就业人员中研发人员数达1081.84人年，规上工业企业中有研发活动企业占比59.05%，规上高新技术产业产值占规上工业产值比重达56.57%，高新技术企业增长率55.00%。

从创新投入来看，高青县创新投入稳步增长，排名由第11位上升至第9位。其中，全社会R&D经费支出较上年增长0.40亿元；规上工业企业每万名就业人员中研发人员数增长近一倍，排名第2位；地方财政科技支出由上年的3459万元减少至860万元，地方财政科技支出占比由上年的1.05%下降至0.26%，政府科技创新经费需进一步提高。

从创新绩效来看，高青县创新绩效仍需加强，排名由第3位下降至第10位。其中，每亿元GDP技术合同成交额、规上高新技术产业产值占规上工业产值比重、人均GDP均排名第3位；万元GDP综合能耗下降率排名下降至第41位。

从创新生态来看，高青县创新生态需进一步优化，排名由第7位下降至第14位。其中，高新技术企业数较上年增长11家，排名第27位；千家市场主体登记企业中科技型中小企业入库数量、规上工业企业中有研发活动企业占比较上年略有提高，但排名分别下降11位和4位。

表3-29所示为淄博市高青县科技创新指标值和排名。

近年来，高青县着力布局工业互联网、个性体验、人工智能、新能源等未来产业，集中培育新材料和健康医药两大主导产业，大力发展先进装备制造和电子信息两大特色优势产业，提升改造食品酿造、纺织服装等传统产业，聚力实施"四强"产业攀登计划，打造"4+N"新兴产业体系。但是，在创新方面短板明显。其中，地方财政科技支出、万元GDP综合能耗下降率等指标下降幅度较大且排名落后，科技型企业培育仍需加大力度。

表 3-29 淄博市高青县科技创新指标值和排名

指标名称	指标值		省财政直管县排名		本市排名	
	上年	当年	上年	当年	上年	当年
综合科技创新水平得分	70.91	70.64	5	10	3	7
创新投入得分	70.75	71.73	11	9	4	2
全社会 R&D 经费支出（亿元）	4.08	4.48	21	24	7	8
全社会 R&D 经费支出占比（%）	2.27	2.17	17	19	7	7
地方财政科技支出（万元）	3459	860	9	30	4	7
地方财政科技支出占比（%）	1.05	0.26	8	28	2	6
规上工业企业每万名就业人员中研发人员数（人年）	559.75	1081.84	8	2	5	1
规上工业企业每万名就业人员中研发人员数提高幅度（人年）	75.40	522.08	23	2	2	1
规上工业企业 R&D 经费支出占营业收入的比重（%）	2.61	1.95	11	12	4	6
创新绩效得分	70.39	70.10	3	10	6	8
每亿元 GDP 技术合同成交额（万元）	572.67	617.92	2	3	3	4
规上高新技术产业产值占规上工业产值比重（%）	47.50	56.57	10	3	4	3
万人有效发明专利拥有量（件）	2.85	3.36	15	14	8	8
万元 GDP 综合能耗下降率（%）	1.36	−8.40	25	41	6	8
人均 GDP（万元/人）	5.66	6.56	3	3	6	5
创新生态得分	71.63	70.07	7	14	2	7
高新技术企业数（家）	20	31	29	27	8	8
高新技术企业增长率（%）	66.67	55.00	6	19	2	3
千家市场主体登记企业中科技型中小企业入库数量（家）	23.19	25.86	5	16	6	8
规上工业企业中有研发活动企业占比（%）	58.16	59.05	10	14	1	2

（八）沂源县

2021年，沂源县综合科技创新水平得分73.06，在省财政直管县排名第1位，在淄博市排名第1位。多项指标在全市名列前茅，其中，规上工业企业R&D经费支出占营业收入的比重达到3.19%，规上高新技术产业产值占规上工业产值比重高达81.61%，规上工业企业中有研发活动企业占比达60.00%，企业创新能力进一步增强。

从创新投入来看，沂源县创新投入平稳增长，排名由第17位上升至第6位。其中，全社会R&D经费支出及占比较上年小幅提升，排名保持第10位和第13位；规上工业企业每万名就业人员中研发人员数增长近一倍；规上工业企业R&D经费支出占营业收入的比重提高0.19个百分点；地方财政科技支出及占比较上年略有下降，政府科技创新投入还需加强。

从创新绩效来看，沂源县创新绩效增势强劲，连续两年在省财政直管县排名居首位。其中，每亿元GDP技术合同成交额排名由第15位跃升至第1位；规上高新技术产业产值占规上工业产值比重、万人有效发明专利拥有量连续两年排名第1位；万元GDP综合能耗下降率排名由第20位上升至第11位。

从创新生态来看，沂源县创新生态逐步改善，排名第13位。其中，高新技术企业数较上年增加14家；千家市场主体登记企业中科技型中小企业入库数量增长超过10家，排名第11位；规上工业企业中有研发活动企业占比提高24.13个百分点，排名第13位。

表3-30所示为淄博市沂源县科技创新指标值和排名。

近年来，沂源县聚焦新医药、新材料、新一代电子信息三大主导产业，加快发展医养健康、现代物流、现代金融、电子商务等现代服务业，培育壮大新经济产业，持续推动产业迈向中高端，构建支撑高质量发展的现代产业体系。但是，在科技创新方面还存在一定短板。研发投入、企业研发活力和科技型企业培育还需进一步加大力度。

表 3-30 淄博市沂源县科技创新指标值和排名

指标名称	指标值		省财政直管县排名		本市排名	
	上年	当年	上年	当年	上年	当年
综合科技创新水平得分	69.92	73.06	10	1	6	1
创新投入得分	69.81	72.40	17	6	6	1
全社会R&D经费支出（亿元）	6.38	8.03	10	10	6	6
全社会R&D经费支出占比（%）	2.38	2.55	13	13	6	4
地方财政科技支出（万元）	2704	2702	13	11	5	2
地方财政科技支出占比（%）	0.68	0.60	12	12	4	2
规上工业企业每万名就业人员中研发人员数（人年）	435.79	860.66	21	5	8	3
规上工业企业每万名就业人员中研发人员数提高幅度（人年）	-165.82	424.87	33	5	8	2
规上工业企业R&D经费支出占营业收入的比重（%）	3.00	3.19	8	6	2	1
创新绩效得分	72.31	76.51	1	1	3	1
每亿元GDP技术合同成交额（万元）	317.61	796.72	15	1	6	3
规上高新技术产业产值占规上工业产值比重（%）	83.93	81.61	1	1	1	1
万人有效发明专利拥有量（件）	8.61	9.27	1	1	5	5
万元GDP综合能耗下降率（%）	2.08	7.16	20	11	5	3
人均GDP（万元/人）	5.18	5.97	9	8	8	8
创新生态得分	67.49	70.08	24	13	8	6
高新技术企业数（家）	37	51	6	10	7	7
高新技术企业增长率（%）	19.35	37.84	35	34	8	8
千家市场主体登记企业中科技型中小企业入库数量（家）	20.18	30.44	10	11	7	7
规上工业企业中有研发活动企业占比（%）	35.87	60.00	23	13	6	1

四、枣庄市

（一）市中区

2021年，市中区综合科技创新水平得分67.79，在市辖区排名第50位，在枣庄市排名第3位。其中，全社会R&D经费支出3.37亿元，每亿元GDP技术合同成交额达到598.44万元，万人有效发明专利拥有量7.06件，人均GDP 4.81万元/人，高新技术企业数突破50家，科技创新取得一定成效。

从创新投入来看，市中区创新投入需进一步提升，排名由第43位下降至第52位。其中，全社会R&D经费支出及占比排名落后；规上工业企业每万名就业人员中研发人员数排名第53位；地方财政科技支出减少1227万元，排名下降6位；地方财政科技支出占比下降0.39个百分点，排名下降7位；规上工业企业R&D经费支出占营业收入的比重下降0.29个百分点，创新投入应全面发力。

从创新绩效来看，市中区创新绩效仍需提高，排名下降至第47位。其中，每亿元GDP技术合同成交额排名第9位；万人有效发明专利拥有量较上年增长1.93件，排名第46位；规上高新技术产业产值占规上工业产值比重排名下降3位；万元GDP综合能耗下降率排名下降22位。

从创新生态来看，市中区创新生态逐步优化，排名第46位。其中，千家市场主体登记企业中科技型中小企业入库数量较上年增长8.34家；高新技术企业数增长至50家，高新技术企业增长率达56.25%；规上工业企业中有研发活动企业占比较上年提高12.47个百分点，排名上升11位。

表3-31所示为枣庄市市中区科技创新指标值和排名。

近年来，市中区积极构建以高端装备、高端化工、新材料、新能源、新医药、新一代信息技术等六大先进制造业和高质高效农业、新型商贸物流业、特色文旅康养业为主体的"6+3"现代产业体系。但在科技创新方面仍存在较多短板。在研发经费投入、研发人力投入、科技型企业培育及绿色低碳发展方面还需要进一步提升。

表 3-31 枣庄市市中区科技创新指标值和排名

指标名称	指标值		市辖区排名		本市排名	
	上年	当年	上年	当年	上年	当年
综合科技创新水平得分	67.83	67.79	49	50	3	3
创新投入得分	67.90	65.99	43	52	3	3
全社会R&D经费支出（亿元）	2.95	3.37	52	51	3	3
全社会R&D经费支出占比（%）	1.13	1.14	44	46	3	3
地方财政科技支出（万元）	3032	1805	32	38	2	2
地方财政科技支出占比（%）	0.97	0.58	25	32	2	2
规上工业企业每万名就业人员中研发人员数（人年）	258.76	354.32	50	53	3	3
规上工业企业每万名就业人员中研发人员数提高幅度（人年）	195.63	95.56	9	43	1	6
规上工业企业R&D经费支出占营业收入的比重（%）	2.13	1.84	18	25	2	2
创新绩效得分	69.19	69.63	45	47	4	5
每亿元GDP技术合同成交额（万元）	569.74	598.44	8	9	4	4
规上高新技术产业产值占规上工业产值比重（%）	37.10	35.99	43	46	3	3
万人有效发明专利拥有量（件）	5.13	7.06	51	46	4	4
万元GDP综合能耗下降率（%）	3.77	1.83	31	53	4	6
人均GDP（万元/人）	4.26	4.81	54	54	3	3
创新生态得分	66.31	67.75	51	46	3	3
高新技术企业数（家）	32	50	49	48	3	3
高新技术企业增长率（%）	23.08	56.25	38	16	4	3
千家市场主体登记企业中科技型中小企业入库数量（家）	13.40	21.74	50	52	4	5
规上工业企业中有研发活动企业占比（%）	31.50	43.97	42	31	3	3

（二）薛城区

2021年，薛城区综合科技创新水平得分70.57，在市辖区排名第30位，在枣庄市排名第2位。多项指标在全市排名靠前，其中，万人有效发明专利拥有量达16.63件，地方财政科技支出2779万元，人均GDP达到6.13万元/人，高新技术企业数82家，全社会R&D经费支出6.26亿元，科技创新取得一定成效。

从创新投入来看，薛城区创新投入，排名由第42位上升至第40位。其中，全社会R&D经费支出较上年增长1.01亿元，排名第45位；地方财政科技支出排名上升8位；地方财政科技支出占比排名上升13位；规上工业企业每万名就业人员中研发人员数较上年增长194.34人年；规上工业企业R&D经费支出占营业收入的比重排名下降3位。

从创新绩效来看，薛城区创新绩效有待提升，排名由第34位下降至第40位。其中，每亿元GDP技术合同成交额排名第11位，科技成果转化效率有所提升；人均GDP较上年增长0.63万元/人；规上高新技术产业产值占规上工业产值比重、万人有效发明专利拥有量略有提高，但排名分别下降1位和3位；万元GDP综合能耗下降率排名下降8位。

从创新生态来看，薛城区创新生态持续优化，排名由第30位上升至第11位。其中，高新技术企业数较上年增长43家，排名上升5位；千家市场主体登记企业中科技型中小企业入库数量排名上升7位，列第23位；规上工业企业中有研发活动企业占比较上年提高21.11个百分点，排名由第31位跃升至第7位。

表3-32所示为枣庄市薛城区科技创新指标值和排名。

近年来，薛城区不断培育壮大高端化工、食品加工、绿色建材、装备制造、医养健康、造纸等特色产业，重点发展楼宇经济、金融商务、现代物流等产业，入围"山东省高质量发展进步县"榜单。但是，在创新方面仍存在一定短板，其中，规上高新技术产业产值占规上工业产值比重、全社会R&D经费支出、人均GDP、高新技术企业数等指标的排名靠后，是影响科技创新综合水平的关键因素，应引起重视。

表 3-32 枣庄市薛城区科技创新指标值和排名

指标名称	指标值		市辖区排名		本市排名	
	上年	当年	上年	当年	上年	当年
综合科技创新水平得分	69.31	70.57	42	30	2	2
创新投入得分	68.16	68.24	42	40	2	2
全社会 R&D 经费支出（亿元）	5.25	6.26	45	45	2	2
全社会 R&D 经费支出占比（%）	1.61	1.68	37	37	2	2
地方财政科技支出（万元）	2465	2779	35	27	3	1
地方财政科技支出占比（%）	0.74	1.01	32	19	4	1
规上工业企业每万名就业人员中研发人员数（人年）	477.44	671.78	31	29	2	2
规上工业企业每万名就业人员中研发人员数提高幅度（人年）	138.01	194.34	17	22	2	2
规上工业企业 R&D 经费支出占营业收入的比重（%）	1.45	1.42	36	39	3	3
创新绩效得分	69.85	70.23	34	40	3	3
每亿元 GDP 技术合同成交额（万元）	449.71	484.23	15	11	5	5
规上高新技术产业产值占规上工业产值比重（%）	31.09	32.95	50	51	5	5
万人有效发明专利拥有量（件）	14.89	16.63	21	24	1	1
万元 GDP 综合能耗下降率（%）	13.97	6.33	2	10	1	1
人均 GDP（万元/人）	5.50	6.13	45	45	1	1
创新生态得分	69.95	73.42	30	11	2	1
高新技术企业数（家）	39	82	45	40	2	2
高新技术企业增长率（%）	116.67	110.26	1	2	1	1
千家市场主体登记企业中科技型中小企业入库数量（家）	30.90	56.47	30	23	2	1
规上工业企业中有研发活动企业占比（%）	38.89	60.00	31	7	2	2

（三）峄城区

2021年，峄城区综合科技创新水平得分65.60，在市辖区排名第57位，在枣庄市排名居末位。其中，万人有效发明专利拥有量8.14件，每亿元GDP技术合同成交额达682.79万元，高新技术企业增长率64.29%，万元GDP综合能耗下降率4.07%，科技创新取得一定成效。

从创新投入来看，峄城区创新投入水平亟需提升，连续两年排名末位。其中，全社会R&D经费支出占比和规上工业企业R&D经费支出占营业收入的比重排名保持第57位；全社会R&D经费支出和规上工业企业每万名就业人员中研发人员数居末位；地方财政科技支出及占比排名分别下降1位和2位。

从创新绩效来看，峄城区创新绩效排名第50位。其中，每亿元GDP技术合同成交额排名第7位；万人有效发明专利拥有量较上年增长0.50件；规上高新技术产业产值占规上工业产值比重较上年下降3.00个百分点，排名第55位；万元GDP综合能耗下降率排名下降7位。

从创新生态来看，峄城区创新生态排名第56位。其中，千家市场主体登记企业中科技型中小企业入库数量实现大幅增长，排名上升14位；规上工业企业中有研发活动企业占比提高至21.55%，排名第56位。

表3-33所示为枣庄市峄城区科技创新指标值和排名。

近年来，峄城区锚定高端化工、装备制造、新一代信息技术、新型建材、纺织服装、农文旅康养和特色服务业等"六大特色产业"，加快构建现代化产业体系。但是，科技创新总体水平不佳，研发经费投入、企业创新活力、科技型企业培育均需加大提升力度。

第三部分 县域科技创新水平分析

表 3-33 枣庄市峄城区科技创新指标值和排名

指标名称	指标值		市辖区排名		本市排名	
	上年	当年	上年	当年	上年	当年
综合科技创新水平得分	64.51	65.60	58	57	6	6
创新投入得分	62.52	63.07	58	58	6	6
全社会 R&D 经费支出（亿元）	0.59	0.72	58	58	6	6
全社会 R&D 经费支出占比（%）	0.41	0.44	57	57	6	6
地方财政科技支出（万元）	1268	845	52	53	6	5
地方财政科技支出占比（%）	0.50	0.38	41	43	6	4
规上工业企业每万名就业人员中研发人员数（人年）	43.85	147.47	58	58	6	6
规上工业企业每万名就业人员中研发人员数提高幅度（人年）	−1.89	103.61	42	41	5	4
规上工业企业 R&D 经费支出占营业收入的比重（%）	0.46	0.48	57	57	6	6
创新绩效得分	68.21	68.78	50	50	6	6
每亿元 GDP 技术合同成交额（万元）	641.38	682.79	7	7	3	3
规上高新技术产业产值占规上工业产值比重（%）	20.38	17.38	54	55	6	6
万人有效发明专利拥有量（件）	7.64	8.14	37	41	3	3
万元 GDP 综合能耗下降率（%）	5.52	4.07	18	25	2	3
人均 GDP（万元/人）	3.94	4.42	56	56	4	4
创新生态得分	62.69	64.91	58	56	6	4
高新技术企业数（家）	14	23	55	55	6	6
高新技术企业增长率（%）	40.00	64.29	16	8	2	2
千家市场主体登记企业中科技型中小企业入库数量（家）	9.94	36.66	55	41	6	4
规上工业企业中有研发活动企业占比（%）	8.60	21.55	58	56	6	4

（四）台儿庄区

2021年，台儿庄区综合科技创新水平得分67.67，在市辖区排名第51位，在枣庄市排名第4位。其中，每亿元GDP技术合同成交额达1276.52万元，规上高新技术产业产值占规上工业产值比重41.59%，万人有效发明专利拥有量10.23件，千家市场主体登记企业中科技型中小企业入库数量44.74家，科技创新具有一定潜力。

从创新投入来看，台儿庄区创新投入有待加强，排名第54位。其中，规上工业企业每万名就业人员中研发人员数较上年增长144.27人年；全社会R&D经费支出占比排名第48位；地方财政科技支出及占比均较上年减少，排名下降14位及25位；规上工业企业R&D经费支出占营业收入的比重排名第47位。

从创新绩效来看，台儿庄区创新绩效排名第15位。其中，每亿元GDP技术合同成交额1276.52万元，排名第3位，是台儿庄区表现最佳的指标；规上高新技术产业产值占规上工业产值比重提高至41.59%，排名第37位；万人有效发明专利拥有量较上年增长0.66件，排名第34位；万元GDP综合能耗下降率排名下降9位。

从创新生态来看，台儿庄区创新生态亟需改善，在市辖区排名连续两年列第57位。其中，高新技术企业数排名第54位；千家市场主体登记企业中科技型中小企业入库数量排名第32位；规上工业企业中有研发活动企业占比较上年提高5.94个百分点，排名末位。

表3-34所示为枣庄市台儿庄区科技创新指标值和排名。

近年来，台儿庄区聚焦高端装备、新一代信息技术、新能源新材料等主导产业，引导产业集聚发展，培育壮大研发设计、信息咨询、金融服务、仓储物流等生产性服务业，持续推进新旧动能转换。但创新方面短板较多，尤其是创新经费投入的力度和强度、高新技术企业培育、企业创新活力提升等方面需要加大引导和支持力度，营造良好创新发展环境。

表 3-34　枣庄市台儿庄区科技创新指标值和排名

指标名称	指标值		市辖区排名		本市排名	
	上年	当年	上年	当年	上年	当年
综合科技创新水平得分	67.33	67.67	51	51	4	4
创新投入得分	65.03	64.78	54	54	4	4
全社会R&D经费支出（亿元）	1.17	1.28	56	56	4	4
全社会R&D经费支出占比（%）	1.01	0.97	47	48	4	4
地方财政科技支出（万元）	1942	517	40	54	4	6
地方财政科技支出占比（%）	0.95	0.25	26	51	3	5
规上工业企业每万名就业人员中研发人员数（人年）	159.16	303.43	55	54	4	4
规上工业企业每万名就业人员中研发人员数提高幅度（人年）	-20.88	144.28	45	36	6	3
规上工业企业R&D经费支出占营业收入的比重（%）	1.27	1.01	43	47	4	4
创新绩效得分	73.00	74.25	14	15	1	1
每亿元GDP技术合同成交额（万元）	1232.27	1276.52	2	3	1	2
规上高新技术产业产值占规上工业产值比重（%）	39.22	41.59	40	37	2	2
万人有效发明专利拥有量（件）	9.57	10.23	32	34	2	2
万元GDP综合能耗下降率（%）	2.47	2.40	42	51	5	5
人均GDP（万元/人）	3.82	4.23	57	57	5	5
创新生态得分	63.76	63.74	57	57	5	5
高新技术企业数（家）	21	28	54	54	5	5
高新技术企业增长率（%）	40.00	33.33	16	45	3	4
千家市场主体登记企业中科技型中小企业入库数量（家）	19.21	44.74	41	32	3	3
规上工业企业中有研发活动企业占比（%）	12.90	18.84	57	58	5	6

（五）山亭区

2021年，山亭区综合科技创新水平得分67.28，在市辖区排名第54位，在枣庄市排名第5位。其中，每亿元GDP技术合同成交额高达1369.40亿元，在市辖区和枣庄市均居首位，万元GDP综合能耗下降率4.84%，千家市场主体登记企业中科技型中小企业入库数量53.92家，科技创新取得一定成效。

从创新投入来看，山亭区创新投入排名第57位。其中，规上工业企业每万名就业人员中研发人员数较上年增长98.06人年；全社会R&D经费支出及占比小幅增长，排名分别列第57位及56位；地方财政科技支出及占比均有所下降，排名分别下降4位及30位；规上工业企业R&D经费支出占营业收入的比重排名由第46位下降至第54位。

从创新绩效来看，山亭区创新绩效排名由第28位上升至第16位。其中，每亿元GDP技术合同成交额增长幅度较大，排名居市辖区第1位；万人有效发明专利拥有量、人均GDP两项增长幅度较小，排名靠后；万元GDP综合能耗下降率有较为明显的改善，排名由第51位上升至第18位，是山亭区排名提升最大的指标；规上高新技术产业产值占规上工业产值比重排名下降2位。

从创新生态来看，山亭区创新生态亟需改善，排名由第54位下降至第58位。其中，千家市场主体登记企业中科技型中小企业入库数量较上年增长18.52家，排名第25位；高新技术企业数及增长率均略有增加，排名第53位及54位；规上工业企业中有研发活动企业占比降低5.41个百分点，排名下降至第57位。

表3-35所示为枣庄市山亭区科技创新指标值和排名。

近年来，山亭区围绕"能建数食旅"主攻方向，不断促进新能源、新型建材、新一代信息技术、大健康食品、文旅康养等产业做大做强。但是，在科技创新方面短板较多。创新投入多项指标排名有待提升，尤其是地方财政科技支出出现大幅下降。同时，高新技术企业发展动力和储备不足，企业创新缺乏活力，还需加大科技创新支持力度。

表 3-35 枣庄市山亭区科技创新指标值和排名

指标名称	指标值		市辖区排名		本市排名	
	上年	当年	上年	当年	上年	当年
综合科技创新水平得分	67.13	67.28	52	54	5	5
创新投入得分	64.88	63.96	55	57	5	5
全社会 R&D 经费支出（亿元）	0.83	0.94	57	57	5	5
全社会 R&D 经费支出占比（%）	0.71	0.73	54	56	5	5
地方财政科技支出（万元）	1511	910	48	52	5	4
地方财政科技支出占比（%）	2.01	0.40	12	42	1	3
规上工业企业每万名就业人员中研发人员数（人年）	117.41	215.47	57	57	5	5
规上工业企业每万名就业人员中研发人员数提高幅度（人年）	21.31	98.06	35	42	4	5
规上工业企业 R&D 经费支出占营业收入的比重（%）	1.04	0.88	46	54	5	5
创新绩效得分	70.70	74.11	28	16	2	2
每亿元 GDP 技术合同成交额（万元）	1037.74	1369.40	3	1	2	1
规上高新技术产业产值占规上工业产值比重（%）	34.83	34.40	46	48	4	4
万人有效发明专利拥有量（件）	3.4	3.6	55	55	6	6
万元 GDP 综合能耗下降率（%）	0.35	4.84	51	18	6	2
人均 GDP（万元/人）	2.91	3.12	58	58	6	6
创新生态得分	65.72	63.56	54	58	4	6
高新技术企业数（家）	25	30	50	53	4	4
高新技术企业增长率（%）	19.05	20.00	48	54	5	6
千家市场主体登记企业中科技型中小企业入库数量（家）	35.40	53.92	26	25	1	2
规上工业企业中有研发活动企业占比（%）	24.59	19.18	53	57	4	5

(六）滕州市

2021年，滕州市综合科技创新水平得分70.73，在其余县（市）中列第12位，在枣庄市排名首位。多项指标在全市名列前茅，其中，全社会R&D经费支出达到18.03亿元，规上工业企业R&D经费支出占营业收入的比重达2.19%，高新技术企业数122家，规上工业企业中有研发活动企业占比高达70.07%，科技创新成效显著。

从创新投入来看，滕州市创新投入在其余县（市）排名第11位。其中，全社会R&D经费支出较上年增长3.19亿元，排名第9位；规上工业企业每万名就业人员中研发人员数增长323.07人年，位次上升至第3位，创新人才投入成效显著；规上工业企业R&D经费支出占营业收入的比重较上年下降1.27个百分点，排名第7位；地方财政科技支出及占比均有下降，排名分别下降6位和9位，是创新投入中下降幅度较大的指标，政府科技创新投入水平还需持续提升。

从创新绩效来看，滕州市创新绩效排名第21位。其中，规上高新技术产业产值占规上工业产值比重较上年提高6.20个百分点，排名上升2位；每亿元GDP技术合同成交额、万人有效发明专利拥有量排名分别下降4位、1位；万元GDP综合能耗下降率排名下降9位；人均GDP排名保持第31位。

从创新生态来看，滕州市创新生态排名提升较快，由第13位上升至第6位。其中，高新技术企业数由94家增加到122家，排名保持第6位；千家市场主体登记企业中科技型中小企业入库数量较上年增长8.22家；规上工业企业中有研发活动企业占比较上年提高17.85个百分点，排名第4位，企业创新活力大大提高。

表3-36所示为枣庄市滕州市科技创新指标值和排名。

近年来，滕州市加快煤电、建材、食品三大传统产业转型升级，大力培育新能源、新医药、新一代信息技术等先进制造业，形成高端装备、高端化工、家居建材、新能源新材料、生物医药、新一代信息技术六大优势产业集群，跻身全省工业十强县、现代农业十强县。但是，在创新方面仍存在一定短板。在政府资金投入、科技型企业培育、创新产出效益及产业结构转型升级方面仍需加大提升力度。

表 3-36 枣庄市滕州市科技创新指标值和排名

指标名称	指标值		其余县（市）排名		本市排名	
	上年	当年	上年	当年	上年	当年
综合科技创新水平得分	70.34	70.73	10	12	1	1
创新投入得分	72.18	70.80	8	11	1	1
全社会 R&D 经费支出（亿元）	14.84	18.03	11	9	1	1
全社会 R&D 经费支出占比（%）	1.98	2.10	17	16	1	1
地方财政科技支出（万元）	4724	1490	21	27	1	3
地方财政科技支出占比（%）	0.61	0.19	24	33	5	6
规上工业企业每万名就业人员中研发人员数（人年）	521.59	844.66	13	3	1	1
规上工业企业每万名就业人员中研发人员数提高幅度（人年）	103.18	323.07	18	4	3	1
规上工业企业 R&D 经费支出占营业收入的比重（%）	3.46	2.19	5	7	1	1
创新绩效得分	68.46	69.71	20	21	5	4
每亿元 GDP 技术合同成交额（万元）	222.64	233.88	16	20	6	6
规上高新技术产业产值占规上工业产值比重（%）	49.06	55.26	12	10	1	1
万人有效发明专利拥有量（件）	3.60	3.96	26	27	5	5
万元 GDP 综合能耗下降率（%）	4.07	3.83	16	25	3	4
人均 GDP（万元/人）	4.72	5.44	31	31	2	2
创新生态得分	70.38	71.75	13	6	1	2
高新技术企业数（家）	94	122	6	6	1	1
高新技术企业增长率（%）	17.50	29.79	24	32	6	5
千家市场主体登记企业中科技型中小企业入库数量（家）	13.12	21.34	32	35	5	6
规上工业企业中有研发活动企业占比（%）	52.22	70.07	9	4	1	1

五、东营市

（一）东营区

2021年，东营区综合科技创新水平得分71.88，在市辖区排名第18位，在东营市排名首位。多项指标位列全市前茅，其中，全社会R&D经费支出达到25.00亿元，人均GDP达到18.19万元/人，高新技术企业数267家，规上工业企业中有研发活动企业占比50.00%，创新成效显著。

从创新投入来看，东营区创新投入排名第46位。其中，全社会R&D经费支出达25.00亿元，排名第12位；规上工业企业每万名就业人员中研发人员数较上年增长200.13人年；规上工业企业R&D经费支出占营业收入的比重排名第49位；地方财政科技支出及占比排名分别下降17位和21位，是创新投入中下降幅度较大的指标，政府科技投入水平有待提高。

从创新绩效来看，东营区创新绩效排名第10位。其中，规上高新技术产业产值占规上工业产值比重达64.07%，排名上升5位，排名第17位；万人有效发明专利拥有量较上年增长8.28件；人均GDP增至18.19万元/人，排名保持第6位；每亿元GDP技术合同成交额、万元GDP综合能耗下降率排名下降幅度较大，分别下降25位、15位，是创新绩效排名下降的主要原因。

从创新生态来看，东营区创新生态稳中向好，排名由第23位上升至第14位。其中，高新技术企业数增加到267家，排名第16位；千家市场主体登记企业中科技型中小企业入库数量较上年增长22.57家，排名第7位；规上工业企业中有研发活动企业占比达到50.00%，提升较为明显，排名上升至第26位。

表3-37所示为东营市东营区科技创新指标值和排名。

近年来，东营区依托石油化工、石油装备两大产业，做优做强高端装备业，培育壮大电子信息、生物产业和新能源装备等新兴产业，加快适应工业经济发展新常态，形成了发展新动力，培育出产业新体系。但是，在科技创新方面仍存在一定短板。在政府资金投入、企业研发投入强度及技术市场交易方面仍需加大提升力度。

表 3-37　东营市东营区科技创新指标值和排名

指标名称	指标值		市辖区排名		本市排名	
	上年	当年	上年	当年	上年	当年
综合科技创新水平得分	71.49	71.88	19	18	1	1
创新投入得分	67.13	67.65	48	46	5	4
全社会R&D经费支出（亿元）	20.86	25.00	15	12	1	1
全社会R&D经费支出占比（%）	1.45	1.48	41	43	5	5
地方财政科技支出（万元）	3292	1069	31	48	3	5
地方财政科技支出占比（%）	0.92	0.27	28	49	3	5
规上工业企业每万名就业人员中研发人员数（人年）	296.86	496.99	48	41	5	2
规上工业企业每万名就业人员中研发人员数提高幅度（人年）	6.66	200.13	38	21	5	2
规上工业企业R&D经费支出占营业收入的比重（%）	0.98	0.97	49	49	4	2
创新绩效得分	76.49	75.43	5	10	1	1
每亿元GDP技术合同成交额（万元）	495.41	215.14	11	36	1	5
规上高新技术产业产值占规上工业产值比重（%）	56.42	64.07	22	17	1	1
万人有效发明专利拥有量（件）	18.95	27.23	18	17	2	2
万元GDP综合能耗下降率（%）	12.96	4.42	5	20	2	5
人均GDP（万元/人）	15.59	18.19	6	6	1	1
创新生态得分	70.80	72.61	23	14	1	1
高新技术企业数（家）	187	267	16	16	1	1
高新技术企业增长率（%）	26.35	42.78	36	33	3	2
千家市场主体登记企业中科技型中小企业入库数量（家）	82.01	104.58	5	7	1	1
规上工业企业中有研发活动企业占比（%）	32.79	50.00	40	26	1	1

（二）河口区

2021年，河口区综合科技创新水平得分70.39，在市辖区排名第31位，在东营市排名第2位。其中，全社会R&D经费支出占比达到4.67%，人均GDP达到17.07万元/人，万人有效发明专利拥有量29.33件，万元GDP综合能耗下降率4.93%，科技创新成效较好。

从创新投入来看，河口区创新投入排名由第33位上升至第28位。其中，全社会R&D经费支出增至19.52亿元，排名第21位；全社会R&D经费支出占比达4.67%，排名第3位；规上工业企业每万名就业人员中研发人员数较上年增长131.07人年；地方财政科技支出及占比均有下降；规上工业企业R&D经费支出占营业收入的比重降至0.89%，排名下降5位且比较靠后，是创新投入的主要短板。

从创新绩效来看，河口区创新绩效提升较快，排名由第27位上升至第17位。其中，人均GDP达17.07万元/人，排名上升至第7位；万人有效发明专利拥有量较上年增长8.50件，排名上升2位；万元GDP综合能耗下降率排名上升5位；规上高新技术产业产值占规上工业产值比重较上年提高19.39个百分点，排名上升18位。

从创新生态来看，河口区创新生态排名由第45位下降至第52位。其中，高新技术企业数较上年增长30.61%，规上工业企业中有研发活动企业占比较上年提高6.43个百分点，千家市场主体登记企业中科技型中小企业入库数量增长12.07家，但3项指标值排名均较上年下降。

表3-38所示为东营市河口区科技创新指标值和排名。

近年来，河口区全力塑强高端石化产业新优势，培植石化盐化协同发展新动能，推动新能源及新能源装备制造产业全链条发展，加快生物医药高质量发展步伐，着力突破发展文化旅游产业，构建全域高质量发展新格局。尤其在企业研发活力、政府资金投入、科技型企业培育方面均需加大提升力度。

表 3-38 东营市河口区科技创新指标值和排名

指标名称	指标值		市辖区排名		本市排名	
	上年	当年	上年	当年	上年	当年
综合科技创新水平得分	69.64	70.39	39	31	2	2
创新投入得分	70.28	70.06	33	28	1	2
全社会 R&D 经费支出（亿元）	16.69	19.52	21	21	2	2
全社会 R&D 经费支出占比（%）	4.67	4.67	4	3	1	1
地方财政科技支出（万元）	1872	1481	41	40	5	4
地方财政科技支出占比（%）	0.67	0.36	36	46	5	4
规上工业企业每万名就业人员中研发人员数（人年）	346.78	477.85	42	43	2	3
规上工业企业每万名就业人员中研发人员数提高幅度（人年）	89.53	131.07	27	38	4	4
规上工业企业 R&D 经费支出占营业收入的比重（%）	0.99	0.89	48	53	3	4
创新绩效得分	70.84	74.03	27	17	2	2
每亿元 GDP 技术合同成交额（万元）	202.81	299.16	27	27	2	3
规上高新技术产业产值占规上工业产值比重（%）	26.23	45.62	52	34	4	3
万人有效发明专利拥有量（件）	20.83	29.33	15	13	1	1
万元 GDP 综合能耗下降率（%）	4.84	4.93	21	16	3	2
人均 GDP（万元/人）	14.59	17.07	8	7	2	2
创新生态得分	67.68	66.89	45	52	2	3
高新技术企业数（家）	49	64	42	44	2	2
高新技术企业增长率（%）	53.13	30.61	8	48	1	4
千家市场主体登记企业中科技型中小企业入库数量（家）	41.75	53.82	22	26	3	3
规上工业企业中有研发活动企业占比（%）	29.33	35.76	45	47	2	4

(三)垦利区

2021年，垦利区综合科技创新水平得分69.08，在市辖区排名第44位，在东营市排名第4位。其中，人均GDP达到12.33万元/人，全社会R&D经费支出占比2.59%，每亿元GDP技术合同成交额达到345.99万元，万元GDP综合能耗下降率4.57%，科技创新初见成效。

从创新投入来看，垦利区创新投入排名第45位。其中，规上工业企业每万名就业人员中研发人员数较上年增长164.07人年；全社会R&D经费支出较上年增长0.80亿元，全社会R&D经费支出占比较上年下降0.17个百分点，排名第22位；地方财政科技支出及占比排名分别下降13位和8位；规上工业企业R&D经费支出占营业收入的比重排名下降5位。

从创新绩效来看，垦利区创新绩效明显提升，排名由第36位上升至第24位。其中，每亿元GDP技术合同成交额增加明显，排名由第52位跃升至第21位，是创新绩效中提高幅度最大的指标；规上高新技术产业产值占规上工业产值比重较上年提高2.77个百分点；万人有效发明专利拥有量较上年增长2.63件；万元GDP综合能耗下降率提升明显，排名由第35位上升至第19位，绿色化发展水平持续提升；人均GDP较上年增长1.90万元/人，排名上升至第14位。

从创新生态来看，垦利区创新生态有待优化，排名由第48位下降至第53位。其中，千家市场主体登记企业中科技型中小企业入库数量较上年增长11.65家，排名第24位；规上工业企业中有研发活动企业占比排名上升4位；高新技术企业数排名降至第49位。

表3-39所示为东营市垦利区科技创新指标值和排名。

近年来，垦利区提质发展高端化工、生物医药和汽车零部件等主导产业集群，做大做强高效生态农业、现代海洋产业、精品旅游等区域优势产业，打造具有可持续竞争力的现代化产业体系。但是，在创新方面短板突出。特别是在企业研发创新活力、企业研发投入、科技型企业培育等方面还需实现新的突破。

表 3-39 东营市垦利区科技创新指标值和排名

指标名称	指标值		市辖区排名		本市排名	
	上年	当年	上年	当年	上年	当年
综合科技创新水平得分	68.37	69.08	46	44	3	4
创新投入得分	68.47	67.65	40	45	3	3
全社会 R&D 经费支出（亿元）	7.42	8.22	39	40	5	5
全社会 R&D 经费支出占比（%）	2.76	2.59	21	22	3	3
地方财政科技支出（万元）	3932	1630	26	39	2	3
地方财政科技支出占比（%）	1.17	0.63	23	31	1	2
规上工业企业每万名就业人员中研发人员数（人年）	297.58	461.65	47	45	4	4
规上工业企业每万名就业人员中研发人员数提高幅度（人年）	163.70	164.07	14	28	2	3
规上工业企业 R&D 经费支出占营业收入的比重（%）	1.09	0.93	45	50	2	3
创新绩效得分	69.77	72.66	36	24	3	3
每亿元 GDP 技术合同成交额（万元）	46.64	345.99	52	21	3	2
规上高新技术产业产值占规上工业产值比重（%）	47.18	49.95	28	31	2	2
万人有效发明专利拥有量（件）	11.85	14.48	26	25	3	3
万元 GDP 综合能耗下降率（%）	3.50	4.57	35	19	5	3
人均 GDP（万元/人）	10.43	12.33	17	14	4	4
创新生态得分	66.79	66.79	48	53	3	4
高新技术企业数（家）	34	44	47	49	4	4
高新技术企业增长率（%）	30.77	29.41	31	49	2	5
千家市场主体登记企业中科技型中小企业入库数量（家）	43.91	55.56	20	24	2	2
规上工业企业中有研发活动企业占比（%）	26.89	36.04	50	46	4	3

（四）利津县

2021年，利津县综合科技创新水平得分69.34，在其余县（市）排名第19位，在东营市排名第3位。多项指标在全市名列前茅，其中，全社会R&D经费支出占比达到3.73%，规上工业企业R&D经费支出占营业收入的比重达到1.52%，高新技术企业增长率47.06%，科技创新成效进一步提升。

从创新投入来看，利津县创新投入优势明显，排名由上年的第16位上升至第9位。其中，全社会R&D经费支出占比排名上升至第5位；规上工业企业每万名就业人员中研发人员数增长到669.63人年，排名上升8位；规上工业企业R&D经费支出占营业收入的比重排名第18位；地方财政科技支出及占比均略有下降。

从创新绩效来看，利津县创新绩效仍需提升，排名下降至第25位。其中，每亿元GDP技术合同成交额增加明显，排名上升20位，是创新绩效中提高最明显的指标；规上高新技术产业产值占规上工业产值比重较上年提高6.04个百分点，排名上升2位；万人有效发明专利拥有量排名上升至第10位；人均GDP排名保持第7位；万元GDP综合能耗下降率排名由第2位下降至第19位，绿色发展水平还需提升。

从创新生态来看，利津县创新生态稳步优化，排名由第30位上升至第26位。其中，规上工业企业中有研发活动企业占比较上年提高15.51个百分点，排名上升4位；千家市场主体登记企业中科技型中小企业入库数量较上年增长3.66家；高新技术企业数排名末位。

表3-40所示为东营市利津县科技创新指标值和排名。

近年来，利津县深耕高端化工核心产业，孕育了特色农业、康养文旅、现代物流等优势产业，以数字经济、新能源和生物医药等产业为发展新引擎，产业链条逐步完善，产业体系不断健全。但是，在创新生态营造方面仍有较大提升空间。其中，高新技术企业数排名一直处于后列，千家市场主体登记企业中科技型中小企业入库数量排名比较靠后且呈下降趋势，下一步应着力突破。

表 3-40　东营市利津县科技创新指标值和排名

指标名称	指标值		其余县（市）排名		本市排名	
	上年	当年	上年	当年	上年	当年
综合科技创新水平得分	68.06	69.34	23	19	4	3
创新投入得分	70.11	70.97	16	9	2	1
全社会 R&D 经费支出（亿元）	8.92	10.47	20	19	4	4
全社会 R&D 经费支出占比（%）	3.70	3.73	6	5	2	2
地方财政科技支出（万元）	2825	2272	24	23	4	2
地方财政科技支出占比（%）	0.91	0.72	20	19	4	1
规上工业企业每万名就业人员中研发人员数（人年）	365.01	669.63	23	15	1	1
规上工业企业每万名就业人员中研发人员数提高幅度（人年）	106.74	304.62	17	6	3	1
规上工业企业 R&D 经费支出占营业收入的比重（%）	1.62	1.52	14	18	1	1
创新绩效得分	67.93	69.46	23	25	5	5
每亿元 GDP 技术合同成交额（万元）	35.06	282.31	35	15	4	4
规上高新技术产业产值占规上工业产值比重（%）	16.94	22.98	36	34	5	5
万人有效发明专利拥有量（件）	5.54	8.39	20	10	5	4
万元 GDP 综合能耗下降率（%）	15.95	4.46	2	19	1	4
人均 GDP（万元/人）	10.03	11.78	7	7	5	5
创新生态得分	66.02	67.47	30	26	4	2
高新技术企业数（家）	17	25	37	37	5	5
高新技术企业增长率（%）	21.43	47.06	21	16	4	1
千家市场主体登记企业中科技型中小企业入库数量（家）	20.38	24.04	23	29	5	5
规上工业企业中有研发活动企业占比（%）	29.07	44.58	27	23	3	2

(五)广饶县

2021年，广饶县综合科技创新水平得分67.73，在其余县（市）排名第30位，在东营市排名第5位。其中，全社会R&D经费支出16.53亿元，每亿元GDP技术合同成交额351.82万元，人均GDP达14.03万元/人，万元GDP综合能耗下降率5.31%，科技创新水平进一步提升。

从创新投入来看，广饶县创新投入排名第27位。其中，全社会R&D经费支出及占比排名均略有提高，分别上升2位和1位；地方财政科技支出及占比排名下降，分别下降3位及5位；规上工业企业每万名就业人员中研发人员数排名下降6位；规上工业企业R&D经费支出占营业收入的比重排名第34位。

从创新绩效来看，广饶县创新绩效逐步提升，排名由第15位上升至第9位。其中，每亿元GDP技术合同成交额排名由第37位上升至第8位，是创新绩效排名上升的主要原因；万人有效发明专利拥有量较上年增长2.57件，排名上升4位；万元GDP综合能耗下降率排名第14位；人均GDP增至14.03万元/人，排名上升至第3位。

从创新生态来看，广饶县创新生态仍需优化，排名由第32位下降至第35位。其中，千家市场主体登记企业中科技型中小企业入库数量较上年增长15.70家；高新技术企业数排名下降3位，列第26位；规上工业企业中有研发活动企业占比排名下降4位。

表3-41所示为东营市广饶县科技创新指标值和排名。

近年来，广饶县积极推动石油化工、橡胶轮胎、造纸等产业向高端化、绿色化、智能化发展，推动新材料、新能源、生物医药等新兴产业向规模化前进，先后被评为国家创新型县、全省县域经济高质量发展先进县、全省工业强县。但是，创新投入和创新生态还需持续提升。企业研发创新人才集聚能力不强，科技型企业培育力度不足，企业创新活跃度不高，需积极营造有利于企业创新的发展环境。

表 3-41 东营市广饶县科技创新指标值和排名

指标名称	指标值		其余县（市）排名		本市排名	
	上年	当年	上年	当年	上年	当年
综合科技创新水平得分	67.44	67.73	25	30	5	5
创新投入得分	68.19	66.79	23	27	4	5
全社会 R&D 经费支出（亿元）	14.57	16.53	13	11	3	3
全社会 R&D 经费支出占比（%）	2.34	2.26	14	13	4	4
地方财政科技支出（万元）	5548	3100	18	21	1	1
地方财政科技支出占比（%）	1.05	0.63	16	21	2	3
规上工业企业每万名就业人员中研发人员数（人年）	304.16	374.56	28	34	3	5
规上工业企业每万名就业人员中研发人员数提高幅度（人年）	235.07	70.40	6	26	1	5
规上工业企业 R&D 经费支出占营业收入的比重（%）	0.61	0.59	35	34	5	5
创新绩效得分	68.82	71.59	15	9	4	4
每亿元 GDP 技术合同成交额（万元）	1.98	351.82	37	8	5	1
规上高新技术产业产值占规上工业产值比重（%）	33.66	31.41	24	30	3	4
万人有效发明专利拥有量（件）	5.63	8.20	18	14	4	5
万元 GDP 综合能耗下降率（%）	4.67	5.31	13	14	4	1
人均 GDP（万元/人）	11.93	14.03	5	3	3	3
创新生态得分	65.17	64.64	32	35	5	5
高新技术企业数（家）	45	61	23	26	3	3
高新技术企业增长率（%）	4.65	35.56	34	27	5	3
千家市场主体登记企业中科技型中小企业入库数量（家）	30.07	45.77	10	11	4	4
规上工业企业中有研发活动企业占比（%）	20.99	21.21	32	36	5	5

六、烟台市

（一）芝罘区

2021年，芝罘区综合科技创新水平得分69.48，在市辖区排名第39位，在烟台市排名第7位。其中，规上工业企业每万名就业人员中研发人员数1017.20人年，规上工业企业R&D经费支出占营业收入的比重达2.38%，人均GDP达12.48万元/人，规上工业企业中有研发活动企业占比56.00%，科技创新取得一定成效。

从创新投入来看，芝罘区创新投入排名降至第38位。其中，全社会R&D经费支出较上年增长1.23亿元，排名下降2位；规上工业企业每万名就业人员中研发人员数减少，排名下降4位；规上工业企业R&D经费支出占营业收入的比重排名下降7位；地方财政科技支出及占比大幅下降，排名分别下降33位和35位，政府科技投入亟须加强。

从创新绩效来看，芝罘区创新绩效需进一步提高，排名由第32位下降至第41位。其中，万人有效发明专利拥有量排名第19位；每亿元GDP技术合同成交额排名由第45位下降至第47位；人均GDP排名下降1位；万元GDP综合能耗下降率排名下降10位。

从创新生态来看，芝罘区创新生态有待优化，排名由第15位下降至第29位。其中，高新技术企业数增长30家，排名下降4位；千家市场主体登记企业中科技型中小企业入库数量增速较慢，位次下降12位；规上工业企业中有研发活动企业占比由上年的58.88%下降至56.00%，排名下降7位。

表3-42所示为烟台市芝罘区科技创新指标值和排名。

近年来，芝罘区培优做强"1+5+1"现代产业体系，把总部数字经济作为产业发展主攻方向，做大做强金融商贸、文化旅游、智能制造、海洋经济、医疗健康等五大主导和优势产业，强化体育产业活力支撑，推动城市经济质的有效提升、量的合理增长。但是，在创新方面仍存在很多短板。特别是在科技型企业培育壮大、政府资金投入等方面需要实现新突破。

第三部分 县域科技创新水平分析

表 3-42 烟台市芝罘区科技创新指标值和排名

指标名称	指标值		市辖区排名		本市排名	
	上年	当年	上年	当年	上年	当年
综合科技创新水平得分	72.57	69.48	12	39	4	7
创新投入得分	74.96	68.65	10	38	3	4
全社会R&D经费支出（亿元）	11.39	12.62	31	33	4	4
全社会R&D经费支出占比（%）	1.16	1.15	43	45	7	8
地方财政科技支出（万元）	7287	998	18	51	4	8
地方财政科技支出占比（%）	1.70	0.24	17	52	3	6
规上工业企业每万名就业人员中研发人员数（人年）	1025.24	1017.20	5	9	1	2
规上工业企业每万名就业人员中研发人员数提高幅度（人年）	464.96	-8.05	2	52	1	10
规上工业企业R&D经费支出占营业收入的比重（%）	2.97	2.38	7	14	2	2
创新绩效得分	70.08	70.21	32	41	7	8
每亿元GDP技术合同成交额（万元）	104.40	110.54	45	47	7	8
规上高新技术产业产值占规上工业产值比重（%）	41.55	40.51	35	40	7	7
万人有效发明专利拥有量（件）	17.34	20.71	19	19	3	3
万元GDP综合能耗下降率（%）	3.32	2.79	37	47	4	10
人均GDP（万元/人）	11.29	12.48	11	12	4	4
创新生态得分	72.70	69.58	15	29	4	7
高新技术企业数（家）	132	162	24	28	3	3
高新技术企业增长率（%）	48.31	22.73	10	53	1	11
千家市场主体登记企业中科技型中小企业入库数量（家）	28.61	30.55	33	45	9	11
规上工业企业中有研发活动企业占比（%）	58.88	56.00	5	12	3	7

（二）福山区

2021 年，福山区综合科技创新水平得分 76.92，在市辖区排名第 6 位，在烟台市排名首位。多项指标在全市名列前茅。其中，全社会 R&D 经费支出高达 63.30 亿元，万人有效发明专利拥有量达 40.82 件，人均 GDP 达 26.43 万元／人，高新技术企业数达 462 家，科技创新成效显著。

从创新投入来看，福山区创新投入水平进一步提升，排名由上年的第 17 位上升至第 13 位。其中，全社会 R&D 经费支出保持第 3 位；规上工业企业每万名就业人员中研发人员数较上年增长 225.39 人年；全社会 R&D 经费支出占比下降 0.20 个百分点；地方财政科技支出及占比排名分别下降 13 位和 16 位；规上工业企业 R&D 经费支出占营业收入的比重排名下降 15 位。

从创新绩效来看，福山区创新绩效稳步增长，排名第 6 位。其中，人均 GDP 保持市辖区第 3 位；万人有效发明专利拥有量增长 9.62 件，排名上升 1 位；万元 GDP 综合能耗下降率排名上升 3 位；每亿元 GDP 技术合同成交额排名落后，是影响创新绩效最大短板；规上高新技术产业产值占规上工业产值比重位次下降 3 位。

从创新生态来看，福山区创新生态优势明显，排名第 2 位。其中，高新技术企业数较上年增长 134 家，排名上升至第 9 位；规上工业企业中有研发活动企业占比较上年提高 2.45 个百分点；千家市场主体登记企业中科技型中小企业入库数量排名第 2 位。

表 3–43 所示为烟台市福山区科技创新指标值和排名。

近年来，福山区做大做强先进制造业，推动汽车产业向智能化、高端化转型升级，膨胀壮大装备制造业，突破发展新型建材产业，大力培育高端装备、新材料、生物医药、新能源、数字经济等新兴产业，构建更富竞争力的现代产业体系。但是，创新发展还存在一些短板。其中，地方财政科技支出及占比、规上工业企业 R&D 经费支出占营业收入的比重、高新技术企业增长率及规上工业企业中有研发活动企业占比排名降幅较大，每亿元 GDP 技术合同成交额排名靠后，应引起重视。

表 3-43 烟台市福山区科技创新指标值和排名

指标名称	指标值		市辖区排名		本市排名	
	上年	当年	上年	当年	上年	当年
综合科技创新水平得分	77.50	76.92	5	6	2	1
创新投入得分	72.87	71.97	17	13	4	3
全社会 R&D 经费支出（亿元）	57.52	63.30	3	3	1	1
全社会 R&D 经费支出占比（%）	2.84	2.64	19	21	2	2
地方财政科技支出（万元）	1765	416	43	56	9	10
地方财政科技支出占比（%）	0.57	0.14	39	55	7	9
规上工业企业每万名就业人员中研发人员数（人年）	432.13	657.52	36	30	9	6
规上工业企业每万名就业人员中研发人员数提高幅度（人年）	118.40	225.39	20	18	10	3
规上工业企业 R&D 经费支出占营业收入的比重（%）	1.87	1.37	26	41	4	8
创新绩效得分	77.49	78.01	4	6	1	1
每亿元 GDP 技术合同成交额（万元）	7.03	64.83	58	56	11	10
规上高新技术产业产值占规上工业产值比重（%）	75.65	70.90	6	9	2	4
万人有效发明专利拥有量（件）	31.20	40.82	11	10	2	2
万元 GDP 综合能耗下降率（%）	1.80	3.07	46	43	6	7
人均 GDP（万元/人）	22.75	26.43	3	3	1	1
创新生态得分	82.44	81.03	1	2	1	1
高新技术企业数（家）	328	462	11	9	1	1
高新技术企业增长率（%）	38.40	40.85	20	34	5	5
千家市场主体登记企业中科技型中小企业入库数量（家）	332.75	325.03	1	2	1	1
规上工业企业中有研发活动企业占比（%）	39.83	42.28	28	36	8	10

（三）牟平区

2021年，牟平区综合科技创新水平得分69.45，在市辖区排名第40位，在烟台市排名第8位。其中，全社会R&D经费支出占比1.66%，规上高新技术产业产值占规上工业产值比重达到72.17%，规上工业企业中有研发活动企业占比56.67%，科技创新水平进一步提升。

从创新投入来看，牟平区创新投入排名第50位。其中，全社会R&D经费支出增长2.43亿元，排名上升3位；全社会R&D经费支出占比提高0.66个百分点，排名上升10位；规上工业企业每万名就业人员中研发人员数较上年增长191.12人年；规上工业企业R&D经费支出占营业收入的比重排名第52位；地方财政科技支出及占比排名分别下降32位和35位，是创新投入的最主要短板。

从创新绩效来看，牟平区创新绩效略有增长，排名第28位。其中，规上高新技术产业产值占规上工业产值比重达72.17%，排名由第10位上升至第6位；万人有效发明专利拥有量增长0.80件；万元GDP综合能耗下降率排名上升15位；人均GDP排名保持第35位；每亿元GDP技术合同成交额排名下降9位，是创新绩效排名下降的主要因素。

从创新生态来看，牟平区创新生态不断优化，排名由第42位上升至第30位。其中，千家市场主体登记企业中科技型中小企业入库数量较上年增长10.71家；规上工业企业中有研发活动企业占比明显提高，排名由第37位上升至第11位，企业创新活力大大提高；高新技术企业数增长幅度较小，排名下降2位。

表3-44所示为烟台市牟平区科技创新指标值和排名。

近年来，牟平区构建了"2+4"产业体系，立足生物医药、黄金及贵金属深加工、食品加工、高端装备制造、绿色建造、文化旅游等产业的基础优势、规模优势和配套优势，聚焦绿色建造、新能源、新材料等新兴产业，推动牟平区经济高质量发展。但是，在创新方面仍存在一定短板。其中，地方财政科技支出及占比、高新技术企业增长率严重下降，全社会R&D经费支出、万人有效发明专利拥有量等排名落后，应是重点关注的方面。

表 3-44 烟台市牟平区科技创新指标值和排名

指标名称	指标值		市辖区排名		本市排名	
	上年	当年	上年	当年	上年	当年
综合科技创新水平得分	68.66	69.45	44	40	8	8
创新投入得分	66.04	66.61	51	50	10	9
全社会R&D经费支出（亿元）	3.11	5.54	51	48	10	8
全社会R&D经费支出占比（%）	1.00	1.66	48	38	8	4
地方财政科技支出（万元）	5315	471	23	55	6	9
地方财政科技支出占比（%）	1.42	0.12	22	57	4	10
规上工业企业每万名就业人员中研发人员数（人年）	342.93	534.05	44	37	11	10
规上工业企业每万名就业人员中研发人员数提高幅度（人年）	126.16	191.12	18	23	9	5
规上工业企业R&D经费支出占营业收入的比重（%）	0.57	0.90	56	52	11	11
创新绩效得分	71.77	72.19	20	28	4	5
每亿元GDP技术合同成交额（万元）	363.44	282.75	20	29	2	6
规上高新技术产业产值占规上工业产值比重（%）	70.95	72.17	10	6	3	1
万人有效发明专利拥有量（件）	5.13	5.93	51	52	7	8
万元GDP综合能耗下降率（%）	0.41	3.54	49	34	11	5
人均GDP（万元/人）	6.85	7.32	35	35	9	9
创新生态得分	68.14	69.56	42	30	9	8
高新技术企业数（家）	51	65	41	43	8	9
高新技术企业增长率（%）	45.71	27.45	11	52	2	10
千家市场主体登记企业中科技型中小企业入库数量（家）	32.71	43.42	28	33	7	7
规上工业企业中有研发活动企业占比（%）	34.78	56.67	37	11	9	6

（四）莱山区

2021 年，莱山区综合科技创新水平得分 76.24，在市辖区排名第 7 位，在烟台市排名第 2 位。多项指标在全市名列前茅，其中，全社会 R&D 经费支出占比达 2.89%，规上工业企业 R&D 经费支出占营业收入的比重达 4.27%，规上高新技术产业产值占规上工业产值比重达 72.15%，万人有效发明专利拥有量达到 47.77 件，规上工业企业中有研发活动企业占比 77.03%，科技创新成效显著。

从创新投入来看，莱山区创新投入优势明显，在市辖区排名第 5 位。其中，全社会 R&D 经费支出在市辖区排名第 27 位；全社会 R&D 经费支出占比排名上升至第 16 位；规上工业企业每万名就业人员中研发人员数较上年增长 378.31 人年，排名上升至第 5 位；规上工业企业 R&D 经费支出占营业收入的比重排名第 3 位；地方财政科技支出及占比排名分别下降 14 位和 10 位。

从创新绩效来看，莱山区创新绩效排名由第 9 位下降至第 12 位。其中，万人有效发明专利拥有量较上年增长 9.41 件；万元 GDP 综合能耗下降率排名提升 7 位；人均 GDP 排名保持第 22 位；每亿元 GDP 技术合同成交额略有下降，排名由第 13 位下降至第 14 位；规上高新技术产业产值占规上工业产值比重下降近 4 个百分点，排名下降至第 7 位。

从创新生态来看，莱山区创新生态需进一步优化，排名由第 4 位下降至第 7 位。其中，高新技术企业数增加 81 家，排名上升 1 位；千家市场主体登记企业中科技型中小企业入库数量较上年减少 3.67 家，排名由第 3 位下降至第 4 位；规上工业企业中有研发活动企业占比降低 2.20 个百分点，排名由首位下降至第 2 位。

表 3-45 所示为烟台市莱山区科技创新指标值和排名。

近年来，莱山区不断精耕细作优势产业，集聚发展先进装备制造、医养健康、新一代信息技术三大主导产业，培育壮大文化旅游产业，积极推动互联网、虚拟现实、人工智能与实体经济深度融合，培育壮大新零售、新医疗、新教育、新旅游等全新业态模式，推动现有产业实现新的突破。但是，在创新方面仍存在一定短板。其中，地方财政科技支出及占比、高新技术企业增长率排名均下降超过 10 位，万元 GDP 综合能耗下降率排名落后，应当加以重视。

表 3-45 烟台市莱山区科技创新指标值和排名

指标名称	指标值		市辖区排名		本市排名	
	上年	当年	上年	当年	上年	当年
综合科技创新水平得分	79.10	76.24	3	7	1	2
创新投入得分	81.55	75.74	4	5	1	1
全社会 R&D 经费支出（亿元）	12.82	14.28	27	27	3	3
全社会 R&D 经费支出占比（%）	2.89	2.89	17	16	1	1
地方财政科技支出（万元）	20 788	4992	6	20	2	3
地方财政科技支出占比（%）	5.93	1.50	4	14	1	2
规上工业企业每万名就业人员中研发人员数（人年）	845.78	1224.09	8	5	2	1
规上工业企业每万名就业人员中研发人员数提高幅度（人年）	320.99	378.31	5	4	4	2
规上工业企业 R&D 经费支出占营业收入的比重（%）	5.17	4.27	2	3	1	1
创新绩效得分	75.12	75.24	9	12	3	3
每亿元 GDP 技术合同成交额（万元）	455.11	449.47	13	14	1	2
规上高新技术产业产值占规上工业产值比重（%）	76.09	72.15	5	7	1	2
万人有效发明专利拥有量（件）	38.36	47.77	8	8	1	1
万元 GDP 综合能耗下降率（%）	3.27	3.63	39	32	5	4
人均 GDP（万元/人）	9.41	10.35	22	22	5	6
创新生态得分	80.74	77.83	4	7	2	2
高新技术企业数（家）	232	313	14	13	2	2
高新技术企业增长率（%）	33.33	34.91	27	44	8	8
千家市场主体登记企业中科技型中小企业入库数量（家）	157.34	153.67	3	4	2	2
规上工业企业中有研发活动企业占比（%）	79.23	77.03	1	2	1	3

（五）蓬莱区

2021年，蓬莱区综合科技创新水平得分70.58，在市辖区排名第29位，在烟台市排名第4位。其中，全社会R&D经费支出7.95亿元，规上高新技术产业产值占规上工业产值比重达71.82%，万元GDP综合能耗下降率9.36%，千家市场主体登记企业中科技型中小企业入库数量70.42家，科技创新取得一定成效。

从创新投入来看，蓬莱区创新投入排名由上年的第34位下降至第43位。其中，地方财政科技支出及占比排名分别提升7位和13位；全社会R&D经费支出及占比排名分别下降2位和1位；规上工业企业每万名就业人员中研发人员数增长缓慢，排名下降10位；规上工业企业R&D经费支出占营业收入的比重提高0.20个百分点。

从创新绩效来看，蓬莱区创新绩效排名由第26位上升至第14位。其中，每亿元GDP技术合同成交额增长迅速，排名由第56位上升至第26位；规上高新技术产业产值占规上工业产值比重较上年提高6.38个百分点，位次上升至第8位；万元GDP综合能耗下降率排名由第17位上升至第5位；人均GDP较上年增长1.03万元／人。

从创新生态来看，蓬莱区创新生态仍需优化，排名第31位。其中，千家市场主体登记企业中科技型中小企业入库数量较上年增长8.83家，排名第15位；规上工业企业中有研发活动企业占比排名下降6位；高新技术企业数增长幅度不大，排名由第40位下降至第41位。

表3-46所示为烟台市蓬莱区科技创新指标值和排名。

近年来，蓬莱区海工装备产业、汽车及零部件产业和信息化产业逐渐壮大，在新材料、生物与新医药、先进制造与自动化、新能源与节能等领域形成了一定的产业基础，构建了新发展格局。但是，在创新方面仍存在一定短板。其中，规上工业企业每万名就业人员中研发人员数及其提高幅度、高新技术企业增长率排名下降严重，万人有效发明专利拥有量排名落后，是其应重点关注的方面。

表 3-46　烟台市蓬莱区科技创新指标值和排名

指标名称	指标值		市辖区排名		本市排名	
	上年	当年	上年	当年	上年	当年
综合科技创新水平得分	70.42	70.58	29	29	5	4
创新投入得分	70.25	67.78	34	43	5	7
全社会R&D经费支出（亿元）	6.96	7.95	40	42	7	7
全社会R&D经费支出占比（%）	1.58	1.62	38	39	3	6
地方财政科技支出（万元）	2718	2887	33	26	7	4
地方财政科技支出占比（%）	0.46	0.70	42	29	8	4
规上工业企业每万名就业人员中研发人员数（人年）	533.68	573.58	25	35	5	9
规上工业企业每万名就业人员中研发人员数提高幅度（人年）	377.13	39.90	3	46	2	8
规上工业企业R&D经费支出占营业收入的比重（%）	2.10	2.30	19	18	3	3
创新绩效得分	70.91	74.52	26	14	5	4
每亿元GDP技术合同成交额（万元）	21.58	304.57	56	26	10	4
规上高新技术产业产值占规上工业产值比重（%）	65.44	71.82	13	8	6	3
万人有效发明专利拥有量（件）	6.33	7.09	43	45	6	6
万元GDP综合能耗下降率（%）	5.60	9.36	17	5	2	1
人均GDP（万元/人）	9.34	10.37	23	21	6	5
创新生态得分	70.08	69.39	29	31	8	9
高新技术企业数（家）	54	79	40	41	7	7
高新技术企业增长率（%）	38.46	46.30	19	29	4	4
千家市场主体登记企业中科技型中小企业入库数量(家)	61.59	70.42	12	15	3	3
规上工业企业中有研发活动企业占比（%）	42.36	46.30	23	29	7	8

（六）龙口市

2021年，龙口市综合科技创新水平得分75.13，在其余县（市）排名第1位，在烟台市排名第3位，多项指标在全市位列前茅，其中，全社会R&D经费支出20.40亿元，人均GDP高达16.97万元/人，规上工业企业中有研发活动企业占比达到85.50%，科技创新成效显著。

从创新投入来看，龙口市创新投入稳定增长，排名第3位。其中，全社会R&D经费支出及占比均上升3个位次；地方财政科技支出及占比呈领先优势，连续两年居首位；规上工业企业每万名就业人员中研发人员数较上年增长126.81人年；规上工业企业R&D经费支出占营业收入的比重位次上升6位。

从创新绩效来看，龙口市创新绩效优势突出，排名第2位。其中，人均GDP较上年增长2.33万元/人，保持首位；万人有效发明专利拥有量较上年增长1.03件，排名第6位；万元GDP综合能耗下降率排名上升至第10位；每亿元GDP技术合同成交额较上年减少18.14万元；规上高新技术产业产值占规上工业产值比重较上年降低7.16个百分点，排名由第2位下降至第7位。

从创新生态来看，龙口市创新生态改善明显，排名由第10位上升至第1位。其中，高新技术企业数119家，排名第9位；千家市场主体登记企业中科技型中小企业入库数量较上年增长3.08家，排名第15位；规上工业企业中有研发活动企业占比提高36.96个百分点，排名由第12位上升至第1位，是创新生态上升的主要原因。

表3-47所示为烟台市龙口市科技创新指标值和排名。

近年来，龙口市积极围绕高端石化、高端铝材料、高端装备制造、食品加工、战略性新兴等支柱产业，构建"既有较强国际竞争力又有浓郁龙口特色"的现代产业体系，成为"江北第一县"。但是，在创新方面仍存在一定短板。其中，规上工业企业每万名就业人员中研发人员数提高幅度、每亿元GDP技术合同成交额、高新技术企业增长率及千家市场主体登记企业中科技型中小企业入库数量排名有较大幅度的下降，应是重点关注的方面。

表 3-47 烟台市龙口市科技创新指标值和排名

指标名称	指标值		其余县（市）排名		本市排名	
	上年	当年	上年	当年	上年	当年
综合科技创新水平得分	74.07	75.13	2	1	3	3
创新投入得分	75.33	74.37	3	3	2	2
全社会R&D经费支出（亿元）	15.70	20.40	9	6	2	2
全社会R&D经费支出占比（%）	1.47	1.65	25	22	6	5
地方财政科技支出（万元）	56 562	57 533	1	1	1	1
地方财政科技支出占比（%）	5.24	5.26	1	2	2	1
规上工业企业每万名就业人员中研发人员数（人年）	574.73	701.54	10	12	4	4
规上工业企业每万名就业人员中研发人员数提高幅度（人年）	216.74	126.81	9	18	7	7
规上工业企业R&D经费支出占营业收入的比重（%）	1.43	1.76	19	13	6	5
创新绩效得分	75.25	75.82	1	2	2	2
每亿元GDP技术合同成交额（万元）	322.44	304.30	3	11	3	5
规上高新技术产业产值占规上工业产值比重（%）	70.25	63.09	2	7	5	6
万人有效发明专利拥有量（件）	9.25	10.28	5	6	4	4
万元GDP综合能耗下降率（%）	5.29	8.20	11	10	3	2
人均GDP（万元/人）	14.64	16.97	1	1	2	2
创新生态得分	71.46	75.18	10	1	6	3
高新技术企业数（家）	85	119	8	9	4	4
高新技术企业增长率（%）	34.92	40.00	14	22	7	6
千家市场主体登记企业中科技型中小企业入库数量（家）	35.15	38.23	8	15	6	9
规上工业企业中有研发活动企业占比（%）	48.54	85.50	12	1	6	1

（七）莱阳市

2021年，莱阳市综合科技创新水平得分67.03，在其余县（市）排名第34位，在烟台市排名第11位。其中，千家市场主体登记企业中科技型中小企业入库数量51.24家，规上工业企业中有研发活动企业占比达到57.46%，科技创新成效显著。

从创新投入来看，莱阳市创新投入增长缓慢，排名由第25位下降至第35位。其中，全社会R&D经费支出及占比分别排名第31位和第32位；地方财政科技支出及占比均有所下降；规上工业企业每万名就业人员中研发人员数排名由第20位下降至第28位；规上工业企业R&D经费支出占营业收入的比重排名上升2位。

从创新绩效来看，莱阳市创新绩效仍需提升，排名由第34位下降至第37位。其中，每亿元GDP技术合同成交额较上年增长25.95万元；人均GDP较上年增长0.55万元/人，排名保持第27位；规上高新技术产业产值占规上工业产值比重偏低，排名落后；万人有效发明专利拥有量排名下降1位；万元GDP综合能耗下降率排名由第5位下降至第34位。

从创新生态来看，莱阳市创新生态排名第11位。其中，高新技术企业数75家，增长率50.00%，增速排名第12位；千家市场主体登记企业中科技型中小企业入库数量较上年增长10.57家，排名第4位；规上工业企业中有研发活动企业占比降至57.46%，排名下降6位。

表3-48所示为烟台市莱阳市科技创新指标值和排名。

近年来，莱阳市做强新能源汽车、高端装备制造、高端化工三大新兴产业，壮大智慧家居、智能装备、化工新材料和高端医药产业规模，做大现代物流、文化旅游、清洁能源三大"未来产业"，构建了"质效双优"的现代产业格局。但是，在创新方面仍存在一定短板。研发投入及政府资金投入不高，高新技术产业不强，绿色低碳形势严峻，需引起重视。

表 3-48 烟台市莱阳市科技创新指标值和排名

指标名称	指标值		其余县（市）排名		本市排名	
	上年	当年	上年	当年	上年	当年
综合科技创新水平得分	68.55	67.03	19	34	9	11
创新投入得分	67.38	65.17	25	35	9	11
全社会R&D经费支出（亿元）	4.04	4.73	31	31	8	9
全社会R&D经费支出占比（%）	0.92	0.99	32	32	9	9
地方财政科技支出（万元）	1152	1018	33	31	10	7
地方财政科技支出占比（%）	0.23	0.21	33	32	10	8
规上工业企业每万名就业人员中研发人员数（人年）	449.31	474.67	20	28	8	11
规上工业企业每万名就业人员中研发人员数提高幅度（人年）	366.54	25.36	1	31	3	9
规上工业企业R&D经费支出占营业收入的比重（%）	1.13	1.18	27	25	8	10
创新绩效得分	65.61	65.58	34	37	11	11
每亿元GDP技术合同成交额（万元）	63.72	89.67	31	34	8	9
规上高新技术产业产值占规上工业产值比重（%）	17.23	19.69	35	36	10	10
万人有效发明专利拥有量（件）	2.86	3.25	30	31	9	9
万元GDP综合能耗下降率（%）	10.32	2.84	5	34	1	9
人均GDP（万元/人）	5.49	6.04	27	27	11	11
创新生态得分	72.92	70.54	4	11	3	6
高新技术企业数（家）	50	75	20	21	9	8
高新技术企业增长率（%）	25.00	50.00	19	12	9	2
千家市场主体登记企业中科技型中小企业入库数量(家)	40.67	51.24	5	4	4	4
规上工业企业中有研发活动企业占比（%）	66.34	57.46	3	9	2	5

（八）莱州市

2021年，莱州市综合科技创新水平得分69.91，在其余县（市）排名第17位，在烟台市排名第6位。其中，每亿元GDP技术合同成交额达471.43万元、规上工业企业中有研发活动企业占比达到79.92%，科技创新成效还需进一步提升。

从创新投入来看，莱州市创新投入排名由第24位上升至第18位。其中，全社会R&D经费支出及占比排名均上升1位；规上工业企业每万名就业人员中研发人员数排名由第15位下降至第16位；规上工业企业每万名就业人员中研发人员数较上年提高152.05人年；规上工业企业R&D经费支出占营业收入的比重提高0.75个百分点，排名由第29位上升至第11位；地方财政科技支出及占比均有下降，排名由各第28位分别下滑至第30位及第31位。

从创新绩效来看，莱州市创新绩效排名由第32位上升至第28位。其中，每亿元GDP技术合同成交额快速增长，排名由第12位上升至第3位；规上高新技术产业产值占规上工业产值比重由9.90%提高到18.95%，排名保持第37位；万人有效发明专利拥有量较上年增长1.59件，排名上升3位。

从创新生态来看，莱州市创新生态优势明显，排名由第7位上升至第4位。其中，规上工业企业中有研发活动企业占比上升至79.92%，排名由第7位上升至第3位；千家市场主体登记企业中科技型中小企业入库数量较上年增长14.64家；高新技术企业数达80家，排名第17位。

表3-49所示为烟台市莱州市科技创新指标值和排名。

近年来，莱州市始终盯紧抓牢动能转换，实施创新驱动发展战略，推动黄金、机械制造、汽车零部件、石材、文化旅游、海洋经济六大传统产业转型升级，培育新能源、新材料、新港口、新城市"四新"经济新增长极，构建"6+4"产业结构和发展格局。但是，创新发展仍存在一定短板，在政府资金投入、科技型企业培育、产业结构转型升级方面还需持续提升。

表 3-49　烟台市莱州市科技创新指标值和排名

指标名称	指标值		其余县（市）排名		本市排名	
	上年	当年	上年	当年	上年	当年
综合科技创新水平得分	68.49	69.91	21	17	10	6
创新投入得分	67.88	68.05	24	18	8	5
全社会R&D经费支出（亿元）	10.06	11.65	18	17	6	6
全社会R&D经费支出占比（%）	1.54	1.66	22	21	5	3
地方财政科技支出（万元）	1991	1044	28	30	8	6
地方财政科技支出占比（%）	0.38	0.21	28	31	9	7
规上工业企业每万名就业人员中研发人员数（人年）	497.18	649.23	15	16	7	7
规上工业企业每万名就业人员中研发人员数提高幅度（人年）	187.92	152.05	13	14	8	6
规上工业企业R&D经费支出占营业收入的比重（%）	1.03	1.78	29	11	9	4
创新绩效得分	66.01	68.73	32	28	9	9
每亿元GDP技术合同成交额（万元）	246.29	471.43	12	3	5	1
规上高新技术产业产值占规上工业产值比重（%）	9.90	18.95	37	37	11	11
万人有效发明专利拥有量（件）	4.60	6.19	23	20	8	7
万元GDP综合能耗下降率（%）	1.25	2.71	26	35	8	11
人均GDP（万元/人）	7.85	8.53	10	12	7	7
创新生态得分	71.78	73.14	7	4	5	4
高新技术企业数（家）	61	80	13	17	5	6
高新技术企业增长率（%）	45.24	31.15	4	30	3	9
千家市场主体登记企业中科技型中小企业入库数量(家)	27.62	42.26	12	14	10	8
规上工业企业中有研发活动企业占比（%）	57.64	79.92	7	3	4	2

（九）招远市

2021 年，招远市综合科技创新水平得分 70.21，在其余县（市）排名第 15 位，在烟台市排名第 5 位。其中，人均 GDP 达到 13.82 万元／人，每亿元 GDP 技术合同成交额 378.19 万元，千家市场主体登记企业中科技型中小企业入库数量为 47.27 家，科技创新成效有待进一步提升。

从创新投入来看，招远市创新投入仍需强化，排名由第 21 位上升至第 20 位。其中，规上工业企业每万名就业人员中研发人员数增至 691.04 人年，排名第 13 位；规上工业企业 R&D 经费支出占营业收入的比重排名上升 7 位；全社会 R&D 经费支出及占比均增长缓慢，排名分别下降 1 位及 3 位；地方财政科技支出及占比均明显减少，排名分别下降 16 位和 14 位。

从创新绩效来看，招远市创新绩效持续提升，排名由第 10 位上升至第 8 位。其中，每亿元 GDP 技术合同成交额较上年增长 109.50 万元，排名上升至第 7 位；规上高新技术产业产值占规上工业产值比重较上年提高 8.32 个百分点；万人有效发明专利拥有量排名上升 2 位；万元 GDP 综合能耗下降率排名上升 12 位；人均 GDP 达 13.82 万元／人，排名第 5 位。

从创新生态来看，招远市创新生态不断优化，排名也由第 12 位上升至第 10 位。其中，规上工业企业中有研发活动企业占比较上年提高 5.96 个百分点，排名上升至第 8 位；千家市场主体登记企业中科技型中小企业入库数量较上年增长 14.57 家，排名保持第 9 位；高新技术企业增长率达 50.82%，增速较快。

表 3-50 所示为烟台市招远市科技创新指标值和排名。

近年来，招远市做强黄金全产业链，发展以新能源产业为代表的战略性新兴产业，升级发展大健康产业、轮胎及汽车现代服务产业、新材料产业，稳定有序发展现代农业、现代服务业。但是，在创新方面仍存在一定短板。其中，地方财政科技支出及占比、规上工业企业每万名就业人员中研发人员数提高幅度均下降严重，应是高度重视的方面。

表 3-50 烟台市招远市科技创新指标值和排名

指标名称	指标值		其余县（市）排名		本市排名	
	上年	当年	上年	当年	上年	当年
综合科技创新水平得分	69.68	70.21	14	15	6	5
创新投入得分	68.79	67.89	21	20	7	6
全社会 R&D 经费支出（亿元）	10.68	11.79	14	15	5	5
全社会 R&D 经费支出占比（%）	1.54	1.57	21	24	4	7
地方财政科技支出（万元）	7815	1726	10	26	3	5
地方财政科技支出占比（%）	1.30	0.33	12	26	6	5
规上工业企业每万名就业人员中研发人员数（人年）	498.08	691.04	14	13	6	5
规上工业企业每万名就业人员中研发人员数提高幅度（人年）	232.97	192.95	7	12	6	4
规上工业企业 R&D 经费支出占营业收入的比重（%）	0.90	1.19	31	24	10	9
创新绩效得分	69.57	71.87	10	8	8	6
每亿元 GDP 技术合同成交额（万元）	268.69	378.19	9	7	4	3
规上高新技术产业产值占规上工业产值比重（%）	26.10	34.42	30	28	9	8
万人有效发明专利拥有量（件）	7.23	8.76	11	9	5	5
万元 GDP 综合能耗下降率（%）	0.98	4.85	28	16	9	3
人均 GDP（万元/人）	12.58	13.82	3	5	3	3
创新生态得分	70.76	70.89	12	10	7	5
高新技术企业数（家）	61	92	13	11	5	5
高新技术企业增长率（%）	22.00	50.82	20	11	10	1
千家市场主体登记企业中科技型中小企业入库数量（家）	32.70	47.27	9	9	8	5
规上工业企业中有研发活动企业占比（%）	52.08	58.04	10	8	5	4

（十）栖霞市

2021年，栖霞市综合科技创新水平得分67.25，在其余县（市）排名第33位，在烟台市排名第10位。其中，规上工业企业每万名就业人员中研发人员数高达763.69人年，但多数指标表现并不突出，科技创新水平需进一步提升。

从创新投入来看，栖霞市创新投入排名由第37位上升至第22位。其中，规上工业企业每万名就业人员中研发人员数增加，排名上升20位；规上工业企业R&D经费支出占营业收入的比重排名上升4位；全社会R&D经费支出及占比、地方财政科技支出及占比均排名落后，科技创新经费需持续投入。

从创新绩效来看，栖霞市创新绩效亟需改善，排名由第33位下降至第36位。其中，万元GDP综合能耗下降率排名第30位；规上高新技术产业产值占规上工业产值比重较上年增长1.97个百分点；每亿元GDP技术合同成交额排名下降3位；万人有效发明专利拥有量较上年增长0.49件；人均GDP排名由第24为下降至第26位。

从创新生态来看，栖霞市创新生态稳步优化，排名由第31位上升至第25位。其中，千家市场主体登记企业中科技型中小企业入库数量较上年增长7.38家，排名第12位；规上工业企业中有研发活动企业占比较上年提高16.97个百分点，排名由第29位上升至第25位；高新技术企业数排名较为靠后。

表3-51所示为烟台市栖霞市科技创新指标值和排名。

近年来，栖霞市正推动智能制造、高端装备、新能源新材料、信息技术、通用航空等产业发展壮大，培育全龄服务产业，以"全景栖霞、全域旅游"为载体，打造集文旅融合、医养结合、文体休闲、婚俗婚庆等为一体的全龄化、全链条现代服务业。但是创新发展仍存在一定短板，其中，全社会R&D经费支出及占比、地方财政科技支出及占比、每亿元GDP技术合同成交额、高新技术企业数等排名落后，应引起重视。

表 3-51 烟台市栖霞市科技创新指标值和排名

指标名称	指标值		其余县（市）排名		本市排名	
	上年	当年	上年	当年	上年	当年
综合科技创新水平得分	65.33	67.25	36	33	11	10
创新投入得分	64.49	67.66	37	22	11	8
全社会R&D经费支出（亿元）	0.94	1.17	37	37	11	11
全社会R&D经费支出占比（%）	0.38	0.43	37	37	11	11
地方财政科技支出（万元）	741	331	36	37	11	11
地方财政科技支出占比（%）	0.19	0.11	35	37	11	11
规上工业企业每万名就业人员中研发人员数（人年）	346.38	763.69	25	5	10	3
规上工业企业每万名就业人员中研发人员数提高幅度（人年）	−123.63	417.31	33	2	11	1
规上工业企业R&D经费支出占营业收入的比重（%）	1.32	1.54	21	17	7	7
创新绩效得分	65.72	66.61	33	36	10	10
每亿元GDP技术合同成交额（万元）	47.01	46.10	33	36	9	11
规上高新技术产业产值占规上工业产值比重（%）	30.33	32.30	28	29	8	9
万人有效发明专利拥有量（件）	2.68	3.17	32	32	10	10
万元GDP综合能耗下降率（%）	0.56	3.16	30	30	10	6
人均GDP（万元/人）	5.67	6.28	24	26	10	10
创新生态得分	65.79	67.50	31	25	11	10
高新技术企业数（家）	24	33	35	36	11	11
高新技术企业增长率（%）	4.35	37.50	35	24	11	7
千家市场主体登记企业中科技型中小企业入库数量（家）	38.26	45.64	6	12	5	6
规上工业企业中有研发活动企业占比（%）	26.09	43.06	29	25	11	9

（十一）海阳市

2021 年，海阳市综合科技创新水平得分 67.80，在其余县（市）排名第 28 位，在烟台市排名第 9 位。其中，地方财政科技支出占比为 1.39%，规上高新技术产业产值占规上工业产值比重达到 68.40%，科技创新成效有待进一步提升。

从创新投入来看，海阳市创新投入排名由第 18 位下降至第 32 位。其中，地方财政科技支出及占比排名均上升 2 位；规上工业企业 R&D 经费支出占营业收入的比重保持第 16 位；全社会 R&D 经费支出及占比排名较为落后；规上工业企业每万名就业人员中研发人员数较上年减少 84.68 人年，排名下降 15 位。

从创新绩效来看，海阳市创新绩效排名由第 6 位下降至第 13 位。其中，每亿元 GDP 技术合同成交额排名下降 3 位；规上高新技术产业产值占规上工业产值比重排名由第 1 位下降至第 4 位；人均 GDP 排名下降 3 位；万人有效发明专利拥有量保持第 33 位；万元 GDP 综合能耗下降率排名下降 9 位，是创新绩效排名下降的主要原因。

从创新生态来看，海阳市创新生态需进一步优化，排名第 33 位。其中，高新技术企业数较上年增长 20 家，排名第 24 位；千家市场主体登记企业中科技型中小企业入库数量较上年增长 11.05 家，排名上升 5 位；规上工业企业中有研发活动企业占比排名下降 9 位。

表 3-52 所示为烟台市海阳市科技创新指标值和排名。

近年来，海阳市培育航空航天、清洁能源两大新兴产业，壮大高端装备、新材料、针织毛衫三大支柱产业，培强做大电子信息、农副食品加工制造、生物医药等集约型产业，构建了"2+3+N"的现代工业产业体系。但是创新发展仍有一定短板，在全社会研发投入、企业研发创新活力、创新产出效益及绿色低碳发展方面尚需加大提升力度。

表 3-52 烟台市海阳市科技创新指标值和排名

指标名称	指标值		其余县（市）排名		本市排名	
	上年	当年	上年	当年	上年	当年
综合科技创新水平得分	69.16	67.80	17	28	7	9
创新投入得分	69.60	66.23	18	32	6	10
全社会 R&D 经费支出（亿元）	3.58	4.15	33	32	9	10
全社会 R&D 经费支出占比（%）	0.85	0.90	33	34	10	10
地方财政科技支出（万元）	5879	6155	16	14	5	2
地方财政科技支出占比（%）	1.32	1.39	11	9	5	3
规上工业企业每万名就业人员中研发人员数（人年）	685.71	601.04	4	19	3	8
规上工业企业每万名就业人员中研发人员数提高幅度（人年）	286.89	−84.68	3	36	5	11
规上工业企业 R&D 经费支出占营业收入的比重（%）	1.58	1.61	16	16	5	6
创新绩效得分	70.57	71.10	6	13	6	7
每亿元 GDP 技术合同成交额（万元）	123.69	160.85	26	29	6	7
规上高新技术产业产值占规上工业产值比重（%）	70.89	68.40	1	4	4	5
万人有效发明专利拥有量（件）	2.52	2.93	33	33	11	11
万元 GDP 综合能耗下降率（%）	1.65	2.85	24	33	7	8
人均 GDP（万元/人）	7.15	7.91	14	17	8	8
创新生态得分	67.20	65.98	25	33	10	11
高新技术企业数（家）	42	62	25	24	10	10
高新技术企业增长率（%）	35.48	47.62	13	15	6	3
千家市场主体登记企业中科技型中小企业入库数量（家）	20.02	31.07	24	19	11	10
规上工业企业中有研发活动企业占比（%）	33.71	31.44	22	31	10	11

七、潍坊市

（一）潍城区

2021年，潍城区综合科技创新水平得分69.10，在市辖区排名第43位，在潍坊市排名第7位。其中，规上工业企业每万名就业人员中研发人员数提高幅度为314.26人年，万元GDP综合能耗下降率达到6.81%，科技创新水平有待进一步提升。

从创新投入来看，潍城区创新投入排名由第50位上升至第41位。其中，地方财政科技支出及占比均有所增加，排名分别上升6位和9位；规上工业企业每万名就业人员中研发人员数较上年增长314.26人年，排名上升13位；规上工业企业R&D经费支出占营业收入的比重排名上升1位；全社会R&D经费支出及占比均排名52位，科技创新经费需持续投入。

从创新绩效来看，潍城区创新绩效排名由第43位上升至第38位。其中，万人有效发明专利拥有量较上年增长1.67件；万元GDP综合能耗下降率排名上升14位；人均GDP较上年增长1.08万元/人，排名上升3位。

从创新生态来看，潍城区创新生态有所改善，排名由第43位上升至第38位。其中，高新技术企业数较上年增长46.34%；千家市场主体登记企业中科技型中小企业入库数量增至18.46家；规上工业企业中有研发活动企业占比较上年提高12.51个百分点，排名由第25位上升至第15位。

表3-53所示为潍坊市潍城区科技创新指标值和排名。

近年来，潍城区已形成机械装备制造、纺织服装、食品调料和新型建材等门类齐全的工业体系，正大力实施"产业强区"战略，着力培强做大智能农机、特种设备等优势产业和激光雷达、光电芯片等新兴产业，建设了现代化新潍城。但是，创新发展存在一定短板，全社会R&D经费支出及占比、高新技术企业数排名均比较靠后，影响潍城区的综合绩效表现，是其重视的方面。

表 3-53　潍坊市潍城区科技创新指标值和排名

指标名称	指标值 上年	指标值 当年	市辖区排名 上年	市辖区排名 当年	本市排名 上年	本市排名 当年
综合科技创新水平得分	67.93	69.10	48	43	8	7
创新投入得分	66.56	67.96	50	41	8	7
全社会R&D经费支出（亿元）	3.15	3.18	50	52	9	10
全社会R&D经费支出占比（%）	1.03	0.87	45	52	8	9
地方财政科技支出（万元）	2094	2455	37	31	11	8
地方财政科技支出占比（%）	0.89	0.90	29	20	8	8
规上工业企业每万名就业人员中研发人员数（人年）	364.40	678.67	41	28	3	2
规上工业企业每万名就业人员中研发人员数提高幅度（人年）	22.26	314.26	34	8	10	2
规上工业企业R&D经费支出占营业收入的比重（%）	1.46	1.58	35	34	5	6
创新绩效得分	69.21	70.41	43	38	7	6
每亿元GDP技术合同成交额（万元）	290.73	294.61	23	28	3	3
规上高新技术产业产值占规上工业产值比重（%）	45.38	44.73	29	35	6	7
万人有效发明专利拥有量（件）	9.71	11.38	31	31	3	3
万元GDP综合能耗下降率（%）	4.46	6.81	23	9	8	4
人均GDP（万元/人）	5.89	6.97	40	37	6	8
创新生态得分	68.02	68.91	43	38	2	6
高新技术企业数（家）	41	60	44	46	7	7
高新技术企业增长率（%）	20.59	46.34	46	28	4	9
千家市场主体登记企业中科技型中小企业入库数量（家）	13.72	18.46	49	56	11	11
规上工业企业中有研发活动企业占比（%）	41.91	54.42	25	15	1	4

（二）寒亭区

2021年，寒亭区综合科技创新水平得分71.03，在市辖区排名第26位，在潍坊市排名第2位。多项指标在全市名列前茅，其中，全社会R&D经费支出达11.21亿元，万人有效发明专利拥有量16.83件，人均GDP达9.99万元/人，科技创新成效明显。

从创新投入来看，寒亭区创新投入在市辖区排名第21位。其中，地方财政科技支出排名上升至第5位；地方财政科技支出占比达5.29%，排名第4位；规上工业企业R&D经费支出占营业收入的比重较上年提高0.56个百分点，排名上升14位；全社会R&D经费支出及占比排名均下降3位；规上工业企业每万名就业人员中研发人员数排名第49位，是创新投入提升的主要制约因素。

从创新绩效来看，寒亭区创新绩效亟须改善，排名由第16位下降至第43位。其中，每亿元GDP技术合同成交额排名下降6位；规上高新技术产业产值占规上工业产值比重仅36.31%，排名第45位；万元GDP综合能耗下降率排名大幅下降，由第1位下降至第37位，是创新绩效排名下降的主要原因。

从创新生态来看，寒亭区创新生态持续优化，排名由第39位上升至第16位。其中，规上工业企业中有研发活动企业占比上升至60.12%，排名提升23位；高新技术企业数较上年增长83.33%；千家市场主体登记企业中科技型中小企业入库数量较上年减少36.45家。

表3-54所示为潍坊市寒亭区科技创新指标值和排名。

寒亭区以产业链全链融合为导向培育了特色新材料、装备制造、新能源3个百亿级和新一代信息技术、生物医药、食品加工、城市家具等4个50亿级产业集群，努力实现产业高端化、智能化、绿色化，沿链聚合夯基现代化产业体系。但是，创新方面仍存在一定短板。在科技型企业培育、研发投入强度、研发人员引育方面还较为落后，应引起重视。

第三部分 县域科技创新水平分析

表 3-54 潍坊市寒亭区科技创新指标值和排名

指标名称	指标值		市辖区排名		本市排名	
	上年	当年	上年	当年	上年	当年
综合科技创新水平得分	70.87	71.03	25	26	1	2
创新投入得分	71.21	70.93	24	21	3	2
全社会R&D经费支出（亿元）	10.36	11.21	32	35	3	3
全社会R&D经费支出占比（%）	2.04	1.85	33	36	4	4
地方财政科技支出（万元）	18 137	18 349	7	5	1	1
地方财政科技支出占比（%）	5.91	5.29	5	4	2	2
规上工业企业每万名就业人员中研发人员数（人年）	232.91	399.58	51	49	9	10
规上工业企业每万名就业人员中研发人员数提高幅度（人年）	188.60	166.67	10	27	5	9
规上工业企业R&D经费支出占营业收入的比重（%）	1.14	1.70	44	30	7	3
创新绩效得分	72.76	69.93	16	43	1	7
每亿元GDP技术合同成交额（万元）	230.34	262.36	25	31	7	4
规上高新技术产业产值占规上工业产值比重（%）	32.26	36.31	48	45	9	10
万人有效发明专利拥有量（件）	13.57	16.83	24	23	2	2
万元GDP综合能耗下降率（%）	41.22	3.40	1	37	1	11
人均GDP（万元/人）	8.38	9.99	26	25	2	2
创新生态得分	68.52	72.31	39	16	1	1
高新技术企业数（家）	24	44	51	49	10	10
高新技术企业增长率（%）	−75.00	83.33	57	4	11	1
千家市场主体登记企业中科技型中小企业入库数量（家）	78.70	42.25	9	34	1	3
规上工业企业中有研发活动企业占比（%）	39.66	60.12	29	6	2	1

（三）坊子区

2021年，坊子区综合科技创新水平得分71.24，在市辖区排名第22位，在潍坊市排名第1位。多项指标在全市名列前茅，其中，地方财政科技支出达到16 871万元，每亿元GDP技术合同成交额达到457.82万元，科技创新水平显著。

从创新投入来看，坊子区创新投入增长较快，排名由第21位上升至第10位。其中，地方财政科技支出占比达6.68%，排名第2位；全社会R&D经费占比提高，排名由第22位上升至第18位；规上工业企业每万名就业人员中研发人员数较上年增长290.25人年；规上工业企业R&D经费支出占营业收入的比重保持第31位；全社会R&D经费支出增长幅度较低，排名保持第43位。

从创新绩效来看，坊子区创新绩效持续改善，排名第31位。其中，每亿元GDP技术合同成交额排名第13位；万人有效发明专利拥有量较上年增长1.51件；万元GDP综合能耗下降率排名上升19位；规上高新技术产业产值占规上工业产值比重排名下降6位；人均GDP排名第53位。

从创新生态来看，坊子区创新生态稳步向好，排名由第52位上升至第39位。其中，高新技术企业数较上年增长52.54%；规上工业企业中有研发活动企业占比较上年提高18.31个百分点，排名上升19位；千家市场主体登记企业中科技型中小企业入库数量排名下降13位。

表3-55所示为潍坊市坊子区科技创新指标值和排名。

近年来，坊子区积极推动智能农机、新一代信息技术、预制菜、特色新材料等主导产业链式集群发展，以拓展产业链条为重要抓手，围绕元宇宙、智能装备、新能源汽车、电子等9条新产业新赛道，为全区经济社会高质量发展提供了重要支撑和强劲引擎。但是，在创新方面仍存在一定短板。其中，万人有效发明专利拥有量、千家市场主体登记企业中科技型中小企业入库数量排名下降，全社会R&D经费支出排名落后，需引起关注。

表 3-55 潍坊市坊子区科技创新指标值和排名

指标名称	指标值		市辖区排名		本市排名	
	上年	当年	上年	当年	上年	当年
综合科技创新水平得分	69.43	71.24	40	22	4	1
创新投入得分	71.60	73.58	21	10	1	1
全社会R&D经费支出（亿元）	6.09	7.31	43	43	5	5
全社会R&D经费支出占比（%）	2.72	2.79	22	18	3	2
地方财政科技支出（万元）	15 528	16 871	9	6	2	2
地方财政科技支出占比（%）	6.66	6.68	3	2	1	1
规上工业企业每万名就业人员中研发人员数（人年）	311.97	602.22	45	34	7	4
规上工业企业每万名就业人员中研发人员数提高幅度（人年）	−122.54	290.25	53	13	12	4
规上工业企业R&D经费支出占营业收入的比重（%）	1.60	1.64	31	31	3	5
创新绩效得分	70.49	71.39	29	31	5	2
每亿元GDP技术合同成交额（万元）	454.59	457.82	14	13	1	1
规上高新技术产业产值占规上工业产值比重（%）	59.91	58.83	17	23	1	2
万人有效发明专利拥有量（件）	5.63	7.14	46	44	7	6
万元GDP综合能耗下降率（%）	2.41	4.10	43	24	11	8
人均GDP（万元/人）	4.30	5.02	53	53	10	10
创新生态得分	66.00	68.62	52	39	7	7
高新技术企业数（家）	59	90	39	39	4	4
高新技术企业增长率（%）	−4.84	52.54	56	21	10	6
千家市场主体登记企业中科技型中小企业入库数量（家）	37.07	37.54	25	38	3	4
规上工业企业中有研发活动企业占比（%）	25.58	43.89	51	32	8	6

（四）奎文区

2021年，奎文区综合科技创新水平得分69.64，在市辖区排名第36位，在潍坊市排名第5位。其中，规上工业企业每万名就业人员中研发人员数达到1318.93人年，万人有效发明专利拥有量69.71件，科技创新取得一定成效。

从创新投入来看，奎文区创新投入排名由第26位下降至第35位。其中，地方财政科技支出及占比均有所上升，排名分别居第34位和第23位；规上工业企业每万名就业人员中研发人员数排名第3位，但提高幅度排名下降18位；规上工业企业R&D经费支出占营业收入的比重排名上升3个位次；全社会R&D经费支出及占比分别排名第53位及58位，排名较为落后。

从创新绩效来看，奎文区创新绩效排名下降至第36位。其中，万人有效发明专利拥有量增至69.71件，排名第4位；人均GDP排名上升2位；每亿元GDP技术合同成交额排名下降8位；规上高新技术产业产值占规上工业产值比重较上年降低13.52个百分点；万元GDP综合能耗下降率排名由第30位明显下降至第50位。

从创新生态来看，奎文区创新生态有所改善，排名由第44位上升至第36位。其中，高新技术企业数较少，排名落后；千家市场主体登记企业中科技型中小企业入库数量较上年减少39.69家，排名由第11位下降至第51位；规上工业企业中有研发活动企业占比排名下降7位。

表3-56所示为潍坊市奎文区科技创新指标值和排名。

近年来，奎文区以高端装备制造、生物医药、应急安防、新一代信息技术为发展方向补强工业短板，再塑服务业优势，以先进制造业、高端服务业"双引擎"驱动，为奎文区高质量发展积累起了更充足的发展后劲。但是，在创新方面仍存在一定短板。研发投入偏弱，科技型企业较少，企业研发创新活力不足等，需引起重视。

表 3-56 潍坊市奎文区科技创新指标值和排名

指标名称	指标值		市辖区排名		本市排名	
	上年	当年	上年	当年	上年	当年
综合科技创新水平得分	70.16	69.64	33	36	3	5
创新投入得分	70.80	69.12	26	35	4	6
全社会 R&D 经费支出（亿元）	2.56	2.74	53	53	11	12
全社会 R&D 经费支出占比（%）	0.29	0.27	58	58	12	12
地方财政科技支出（万元）	2085	2172	38	34	12	10
地方财政科技支出占比（%）	0.77	0.82	31	23	9	9
规上工业企业每万名就业人员中研发人员数（人年）	1142.19	1318.93	2	3	1	1
规上工业企业每万名就业人员中研发人员数提高幅度（人年）	251.16	176.74	6	24	2	8
规上工业企业 R&D 经费支出占营业收入的比重（%）	1.82	1.85	27	24	2	1
创新绩效得分	71.69	70.76	21	36	2	4
每亿元 GDP 技术合同成交额（万元）	116.91	91.83	43	51	11	12
规上高新技术产业产值占规上工业产值比重（%）	51.94	38.42	24	43	5	9
万人有效发明专利拥有量（件）	51.26	69.71	4	4	1	1
万元 GDP 综合能耗下降率（%）	3.92	2.60	30	50	10	12
人均 GDP（万元/人）	10.04	11.71	18	16	1	1
创新生态得分	67.87	68.99	44	36	4	5
高新技术企业数（家）	14	22	55	56	12	12
高新技术企业增长率（%）	−92.75	57.14	58	14	12	5
千家市场主体登记企业中科技型中小企业入库数量（家）	62.13	22.44	11	51	2	9
规上工业企业中有研发活动企业占比（%）	29.41	31.03	44	51	6	9

（五）青州市

2021年，青州市综合科技创新水平得分69.09，在其余县（市）排名第21位，在潍坊市排名第8位。其中，规上工业企业每万名就业人员中研发人员数提高幅度达369.94人年，规上高新技术产业产值占规上工业产值比重达72.77%，科技创新水平有待进一步提升。

从创新投入来看，青州市创新投入排名第23位。其中，全社会R&D经费支出较上年增长1.87亿元；规上工业企业每万名就业人员中研发人员数较上年增长369.94人年，排名上升13位；地方财政科技支出及占比均有所下降，排名分别下降至第11位和第10位。

从创新绩效来看，青州市创新绩效排名由第25位上升至第4位。其中，规上高新技术产业产值占规上工业产值比重由29.87%提高到72.77%，排名由第29位上升至第1位，是创新绩效明显提升的主要原因；万人有效发明专利拥有量5.41件，排名第24位；万元GDP综合能耗下降率排名上升12位；每亿元GDP技术合同成交额排名由第7位下降至第19位。

从创新生态来看，青州市创新生态持续改善，排名第32位。其中，高新技术企业数达120家，排名第8位；千家市场主体登记企业中科技型中小企业入库数量增长迅速，排名由第18位上升至第6位；规上工业企业中有研发活动企业占比提升至34.19%，排名由第36位上升至第29位。

表3-57所示为潍坊市青州市科技创新指标值和排名。

近年来，青州市立足交通区位优势，依托机械加工、精细化工、大宗商贸等特色产业，大力推动商贸物流的发展。高标准打造文化旅游、现代花卉、医养健康、商贸物流、中医药五大优势，全力推动千年古城新崛起。但是，创新方面仍存在一定短板。其中，每亿元GDP技术合同成交额排名明显下降，全社会R&D经费支出占比、规上工业企业R&D经费支出占营业收入的比重排名落后，应是其重点关注的方面。

表 3-57 潍坊市青州市科技创新指标值和排名

指标名称	指标值		其余县（市）排名		本市排名	
	上年	当年	上年	当年	上年	当年
综合科技创新水平得分	65.78	69.09	34	21	10	8
创新投入得分	65.33	67.62	32	23	10	8
全社会 R&D 经费支出（亿元）	4.66	6.53	27	24	7	7
全社会 R&D 经费支出占比（%）	0.82	0.97	34	33	9	8
地方财政科技支出（万元）	12 147	7355	6	11	4	5
地方财政科技支出占比（%）	1.95	1.37	5	10	3	3
规上工业企业每万名就业人员中研发人员数（人年）	178.87	548.82	37	24	11	7
规上工业企业每万名就业人员中研发人员数提高幅度（人年）	9.02	369.94	26	3	11	1
规上工业企业 R&D 经费支出占营业收入的比重（%）	0.47	0.50	37	36	11	11
创新绩效得分	67.48	73.35	25	4	11	1
每亿元 GDP 技术合同成交额（万元）	273.71	235.98	7	19	5	6
规上高新技术产业产值占规上工业产值比重（%）	29.87	72.77	29	1	10	1
万人有效发明专利拥有量（件）	3.90	5.41	24	24	10	9
万元 GDP 综合能耗下降率（%）	4.08	11.06	15	3	9	1
人均 GDP（万元/人）	5.87	7.04	21	19	7	6
创新生态得分	64.46	66.12	34	32	9	10
高新技术企业数（家）	110	120	5	8	2	3
高新技术企业增长率（%）	12.24	9.09	30	37	7	12
千家市场主体登记企业中科技型中小企业入库数量（家）	24.47	50.74	18	6	6	2
规上工业企业中有研发活动企业占比（%）	13.87	34.19	36	29	11	8

（六）诸城市

2021年，诸城市综合科技创新水平得分70.16，在其余县（市）排名第16位，在潍坊市排名第4位。多项指标在全市名列前茅，其中，全社会R&D经费支出高达21.85亿元，高新技术企业数达131家，规上工业企业中有研发活动企业占比为56.74%，科技创新水平进一步提升。

从创新投入来看，诸城市创新投入排名第14位。其中，全社会R&D经费支出较上年增长3.43亿元，保持第5位；全社会R&D经费支出占比达2.85%，排名上升至第8位；地方财政科技支出排名上升至第7位；规上工业企业每万名就业人员中研发人员数排名第30位，较上年下降6位；规上工业企业R&D经费支出占营业收入的比重排名上升4位。

从创新绩效来看，诸城市创新绩效排名由第9位下降至第22位。其中，万人有效发明专利拥有量较上年增长1.89件，排名上升至第23位；万元GDP综合能耗下降率排名下降1位；每亿元GDP技术合同成交额排名下降10位；规上高新技术产业产值占规上工业产值比重降低10.38个百分点，排名下降8位。

从创新生态来看，诸城市创新生态排名由第21位上升至第9位。其中，千家市场主体登记企业中科技型中小企业入库数量较上年增长16.42家，排名第2位，在创新生态中表现最优；高新技术企业数增至131家，排名上升至第5位；规上工业企业中有研发活动企业占比较上年提高23.59个百分点，排名第11位。

表3-58所示为潍坊市诸城市科技创新指标值和排名。

近年来，诸城市始终坚持工业优先，聚力培植新动能，积极改造汽车及零部件、健康食品、服装纺织等传统产业，培育壮大生物医药、智能装备等优势产业，倾力发展新能源、绿色化工新材料、电子信息等新兴产业，入选"中国工业百强县（市）"。但是，创新方面仍存在一定短板。其中，规上工业企业每万名就业人员中研发人员数、每亿元GDP技术合同成交额、规上高新技术产业产值占规上工业产值比重排名均出现下降，应引起高度重视。

表 3-58　潍坊市诸城市科技创新指标值和排名

指标名称	指标值		其余县（市）排名		本市排名	
	上年	当年	上年	当年	上年	当年
综合科技创新水平得分	69.23	70.16	16	16	5	4
创新投入得分	70.01	69.79	17	14	5	3
全社会 R&D 经费支出（亿元）	18.42	21.85	5	5	2	2
全社会 R&D 经费支出占比（%）	2.82	2.85	11	8	2	1
地方财政科技支出（万元）	10 277	10 362	8	7	5	4
地方财政科技支出占比（%）	1.29	1.27	13	12	5	4
规上工业企业每万名就业人员中研发人员数（人年）	352.85	446.82	24	30	4	9
规上工业企业每万名就业人员中研发人员数提高幅度（人年）	23.12	93.97	24	24	9	12
规上工业企业 R&D 经费支出占营业收入的比重（%）	1.50	1.70	18	14	4	4
创新绩效得分	69.75	69.65	9	22	6	8
每亿元 GDP 技术合同成交额（万元）	274.26	243.33	6	16	4	5
规上高新技术产业产值占规上工业产值比重（%）	56.92	46.54	6	14	3	5
万人有效发明专利拥有量（件）	3.67	5.56	25	23	11	8
万元 GDP 综合能耗下降率（%）	1.70	4.13	22	23	12	7
人均 GDP（万元/人）	6.05	7.12	18	18	5	5
创新生态得分	67.84	71.09	21	9	5	2
高新技术企业数（家）	86	131	7	5	3	2
高新技术企业增长率（%）	16.22	52.33	28	10	6	7
千家市场主体登记企业中科技型中小企业入库数量（家）	35.77	52.19	7	2	4	1
规上工业企业中有研发活动企业占比（%）	33.15	56.74	24	11	4	2

（七）寿光市

2021年，寿光市综合科技创新水平得分70.22，在其余县（市）排名第14位，在潍坊市排名第3位。多项指标在全市名列前茅，其中，全社会R&D经费支出达24.66亿元，万人有效发明专利拥有量为11.23件，高新技术企业数147家，科技创新取得一定的成效。

从创新投入来看，寿光市创新投入排名第15位。其中，全社会R&D经费支出达24.66亿元，排名第3位；地方财政科技支出1.45亿元，排名第6位；规上工业企业每万名就业人员中研发人员数较上年增长103.85人年；规上工业企业R&D经费支出占营业收入的比重排名下降3位；全社会R&D经费支占比较上年下降0.35个百分点。

从创新绩效来看，寿光市创新绩效排名第10位。其中，万人有效发明专利拥有量较上年增长2.30件，排名上升至第5位；规上高新技术产业产值占规上工业产值比重提升至55.29%，排名第9位；人均GDP较上年增长1.42万元/人，排名上升至第14位；万元GDP综合能耗下降率排名由第1位下降至第9位。

从创新生态来看，寿光市创新生态持续优化，排名由第19位上升至第16位。其中，高新技术企业数达147家，较上年增长32.43%，排名第4位；千家市场主体登记企业中科技型中小企业入库数量较上年增长16.47家，排名上升9位；规上工业企业中有研发活动企业占比提高17.10个百分点，排名上升至第18位。

表3-59所示为潍坊市寿光市科技创新指标值和排名。

近年来，寿光市坚持现代农业、高端化工、造纸包装、食品加工等传统优势产业的引领作用，推进生物基新材料、生物医药、新能源汽车、新一代信息技术等新兴产业集群化、高端化突破，成为国家创新型县（市）和高质量发展先进县。但是，在创新方面仍存在一定短板。其中，规上工业企业每万名就业人员中研发人员数提高幅度排名明显下降，规上工业企业R&D经费支出占营业收入的比重排名落后，应是其重点关注的方面。

表 3-59 潍坊市寿光市科技创新指标值和排名

指标名称	指标值		其余县（市）排名		本市排名	
	上年	当年	上年	当年	上年	当年
综合科技创新水平得分	70.27	70.22	11	14	2	3
创新投入得分	71.55	69.71	13	15	2	4
全社会 R&D 经费支出（亿元）	23.14	24.66	3	3	1	1
全社会 R&D 经费支出占比（%）	2.94	2.59	10	12	1	3
地方财政科技支出（万元）	13 731	14 508	5	6	3	3
地方财政科技支出占比（%）	1.26	1.17	14	13	6	5
规上工业企业每万名就业人员中研发人员数（人年）	475.10	578.96	18	20	2	5
规上工业企业每万名就业人员中研发人员数提高幅度（人年）	269.86	103.85	5	23	1	11
规上工业企业 R&D 经费支出占营业收入的比重（%）	1.06	0.93	28	31	8	8
创新绩效得分	71.18	71.31	3	10	3	3
每亿元 GDP 技术合同成交额（万元）	117.59	167.97	27	27	10	8
规上高新技术产业产值占规上工业产值比重（%）	53.17	55.29	8	9	4	4
万人有效发明专利拥有量（件）	8.93	11.23	6	5	4	4
万元 GDP 综合能耗下降率（%）	22.22	8.28	1	9	2	3
人均 GDP（万元/人）	6.76	8.18	17	14	4	4
创新生态得分	67.95	69.60	19	16	3	3
高新技术企业数（家）	111	147	4	4	1	1
高新技术企业增长率（%）	16.84	32.43	26	29	5	11
千家市场主体登记企业中科技型中小企业入库数量（家）	13.96	30.43	30	21	10	7
规上工业企业中有研发活动企业占比（%）	33.01	50.11	25	18	5	5

（八）安丘市

2021年，安丘市综合科技创新水平得分65.74，在省财政直管县排名第37位，在潍坊市排名第11位。其中，万人有效发明专利拥有量4.43件，高新技术企业数52家，科技创新成效有待进一步提升。

从创新投入来看，安丘市创新投入排名第37位。其中，全社会R&D经费支出较上年增长1.49亿元，排名上升5位；规上工业企业每万名就业人员中研发人员数较上年增长211.08人年，排名上升4位；规上工业企业R&D经费支出占营业收入的比重增至0.55%，排名上升2位；地方财政科技支出及占比下降明显，排名下降至第36位和35位。

从创新绩效来看，安丘市创新绩效排名第36位。其中，万人有效发明专利拥有量4.43件，排名第8位；人均GDP增长到4.81万元/人，排名上升至第16位；每亿元GDP技术合同成交额排名下降4位；规上高新技术产业产值占规上工业产值比重下降2.52个百分点；万元GDP综合能耗下降率排名由第1位下降至第31位，是创新绩效排名下降的主要原因。

从创新生态来看，安丘市创新生态排名由第39位上升至第33位。其中，高新技术企业数52家，排名第9位；千家市场主体登记企业中科技型中小企业入库数量较上年增长7.05家；规上工业企业中有研发活动企业占比排名上升至第35位。

表3-60所示为潍坊市安丘市科技创新指标值和排名。

安丘市借助新旧动能转换的有利契机，积极推动食品加工、装备制造等传统产业的新旧动能转换，积极培育电子信息、节能环保等新兴产业，发展成为安丘工业的"四梁八柱"，为安丘高质量发展提供强劲动力。但是，在创新方面仍存在一定短板。其中，研发投入、技术交易和企业研发活跃度排名落后，政府资金投入及绿色发展水平下降，应引起关注。

表 3-60 潍坊市安丘市科技创新指标值和排名

指标名称	指标值		省财政直管县排名		本市排名	
	上年	当年	上年	当年	上年	当年
综合科技创新水平得分	64.36	65.74	39	37	12	11
创新投入得分	63.56	64.81	38	37	12	11
全社会R&D经费支出（亿元）	1.62	3.11	38	33	12	11
全社会R&D经费支出占比（%）	0.49	0.77	41	37	11	10
地方财政科技支出（万元）	3065	589	11	36	8	12
地方财政科技支出占比（%）	0.37	0.12	23	35	12	12
规上工业企业每万名就业人员中研发人员数（人年）	164.79	375.87	39	35	12	11
规上工业企业每万名就业人员中研发人员数提高幅度（人年）	81.37	211.08	21	14	7	6
规上工业企业R&D经费支出占营业收入的比重（%）	0.43	0.55	40	38	12	10
创新绩效得分	66.26	66.41	25	36	12	12
每亿元GDP技术合同成交额（万元）	115.64	146.27	33	37	12	9
规上高新技术产业产值占规上工业产值比重（%）	29.10	26.58	29	32	11	11
万人有效发明专利拥有量（件）	3.91	4.43	6	8	9	11
万元GDP综合能耗下降率（%）	9.06	4.10	1	31	4	8
人均GDP（万元/人）	3.93	4.81	19	16	12	12
创新生态得分	63.19	66.00	39	33	12	11
高新技术企业数（家）	31	52	10	9	8	9
高新技术企业增长率（%）	3.33	67.74	41	12	9	3
千家市场主体登记企业中科技型中小企业入库数量（家）	13.24	20.29	22	23	12	10
规上工业企业中有研发活动企业占比（%）	14.15	29.36	37	35	10	11

（九）高密市

2021年，高密市综合科技创新水平得分69.42，在其余县（市）排名第18位，在潍坊市排名第6位。其中，规上工业企业每万名就业人员中研发人员数提高幅度为307.80人年，万人有效发明专利拥有量8.82件，科技创新成效有待进一步提升。

从创新投入来看，高密市创新投入较快增长，排名由第22位上升至第17位。其中，全社会R&D经费支出增至9.71亿元，保持第21位；规上工业企业每万名就业人员中研发人员数较上年增长307.80人年，排名第17位；规上工业企业R&D经费支出占营业收入的比重排名由第12位上升至第10位。

从创新绩效来看，高密市创新绩效仍需提升，排名第23位。其中，规上高新技术产业产值占规上工业产值比重较上年提高3.88个百分点；万人有效发明专利拥有量排名第8位；人均GDP较上年增长1.20万元/人；每亿元GDP技术合同成交额排名下降8位；万元GDP综合能耗下降率排名由第6位下降至第24位，是制约创新绩效提升的主要因素。

从创新生态来看，高密市创新生态逐步优化，排名由第22位上升至第18位。其中，规上工业企业中有研发活动企业占比较上年提升19.47个百分点，排名上升至第13位；高新技术企业数增加到80家，排名第17位；千家市场主体登记企业中科技型中小企业入库数量较上年增长12.47家，排名上升至第22位。

表3-61所示为潍坊市高密市科技创新指标值和排名。

近年来，高密市推动纺织服装、机械装备、劳保制鞋等传统产业改造提升，培育壮大节能环保、生物医药等新兴产业，加快现代物流、电子商务等现代服务业发展，推进农业产业结构调整、三产融合发展，促进产业集群的做优做强，增强高质量发展活力。但是，在创新方面仍存在一定短板。其中，每亿元GDP技术合同成交额、万元GDP综合能耗下降率、高新技术企业增长率排名均明显下降，应引起关注。

第三部分 县域科技创新水平分析

表 3-61 潍坊市高密市科技创新指标值和排名

指标名称	指标值		其余县（市）排名		本市排名	
	上年	当年	上年	当年	上年	当年
综合科技创新水平得分	68.50	69.42	20	18	6	6
创新投入得分	68.72	69.27	22	17	6	5
全社会 R&D 经费支出（亿元）	7.53	9.71	21	21	4	4
全社会 R&D 经费支出占比（%）	1.48	1.58	24	23	6	6
地方财政科技支出（万元）	5896	5897	15	15	7	6
地方财政科技支出占比（%）	1.02	0.92	17	16	7	7
规上工业企业每万名就业人员中研发人员数（人年）	320.37	628.17	27	17	6	3
规上工业企业每万名就业人员中研发人员数提高幅度（人年）	227.75	307.80	8	5	3	3
规上工业企业 R&D 经费支出占营业收入的比重（%）	1.83	1.85	12	10	1	2
创新绩效得分	68.93	69.51	14	23	8	9
每亿元 GDP 技术合同成交额（万元）	237.89	230.22	13	21	6	7
规上高新技术产业产值占规上工业产值比重（%）	41.65	45.53	17	17	7	6
万人有效发明专利拥有量（件）	7.94	8.82	7	8	5	5
万元 GDP 综合能耗下降率（%）	8.63	4.10	6	24	5	8
人均 GDP（万元/人）	5.81	7.01	22	20	8	7
创新生态得分	67.80	69.50	22	18	6	4
高新技术企业数（家）	58	80	15	17	5	6
高新技术企业增长率（%）	34.88	37.93	15	23	2	10
千家市场主体登记企业中科技型中小企业入库数量（家）	17.25	29.72	25	22	7	8
规上工业企业中有研发活动企业占比（%）	35.83	55.30	20	13	3	3

（十）昌邑市

2021年，昌邑市综合科技创新水平得分65.32，在其余县（市）排名第37位，在潍坊市排名第12位。其中，规上工业企业每万名就业人员中研发人员数提高幅度较大，达120.19人年，人均GDP达9.39万元/人，高新技术企业增长较快，科技创新成效有待进一步提升。

从创新投入来看，昌邑市创新投入排名第37位。其中，全社会R&D经费支出3.33亿元，排名第33位；规上工业企业每万名就业人员中研发人员数排名第36位；地方财政科技支出排名下降7位；地方财政科技支出占比仅0.16%，排名落后；规上工业企业R&D经费支出占营业收入的比重排名居末位。

从创新绩效来看，昌邑市创新绩效排名由第21位下降至第33位。其中，万人有效发明专利拥有量较上年增长0.71件；人均GDP较上年增长1.41万元/人，排名第8位；每亿元GDP技术合同成交额排名由第22位下降至第33位；万元GDP综合能耗下降率排名由第4位下降至第18位；规上高新技术产业产值占规上工业产值比重排名由第31位下降至第35位，是制约创新绩效表现的主要因素。

从创新生态来看，昌邑市创新生态排名第36位。其中，高新技术企业数36家，排名保持第35位；规上工业企业中有研发活动企业占比较上年提高8.52个百分点；千家市场主体登记企业中科技型中小企业入库数量增加至14.99家，排名落后。

表3-62所示为潍坊市昌邑市科技创新指标值和排名。

近年来，昌邑市坚持"工业立市、产业强市"战略不动摇，加快新旧动能转换，培育了高端化工、装备制造、纺织超纤、生态食品四大产业链条，推动产业集群发展、制造业整体迈向中高端。但是，在创新方面仍存在一定短板。全社会研发投入、政府资金支持、科技型企业培育及企业创新能力方面均有待于进一步提升。

表 3-62　潍坊市昌邑市科技创新指标值和排名

指标名称	指标值		其余县（市）排名		本市排名	
	上年	当年	上年	当年	上年	当年
综合科技创新水平得分	65.44	65.32	35	37	11	12
创新投入得分	64.59	63.99	36	37	11	12
全社会R&D经费支出（亿元）	2.84	3.33	34	33	10	9
全社会R&D经费支出占比（%）	0.63	0.63	35	35	10	11
地方财政科技支出（万元）	2192	910	27	34	10	11
地方财政科技支出占比（%）	0.55	0.16	26	36	10	11
规上工业企业每万名就业人员中研发人员数（人年）	195.63	315.82	36	36	10	12
规上工业企业每万名就业人员中研发人员数提高幅度（人年）	205.86	120.19	11	20	4	10
规上工业企业R&D经费支出占营业收入的比重（%）	0.53	0.48	36	37	10	12
创新绩效得分	67.99	67.50	21	33	9	11
每亿元GDP技术合同成交额（万元）	149.60	111.47	22	33	8	11
规上高新技术产业产值占规上工业产值比重（%）	25.98	22.57	31	35	12	12
万人有效发明专利拥有量（件）	4.62	5.33	22	25	8	10
万元GDP综合能耗下降率（%）	10.68	4.50	4	18	3	5
人均GDP（万元/人）	7.98	9.39	8	8	3	3
创新生态得分	63.63	64.41	37	36	11	12
高新技术企业数（家）	24	36	35	35	10	11
高新技术企业增长率（%）	9.09	50.00	32	12	8	8
千家市场主体登记企业中科技型中小企业入库数量（家）	14.51	14.99	29	36	9	12
规上工业企业中有研发活动企业占比（%）	16.04	24.56	35	35	9	12

(十一) 临朐县

2021年，临朐县综合科技创新水平得分68.86，在省财政直管县排名第18位，在潍坊市排名第9位。其中，规上高新技术产业产值占规上工业产值比重达到58.14%，高新技术企业数83家，千家市场主体登记企业中科技型中小企业入库数量达31.37家，科技创新成效有待进一步提升。

从创新投入来看，临朐县创新投入排名第25位。其中，全社会R&D经费支出达6.69亿元，排名第14位；地方财政科技支出及占比排名分别上升至第15位和第16位；规上工业企业每万名就业人员中研发人员数较上年增长208.69人年，排名上升9位；规上工业企业R&D经费支出占营业收入的比重排名第32位。

从创新绩效来看，临朐县创新绩效排名由第2位下降至第8位。其中，万人有效发明专利拥有量排名上升4位；规上高新技术产业产值占规上工业产值比重排名由第3位上升至第2位；每亿元GDP技术合同成交额排名由第8位下降至第15位；万元GDP综合能耗下降率排名下降23位，是创新绩效排名下降的主要原因。

从创新生态来看，临朐县创新生态明显改善，排名由第30位上升至第20位。其中，高新技术企业数83家，排名第2位；千家市场主体登记企业中科技型中小企业入库数量增长较快，排名上升至第8位；规上工业企业中有研发活动企业占比较上年提高15.90个百分点。

表3-63所示为潍坊市临朐县科技创新指标值和排名。

近年来，临朐县大力实施"工业强县、产业兴县"战略，初步形成了以高端铝型材、新材料、高端食品、装备制造、绿色建材等五大优势产业为支撑的新型工业体系，其中铝型材产业是临朐县的优势主导产业，推动临朐县经济高质量发展。但是，创新方面仍存在一定短板。其中，万元GDP综合能耗下降率排名下降明显，研发投入强度偏低，企业研发投入强度排名落后，应是重点关注的方面。

表 3-63 潍坊市临朐县科技创新指标值和排名

指标名称	指标值		省财政直管县排名		本市排名	
	上年	当年	上年	当年	上年	当年
综合科技创新水平得分	67.94	68.86	21	18	7	9
创新投入得分	67.06	67.50	25	25	7	9
全社会 R&D 经费支出（亿元）	5.12	6.69	17	14	6	6
全社会 R&D 经费支出占比（%）	1.59	1.72	23	23	5	5
地方财政科技支出（万元）	2236	2294	18	15	9	9
地方财政科技支出占比（%）	0.53	0.50	18	16	11	10
规上工业企业每万名就业人员中研发人员数（人年）	350.50	559.18	31	22	5	6
规上工业企业每万名就业人员中研发人员数提高幅度（人年）	114.37	208.69	18	15	6	7
规上工业企业 R&D 经费支出占营业收入的比重（%）	1.26	1.22	32	32	6	7
创新绩效得分	70.67	70.59	2	8	4	5
每亿元 GDP 技术合同成交额（万元）	435.84	360.15	8	15	2	2
规上高新技术产业产值占规上工业产值比重（%）	59.18	58.14	3	2	2	3
万人有效发明专利拥有量（件）	2.55	3.30	19	15	12	12
万元 GDP 综合能耗下降率（%）	7.73	4.20	2	25	7	6
人均 GDP（万元/人）	3.99	4.83	17	15	11	11
创新生态得分	65.98	68.45	30	20	8	8
高新技术企业数（家）	51	83	3	2	6	5
高新技术企业增长率（%）	24.39	62.75	31	15	3	4
千家市场主体登记企业中科技型中小企业入库数量（家）	15.46	31.37	19	8	8	6
规上工业企业中有研发活动企业占比（%）	26.67	42.57	32	29	7	7

（十二）昌乐县

2021年，昌乐县综合科技创新水平得分67.70，在其余县（市）排名第31位，在潍坊市排名第10位。其中，万元GDP综合能耗下降率为8.96%，高新技术企业增长率82.76%，科技创新水平需进一步提升。

从创新投入来看，昌乐县创新投入排名第28位。其中，全社会R&D经费支出排名上升2位；规上工业企业每万名就业人员中研发人员数排名上升2位；规上工业企业R&D经费支出占营业收入的比重下降0.07个百分点；地方财政科技支出及占比均有所下降，排名分别下降6位及8位。

从创新绩效来看，昌乐县创新绩效排名第24位。其中，规上高新技术产业产值占规上工业产值比重较上年提高2.37个百分点；万人有效发明专利拥有量提高到6.67件；万元GDP综合能耗下降率达8.96%，排名上升至第6位；人均GDP较上年增长1.29万元/人，排名上升5位；每亿元GDP技术合同成交额排名下降7位。

从创新生态来看，昌乐县创新生态排名由第35位上升至第27位。其中，高新技术企业数53家，较上年增长82.76%；千家市场主体登记企业中科技型中小企业入库数量较上年增长8.91家；规上工业企业中有研发活动企业占比较上年提高16.39个百分点，排名提升4位。

表3-64所示为潍坊市昌乐县科技创新指标值和排名。

近年来，昌乐县大力支持造纸包装、食品加工、黄金珠宝、高端化工产业转型升级，扶持新能源汽车、新材料、高端装备制造、数字经济等新兴产业成链蓄势、迅速做强，扎实推进新旧动能转换，加快培育发展新动能。但是，创新方面仍存在一定短板。研发投入不足，政府资金下降，企业研发创新活力不强，应引起重视。

表 3-64 潍坊市昌乐县科技创新指标值和排名

指标名称	指标值		其余县（市）排名		本市排名	
	上年	当年	上年	当年	上年	当年
综合科技创新水平得分	66.13	67.70	33	31	9	10
创新投入得分	66.02	66.52	29	28	9	10
全社会R&D经费支出（亿元）	3.97	4.75	32	30	8	8
全社会R&D经费支出占比（%）	1.20	1.17	30	31	7	7
地方财政科技支出（万元）	7245	4376	12	18	6	7
地方财政科技支出占比（%）	1.87	1.07	6	14	4	6
规上工业企业每万名就业人员中研发人员数（人年）	242.18	475.32	34	27	8	8
规上工业企业每万名就业人员中研发人员数提高幅度（人年）	50.50	233.14	23	11	8	5
规上工业企业R&D经费支出占营业收入的比重（%）	0.66	0.59	34	35	9	9
创新绩效得分	67.94	69.48	22	24	10	10
每亿元GDP技术合同成交额（万元）	126.23	124.91	25	32	9	10
规上高新技术产业产值占规上工业产值比重（%）	39.98	42.35	19	21	8	8
万人有效发明专利拥有量（件）	5.85	6.67	15	18	6	7
万元GDP综合能耗下降率（%）	7.86	8.96	7	6	6	2
人均GDP（万元/人）	5.66	6.95	26	21	9	9
创新生态得分	64.33	67.07	35	27	10	9
高新技术企业数（家）	29	53	32	29	9	8
高新技术企业增长率（%）	45.00	82.76	5	3	1	2
千家市场主体登记企业中科技型中小企业入库数量(家)	27.20	36.11	14	16	5	5
规上工业企业中有研发活动企业占比（%）	13.45	29.84	37	33	12	10

八、济宁市

(一)任城区

2021年，任城区综合科技创新水平得分69.30，在市辖区排名第42位，在济宁市排名第5位。多项指标在全市名列前茅，其中，全社会R&D经费支出达18.56亿元，万人有效发明专利拥有量11.34件，高新技术企业数达167家，科技创新水平取得一定成效。

从创新投入来看，任城区创新投入排名第44位。其中，规上工业企业R&D经费支出占营业收入的比重排名上升4位；全社会R&D经费支出达18.56亿元，但排名由第20位下降至第22位；全社会R&D经费支出占比下降0.20个百分点；地方财政科技支出及占比排名均下降3位；规上工业企业每万名就业人员中研发人员数较上年减少92.90人年。

从创新绩效来看，任城区创新绩效排名由第38位上升至第30位。其中，规上高新技术产业产值占规上工业产值比重提高至58.97%；万人有效发明专利拥有量较上年增长2.29件；万元GDP综合能耗下降率排名上升至第2位。

从创新生态来看，任城区创新生态排名由第19位下降至第40位。其中，高新技术企业数167家，增速缓慢；千家市场主体登记企业中科技型中小企业入库数量排名由第40位下降至第55位；规上工业企业中有研发活动企业占比排名下降11位。

表3-65所示为济宁市任城区科技创新指标值和排名。

近年来，任城区积极改造提升健康食品、环保板材、绿色包装印刷、化工、建材等5个传统特色制造业集群，聚力建设高端装备、新一代信息技术、新材料等3条核心制造业产业链，构筑了现代化工业经济新体系。但是，在创新方面仍存在一定短板。财政科技支出占比偏低，企业研发活力不强，科技型企业培育有待进一步提升。

表 3-65 济宁市任城区科技创新指标值和排名

指标名称	指标值		市辖区排名		本市排名	
	上年	当年	上年	当年	上年	当年
综合科技创新水平得分	69.90	69.30	35	42	2	5
创新投入得分	68.90	67.69	38	44	1	5
全社会R&D经费支出（亿元）	18.16	18.56	20	22	1	2
全社会R&D经费支出占比（%）	2.14	1.94	30	34	1	2
地方财政科技支出（万元）	2582	1930	34	37	3	3
地方财政科技支出占比（%）	0.40	0.29	45	48	3	5
规上工业企业每万名就业人员中研发人员数（人年）	813.02	720.12	10	25	1	6
规上工业企业每万名就业人员中研发人员数提高幅度（人年）	−360.39	−92.90	58	57	9	11
规上工业企业R&D经费支出占营业收入的比重（%）	1.43	1.63	37	33	7	5
创新绩效得分	69.63	71.75	38	30	2	2
每亿元GDP技术合同成交额（万元）	158.18	160.48	34	41	9	9
规上高新技术产业产值占规上工业产值比重（%）	56.85	58.97	21	22	2	1
万人有效发明专利拥有量（件）	9.05	11.34	34	32	2	2
万元GDP综合能耗下降率（%）	5.52	12.18	18	2	3	4
人均GDP（万元/人）	5.97	6.33	39	42	4	5
创新生态得分	71.26	68.41	19	40	3	9
高新技术企业数（家）	164	167	19	26	1	2
高新技术企业增长率（%）	16.31	1.83	50	57	10	11
千家市场主体登记企业中科技型中小企业入库数量（家）	20.45	19.08	40	55	4	11
规上工业企业中有研发活动企业占比（%）	52.14	52.04	11	22	4	9

（二）兖州区

2021 年，兖州区综合科技创新水平得分 73.17，在市辖区排名第 12 位，在济宁市排名第 1 位。多项指标在全市名列前茅，其中，全社会 R&D 经费支出达到 20.26 亿元，人均 GDP 达 12.85 万元/人，高新技术企业数 201 家，科技创新成效显著。

从创新投入来看，兖州区创新投入增长较快，排名由第 41 位上升至第 27 位。其中，全社会 R&D 经费支出较上年增长 5.90 亿元；全社会 R&D 经费支出占比达 2.51%，排名上升 7 位；规上工业企业每万名就业人员中研发人员数较上年增长 292.28 人年；规上工业企业 R&D 经费支出占营业收入的比重排名下降 10 位；地方财政科技支出及占比均有所下降，需引起重视。

从创新绩效来看，兖州区创新绩效排名由第 37 位上升至第 32 位。其中，每亿元 GDP 技术合同成交额增加至 186.19 万元；规上高新技术产业产值占规上工业产值比重较上年提高 5.57 个百分点，排名上升 5 位；万人有效发明专利拥有量较上年增长 1.50 件；万元 GDP 综合能耗下降率排名上升 18 位；人均 GDP 达 12.85 万元/人，排名第 11 位。

从创新生态来看，兖州区创新生态优势明显，排名由第 16 位上升至第 5 位。其中，高新技术企业数达 201 家，排名上升至第 22 位；千家市场主体登记企业中科技型中小企业入库数量排名由第 17 位上升至第 6 位；规上工业企业中有研发活动企业占比高达 73.23%，排名第 3 位。

表 3-66 所示为济宁市兖州区科技创新指标值和排名。

近年来，兖州区形成 24 个工业大类齐头并进、轻重工业发展均衡的良性局面，包括造纸包装、橡胶轮胎、装备制造、绿色食品、高端化工五大主导产业和新一代信息技术、新材料、生物医药等多个新兴产业。但是，科技创新方面仍存在一定短板。其中，地方财政科技支出及占比和规上工业企业 R&D 经费支出占营业收入的比重均出现下降，且排名相对落后，应引起重视。

表 3-66 济宁市兖州区科技创新指标值和排名

指标名称	指标值 上年	指标值 当年	市辖区排名 上年	市辖区排名 当年	本市排名 上年	本市排名 当年
综合科技创新水平得分	70.05	73.17	34	12	1	1
创新投入得分	68.40	70.23	41	27	2	2
全社会R&D经费支出（亿元）	14.36	20.26	24	20	2	1
全社会R&D经费支出占比（%）	2.06	2.51	32	25	2	1
地方财政科技支出（万元）	1548	1386	46	43	6	6
地方财政科技支出占比（%）	0.25	0.20	55	54	6	9
规上工业企业每万名就业人员中研发人员数（人年）	429.12	721.40	37	22	7	5
规上工业企业每万名就业人员中研发人员数提高幅度（人年）	-128.15	292.28	54	12	2	3
规上工业企业R&D经费支出占营业收入的比重（%）	2.01	1.63	22	32	1	4
创新绩效得分	69.63	71.23	37	32	1	3
每亿元GDP技术合同成交额（万元）	134.58	186.19	37	38	10	8
规上高新技术产业产值占规上工业产值比重（%）	40.31	45.88	38	33	6	4
万人有效发明专利拥有量（件）	5.89	7.39	45	43	4	4
万元GDP综合能耗下降率（%）	2.17	4.06	44	26	7	11
人均GDP（万元/人）	11.22	12.85	13	11	1	1
创新生态得分	72.23	78.36	16	5	1	1
高新技术企业数（家）	89	201	31	22	2	1
高新技术企业增长率（%）	21.92	125.84	42	1	5	1
千家市场主体登记企业中科技型中小企业入库数量（家）	53.59	113.84	17	6	1	1
规上工业企业中有研发活动企业占比（%）	56.25	73.23	8	3	2	3

（三）微山县

2021年，微山县综合科技创新水平得分67.96，在省财政直管县排名第24位，在济宁市排名第10位。其中，人均GDP达6.97万元/人，高新技术企业数47家，规上工业企业中有研发活动企业占比达52.38%，科技创新水平有待进一步提升。

从创新投入来看，微山县创新投入排名第32位。其中，全社会R&D经费支出增至3.48亿元；地方财政科技支出排名上升至第14位；规上工业企业每万名就业人员中研发人员数较上年增长155.45人年；规上工业企业R&D经费支出占营业收入的比重排名由第21位上升至第19位。

从创新绩效来看，微山县创新绩效排名由第26位上升至第24位。其中，人均GDP排名第2位；每亿元GDP技术合同成交额增至152.72万元，排名上升2位；规上高新技术产业产值占规上工业产值比重排名上升4位；万人有效发明专利拥有量排名上升至第27位；万元GDP综合能耗下降率排名下降15位。

从创新生态来看，微山县创新生态排名第16位。其中，高新技术企业数47家，排名上升至第14位，较上年增长80.77%；千家市场主体登记企业中科技型中小企业入库数量较上年增长14.22家，排名由第25位上升至第15位；规上工业企业中有研发活动企业占比52.38%，排名第17位。

表3-67所示为济宁市微山县科技创新指标值和排名。

近年来，微山县促进新旧动能转换持续发力，已形成较为完善的产业体系和良好的产业基础，工程机械、纺织服装、塑包、医药等传统产业发展稳健，新一代信息技术、高端装备、新能源、新材料等新兴产业迅速发展。但是，在创新方面仍存在一定短板。其中，全社会R&D经费支出占比、地方财政科技支出占比和万元GDP综合能耗下降率均出现下降，且全社会R&D经费支出占比排名落后，应引起高度重视。

表 3-67 济宁市微山县科技创新指标值和排名

指标名称	指标值		省财政直管县排名		本市排名	
	上年	当年	上年	当年	上年	当年
综合科技创新水平得分	66.94	67.96	29	24	8	10
创新投入得分	65.41	66.55	35	32	9	8
全社会R&D经费支出（亿元）	3.22	3.48	28	30	7	9
全社会R&D经费支出占比（%）	0.84	0.81	34	35	9	10
地方财政科技支出（万元）	2106	2317	19	14	4	2
地方财政科技支出占比（%）	0.39	0.38	21	19	4	2
规上工业企业每万名就业人员中研发人员数（人年）	394.14	549.59	25	24	8	10
规上工业企业每万名就业人员中研发人员数提高幅度（人年）	−294.76	155.45	37	19	5	5
规上工业企业R&D经费支出占营业收入的比重（%）	1.73	1.78	21	19	4	2
创新绩效得分	66.19	67.49	26	24	10	9
每亿元GDP技术合同成交额（万元）	80.20	152.72	37	35	11	10
规上高新技术产业产值占规上工业产值比重（%）	26.14	29.89	32	28	9	9
万人有效发明专利拥有量（件）	1.77	2.31	28	27	8	8
万元GDP综合能耗下降率（%）	5.52	4.33	9	24	3	6
人均GDP（万元/人）	6.06	6.97	2	2	3	3
创新生态得分	69.35	69.97	16	16	6	8
高新技术企业数（家）	26	47	16	14	10	9
高新技术企业增长率（%）	23.81	80.77	32	7	4	2
千家市场主体登记企业中科技型中小企业入库数量（家）	12.03	26.25	25	15	10	4
规上工业企业中有研发活动企业占比（%）	50.83	52.38	14	17	5	8

（四）鱼台县

2021年，鱼台县综合科技创新水平得分66.78，在省财政直管县排名第32位，在济宁市排名第11位。其中，规上工业企业每万名就业人员中研发人员数达729.19人年，人均GDP为5.21万元/人，高新技术企业数38家，科技创新水平有待进一步提升。

从创新投入来看，鱼台县创新投入有待加强，排名第35位。其中，全社会R&D经费支出增至1.64亿元，排名第40位；地方财政科技支出及占比均有所上升，排名均提升7位；规上工业企业每万名就业人员中研发人员数达到729.19人年，排名第13位；规上工业企业R&D经费支出占营业收入的比重降低0.78个百分点，排名下降12位。

从创新绩效来看，鱼台县创新绩效排名第15位。其中，万元GDP综合能耗下降率排名第3位；人均GDP排名上升至第12位；万人有效发明专利拥有量由0.66件提高到0.87件，排名第40位；每亿元GDP技术合同成交额排名下降11位；规上高新技术产业产值占规上工业产值比重排名下滑15位。

从创新生态来看，鱼台县创新生态排名下降至第34位。其中，高新技术企业数38家，排名下降至第21位；千家市场主体登记企业中科技型中小企业入库数量增加至21.46家，排名下降4位；规上工业企业中有研发活动企业占比排名下降7位。

表3-68所示为济宁市鱼台县科技创新指标值和排名。

近年来，鱼台县重点围绕煤盐化工、机械制造等传统优势产业，逐步实现改造提升，通过加快构建新型产业体系，节能环保、新能源新材料、生物医药等一批新经济业态稳步发展。但是，创新方面仍存在一定短板。其中，全社会R&D经费支出及占比、万人有效发明专利拥有量排名落后，高新技术产业产值占比下降，应引起重视。

表 3-68 济宁市鱼台县科技创新指标值和排名

指标名称	指标值		省财政直管县排名		本市排名	
	上年	当年	上年	当年	上年	当年
综合科技创新水平得分	66.69	66.78	31	32	10	11
创新投入得分	65.59	65.58	33	35	7	11
全社会 R&D 经费支出（亿元）	1.35	1.64	40	40	11	11
全社会 R&D 经费支出占比（%）	0.73	0.75	36	38	11	11
地方财政科技支出（万元）	589	885	36	29	10	9
地方财政科技支出占比（%）	0.20	0.28	34	27	8	6
规上工业企业每万名就业人员中研发人员数（人年）	678.88	729.19	1	13	2	4
规上工业企业每万名就业人员中研发人员数提高幅度（人年）	−464.69	50.31	41	33	11	9
规上工业企业 R&D 经费支出占营业收入的比重（%）	1.69	0.91	24	36	5	11
创新绩效得分	67.94	68.79	13	15	7	7
每亿元 GDP 技术合同成交额（万元）	211.57	150.72	25	36	8	11
规上高新技术产业产值占规上工业产值比重（%）	47.69	35.69	9	24	4	7
万人有效发明专利拥有量（件）	0.66	0.87	40	40	11	11
万元 GDP 综合能耗下降率（%）	3.73	11.43	13	3	6	5
人均 GDP（万元/人）	4.21	5.21	13	12	6	6
创新生态得分	66.52	65.91	27	34	10	11
高新技术企业数（家）	25	38	19	21	11	11
高新技术企业增长率（%）	19.05	52.00	36	22	7	9
千家市场主体登记企业中科技型中小企业入库数量（家）	16.11	21.46	16	20	7	9
规上工业企业中有研发活动企业占比（%）	33.33	33.33	27	34	9	11

（五）金乡县

2021年，金乡县综合科技创新水平得分71.08，在省财政直管县排名第8位，在济宁市排名第2位。多项指标在全市领先，其中，规上工业企业每万名就业人员中研发人员数792.76人年，每亿元GDP技术合同成交额突破513.29万元，规上工业企业中有研发活动企业占比达到76.87%，科技创新水平稳步提升。

从创新投入来看，金乡县创新投入提升较快，位次由第30位上升至第19位。其中，规上工业企业每万名就业人员中研发人员数达792.76人年，排名上升至第10位，企业研发人员规模进一步扩大；全社会R&D经费支出增至3.61亿元，排名上升2位；全社会R&D经费支出占比1.47%，排名保持第26位；规上工业企业R&D经费支出占营业收入的比重排名下降12位；地方财政科技支出及占比下降，政府对科技创新的投入力度需要加强。

从创新绩效来看，金乡县创新绩效优势明显，位次由第9位上升至第2位。其中，万元GDP综合能耗下降率在省财政直管县排名第1位；每亿元GDP技术合同成交额在省财政直管县排名第6位；规上高新技术产业产值占规上工业产值比重排名上升4位；万人有效发明专利拥有量、人均GDP两项指标表现较弱，成为制约创新绩效表现的主要因素。

从创新生态来看，金乡县创新生态持续优化，位次由第12位提升到第5位。其中，规上工业企业中有研发活动企业占比达76.87%，位次上升至第3位；高新技术企业数45家，较上年增长60.71%；千家市场主体登记企业中科技型中小企业入库数量较上年增长4.08家。

表3-69所示为济宁市金乡县科技创新指标值和排名。

近年来，金乡县抓住产业振兴突破口，蒜椒优势资源互补，引领数字农业高质量发展，入选农业农村部"互联网+"农产品出村进城工程试点县名单。但是，创新投入的指标是其薄弱环节。其中，全社会R&D经费支出及占比、地方财政科技支出及占比、规上工业企业R&D经费支出占营业收入的比重等指标排名靠后，需要进一步提升。

表 3-69　济宁市金乡县科技创新指标值和排名

指标名称	指标值		省财政直管县排名		本市排名	
	上年	当年	上年	当年	上年	当年
综合科技创新水平得分	68.59	71.08	17	8	4	2
创新投入得分	66.47	68.26	30	19	4	4
全社会R&D经费支出（亿元）	2.93	3.61	30	28	8	7
全社会R&D经费支出占比（%）	1.36	1.47	26	26	5	6
地方财政科技支出（万元）	3134	1824	10	18	2	4
地方财政科技支出占比（%）	0.61	0.30	14	25	1	4
规上工业企业每万名就业人员中研发人员数（人年）	520.82	792.76	13	10	4	2
规上工业企业每万名就业人员中研发人员数提高幅度（人年）	−425.74	271.94	40	11	10	4
规上工业企业R&D经费支出占营业收入的比重（%）	1.96	1.39	16	28	2	7
创新绩效得分	69.03	72.08	9	2	5	1
每亿元GDP技术合同成交额（万元）	441.86	513.29	6	6	2	1
规上高新技术产业产值占规上工业产值比重（%）	45.16	48.10	13	9	5	3
万人有效发明专利拥有量（件）	2.00	2.38	25	26	5	7
万元GDP综合能耗下降率（%）	6.44	13.33	5	1	2	1
人均GDP（万元/人）	3.38	3.88	27	28	8	8
创新生态得分	70.39	73.01	12	5	4	2
高新技术企业数（家）	28	45	15	17	9	10
高新技术企业增长率（%）	16.67	60.71	38	16	8	6
千家市场主体登记企业中科技型中小企业入库数量（家）	20.66	24.74	7	18	3	7
规上工业企业中有研发活动企业占比（%）	56.10	76.87	11	3	3	1

（六）嘉祥县

2021年，嘉祥县综合科技创新水平得分67.97，在其余县（市）排名第25位，在济宁市排名第9位。多项指标有所提升，其中，每亿元GDP技术合同成交额达332.93万元，高新技术企业数达84家，规上工业企业中有研发活动企业占比达到57.41%，科技创新水平有待进一步提升。

从创新投入来看，嘉祥县创新投入排名保持第31位。其中，全社会R&D经费支出由上年的4.34亿元增加到5.51亿元，排名第27位；全社会R&D经费支出占比由上年的1.52%增加到1.69%，排名第20位；地方财政科技支出及占比有所提升；规上工业企业每万名就业人员中研发人员数排名第21位；规上工业企业R&D经费支出占营业收入的比重略有下降，需要引起重视。

从创新绩效来看，嘉祥县创新绩效排名第35位。其中，每亿元GDP技术合同成交额排名由第15位上升至第10位；规上高新技术产业产值占规上工业产值比重较上年提高5.10个百分点；万元GDP综合能耗下降率有所改善，排名由第25位上升至第21位；万人有效发明专利拥有量、人均GDP排名较为落后，成为制约创新绩效表现的主要因素。

从创新生态来看，嘉祥县创新生态改善明显，排名上升至第12位。其中，高新技术企业数达84家，排名上升至第14位；千家市场主体登记企业中科技型中小企业入库数量较上年增长9.66家；规上工业企业中有研发活动企业占比57.41%，排名上升至第10位。

表3-70所示为济宁市嘉祥县科技创新指标值和排名。

近年来，嘉祥县已形成生物医药、精细化工、纺织服装、机械加工、现代建筑材料、农产品加工、文化旅游、现代物流等产业为主导的产业格局，是山东省装配式住宅示范基地、山东省首批电子商务示范县、山东省29个县级物流节点城市之一。但是，科技创新方面仍存在短板。其中，地方财政科技支出及占比、规上高新技术产业产值占规上工业产值比重、万人有效发明专利拥有量、人均GDP等指标排名较靠后，应该是其未来重点关注的方面。

表 3-70 济宁市嘉祥县科技创新指标值和排名

指标名称	指标值		其余县（市）排名		本市排名	
	上年	当年	上年	当年	上年	当年
综合科技创新水平得分	66.76	67.97	28	25	9	9
创新投入得分	65.80	66.32	31	31	6	9
全社会R&D经费支出（亿元）	4.34	5.51	28	27	4	5
全社会R&D经费支出占比（%）	1.52	1.69	23	20	4	3
地方财政科技支出（万元）	672	921	37	33	9	8
地方财政科技支出占比（%）	0.16	0.24	36	30	10	8
规上工业企业每万名就业人员中研发人员数（人年）	548.50	578.46	12	21	3	9
规上工业企业每万名就业人员中研发人员数提高幅度（人年）	−332.00	29.96	37	29	7	10
规上工业企业R&D经费支出占营业收入的比重（%）	1.25	1.18	23	26	9	10
创新绩效得分	65.23	67.33	35	35	11	10
每亿元GDP技术合同成交额（万元）	235.39	332.93	15	10	7	4
规上高新技术产业产值占规上工业产值比重（%）	22.22	27.32	33	31	11	10
万人有效发明专利拥有量（件）	2.00	2.50	36	36	6	5
万元GDP综合能耗下降率（%）	1.33	4.30	25	21	9	7
人均GDP（万元/人）	3.44	3.99	35	35	7	7
创新生态得分	69.40	70.42	16	12	5	6
高新技术企业数（家）	50	84	21	14	5	4
高新技术企业增长率（%）	38.89	68.00	11	5	3	4
千家市场主体登记企业中科技型中小企业入库数量（家）	13.17	22.83	31	33	8	8
规上工业企业中有研发活动企业占比（%）	48.21	57.41	13	10	6	7

（七）汶上县

2021年，汶上县综合科技创新水平得分68.67，在省财政直管县排名第20位，在济宁市排名第7位。多项指标在全市稳中有进，地方财政科技支出达1423万元，规上工业企业R&D经费支出占营业收入的比重达1.95%，千家市场主体登记企业中科技型中小企业入库数量达33.97家，科技创新发展不断深化。

从创新投入来看，汶上县创新投入增长较快，排名上升至第26位。其中，地方财政科技支出排名上升13位；地方财政科技支出占比增至0.78%，排名上升21位；规上工业企业每万名就业人员中研发人员数较上年提高96.44人年；规上工业企业R&D经费支出占营业收入的比重较上年增长0.56个百分点，排名上升至第14位。

从创新绩效来看，汶上县创新绩效排名第18位。其中，万人有效发明专利拥有量排名由上年的第27位提升至第24位；每亿元GDP技术合同成交额排名下降3位；规上高新技术产业产值占规上工业产值比重略有下降，保持第18位；万元GDP综合能耗下降率排名下降26位，需引起重视。

从创新生态来看，汶上县创新生态进一步优化，排名由第21位上升至第11位。其中，高新技术企业数63家，排名第6位；千家市场主体登记企业中科技型中小企业入库数量增长较快，排名上升至第6位；规上工业企业中有研发活动企业占比较上年提高21.95个百分点，排名上升10位。

表3-71所示为济宁市汶上县科技创新指标值和排名。

近年来，汶上县推进装备制造、高端化工、纺织服装、新兴产业向高质量迈进，大力推进新旧动能转换，三产结构持续完善，工业支撑显著增强。但在创新方面仍存在短板。其中，规上工业企业每万名就业人员中研发人员数、万元GDP综合能耗下降率、高新技术企业增长率等指标的排名下降明显，应特别关注。

表 3-71 济宁市汶上县科技创新指标值和排名

指标名称	指标值		省财政直管县排名		本市排名	
	上年	当年	上年	当年	上年	当年
综合科技创新水平得分	67.11	68.67	27	20	6	7
创新投入得分	65.49	67.26	34	26	8	6
全社会 R&D 经费支出（亿元）	2.88	3.55	31	29	9	8
全社会 R&D 经费支出占比（%）	1.29	1.42	28	27	6	7
地方财政科技支出（万元）	1004	1423	34	21	7	5
地方财政科技支出占比（%）	0.24	0.78	32	11	7	1
规上工业企业每万名就业人员中研发人员数（人年）	482.57	579.01	16	20	6	8
规上工业企业每万名就业人员中研发人员数提高幅度（人年）	−317.25	96.44	38	28	6	8
规上工业企业 R&D 经费支出占营业收入的比重（%）	1.39	1.95	31	14	8	1
创新绩效得分	67.82	68.26	14	18	8	8
每亿元 GDP 技术合同成交额（万元）	319.90	321.77	14	17	6	5
规上高新技术产业产值占规上工业产值比重（%）	40.31	39.87	18	18	6	6
万人有效发明专利拥有量（件）	1.85	2.42	27	24	7	6
万元 GDP 综合能耗下降率（%）	6.45	4.12	4	30	1	10
人均 GDP（万元/人）	3.22	3.66	34	34	11	11
创新生态得分	68.08	70.60	21	11	7	5
高新技术企业数（家）	41	63	5	6	7	7
高新技术企业增长率（%）	46.43	53.66	12	20	1	7
千家市场主体登记企业中科技型中小企业入库数量（家）	17.39	33.97	13	6	6	2
规上工业企业中有研发活动企业占比（%）	38.41	60.36	21	11	7	5

（八）泗水县

2021年，泗水县综合科技创新水平得分69.32，在省财政直管县排名第16位，在济宁市排名第4位。多项指标居全市前列，其中，规上工业企业每万名就业人员中研发人员数达762.26人年，每亿元GDP技术合同成交额403.40万元，规上工业企业中有研发活动企业占比达75.89%，科技创新发展稳中向好。

从创新投入来看，泗水县创新投入稳步提升，排名由上年的第37位上升至第18位。其中，全社会R&D经费支出较上年增长0.59亿元；全社会R&D经费支出占比排名上升2位；规上工业企业每万名就业人员中研发人员数762.26人年，排名上升21位；规上工业企业R&D经费支出占营业收入的比重1.27%，排名上升2位；地方财政科技支出及占比出现小幅下降，泗水县政府对科技创新的投入力度需要加强。

从创新绩效来看，泗水县创新绩效排名下降至第34位。其中，万人有效发明专利拥有量排名上升2位；万元GDP综合能耗下降率排名第29位；每亿元GDP技术合同成交额、规上高新技术产业产值占规上工业产值比重两项指标值均出现下降，需引起重视。

从创新生态来看，泗水县创新生态排名由第29位上升至第6位。其中，高新技术企业数达48家，较上年增长65.52%；规上工业企业中有研发活动企业占比较上年提高46.62个百分点，排名由第29位上升至第4位；千家市场主体登记企业中科技型中小企业入库数量25.63家，但排名下降6位，需引起重视。

表3-72所示为济宁市泗水县科技创新指标值和排名。

近年来，泗水县聚焦食品饮料、绿色建材、纸品包装、机械制造等四大传统产业，强力实施建链补链延链强链工程，加快构建现代化产业体系，为全县经济高质量发展提供坚实支撑。但是，在科技创新方面仍存在一定短板。其中，全社会R&D经费支出及占比、规上高新技术产业产值占规上工业产值比重、人均GDP等排名比较靠后，需要进一步增强。

表 3-72 济宁市泗水县科技创新指标值和排名

指标名称	指标值		省财政直管县排名		本市排名	
	上年	当年	上年	当年	上年	当年
综合科技创新水平得分	65.61	69.32	35	16	11	4
创新投入得分	64.34	68.27	37	18	11	3
全社会R&D经费支出（亿元）	1.41	2.00	39	39	10	10
全社会R&D经费支出占比（%）	0.76	0.98	35	33	20	9
地方财政科技支出（万元）	1567	1355	23	23	5	7
地方财政科技支出占比（%）	0.39	0.36	22	20	4	3
规上工业企业每万名就业人员中研发人员数（人年）	330.76	762.26	32	11	9	3
规上工业企业每万名就业人员中研发人员数提高幅度（人年）	-244.71	431.50	36	4	4	2
规上工业企业R&D经费支出占营业收入的比重（%）	1.21	1.27	33	31	10	9
创新绩效得分	66.47	66.99	24	34	9	11
每亿元GDP技术合同成交额（万元）	450.54	403.40	5	12	1	2
规上高新技术产业产值占规上工业产值比重（%）	23.30	20.32	34	37	10	11
万人有效发明专利拥有量（件）	1.62	1.91	31	29	9	9
万元GDP综合能耗下降率（%）	0.92	4.14	29	29	10	9
人均GDP（万元/人）	3.36	3.74	29	30	9	9
创新生态得分	66.04	72.91	29	6	11	3
高新技术企业数（家）	29	48	14	13	8	8
高新技术企业增长率（%）	20.83	65.52	34	14	6	5
千家市场主体登记企业中科技型中小企业入库数量（家）	19.09	25.63	11	17	5	5
规上工业企业中有研发活动企业占比（%）	29.27	75.89	29	4	11	2

（九）梁山县

2021年，梁山县综合科技创新水平得分68.43，在省财政直管县排名第22位，在济宁市排名第8位。其中，规上工业企业每万名就业人员中研发人员数达649.01人年，规上高新技术产业产值占规上工业产值比重达45.60%，高新技术企业数78家，科技创新发展有待进一步提升。

从创新投入来看，梁山县创新投入排名保持第28位。其中，全社会R&D经费支出提升至4.12亿元，排名下降3位；地方财政科技支出及占比出现小幅增长，排名分别上升3位及5位；规上工业企业每万名就业人员中研发人员数上升至649.01人年，排名第16位；规上工业企业R&D经费支出占营业收入的比重较上年下降0.56个百分点，需引起重视。

从创新绩效来看，梁山县创新绩效排名第11位。其中，万元GDP综合能耗下降率由第30位上升至第2位；人均GDP、万人有效发明专利拥有量两项指标值略有提升，排名保持第33位、36位；每亿元GDP技术合同成交额下降18位；规上高新技术产业产值占规上工业产值比重下降13.73个百分点。

从创新生态来看，梁山县创新生态表现良好，排名由第26位上升至第22位。其中，高新技术企业数78家，保持第4位；千家市场主体登记企业中科技型中小企业入库数量，排名上升5位；规上工业企业中有研发活动企业占比较上年提高11.24个百分点。

表3-73所示为济宁市梁山县科技创新指标值和排名。

近年来，梁山县发挥企业和产业优势，形成了极具特色的汽车产业集群、教育服务产业集群、稀土新材料产业集群、绿色食品产业集群，同时，加快构建现代农业产业体系，实现特色产业高质量发展。但是，创新投入方面仍是其科技创新发展的薄弱环节。其中，全社会R&D经费支出及占比、规上工业企业每万名就业人员中研发人员数、规上工业企业R&D经费支出占营业收入的比重等指标的排名呈下降趋势，需加大提升力度。

表 3-73 济宁市梁山县科技创新指标值和排名

指标名称	指标值		省财政直管县排名		本市排名	
	上年	当年	上年	当年	上年	当年
综合科技创新水平得分	67.82	68.43	23	22	5	8
创新投入得分	66.53	67.06	28	28	3	7
全社会R&D经费支出（亿元）	3.74	4.12	24	27	6	6
全社会R&D经费支出占比（%）	1.57	1.54	24	25	3	5
地方财政科技支出（万元）	518	649	38	35	11	11
地方财政科技支出占比（%）	0.11	0.13	38	33	11	11
规上工业企业每万名就业人员中研发人员数（人年）	502.33	649.01	14	16	5	7
规上工业企业每万名就业人员中研发人员数提高幅度（人年）	−343.95	146.67	39	21	8	6
规上工业企业R&D经费支出占营业收入的比重（%）	1.96	1.40	17	27	3	6
创新绩效得分	69.61	70.08	5	11	3	6
每亿元GDP技术合同成交额（万元）	437.23	270.63	7	25	3	7
规上高新技术产业产值占规上工业产值比重（%）	59.33	45.60	2	10	1	5
万人有效发明专利拥有量（件）	1.24	1.49	36	36	10	10
万元GDP综合能耗下降率（%）	0.87	12.27	30	2	11	3
人均GDP（万元/人）	3.23	3.69	33	33	10	10
创新生态得分	67.29	68.13	26	22	8	10
高新技术企业数（家）	51	78	4	4	4	6
高新技术企业增长率（%）	41.67	52.94	15	21	2	8
千家市场主体登记企业中科技型中小企业入库数量（家）	9.89	20.25	29	24	11	10
规上工业企业中有研发活动企业占比（%）	34.56	45.80	25	26	8	10

（十）曲阜市

2021年，曲阜市综合科技创新水平得分71.00，在其余县（市）排名第10位，在济宁市排名第3位。多项指标排名全市前列，其中，规上工业企业每万名就业人员中研发人员数达868.26人年，规上高新技术产业产值占规上工业产值比重达56.76%，万人有效发明专利拥有量达8.32件，科技创新水平进一步提升。

从创新投入来看，曲阜市创新投入稳中有进，排名由第33位上升至第12位。其中，规上工业企业每万名就业人员中研发人员数868.26人年，排名由第30位上升至第1位；规上工业企业R&D经费支出占营业收入的比重提高0.60个百分点，排名第12位；全社会R&D经费支出较上年增长2.04亿元，排名上升4位；全社会R&D经费支出占比由第31位上升至第25位；地方财政科技支出及占比排名均下降1位，是曲阜市创新提升的薄弱环节。

从创新绩效来看，曲阜市创新绩效略有提升，排名第14位。其中，规上高新技术产业产值占规上工业产值比重56.76%，排名第8位；每亿元GDP技术合同成交额较上年增长65.90万元，排名第9位；万人有效发明专利拥有量较上年增长1.85件；万元GDP综合能耗下降率上升1位。

从创新生态来看，曲阜市创新生态排名由第27位上升至第7位。其中，高新技术企业数80家，排名第18位；千家市场主体登记企业中科技型中小企业入库数量排名上升10位；规上工业企业中有研发活动企业占比较上年提高27.59个百分点，排名上升至第6位，曲阜市创新生态持续优化。

表3-74所示为济宁市曲阜市科技创新指标值和排名。

近年来，曲阜市积极推动新一代信息技术、高端装备、生物医药、新型建材和食品加工"3+2"产业集群，以产品智能化、产业数字化、配套链条化为主攻方向，引导企业向高端化、智能化、绿色化发展，工业经济在新旧动能转换中实现高质量发展。但是，创新投入是其短板。其中，全社会R&D经费支出及占比、地方财政科技支出及占比等指标，排名较为落后，应进一步加大对创新投入的支持力度。

表 3-74 济宁市曲阜市科技创新指标值和排名

指标名称	指标值		其余县（市）排名		本市排名	
	上年	当年	上年	当年	上年	当年
综合科技创新水平得分	67.05	71.00	27	10	7	3
创新投入得分	65.21	70.58	33	12	10	1
全社会R&D经费支出（亿元）	4.21	6.25	29	25	5	4
全社会R&D经费支出占比（%）	1.17	1.55	31	25	8	4
地方财政科技支出（万元）	903	795	34	35	8	10
地方财政科技支出占比（%）	0.20	0.18	34	35	8	10
规上工业企业每万名就业人员中研发人员数（人年）	278.80	868.26	30	1	10	1
规上工业企业每万名就业人员中研发人员数提高幅度（人年）	−47.96	589.46	30	1	1	1
规上工业企业R&D经费支出占营业收入的比重（%）	1.16	1.76	26	12	11	3
创新绩效得分	69.35	71.07	11	14	4	5
每亿元GDP技术合同成交额（万元）	283.15	349.05	5	9	5	3
规上高新技术产业产值占规上工业产值比重（%）	52.68	56.76	9	8	3	2
万人有效发明专利拥有量（件）	6.47	8.32	14	12	4	3
万元GDP综合能耗下降率（%）	1.67	4.23	23	22	8	8
人均GDP（万元/人）	5.67	6.43	24	25	5	4
创新生态得分	66.57	71.37	27	7	9	4
高新技术企业数（家）	47	80	22	18	6	5
高新技术企业增长率（%）	6.82	70.21	33	4	11	3
千家市场主体登记企业中科技型中小企业入库数量（家）	12.79	29.24	33	23	9	3
规上工业企业中有研发活动企业占比（%）	33.33	60.92	23	6	9	4

（十一）邹城市

2021年，邹城市综合科技创新水平得分69.09，在其余县（市）排名第20位，在济宁市排名第6位。其中，全社会R&D经费支出达11.67亿元，地方财政科技支出达2748万元，万人有效发明专利拥有量达15.67件，科技创新发展还需进一步提升。

从创新投入来看，邹城市创新投入排名第33位。其中，全社会R&D经费支出较上年增长1.58亿元，排名上升至第16位；规上工业企业每万名就业人员中研发人员数较上年增长118.11人年；规上工业企业R&D经费支出占营业收入的比重排名下降3位；地方财政科技支出及占比出现较大幅度下降，政府对科技创新的投入力度需要加强。

从创新绩效来看，邹城市创新绩效排名由第19位上升至第12位。其中，万元GDP综合能耗下降率排名由第9位上升至第2位；万人有效发明专利拥有量增至15.67件，排名第3位；人均GDP较上年增长1.18万元/人；每亿元GDP技术合同成交额排名下降6位。

从创新生态来看，邹城市创新生态排名由第5位下降至第14位。其中，高新技术企业数87家，较上年增长35.94%；千家市场主体登记企业中科技型中小企业入库数量增幅较小，排名下降8位；规上工业企业中有研发活动企业占比较上年下降3.78个百分点，需要引起重视。

表3-75所示为济宁市邹城市科技创新指标值和排名。

近年来，邹城市聚焦煤炭、电力等传统优势产业，助力传统产业搭上新动能，持续强化工业支撑，加速推进重点保障工程建设。但是，创新投入依然是创新发展的薄弱环节。其中，地方财政科技支出及占比、规上工业企业R&D经费支出占营业收入的比重等指标排名略有下降，全社会研发投入强度较低，需引起重视。

表 3-75 济宁市邹城市科技创新指标值和排名

指标名称	指标值		其余县（市）排名		本市排名	
	上年	当年	上年	当年	上年	当年
综合科技创新水平得分	68.89	69.09	18	20	3	6
创新投入得分	66.17	66.16	28	33	5	10
全社会 R&D 经费支出（亿元）	10.09	11.67	17	16	3	3
全社会 R&D 经费支出占比（%）	1.24	1.22	29	29	7	8
地方财政科技支出（万元）	6094	2748	14	22	1	1
地方财政科技支出占比（%）	0.57	0.25	25	29	2	7
规上工业企业每万名就业人员中研发人员数（人年）	259.28	377.39	33	33	11	11
规上工业企业每万名就业人员中研发人员数提高幅度（人年）	−165.68	118.11	35	21	3	7
规上工业企业 R&D 经费支出占营业收入的比重（%）	1.52	1.31	17	20	6	8
创新绩效得分	68.56	71.13	19	12	6	4
每亿元 GDP 技术合同成交额（万元）	271.35	286.86	8	14	6	6
规上高新技术产业产值占规上工业产值比重（%）	32.30	34.52	26	27	8	8
万人有效发明专利拥有量（件）	12.97	15.67	3	3	1	1
万元 GDP 综合能耗下降率（%）	5.46	12.76	9	2	5	2
人均 GDP（万元/人）	6.98	8.16	15	16	2	2
创新生态得分	72.13	70.05	5	14	2	7
高新技术企业数（家）	64	87	11	13	3	3
高新技术企业增长率（%）	16.36	35.94	27	26	9	10
千家市场主体登记企业中科技型中小企业入库数量（家）	22.67	24.74	20	28	2	6
规上工业企业中有研发活动企业占比（%）	63.58	59.80	5	7	1	6

九、泰安市

（一）泰山区

2021年，泰山区综合科技创新水平得分71.13，在市辖区排名第25位，在泰安市排名第2位。多项指标在全市名列前茅，其中，规上工业企业每万名就业人员中研发人员数达1043.66人年，规上工业企业R&D经费支出占营业收入的比重达4.77%，万人有效发明专利拥有量达18.02件，科技创新水平进一步提升。

从创新投入来看，泰山区创新投入排名第8位。其中，规上工业企业R&D经费支出占营业收入的比重由上年的第4位上升至第2位；规上工业企业每万名就业人员中研发人员数增长至1043.66人年，排名上升至第8位；全社会R&D经费支出由上年的12.95亿元增长至14.07亿元；全社会R&D经费支出占比排名上升6位；地方财政科技支出及占比有所下降，排名分别下降12位及16位，成为制约创新投入表现的主要因素。

从创新绩效来看，泰山区创新绩效排名由第39位下降至第46位。其中，万人有效发明专利拥有量较上年增长3.71件，排名第21位；每亿元GDP技术合同成交额由上年的175.97万元提升至234.20万元；人均GDP排名下降5位；规上高新技术产业产值占规上工业产值比重下降1.01个百分点；万元GDP综合能耗下降率排名下降34位，需要引起重视。

从创新生态来看，泰山区创新生态排名由第33位下降至第37位。其中，高新技术企业数91家；千家市场主体登记企业中科技型中小企业入库数量排名较为落后，列第57位；规上工业企业中有研发活动企业占比较上年提高2.12个百分点，排名下降8位。

表3-76所示为泰安市泰山区科技创新指标值和排名。

近年来，泰山区持续壮大数字经济、高端装备制造、纺织服装、现代食品、医药及医疗器械等优势产业，产业集聚效应逐步凸显，荣获县域经济"高质量发展进步县"荣誉。但是，创新绩效方面是其薄弱环节。其中，每亿元GDP技术合同成交额、规上高新技术产业产值占规上工业产值比重、万元GDP综合能耗下降率、人均GDP等排名均出现下降趋势，需引起关注。

表 3-76　泰安市泰山区科技创新指标值和排名

指标名称	指标值		市辖区排名		本市排名	
	上年	当年	上年	当年	上年	当年
综合科技创新水平得分	71.24	71.13	23	25	2	2
创新投入得分	74.76	74.55	11	8	1	1
全社会 R&D 经费支出（亿元）	12.95	14.07	25	29	3	3
全社会 R&D 经费支出占比（%）	2.58	2.66	26	20	2	2
地方财政科技支出（万元）	5168	1963	24	36	3	5
地方财政科技支出占比（%）	1.87	0.70	14	30	1	5
规上工业企业每万名就业人员中研发人员数（人年）	697.29	1043.66	12	8	1	1
规上工业企业每万名就业人员中研发人员数提高幅度（人年）	5.56	346.37	39	6	4	1
规上工业企业 R&D 经费支出占营业收入的比重（%）	3.96	4.77	4	2	1	1
创新绩效得分	69.61	69.75	39	46	3	3
每亿元 GDP 技术合同成交额（万元）	175.97	234.20	30	34	2	2
规上高新技术产业产值占规上工业产值比重（%）	51.88	50.87	25	30	3	4
万人有效发明专利拥有量（件）	14.31	18.02	23	21	1	1
万元 GDP 综合能耗下降率（%）	6.98	2.90	12	46	2	3
人均 GDP（万元/人）	6.00	6.29	38	43	2	2
创新生态得分	69.54	68.96	33	37	2	2
高新技术企业数（家）	61	91	38	38	4	3
高新技术企业增长率（%）	22.00	49.18	41	25	6	3
千家市场主体登记企业中科技型中小企业入库数量(家)	11.42	16.21	53	57	6	6
规上工业企业中有研发活动企业占比（%）	49.23	51.35	15	23	1	1

（二）岱岳区

2021年，岱岳区综合科技创新水平得分71.16，在市辖区排名第24位，在泰安市排名第1位。多项指标在全市排名前列，其中，全社会R&D经费支出达22.51亿元，规上工业企业每万名就业人员中研发人员数857.66人年，万人有效发明专利拥有量6.66件，高新技术企业数达200家，科技创新水平进一步提升。

从创新投入来看，岱岳区创新投入排名上升至第11位。其中，全社会R&D经费支出提升至22.51亿元，排名第17位；全社会R&D经费支出占比达3.69%，排名第7位；地方财政科技支出较上年增长271万元，排名上升8位；地方财政科技支出排名占比上升11位；规上工业企业每万名就业人员中研发人员数增至857.66人年，排名第14位；规上工业企业R&D经费支出占营业收入的比重略有下降，但排名保持第10位。

从创新绩效来看，岱岳区创新绩效排名由第33位下降至第39位。其中，每亿元GDP技术合同成交额149.32亿元，排名上升4位；万人有效发明专利拥有量较上年增长1.12件；规上高新技术产业产值占规上工业产值比重排名下降6位；万元GDP综合能耗下降率排名下降7位，需引起高度重视。

从创新生态来看，岱岳区创新生态排名第25位。其中，千家市场主体登记企业中科技型中小企业入库数量增长较快，由上年的第18位上升至第11位；高新技术企业数达200家，排名第23位；规上工业企业中有研发活动企业占比较上年提高4.03个百分点。

表3-77所示为泰安市岱岳区科技创新指标值和排名。

近年来，岱岳区聚焦新材料、精细化工、食品工业、新型建材四大赛道，积极促进新一代信息技术、高端装备等优势产业发展，不断促进产业提档升级。但是，创新发展水平仍需进一步提升。其中，每亿元GDP技术合同成交额、万人有效发明专利拥有量、人均GDP等排名较落后，财政科技支出占比偏低，高新技术企业培育还需发力。

表 3-77　泰安市岱岳区科技创新指标值和排名

指标名称	指标值		市辖区排名		本市排名	
	上年	当年	上年	当年	上年	当年
综合科技创新水平得分	71.43	71.16	20	24	1	1
创新投入得分	73.95	72.79	12	11	2	2
全社会R&D经费支出（亿元）	21.01	22.51	14	17	1	1
全社会R&D经费支出占比（%）	3.80	3.69	8	7	1	1
地方财政科技支出（万元）	2457	2728	36	28	5	4
地方财政科技支出占比（%）	0.64	0.73	38	27	5	4
规上工业企业每万名就业人员中研发人员数（人年）	654.02	857.66	15	14	2	2
规上工业企业每万名就业人员中研发人员数提高幅度（人年）	117.27	203.64	21	20	2	2
规上工业企业R&D经费支出占营业收入的比重（%）	2.83	2.60	10	10	2	2
创新绩效得分	70.05	70.32	33	39	2	2
每亿元GDP技术合同成交额（万元）	93.19	149.32	47	43	5	5
规上高新技术产业产值占规上工业产值比重（%）	67.01	63.36	12	18	1	2
万人有效发明专利拥有量（件）	5.54	6.66	47	49	2	2
万元GDP综合能耗下降率（%）	7.83	4.90	10	17	1	2
人均GDP（万元/人）	5.30	5.75	46	48	3	3
创新生态得分	70.23	70.33	26	25	1	1
高新技术企业数（家）	143	200	21	23	1	1
高新技术企业增长率（%）	37.50	39.86	22	38	4	5
千家市场主体登记企业中科技型中小企业入库数量（家）	51.53	89.69	18	11	1	1
规上工业企业中有研发活动企业占比（%）	37.25	41.28	34	38	3	2

(三) 新泰市

2021年，新泰市综合科技创新水平得分67.32，在其余县（市）排名第32位，在泰安市排名第4位。多项指标排名全市中等水平，其中，全社会R&D经费支出10.77亿元，规上工业企业每万名就业人员中研发人员数409.72人年，万人有效发明专利拥有量2.88件，高新技术企业数83家，科技创新发展水平进一步提升。

从创新投入来看，新泰市创新投入排名由上年的第19位下降至第26位。其中，规上工业企业R&D经费支出占营业收入的比重1.88%，排名第9位；全社会R&D经费支出及占比有所提升，均排名第18位；地方财政科技支出较上年增长550万元，排名上升4位；地方财政科技支出占比排名由第22位上升至第18位；规上工业企业每万名就业人员中研发人员数增长缓慢，排名下降10位，成为创新投入表现不佳的主要因素。

从创新绩效来看，新泰市创新绩效排名第29位。其中，每亿元GDP技术合同成交额增长超1倍，排名由上年的第20位上升至第6位；规上高新技术产业产值占规上工业产值比重较上年提高2.95个百分点；万元GDP综合能耗下降率排名下降6位。

从创新生态来看，新泰市创新生态排名第30位。其中，千家市场主体登记企业中科技型中小企业入库数量较上年增长10.60家；规上工业企业中有研发活动企业占比较上年提高2.57个百分点；高新技术企业数83家，排名第15位。

表3-78所示为泰安市新泰市科技创新指标值和排名。

近年来，新泰市聚焦高端化工、新能源、矿山装备、起重机械、数字经济、车辆及工程机械等重点集群，紧抓政策机遇和资源优势，助推全县工业经济高质量发展。创新发展仍存在短板。研发投入较弱，财政科技支出占比不高，科技型企业培育不足，创新产出成效不明显，应引起重视。

表 3-78 泰安市新泰市科技创新指标值和排名

指标名称	指标值		其余县（市）排名		本市排名	
	上年	当年	上年	当年	上年	当年
综合科技创新水平得分	67.76	67.32	24	32	4	4
创新投入得分	68.96	67.36	19	26	4	4
全社会 R&D 经费支出（亿元）	9.23	10.77	19	18	4	4
全社会 R&D 经费支出占比（%）	1.77	1.88	19	18	5	5
地方财政科技支出（万元）	5263	5813	20	16	2	2
地方财政科技支出占比（%）	0.73	0.76	22	18	3	3
规上工业企业每万名就业人员中研发人员数（人年）	382.25	409.72	22	32	4	5
规上工业企业每万名就业人员中研发人员数提高幅度（人年）	124.95	27.47	14	30	1	5
规上工业企业 R&D 经费支出占营业收入的比重（%）	1.94	1.88	10	9	5	4
创新绩效得分	66.73	68.17	28	29	6	4
每亿元 GDP 技术合同成交额（万元）	168.96	379.43	20	6	4	1
规上高新技术产业产值占规上工业产值比重（%）	42.32	45.27	16	18	6	5
万人有效发明专利拥有量（件）	2.14	2.88	35	34	4	3
万元 GDP 综合能耗下降率（%）	0.03	-1.90	31	37	6	6
人均 GDP（万元/人）	3.91	4.43	33	33	4	4
创新生态得分	67.56	66.37	23	30	4	4
高新技术企业数（家）	64	83	12	15	3	4
高新技术企业增长率（%）	39.13	29.69	10	33	3	6
千家市场主体登记企业中科技型中小企业入库数量（家）	12.59	23.19	34	30	5	4
规上工业企业中有研发活动企业占比（%）	34.29	36.86	21	28	4	4

（四）肥城市

2021年，肥城市综合科技创新水平得分70.32，在其余县（市）排名第13位，在泰安市排名第3位。多项指标居全市前列，其中，全社会R&D经费支出达到16.30亿元，地方财政科技支出达6174万元，规上高新技术产业产值占规上工业产值比重达71.58%，科技创新水平取得一定成效。

从创新投入来看，肥城市创新投入排名第16位。其中，地方财政科技支出较上年增长588万元，地方财政科技支出占比较上年提高0.12个百分点，排名均上升4位；全社会R&D经费支出16.30亿元，全社会R&D经费支出占比排名上升至第15位；规上工业企业R&D经费支出占营业收入的比重2.35%，排名第6位；规上工业企业每万名就业人员中研发人员数及其提高幅度排名均较上年下降7位。

从创新绩效来看，肥城市创新绩效在其余县（市）排名第5位。其中，规上高新技术产业产值占规上工业产值比重达71.58%，排名上升至第2位；万元GDP综合能耗下降率排名上升6位；每亿元GDP技术合同成交额213.06万元，排名下降5位；万人有效发明专利拥有量2.64件，排名落后，成为影响创新绩效得分的主要原因之一。

从创新生态来看，肥城市创新生态排名第22位。其中，千家市场主体登记企业中科技型中小企业入库数量较上年增长21.86家，排名上升8位；高新技术企业数96家，排名保持第10位；规上工业企业中有研发活动企业占比有所下降，排名下降8位，成为创新生态表现不佳的主要因素。

表3-79所示为泰安市肥城市科技创新指标值和排名。

近年来，肥城市聚焦特种钢铁、锂电新材料、环氧高端化工、建筑安装、盐穴储能五大主导产业链条，全力构建"321X"产业新格局，工业经济量质齐升、增势强劲。但是，规上工业企业创新发展短板突出。其中，规上工业企业每万名就业人员中研发人员数及提高幅度、规上工业企业中有研发活动企业占比等指标值排名较为落后，应特别关注。

表 3-79　泰安市肥城市科技创新指标值和排名

指标名称	指标值		其余县（市）排名		本市排名	
	上年	当年	上年	当年	上年	当年
综合科技创新水平得分	70.61	70.32	9	13	3	3
创新投入得分	71.88	69.58	9	16	3	3
全社会 R&D 经费支出（亿元）	15.70	16.30	8	13	2	2
全社会 R&D 经费支出占比（%）	2.18	2.11	16	15	3	4
地方财政科技支出（万元）	5586	6174	17	13	1	1
地方财政科技支出占比（%）	0.92	1.04	19	15	2	1
规上工业企业每万名就业人员中研发人员数（人年）	625.81	676.54	7	14	3	3
规上工业企业每万名就业人员中研发人员数提高幅度（人年）	84.87	50.73	20	27	3	4
规上工业企业 R&D 经费支出占营业收入的比重（%）	2.65	2.35	8	6	3	3
创新绩效得分	70.60	72.99	5	5	1	1
每亿元 GDP 技术合同成交额（万元）	179.72	213.06	18	23	1	3
规上高新技术产业产值占规上工业产值比重（%）	62.27	71.58	5	2	2	1
万人有效发明专利拥有量（件）	2.17	2.64	34	35	3	4
万元 GDP 综合能耗下降率（%）	3.25	8.20	17	11	4	1
人均 GDP（万元/人）	7.98	8.58	9	11	1	1
创新生态得分	69.28	68.27	17	22	3	3
高新技术企业数（家）	66	96	10	10	2	2
高新技术企业增长率（%）	40.43	45.45	8	18	2	4
千家市场主体登记企业中科技型中小企业入库数量(家)	25.55	47.41	16	8	2	2
规上工业企业中有研发活动企业占比（%）	41.35	39.73	19	27	2	3

（五）宁阳县

2021年，宁阳县综合科技创新水平得分66.15，在财政直管县排名第35位，在泰安市排名第6位。其中，地方财政科技支出达3140万元，规上高新技术产业产值占规上工业产值比重达41.13%，科技创新发展水平有待进一步提升。

从创新投入来看，宁阳县创新投入排名由第23位下降至第33位。其中，地方财政科技支出较上年增长360万元，地方财政科技支出占比为0.80%，两项指标均排名第10位；全社会R&D经费支出5.81亿元，但排名下降6位；全社会R&D经费支出占比排名下降2位；规上工业企业每万名就业人员中研发人员数排名下降6位；规上工业企业R&D经费支出占营业收入的比重较上年降低0.31个百分点，排名下降5位，需要进一步提升。

从创新绩效来看，宁阳县创新绩效排名下降至第31位。其中，万人有效发明专利拥有量增至2.08件，排名上升1位；每亿元GDP技术合同成交额增至190.09亿元，排名下降4位；规上高新技术产业产值占规上工业产值比重较上年下降2.09个百分点；万元GDP综合能耗下降率排名下降5位。

从创新生态来看，宁阳县创新生态排名由第28位下降至第37位。其中，千家市场主体登记企业中科技型中小企业入库数量较上年增长10.08家，排名第10位；规上工业企业中有研发活动企业占比排名下降7位。

表3-80所示为泰安市宁阳县科技创新指标值和排名。

近年来，宁阳县围绕构建"4+3+X"产业体系，推动传统产业转型升级、新兴产业加快发展，集中精力做大做强高端化工、高端装备制造、新能源等产业集群。但是，创新方面仍存在一定短板。其中，规上工业企业每万名就业人员中研发人员数、规上高新技术产业产值占规上工业产值比重、规上工业企业中有研发活动企业占比等指标值均呈现下降趋势，应特别关注。

表 3-80 泰安市宁阳县科技创新指标值和排名

指标名称	指标值		省财政直管县排名		本市排名	
	上年	当年	上年	当年	上年	当年
综合科技创新水平得分	67.04	66.15	28	35	5	6
创新投入得分	67.93	66.49	23	33	5	6
全社会R&D经费支出（亿元）	5.41	5.81	14	20	5	5
全社会R&D经费支出占比（%）	2.15	2.12	19	21	4	3
地方财政科技支出（万元）	2780	3140	12	10	4	3
地方财政科技支出占比（%）	0.66	0.80	13	10	4	2
规上工业企业每万名就业人员中研发人员数（人年）	317.86	313.05	33	39	6	6
规上工业企业每万名就业人员中研发人员数提高幅度（人年）	−56.50	−4.81	30	39	5	6
规上工业企业R&D经费支出占营业收入的比重（%）	1.98	1.67	15	20	4	5
创新绩效得分	66.78	67.22	20	31	5	6
每亿元GDP技术合同成交额（万元）	174.95	190.09	28	32	3	4
规上高新技术产业产值占规上工业产值比重（%）	43.22	41.13	14	16	5	6
万人有效发明专利拥有量（件）	1.72	2.08	29	28	5	5
万元GDP综合能耗下降率（%）	0.17	1.60	34	39	5	4
人均GDP（万元/人）	3.73	4.13	22	23	5	5
创新生态得分	66.36	64.66	28	37	5	6
高新技术企业数（家）	24	36	22	22	5	5
高新技术企业增长率（%）	41.18	50.00	16	26	1	1
千家市场主体登记企业中科技型中小企业入库数量（家）	20.45	30.53	9	10	3	3
规上工业企业中有研发活动企业占比（%）	28.06	22.60	30	37	5	6

（六）东平县

2021年，东平县综合科技创新水平得分66.42，在省财政直管县排名第33位，在泰安市排名第5位。其中，全社会R&D经费支出3.13亿元，万人有效发明专利拥有量1.65件，高新技术企业数15家，科技创新发展水平有待进一步提升。

从创新投入来看，东平县创新投入排名由上年的第29位下降至第30位。其中，全社会R&D经费支出由上年的2.84亿元增至3.13亿元，排名第32位；规上工业企业每万名就业人员中研发人员数较上年增长184.06人年，排名上升4位；地方财政科技支出占比排名上升5位；规上工业企业R&D经费支出占营业收入的比重下降0.30个百分点，排名下降4位。

从创新绩效来看，东平县创新绩效排名由第17位下降至第25位。其中，规上高新技术产业产值占规上工业产值比重达52.91%，排名第7位；万人有效发明专利拥有量排名上升3位；人均GDP有小幅上升，排名保持第35位；每亿元GDP技术合同成交额提升至88.66万元，排名第39位；万元GDP综合能耗下降率排名下降30位。

从创新生态来看，东平县创新生态排名第35位。其中，高新技术企业数仅15家，排名靠后；千家市场主体登记企业中科技型中小企业入库数量较上年增长4.20家，排名下降6位；规上工业企业中有研发活动企业占比较上年提高4.06个百分点，排名下降3位。

表3-81所示为泰安市东平县科技创新指标值和排名。

近年来，东平县聚焦现代食品、生物医药、绿色电镀等主导产业，培育动能转换新引擎，加快推动产业经济高质量发展。但是，创新发展仍存在一定短板。其中，高新技术企业数、千家市场主体登记企业中科技型中小企业入库数量、规上工业企业中有研发活动企业占比等指标排名较为落后，研发投入及占比较低，财政投入偏弱，应特别关注。

表 3-81 泰安市东平县科技创新指标值和排名

指标名称	指标值		省财政直管县排名		本市排名	
	上年	当年	上年	当年	上年	当年
综合科技创新水平得分	66.25	66.42	33	33	6	5
创新投入得分	66.47	66.73	29	30	6	5
全社会R&D经费支出（亿元）	2.84	3.13	32	32	6	6
全社会R&D经费支出占比（%）	1.31	1.31	27	28	6	6
地方财政科技支出（万元）	467	448	40	39	6	6
地方财政科技支出占比（%）	0.11	0.12	39	34	6	6
规上工业企业每万名就业人员中研发人员数（人年）	354.27	538.33	29	25	5	4
规上工业企业每万名就业人员中研发人员数提高幅度（人年）	−88.82	184.06	31	16	6	3
规上工业企业R&D经费支出占营业收入的比重（%）	1.91	1.61	18	22	6	6
创新绩效得分	67.06	67.39	17	25	4	5
每亿元GDP技术合同成交额（万元）	76.55	88.66	39	39	6	6
规上高新技术产业产值占规上工业产值比重（%）	49.34	52.91	8	7	4	3
万人有效发明专利拥有量（件）	1.31	1.65	35	32	6	6
万元GDP综合能耗下降率（%）	5.16	1.30	10	40	3	5
人均GDP（万元/人）	3.13	3.49	35	35	6	6
创新生态得分	65.16	65.06	35	35	6	5
高新技术企业数（家）	10	15	40	40	6	6
高新技术企业增长率（%）	25.00	50.00	30	28	5	2
千家市场主体登记企业中科技型中小企业入库数量（家）	14.93	19.13	20	26	4	5
规上工业企业中有研发活动企业占比（%）	24.68	28.74	33	36	6	5

十、威海市

（一）环翠区

2021年，环翠区综合科技创新水平得分77.76，在市辖区排名第3位，在威海市排名第1位。多项指标在全市名列前茅，其中，全社会R&D经费支出达到54.10亿元，规上工业企业每万名就业人员中研发人员数721.30人年，规上高新技术产业产值占规上工业产值比重达76.91%，万人有效发明专利拥有量25.86件，高新技术企业数达742家，科技创新成效显著提升。

从创新投入来看，环翠区创新投入排名第9位。其中，全社会R&D经费支出54.10亿元，排名第5位；规上工业企业每万名就业人员中研发人员数较上年增长173.80人年；规上工业企业R&D经费支出占营业收入的比重排名上升2位；全社会R&D经费支出占比较上年下降0.69个百分点，排名下降3位；地方财政科技支出及占比出现不同程度的下降。

从创新绩效来看，环翠区创新绩效排名第13位。其中，每亿元GDP技术合同成交额排名上升10位；规上高新技术产业产值占规上工业产值比重76.91%，排名第4位；万人有效发明专利拥有量较上年增长2.99件；万元GDP综合能耗下降率排名下降20位，成为创新绩效指数排名不佳的主要原因之一。

从创新生态来看，环翠区创新生态表现亮眼，排名第1位。其中，高新技术企业数达742家，排名第5位；千家市场主体登记企业中科技型中小企业入库数量增加至362.08家，排名第1位；规上工业企业中有研发活动企业占比较上年提高6.46个百分点，创新生态持续优化。

表3-82所示为威海市环翠区科技创新指标值和排名。

近年来，环翠区聚焦新材料领域，致力于做大做强铝精深加工产业，提升主导产业特色优势，获评山东省工业强县，连续3年获评全省县域经济高质量发展先进县。但是，创新投入仍存在提升空间。其中，全社会R&D经费支出及占比、地方财政科技支出及占比、万元GDP综合能耗下降率等指标值或排名有下降趋势，需要引起重视。

表 3-82　威海市环翠区科技创新指标值和排名

指标名称	指标值		市辖区排名		本市排名	
	上年	当年	上年	当年	上年	当年
综合科技创新水平得分	77.12	77.76	7	3	1	1
创新投入得分	75.90	74.53	7	9	1	1
全社会R&D经费支出（亿元）	54.07	54.10	4	5	1	1
全社会R&D经费支出占比（%）	4.34	3.65	5	8	1	1
地方财政科技支出（万元）	5970	5014	20	19	3	3
地方财政科技支出占比（%）	1.85	1.63	15	13	2	2
规上工业企业每万名就业人员中研发人员数（人年）	547.50	721.30	21	23	1	1
规上工业企业每万名就业人员中研发人员数提高幅度（人年）	-60.70	173.80	50	25	2	3
规上工业企业R&D经费支出占营业收入的比重（%）	2.59	2.59	13	11	3	3
创新绩效得分	73.34	74.74	12	13	1	1
每亿元GDP技术合同成交额（万元）	131.67	268.07	40	30	2	3
规上高新技术产业产值占规上工业产值比重（%）	73.22	76.91	8	4	1	1
万人有效发明专利拥有量（件）	22.87	25.86	14	18	1	1
万元GDP综合能耗下降率（%）	5.68	3.44	15	35	2	2
人均GDP（万元/人）	10.78	12.47	15	13	2	2
创新生态得分	82.42	84.39	2	1	1	1
高新技术企业数（家）	516	742	5	5	1	1
高新技术企业增长率（%）	49.57	43.80	9	31	2	2
千家市场主体登记企业中科技型中小企业入库数量（家）	248.05	362.08	2	1	1	1
规上工业企业中有研发活动企业占比（%）	50.93	57.39	12	10	2	2

（二）文登区

2021 年，文登区综合科技创新水平得分 71.92，在市辖区排名第 17 位，在威海市排名第 3 位。多项指标排名全市前列，其中，地方财政科技支出达 9672 万元，规上工业企业 R&D 经费支出占营业收入的比重 3.47%，每亿元 GDP 技术合同成交额 343.75 万元，千家市场主体登记企业中科技型中小企业入库数量 103.01 家，科技创新取得一定成效。

从创新投入来看，文登区创新投入表现稳中有进，排名由上年的第 27 位上升至第 14 位。其中，全社会 R&D 经费支出较上年增长 1.63 亿元；规上工业企业每万名就业人员中研发人员数达 697.21 人年，排名上升 13 位；规上工业企业 R&D 经费支出占营业收入的比重达 3.47%，排名上升至第 5 位；地方财政科技支出及占比略有下降，均列第 11 位。

从创新绩效来看，文登区创新绩效提升较快，排名由第 30 位上升至第 25 位。其中，每亿元 GDP 技术合同成交额、规上高新技术产业产值占规上工业产值比重排名均上升 6 位；万元 GDP 综合能耗下降率排名上升 11 位；万人有效发明专利拥有量、人均 GDP 两项指标均有所提升，但增速较慢，排名呈现下降趋势，需引起重视。

从创新生态来看，文登区创新生态逐步优化，排名由上年的第 24 位上升至第 18 位。其中，高新技术企业数 139 家，较上年增长 43.30%；千家市场主体登记企业中科技型中小企业入库数量达 103.01 家，排名上升至第 8 位；规上工业企业中有研发活动企业占比较上年提高 13.25 个百分点，排名上升 12 位，明显改善。

表 3-83 所示为威海市文登区科技创新指标值和排名。

近年来，文登区聚焦汽车机电、新能源新材料、电子信息、医药及健康食品等优势产业，深入实施"工业倍增"行动，加快推进新旧动能转换，入选山东省医养结合高质量发展创新引领县。但是，在创新方面仍有一定短板。其中，全社会 R&D 经费支出及占比、万人有效发明专利拥有量、万元 GDP 综合能耗下降率等排名较为落后，应特别关注。

表 3-83　威海市文登区科技创新指标值和排名

指标名称	指标值		市辖区排名		本市排名	
	上年	当年	上年	当年	上年	当年
综合科技创新水平得分	70.51	71.92	28	17	3	3
创新投入得分	70.78	71.61	27	14	3	2
全社会 R&D 经费支出（亿元）	8.37	10.00	38	39	3	3
全社会 R&D 经费支出占比（%）	1.54	1.58	39	40	3	3
地方财政科技支出（万元）	10 656	9672	12	11	2	2
地方财政科技支出占比（%）	1.82	1.80	16	11	3	1
规上工业企业每万名就业人员中研发人员数（人年）	397.38	697.21	39	26	2	2
规上工业企业每万名就业人员中研发人员数提高幅度（人年）	−32.02	299.82	46	10	1	1
规上工业企业 R&D 经费支出占营业收入的比重（%）	3.13	3.47	6	5	2	1
创新绩效得分	70.11	72.46	30	25	2	2
每亿元 GDP 技术合同成交额（万元）	176.66	343.75	29	23	1	2
规上高新技术产业产值占规上工业产值比重（%）	49.98	59.57	26	20	2	2
万人有效发明专利拥有量（件）	7.51	8.22	39	40	2	3
万元 GDP 综合能耗下降率（%）	1.58	3.41	47	36	4	3
人均 GDP（万元/人）	9.65	10.32	20	23	3	3
创新生态得分	70.66	71.67	24	18	3	3
高新技术企业数（家）	97	139	30	30	2	2
高新技术企业增长率（%）	67.24	43.30	5	32	1	3
千家市场主体登记企业中科技型中小企业入库数量（家）	64.14	103.01	10	8	2	2
规上工业企业中有研发活动企业占比（%）	38.89	52.14	32	20	3	3

(三)荣成市

2021年,荣成市综合科技创新水平得分72.70,在其余县(市)排名第3位,在威海市排名第2位。多项指标居全市前列,其中,地方财政科技支出达1.50亿元,人均GDP达14.03万元/人,高新技术企业增长率达到44.05%,规上工业企业中有研发活动企业占比84.56%,科技创新发展水平进一步提高。

从创新投入来看,荣成市创新投入排名第8位。其中,全社会R&D经费支出较上年增长2.53亿元,排名第10位;全社会R&D经费支出占比排名上升1位;地方财政科技支出及占比出现一定幅度下降,排名分别下降3位及4位;规上工业企业每万名就业人员中研发人员数较上年增长161.49人年;规上工业企业R&D经费支出占营业收入的比重排名上升至第3位。

从创新绩效来看,荣成市创新绩效排名第7位。其中,规上高新技术产业产值占规上工业产值比重提升至54.77%,排名第11位;每亿元GDP技术合同成交额较上年增长55.19万元;万人有效发明专利拥有量8.30件,排名第13位;人均GDP 14.03万元/人,排名第4位;万元GDP综合能耗下降率排名由上年的第8位下降至第26位,成为制约创新绩效表现的主要因素。

从创新生态来看,荣成市创新生态排名由第9位上升至第2位。其中,千家市场主体登记企业中科技型中小企业入库数量高达53.02家,排名上升至第1位;规上工业企业中有研发活动企业占比实现大幅提升,由上年的第8位上升至第2位;高新技术企业121家,较上年增长44.05%。

表3-84所示为威海市荣成市科技创新指标值和排名。

近年来,荣成市深入推进高端装备与智能制造、海洋生物食品及医药、核电装备与新能源、高新材料、电子信息等五大制造业和文旅康养、现代物流等两大服务业为主体的"5+2"现代产业体系高质量发展,入选山东省十大特色产业集群。但是,创新发展仍有一定短板。作为全国创新型县,研发投入规模及强度偏低,科技型企业培育力度需进一步提升,创新产出效益不高,需引起重视。

县域科技创新水平分析 | 第三部分

表 3-84 威海市荣成市科技创新指标值和排名

指标名称	指标值		其余县(市)排名		本市排名	
	上年	当年	上年	当年	上年	当年
综合科技创新水平得分	71.62	72.70	6	3	2	2
创新投入得分	72.22	70.98	7	8	2	3
全社会R&D经费支出（亿元）	14.73	17.26	12	10	2	2
全社会R&D经费支出占比（%）	1.60	1.69	20	19	2	2
地方财政科技支出（万元）	20 552	15 038	2	5	1	1
地方财政科技支出占比（%）	2.05	1.43	4	8	1	3
规上工业企业每万名就业人员中研发人员数（人年）	392.47	553.96	21	23	3	3
规上工业企业每万名就业人员中研发人员数提高幅度（人年）	-127.27	161.49	34	13	4	4
规上工业企业R&D经费支出占营业收入的比重（%）	3.55	3.42	4	3	1	2
创新绩效得分	71.13	72.33	4	7	3	3
每亿元GDP技术合同成交额（万元）	127.93	183.12	24	26	3	4
规上高新技术产业产值占规上工业产值比重（%）	42.81	54.77	15	11	3	3
万人有效发明专利拥有量（件）	7.39	8.30	9	13	3	2
万元GDP综合能耗下降率（%）	7.73	3.49	8	26	1	1
人均GDP（万元/人）	12.86	14.03	2	4	1	1
创新生态得分	71.50	74.92	9	2	2	2
高新技术企业数（家）	84	121	9	7	3	3
高新技术企业增长率（%）	31.25	44.05	17	19	3	1
千家市场主体登记企业中科技型中小企业入库数量（家）	42.98	53.02	4	1	4	3
规上工业企业中有研发活动企业占比（%）	53.36	84.56	8	2	1	1

（四）乳山市

2021年，乳山市综合科技创新水平得分67.81，在其余县（市）排名第27位，在威海市排名第4位。其中，地方财政科技支出2157万元，每亿元GDP技术合同成交额414.28万元，千家市场主体登记企业中科技型中小企业入库数量51.10家，科技创新发展水平有待进一步提升。

从创新投入来看，乳山市创新投入有所提升，排名由上年的第35位上升至第29位。其中，全社会R&D经费支出及占比均有所提升，排名均保持第36位；规上工业企业每万名就业人员中研发人员数增长至529.46人年，排名上升9位；规上工业企业R&D经费支出占营业收入的比重排名上升4位；地方财政科技支出排名下降5位，地方财政科技支出占比排名下降13位，需引起重视。

从创新绩效来看，乳山市创新绩效增长较快，排名由第27位上升至第19位。其中，每亿元GDP技术合同成交额出现较大幅度的提升，排名由第29位上升至第5位；规上高新技术产业产值占规上工业产值比重较上年提高7.50个百分点；万元GDP综合能耗下降率排名下降15位，成为创新绩效的主要短板。

从创新生态来看，乳山市创新生态排名第28位。其中，千家市场主体登记企业中科技型中小企业入库数量增至51.10家，排名第5位；规上工业企业中有研发活动企业占比较上年提高13.89个百分点，排名上升2位；高新技术企业数47家，排名下降4位。

表3-85所示为威海市乳山市科技创新指标值和排名。

近年来，乳山市聚焦海上风电装备制造、金属精炼及深加工、汽车零部件、海产品培育养殖及精深加工、花生制品培育种植及精深加工、麻纺织等6条优势工业产业链，大力培育新动能、改造旧动能，荣获"山东省知识产权试点市""山东省技术转移先进县"。但是，创新发展仍有一定短板。其中，地方财政科技支出及占比、万元GDP综合能耗下降率、高新技术企业数等排名有所下降，需要进一步提升。

表 3-85 威海市乳山市科技创新指标值和排名

指标名称	指标值		其余县（市）排名		本市排名	
	上年	当年	上年	当年	上年	当年
综合科技创新水平得分	66.22	67.81	32	27	4	4
创新投入得分	65.11	66.48	35	29	4	4
全社会 R&D 经费支出（亿元）	1.49	1.89	36	36	4	4
全社会 R&D 经费支出占比（%）	0.54	0.58	36	36	4	4
地方财政科技支出（万元）	5448	2157	19	24	4	4
地方财政科技支出占比（%）	1.43	0.59	10	23	4	4
规上工业企业每万名就业人员中研发人员数（人年）	238.71	529.46	35	26	4	4
规上工业企业每万名就业人员中研发人员数提高幅度（人年）	−89.62	290.75	32	8	3	2
规上工业企业 R&D 经费支出占营业收入的比重（%）	1.22	1.27	25	21	4	4
创新绩效得分	66.77	69.95	27	19	4	4
每亿元 GDP 技术合同成交额（万元）	68.86	414.28	29	5	4	1
规上高新技术产业产值占规上工业产值比重（%）	34.70	42.20	23	22	4	4
万人有效发明专利拥有量（件）	3.16	3.38	29	30	4	4
万元 GDP 综合能耗下降率（%）	4.28	3.33	14	29	3	4
人均 GDP（万元/人）	5.93	6.74	20	24	4	4
创新生态得分	66.82	66.95	26	28	4	4
高新技术企业数（家）	41	47	26	30	4	4
高新技术企业增长率（%）	17.14	14.63	25	35	4	4
千家市场主体登记企业中科技型中小企业入库数量（家）	44.28	51.10	2	5	3	4
规上工业企业中有研发活动企业占比（%）	28.97	42.86	28	26	4	4

十一、日照市

（一）东港区

2021年，东港区综合科技创新水平得分69.59，在市辖区排名第37位，在日照市排名第4位。其中，全社会R&D经费支出24.35亿元，规上工业企业R&D经费支出占营业收入的比重2.00%，人均GDP达8.66万元/人，千家市场主体登记企业中科技型中小企业入库数量为47.08家，科技创新发展水平有待进一步提升。

从创新投入来看，东港区创新投入排名第49位。其中，全社会R&D经费支出增长至24.35亿元，排名下降3位；全社会R&D经费支出占比排名下降4位；规上工业企业R&D经费支出占营业收入的比重排名下降5位；地方财政科技支出及占比降幅明显，排名分别下降16位及15位；规上工业企业每万名就业人员中研发人员数较上年减少381.48人年，排名下降27位，是创新能力提升的薄弱环节。

从创新绩效来看，东港区创新绩效排名第42位。其中，每亿元GDP技术合同成交额较上年增长88.68万元；万元GDP综合能耗下降率排名上升19位；万人有效发明专利拥有量、人均GDP两项指标均有一定程度的提升，但排名保持第30位；规上高新技术产业产值占规上工业产值比重位排名下降8位。

从创新生态来看，东港区创新生态排名第19位。其中，高新技术企业数增至274家，排名提升3位；千家市场主体登记企业中科技型中小企业入库数量较上年增长16.04家；规上工业企业中有研发活动企业占比排名下降10位。

表3-86所示为日照市东港区科技创新指标值和排名。

近年来，东港区聚力打造以装备制造、生物医药、电子信息、食品制造为主导产业，以现代服务业为支撑、数字经济为骨干、科技创新为引领的产业新生态。但是，创新投入是其主要短板。其中，地方财政科技支出及占比、规上工业企业每万名就业人员中研发人员数、规上工业企业R&D经费支出占营业收入的比重排名大幅下降，应引起重视。

表 3-86 日照市东港区科技创新指标值和排名

指标名称	指标值		市辖区排名		本市排名	
	上年	当年	上年	当年	上年	当年
综合科技创新水平得分	72.38	69.59	14	37	1	4
创新投入得分	75.37	67.21	8	49	1	4
全社会R&D经费支出（亿元）	23.92	24.35	10	13	1	2
全社会R&D经费支出占比（%）	2.65	2.40	24	28	3	4
地方财政科技支出（万元）	7038	2042	19	35	4	3
地方财政科技支出占比（%）	1.61	0.50	19	34	4	3
规上工业企业每万名就业人员中研发人员数（人年）	1031.81	650.33	4	31	1	3
规上工业企业每万名就业人员中研发人员数提高幅度（人年）	248.99	-381.48	7	58	1	4
规上工业企业R&D经费支出占营业收入的比重（%）	2.31	2.00	16	21	2	2
创新绩效得分	69.10	70.12	46	42	2	2
每亿元GDP技术合同成交额（万元）	159.69	248.37	33	33	3	4
规上高新技术产业产值占规上工业产值比重（%）	44.70	41.27	30	38	2	2
万人有效发明专利拥有量（件）	10.19	11.61	30	30	2	2
万元GDP综合能耗下降率（%）	3.65	5.39	32	13	3	2
人均GDP（万元/人）	7.80	8.66	30	30	2	2
创新生态得分	72.70	71.57	14	19	1	2
高新技术企业数（家）	174	274	18	15	1	1
高新技术企业增长率（%）	33.85	57.47	26	13	3	3
千家市场主体登记企业中科技型中小企业入库数量（家）	31.04	47.08	29	30	3	3
规上工业企业中有研发活动企业占比（%）	58.05	54.01	6	16	2	3

（二）岚山区

2021年，岚山区综合科技创新水平得分69.69，在市辖区排名第35位，在日照市排名第3位。其中，全社会R&D经费支出占比高达4.51%，地方财政科技支出7661万元，每亿元GDP技术合同成交额344.30万元，科技创新发展稳中有进。

从创新投入来看，岚山区创新投入排名第15位。其中，全社会R&D经费支出较上年增长3.40亿元，排名上升至第11位；全社会R&D经费支出占比达4.51%，排名第4位；地方财政科技支出及占比排名均上升2位；规上工业企业每万名就业人员中研发人员数较上年增长152.53人年；规上工业企业R&D经费支出占营业收入的比重有所提升，排名上升1位。

从创新绩效来看，岚山区创新绩效排名第49位。其中，每亿元GDP技术合同成交额较上年增长86.15万元，排名上升2位；万人有效发明专利拥有量较上年增长1.89件，排名市辖区的第28位；人均GDP达14.64万元/人，排名第8位；规上高新技术产业产值占规上工业产值比重有所下降，连续两年列市辖区末位，成为制约创新绩效表现的主要因素。

从创新生态来看，岚山区创新生态排名第41位。其中，高新技术企业数70家，排名上升4位；千家市场主体登记企业中科技型中小企业入库数量较上年增长24.10家；规上工业企业中有研发活动企业占比排名由第35位降至第54位，需要引起重视。

表3-87所示为日照市岚山区科技创新指标值和排名。

近年来，岚山区聚焦先进钢铁制造、高端化工、木材加工三大支柱产业，加快主导产业优化升级，打造"渔鲜茶香"新优势，加快茶园新旧动能转换，获"中国茶业百强县"等称号。但是，企业创新仍是短板。其中，规上工业企业每万名就业人员中研发人员数、规上工业企业R&D经费支出占营业收入的比重、规上高新技术产业产值占规上工业产值比重、规上工业企业中有研发活动企业占比排名靠后，企业创新投入和活跃度应着力提升。

表 3-87 日照市岚山区科技创新指标值和排名

指标名称	指标值		市辖区排名		本市排名	
	上年	当年	上年	当年	上年	当年
综合科技创新水平得分	69.22	69.69	43	35	4	3
创新投入得分	70.75	71.61	30	15	4	2
全社会R&D经费支出（亿元）	21.87	25.27	13	11	2	1
全社会R&D经费支出占比（%）	4.27	4.51	6	4	1	1
地方财政科技支出（万元）	7877	7661	15	13	3	2
地方财政科技支出占比（%）	2.46	2.73	9	7	1	1
规上工业企业每万名就业人员中研发人员数（人年）	232.70	385.24	52	51	4	4
规上工业企业每万名就业人员中研发人员数提高幅度（人年）	100.33	152.53	24	31	3	2
规上工业企业R&D经费支出占营业收入的比重（%）	0.77	0.90	52	51	4	4
创新绩效得分	68.23	69.03	49	49	3	3
每亿元GDP技术合同成交额（万元）	258.15	344.30	24	22	2	2
规上高新技术产业产值占规上工业产值比重（%）	1.63	1.01	58	58	4	4
万人有效发明专利拥有量（件）	10.73	12.62	28	28	1	1
万元GDP综合能耗下降率（%）	5.64	5.07	16	15	2	3
人均GDP（万元/人）	13.43	14.64	9	8	1	1
创新生态得分	68.64	68.34	38	41	4	4
高新技术企业数（家）	36	70	46	42	3	3
高新技术企业增长率（%）	44.00	94.44	14	3	1	2
千家市场主体登记企业中科技型中小企业入库数量（家）	42.98	67.08	21	16	2	1
规上工业企业中有研发活动企业占比（%）	36.67	27.59	35	54	4	4

(三)莒县

2021年,莒县综合科技创新水平得分70.87,在省财政直管县排名第9位,在日照市排名第2位。其中,全社会R&D经费支出10.45亿元,地方财政科技支出1.54亿元,规上工业企业每万名就业人员中研发人员数705.90人年,规上工业企业R&D经费支出占营业收入的比重1.89%,每亿元GDP技术合同成交额294.79万元,科技创新发展稳中向好。

从创新投入来看,莒县创新投入表现良好,排名第10位。其中,全社会R&D经费支出10.45亿元,排名第4位;地方财政科技支出1.54亿元,连续两年排名第1位,地方财政科技支出占比排名上升至第2位;规上工业企业每万名就业人员中研发人员数较上年增长102.41人年;规上工业企业R&D经费支出占营业收入的比重达1.89%,排名上升7位。

从创新绩效来看,莒县创新绩效较快提升,排名由第37位上升至第23位。其中,每亿元GDP技术合同成交额排名上升19位;规上高新技术产业产值占规上工业产值比重25.49%排名上升1位;万人有效发明专利拥有量增幅略小,排名下降至第16位;万元GDP综合能耗下降率排名下降9位。

从创新生态来看,莒县创新生态优势显著,排名由上年的第5位上升至第1位。其中,高新技术企业数69家,排名第5位;千家市场主体登记企业中科技型中小企业入库数量增长10.68家,排名保持第14位;规上工业企业中有研发活动企业占比提升至75.68%,排名第6位。

表3-88所示为日照市莒县科技创新指标值和排名。

近年来,莒县聚焦绿色化工新材料、农副产品精深加工、专用车及零部件、新型建材、新一代信息技术、现代物流、文化旅游"七大产业链",推动产业空间高度集聚、上下游紧密协同、供应链节约高效。但是,创新绩效的几项指标成为莒县创新发展的薄弱环节。其中,规上高新技术产业产值占规上工业产值比重、每亿元GDP技术合同成交额等有持进一步提升。

表 3-88　日照市莒县科技创新指标值和排名

指标名称	指标值		省财政直管县排名		本市排名	
	上年	当年	上年	当年	上年	当年
综合科技创新水平得分	69.74	70.87	12	9	3	2
创新投入得分	71.66	70.82	8	10	3	3
全社会R&D经费支出（亿元）	8.82	10.45	5	4	3	3
全社会R&D经费支出占比（%）	2.28	2.46	16	15	4	3
地方财政科技支出（万元）	14 268	15 449	1	1	1	1
地方财政科技支出占比（%）	2.24	2.51	3	2	2	2
规上工业企业每万名就业人员中研发人员数（人年）	603.49	705.90	7	14	2	2
规上工业企业每万名就业人员中研发人员数提高幅度（人年）	160.32	102.41	14	27	2	3
规上工业企业R&D经费支出占营业收入的比重（%）	1.73	1.89	22	15	3	3
创新绩效得分	65.21	67.57	37	23	4	4
每亿元GDP技术合同成交额（万元）	78.41	294.79	38	19	4	3
规上高新技术产业产值占规上工业产值比重（%）	23.01	25.49	35	34	3	3
万人有效发明专利拥有量（件）	2.86	3.13	14	16	4	4
万元GDP综合能耗下降率（%）	6.59	6.76	3	12	1	1
人均GDP（万元/人）	3.97	4.39	18	20	4	4
创新生态得分	72.51	74.42	5	1	2	1
高新技术企业数（家）	34	69	8	5	4	4
高新技术企业增长率（%）	25.93	102.94	27	1	4	1
千家市场主体登记企业中科技型中小企业入库数量（家）	17.29	27.97	14	14	4	4
规上工业企业中有研发活动企业占比（%）	69.08	75.68	1	6	1	1

（四）五莲县

2021年，五莲县综合科技创新水平得分72.24，在省财政直管县排名第2位，在日照市排名第1位。多项指标在全市居前列，其中，规上工业企业每万名就业人员中研发人员数达857.32人年，每亿元GDP技术合同成交额达569.24万元，规上高新技术产业产值占规上工业产值比重54.95%，千家市场主体登记企业中科技型中小企业入库数量64.42家，科技创新取得显著成效。

从创新投入来看，五莲县创新投入表现优异，排名第2位。其中，全社会R&D经费支出8.16亿元；全社会R&D经费支出占比达3.85%，保持第4位；规上工业企业每万名就业人员中研发人员数857.32人年，排名上升17位；规上工业企业R&D经费支出占营业收入的比重达3.91%，排名上升至第3位；地方财政科技支出出现较为明显的下降，排名由第3位下降至第19位，占比由第4位下降至第18位，需引起重视。

从创新绩效来看，五莲县创新绩效提升较快，排名由第8位上升至第5位。其中，每亿元GDP技术合同成交额较上年增长272.61万元，排名第5位；规上高新技术产业产值占规上工业产值排名第4位；万人有效发明专利拥有量增至5.92件，排名保持第5位；万元GDP综合能耗下降率、人均GDP虽有所上升，但排名分别下降11位和5位，成为制约创新绩效表现的主要因素。

从创新生态来看，五莲县创新生态改善良好，排名由第13位上升至第10位。其中，千家市场主体登记企业中科技型中小企业入库数量排名第1位；高新技术企业数79家，排名第3位；规上工业企业中有研发活动企业占比较上年提高9.94个百分点，排名提升4位。

表3-89所示为日照市五莲县科技创新指标值和排名。

近年来，五莲县聚焦汽车及装备制造主导产业，加快矿山采掘加工、金属制品、农产品加工、橡塑等传统产业转型升级，推进生物医药、新能源新材料、信息技术等新兴产业迅速发展，实施新旧动能转换重大工程。但是，创新短板依然存在。其中，地方财政科技支出及占比、万元GDP综合能耗下降率、高新技术企业增长率等排名相对落后，应特别关注。

表 3-89　日照市五莲县科技创新指标值和排名

指标名称	指标值		省财政直管县排名		本市排名	
	上年	当年	上年	当年	上年	当年
综合科技创新水平得分	70.86	72.24	6	2	2	1
创新投入得分	73.07	74.28	4	2	2	1
全社会R&D经费支出（亿元）	7.41	8.16	7	9	4	4
全社会R&D经费支出占比（%）	3.79	3.85	4	4	2	2
地方财政科技支出（万元）	8366	1596	3	19	2	4
地方财政科技支出占比（%）	2.15	0.45	4	18	3	4
规上工业企业每万名就业人员中研发人员数（人年）	416.65	857.32	23	6	3	1
规上工业企业每万名就业人员中研发人员数提高幅度（人年）	-225.61	440.66	35	3	4	1
规上工业企业R&D经费支出占营业收入的比重（%）	3.73	3.91	5	3	1	1
创新绩效得分	69.34	71.61	8	5	1	1
每亿元GDP技术合同成交额（万元）	296.63	569.24	19	5	1	1
规上高新技术产业产值占规上工业产值比重（%）	57.43	54.95	5	4	1	1
万人有效发明专利拥有量（件）	4.71	5.92	5	5	3	3
万元GDP综合能耗下降率（%）	2.28	4.17	17	28	4	4
人均GDP（万元/人）	4.34	4.78	12	17	3	3
创新生态得分	70.12	70.75	13	10	3	3
高新技术企业数（家）	52	79	2	3	2	2
高新技术企业增长率（%）	40.54	51.92	17	23	2	4
千家市场主体登记企业中科技型中小企业入库数量（家）	46.25	64.42	1	1	1	2
规上工业企业中有研发活动企业占比（%）	45.68	55.62	19	15	3	2

十二、临沂市

（一）兰山区

2021年，兰山区综合科技创新水平得分66.91，在市辖区排名第55位，在临沂市排名第10位。其中，地方财政科技支出3202万元，规上工业企业R&D经费支出占营业收入的比重1.38%，规上高新技术产业产值占规上工业产值比重35.26%，高新技术企业数267家，科技创新发展水平有待进一步提升。

从创新投入来看，兰山区创新投入排名第51位。其中，全社会R&D经费支出较上年增长2.30亿元，排名第32位，全社会R&D经费支出占比排名上升1位；规上工业企业每万名就业人员中研发人员数359.57人年，排名上升2位；规上工业企业R&D经费支出占营业收入的比重排名保持第40位；地方财政科技支出及占比出现一定幅度的下降，需引起重视。

从创新绩效来看，兰山区创新绩效排名第57位。其中，每亿元GDP技术合同成交额排名第57位；规上高新技术产业产值占规上工业产值比重排名下降3位；万人有效发明专利拥有量、人均GDP两项指标均有提升，但排名分别下降1位、2位；万元GDP综合能耗下降率排名下降明显，由上年的第14位下降至第48位，是创新绩效指标中排名下降最多的指标。

从创新生态来看，兰山区创新生态排名由上年的第55位上升至第48位。其中，高新技术企业数267家，保持第17位；规上工业企业中有研发活动企业占比增长较快，排名上升8位；千家市场主体登记企业中科技型中小企业入库数量仅11.19家，排名降至市辖区末位。

表3-90所示为临沂市兰山区科技创新指标值和排名。

近年来，兰山区聚焦高端木业、绿色食品、装备制造、生物医药、金属加工五大主导产业集群及新材料、新能源、高端装备制造三大新兴产业集群，以科技创新赋能高质量发展。但是，创新发展仍有一定短板。其中，每亿元GDP技术合同成交额、千家市场主体登记企业中科技型中小企业入库数量排名落后，在研发投入、创新产出方面实力不强，应引起重视。

表 3-90 临沂市兰山区科技创新指标值和排名

指标名称	指标值		市辖区排名		本市排名	
	上年	当年	上年	当年	上年	当年
综合科技创新水平得分	66.32	66.91	55	55	10	10
创新投入得分	65.90	66.23	53	51	11	11
全社会R&D经费支出（亿元）	10.35	12.65	33	32	4	3
全社会R&D经费支出占比（%）	0.87	0.95	50	49	12	12
地方财政科技支出（万元）	3852	3202	28	25	4	5
地方财政科技支出占比（%）	0.57	0.43	39	39	4	8
规上工业企业每万名就业人员中研发人员数（人年）	209.25	359.57	54	52	12	11
规上工业企业每万名就业人员中研发人员数提高幅度（人年）	10.22	150.32	37	32	10	4
规上工业企业R&D经费支出占营业收入的比重（%）	1.36	1.38	40	40	10	7
创新绩效得分	67.36	67.08	53	57	4	11
每亿元GDP技术合同成交额（万元）	39.18	54.20	53	57	10	12
规上高新技术产业产值占规上工业产值比重（%）	37.06	35.26	44	47	7	8
万人有效发明专利拥有量（件）	5.16	6.20	50	51	3	3
万元GDP综合能耗下降率（%）	6.44	2.70	14	48	1	11
人均GDP（万元/人）	6.56	6.77	36	38	1	2
创新生态得分	65.67	67.45	55	48	8	10
高新技术企业数（家）	181	267	17	17	1	1
高新技术企业增长率（%）	35.07	47.51	23	27	3	10
千家市场主体登记企业中科技型中小企业入库数量（家）	7.09	11.19	57	58	8	10
规上工业企业中有研发活动企业占比（%）	16.31	34.29	56	48	11	10

（二）罗庄区

2021年，罗庄区综合科技创新水平得分69.04，在市辖区排名第45位，在临沂市排名第4位。多项指标在全市排名前列，其中，全社会R&D经费支出达10.77亿元，规上高新技术产业产值占规上工业产值比重48.70%，万人有效发明专利拥有量10.54件，人均GDP 6.42万元/人，千家市场主体登记企业中科技型中小企业入库数量35.32家，科技创新取得一定成效。

从创新投入来看，罗庄区创新投入排名保持第47位。其中，全社会R&D经费支出较上年增长2.14亿元，全社会R&D经费支出占比2.01%；地方财政科技支出及占比实现较大幅度增长，排名分别上升16位及18位；规上工业企业每万名就业人员中研发人员数较上年增长111.52人年；规上工业企业R&D经费支出占营业收入的比重有所下降，排名下降4位，需引起重视。

从创新绩效来看，罗庄区创新绩效排名由第52位跃升至第37位。其中，每亿元GDP技术合同成交额较上年增长93.12万元，排名上升3位；规上高新技术产业产值占规上工业产值比重较上年提高7.64个百分点；万元GDP综合能耗下降率排名提上至第7位；人均GDP较上年增长1.12万元/人，排名提升6位。

从创新生态来看，罗庄区创新生态排名由上年的第46位上升至第33位。其中，高新技术企业数170家，排名第24位；千家市场主体登记企业中科技型中小企业入库数量较上年提高5.52家；规上工业企业中有研发活动企业占比排名上升16位。

表3-91所示为临沂市罗庄区科技创新指标值和排名。

近年来，罗庄区聚焦以不锈钢、机械装备、医养健康为主导，新能源产业为支撑的"3+X"产业体系，大力发展氢能源、第三代半导体等新兴产业，加快产业转型升级，获评"山东省技术转移先进县区"。但是，创新投入是其薄弱环节。其中，全社会R&D经费支出、规上工业企业每万名就业人员中研发人员数、规上工业企业R&D经费支出占营业收入的比重等排名较为落后，还需进一步增强。

县域科技创新水平分析 | 第三部分

表 3-91　临沂市罗庄区科技创新指标值和排名

指标名称	指标值		市辖区排名		本市排名	
	上年	当年	上年	当年	上年	当年
综合科技创新水平得分	67.53	69.04	50	45	6	4
创新投入得分	67.32	67.36	47	47	8	5
全社会 R&D 经费支出（亿元）	8.63	10.77	36	37	5	4
全社会 R&D 经费支出占比（%）	1.84	2.01	35	33	7	6
地方财政科技支出（万元）	1658	2507	45	29	7	7
地方财政科技支出占比（%）	0.44	0.74	44	26	5	5
规上工业企业每万名就业人员中研发人员数（人年）	377.97	489.50	40	42	8	6
规上工业企业每万名就业人员中研发人员数提高幅度（人年）	1.93	111.52	40	40	11	7
规上工业企业 R&D 经费支出占营业收入的比重（%）	1.40	1.16	39	43	9	11
创新绩效得分	67.67	70.44	52	37	3	2
每亿元 GDP 技术合同成交额（万元）	134.05	227.17	38	35	7	6
规上高新技术产业产值占规上工业产值比重（%）	41.06	48.70	36	32	4	4
万人有效发明专利拥有量（件）	9.49	10.54	33	33	1	1
万元 GDP 综合能耗下降率（%）	4.34	8.20	27	7	4	2
人均 GDP（万元/人）	5.30	6.42	47	41	3	3
创新生态得分	67.60	69.33	46	33	6	7
高新技术企业数（家）	109	170	27	24	3	2
高新技术企业增长率（%）	34.57	55.96	25	17	4	7
千家市场主体登记企业中科技型中小企业入库数量(家)	29.80	35.32	31	42	1	1
规上工业企业中有研发活动企业占比（%）	29.33	45.37	46	30	7	6

(三)河东区

2021年,河东区综合科技创新水平得分68.15,在市辖区排名第48位,在临沂市排名第6位。其中,全社会R&D经费支出15.60亿元,人均GDP达7.20万元/人,规上高新技术产业产值占规上工业产值比重达到51.91%,高新技术企业数166家,科技创新水平有待进一步提高。

从创新投入来看,河东区创新投入排名第48位。其中,地方财政科技支出排名上升11位,地方财政科技支出占比排名上升16位;全社会R&D经费支出排名下降3位,全社会R&D经费支出及占比排名分别下降3位及13位;规上工业企业R&D经费支出占营业收入的比重位次下降4位;规上工业企业每万名就业人员中研发人员数较上年减少79.60人年,排名落后,创新人才投入成为创新投入的主要短板。

从创新绩效来看,河东区创新绩效排名第48位。其中,规上高新技术产业产值占规上工业产值比重较上年提高21.54个百分点,排名上升23位;人均GDP较上年增长1.15万元/人;每亿元GDP技术合同成交额排名下降12位;万元GDP综合能耗下降率排名下降24位。

从创新生态来看,罗庄区创新生态排名第45位。其中,高新技术企业数166家,排名下降2位;千家市场主体登记企业中科技型中小企业入库数量排名下降12位;规上工业企业中有研发活动企业占比较上年降低7.87个百分点。

表3-92所示为临沂市河东区科技创新指标值和排名。

近年来,河东区逐步形成五金机械制造产业集群、高端装备制造产业群、智慧物流产业群等集聚度高、发展势头强劲的三大产业集群,被评为"全省促进工业稳增长和转型升级成效明显县区"。但是,创新发展仍有一定短板。其中,规上工业企业每万名就业人员中研发人员数、万人有效发明专利拥有量、万元GDP综合能耗下降率、千家市场主体登记企业中科技型中小企业入库数量、规上工业企业中有研发活动企业占比等排名较为落后,应该是其未来重点关注的方面。

表 3-92 临沂市河东区科技创新指标值和排名

指标名称	指标值		市辖区排名		本市排名	
	上年	当年	上年	当年	上年	当年
综合科技创新水平得分	69.32	68.15	41	48	2	6
创新投入得分	70.74	67.30	31	48	4	6
全社会 R&D 经费支出（亿元）	16.11	15.60	22	25	2	2
全社会 R&D 经费支出占比（%）	2.97	2.47	14	27	4	4
地方财政科技支出（万元）	1748	2267	44	33	5	8
地方财政科技支出占比（%）	0.38	0.49	51	35	6	7
规上工业企业每万名就业人员中研发人员数（人年）	501.90	422.31	26	48	3	8
规上工业企业每万名就业人员中研发人员数提高幅度（人年）	108.68	−79.60	22	56	6	11
规上工业企业 R&D 经费支出占营业收入的比重（%）	2.01	1.77	23	27	6	6
创新绩效得分	67.02	69.21	54	48	5	4
每亿元 GDP 技术合同成交额（万元）	164.01	134.96	32	44	4	10
规上高新技术产业产值占规上工业产值比重（%）	30.37	51.91	51	28	10	3
万人有效发明专利拥有量（件）	4.31	4.98	54	54	5	5
万元 GDP 综合能耗下降率（%）	4.46	2.70	25	49	3	12
人均 GDP（万元/人）	6.05	7.20	37	36	2	1
创新生态得分	70.26	67.92	25	45	2	8
高新技术企业数（家）	110	166	25	27	2	3
高新技术企业增长率（%）	32.53	50.91	28	22	5	9
千家市场主体登记企业中科技型中小企业入库数量(家)	28.27	28.10	34	46	2	4
规上工业企业中有研发活动企业占比（%）	45.54	37.67	20	44	4	9

（四）沂南县

2021年，沂南县综合科技创新水平得分67.96，在其余县（市）排名第26位，在临沂市排名第7位。其中，全社会R&D经费支出占比达2.00%，每亿元GDP技术合同成交额488.93万元，高新技术企业增长率达56.00%，规上工业企业中有研发活动企业占比达54.89%，科技创新还有较大提升空间。

从创新投入来看，沂南县创新投入排名第26位。其中，全社会R&D经费支出较上年增长1.15亿元，全社会R&D经费支出占比排名上升至第17位；规上工业企业每万名就业人员中研发人员数较上年增长121.30人年；规上工业企业R&D经费支出占营业收入的比重排名下降8位；地方财政科技支出排名下降3位，地方财政科技支出占比排名下降4位。

从创新绩效来看，沂南县创新绩效排名由第37位上升至第32位。其中，每亿元GDP技术合同成交额488.93万元，排名第2位；规上高新技术产业产值占规上工业产值比重较上年提高7.05个百分点；万人有效发明专利拥有量、人均GDP两项指标均有所提升，排名均为第37位；万元GDP综合能耗下降率排名上升2位。

从创新生态来看，沂南县创新生态排名第17位。其中，高新技术企业数39家，较上年增长56.00%；千家市场主体登记企业中科技型中小企业入库数量增长较快，排名上升10位；规上工业企业中有研发活动企业占比较上年提高10.81个百分点。

表3-93所示为临沂市沂南县科技创新指标值和排名。

近年来，沂南县聚焦食品加工、新材料、电子信息、电动车等5条重点产业链推行"链长制"，推动传统产业加速升级、新兴产业加速集聚、未来产业加速培育。但是，创新发展仍有一定短板。研发投入规模偏小，政府资金投入有待加强，科技型企业培育力度需加大，在创新人才和创新产出方面需要加大力度。

表 3-93 临沂市沂南县科技创新指标值和排名

指标名称	指标值		其余县（市）排名		本市排名	
	上年	当年	上年	当年	上年	当年
综合科技创新水平得分	66.65	67.96	30	26	9	7
创新投入得分	67.24	66.47	30	26	9	10
全社会 R&D 经费支出（亿元）	4.15	5.30	30	29	10	10
全社会 R&D 经费支出占比（%）	1.79	2.00	18	17	8	7
地方财政科技支出（万元）	1664	965	29	32	6	11
地方财政科技支出占比（%）	0.32	0.18	30	34	8	11
规上工业企业每万名就业人员中研发人员数（人年）	299.38	420.68	29	31	9	9
规上工业企业每万名就业人员中研发人员数提高幅度（人年）	202.35	121.30	12	19	4	6
规上工业企业 R&D 经费支出占营业收入的比重（%）	1.33	1.17	20	28	11	10
创新绩效得分	64.93	67.94	37	32	12	8
每亿元 GDP 技术合同成交额（万元）	266.86	488.93	10	2	2	1
规上高新技术产业产值占规上工业产值比重（%）	17.89	24.94	34	33	12	11
万人有效发明专利拥有量（件）	1.52	1.65	37	37	10	9
万元 GDP 综合能耗下降率（%）	2.77	4.80	19	17	5	6
人均 GDP（万元/人）	2.89	3.41	37	37	10	10
创新生态得分	67.85	69.56	20	17	5	5
高新技术企业数（家）	25	39	34	34	11	11
高新技术企业增长率（%）	4.17	56.00	36	9	11	6
千家市场主体登记企业中科技型中小企业入库数量（家）	9.90	28.24	36	26	6	3
规上工业企业中有研发活动企业占比（%）	44.08	54.89	16	14	5	4

（五）郯城县

2021年，郯城县综合科技创新水平得分67.89，在省财政直管县排名第25位，在临沂市排名第8位。其中，地方财政科技支出5130万元，高新技术企业数56家，规上工业企业中有研发活动企业占比52.11%，科技创新发展水平有待进一步提升。

从创新投入来看，郯城县创新投入排名第31位。其中，地方财政科技支出达5130万元，排名上升至第4位，地方财政科技支出占比上升至第8位；全社会R&D经费支出4.35亿元，排名下降2位；规上工业企业每万名就业人员中研发人员数增长较慢，排名下降10位；规上工业企业R&D经费支出占营业收入的比重较上年降低0.91个百分点，排名下降至第17位，需引起重视。

从创新绩效来看，郯城县创新绩效排名第33位。其中，万元GDP综合能耗下降率排名提升14位；万人有效发明专利拥有量、人均GDP排名均上升1位；规上高新技术产业产值占规上工业产值比重较上年降低2.46个百分点；每亿元GDP技术合同成交额86.02亿元，排名落后。

从创新生态来看，郯城县创新生态但排名第15位。其中，千家市场主体登记企业中科技型中小企业入库数量较上年增长5.69家；规上工业企业中有研发活动企业占比排名下降5位。

表3-94所示为临沂市郯城县科技创新指标值和排名。

近年来，郯城县聚焦绿色化工、家居建材、现代农业（食品）、服装四大传统产业和电子信息、文化旅游、医药三大新兴产业，整合优化特色产业链，全面赋能企业转型升级、提质增效。但是，创新短板仍然存在。其中，规上工业企业每万名就业人员中研发人员数、每亿元GDP技术合同成交额、万人有效发明专利拥有量等排名较落后，研发投入强度不高，创新产出成效不明显，应重点关注。

表 3-94 临沂市郯城县科技创新指标值和排名

指标名称	指标值		省财政直管县排名		本市排名	
	上年	当年	上年	当年	上年	当年
综合科技创新水平得分	68.71	67.89	15	25	3	8
创新投入得分	70.74	66.71	12	31	5	9
全社会 R&D 经费支出（亿元）	3.95	4.35	23	25	11	11
全社会 R&D 经费支出占比（%）	1.23	1.20	29	30	10	11
地方财政科技支出（万元）	5127	5130	5	4	2	2
地方财政科技支出占比（%）	1.04	1.03	9	8	3	4
规上工业企业每万名就业人员中研发人员数（人年）	447.87	483.24	20	30	5	7
规上工业企业每万名就业人员中研发人员数提高幅度（人年）	370.00	35.36	2	35	1	10
规上工业企业 R&D 经费支出占营业收入的比重（%）	2.78	1.87	10	17	3	5
创新绩效得分	65.83	67.08	32	33	8	12
每亿元 GDP 技术合同成交额（万元）	31.35	86.02	40	40	11	11
规上高新技术产业产值占规上工业产值比重（%）	42.97	40.51	15	17	3	7
万人有效发明专利拥有量（件）	0.83	1.32	38	37	11	11
万元 GDP 综合能耗下降率（%）	-0.20	4.40	36	22	12	7
人均 GDP（万元/人）	3.64	4.14	23	22	6	6
创新生态得分	69.62	70.02	14	15	3	3
高新技术企业数（家）	30	56	12	8	8	7
高新技术企业增长率（%）	30.43	86.67	24	2	7	2
千家市场主体登记企业中科技型中小企业入库数量(家)	15.51	21.20	18	22	4	6
规上工业企业中有研发活动企业占比（%）	51.30	52.11	13	18	2	5

（六）沂水县

2021年，沂水县综合科技创新水平得分71.26，在省财政直管县排名第6位，在临沂市排名第1位。多项指标排名全市前列，其中，全社会R&D经费支出达19.70亿元，规上工业企业每万名就业人员中研发人员数802.15人年，千家市场主体登记企业中科技型中小企业入库数量31.07家，规上工业企业中有研发活动企业占比63.36%，科技创新取得显著成效。

从创新投入来看，沂水县创新投入排名第5位。其中，全社会R&D经费支出19.70亿元，保持第1位；全社会R&D经费支出占比3.91%，排名下降2位；地方财政科技支出及占比均有提升，排名分别上升8位及6位；规上工业企业每万名就业人员中研发人员数802.15人年，排名第8位；规上工业企业R&D经费支出占营业收入的比重3.24%，排名第5位。

从创新绩效来看，沂水县创新绩效排名第13位。其中，每亿元GDP技术合同成交额排名上升4位；人均GDP、万人有效发明专利拥有量两项指标均有所提升，排名保持第11位、第13位；万元GDP综合能耗下降率排名上升18位；规上高新技术产业产值占规上工业产值比重较上年下降4.03个百分点，排名第6位。

从创新生态来看，沂水县创新生态排名第9位。其中，高新技术企业数121家，排名第1位；千家市场主体登记企业中科技型中小企业入库数量排名上升18位；规上工业企业中有研发活动企业占比63.36%，排名第9位；高新技术企业增长乏力，增速排名下降24位，是制约创新生态表现的主要因素。

表3-95所示为临沂市沂水县科技创新指标值和排名。

近年来，沂水县聚焦智能装备、高端食品、纺织服装和战略性新兴"3+1"主导产业，深入推动科技与产业深度融合，新旧动能加速转换，城乡发展协同并进，获得全省县域经济高质量发展先进县等称号。但是，创新发展仍有一定短板。其中，地方财政科技支出、规上工业企业每万名就业人员中研发人员数提高幅度、每亿元GDP技术合同成交额、高新技术企业增长率等排名较为落后，需要进一步优化。

表 3-95 临沂市沂水县科技创新指标值和排名

指标名称	指标值		省财政直管县排名		本市排名	
	上年	当年	上年	当年	上年	当年
综合科技创新水平得分	72.79	71.26	2	6	1	1
创新投入得分	75.26	72.77	3	5	1	2
全社会 R&D 经费支出（亿元）	17.72	19.70	1	1	1	1
全社会 R&D 经费支出占比（%）	3.98	3.91	1	3	1	1
地方财政科技支出（万元）	1532	1849	25	17	9	9
地方财政科技支出占比（%）	0.28	0.31	29	23	10	9
规上工业企业每万名就业人员中研发人员数（人年）	632.72	802.15	4	8	2	1
规上工业企业每万名就业人员中研发人员数提高幅度（人年）	328.41	169.43	5	18	2	3
规上工业企业 R&D 经费支出占营业收入的比重（%）	3.43	3.24	6	5	1	1
创新绩效得分	68.13	69.62	11	13	2	3
每亿元 GDP 技术合同成交额（万元）	102.68	201.31	35	31	9	7
规上高新技术产业产值占规上工业产值比重（%）	58.00	53.97	4	6	1	2
万人有效发明专利拥有量（件）	2.86	3.44	13	13	7	7
万元 GDP 综合能耗下降率（%）	0.48	5.20	33	15	11	5
人均 GDP（万元/人）	4.59	5.33	11	11	5	5
创新生态得分	73.57	71.39	1	9	1	2
高新技术企业数（家）	80	121	1	1	4	4
高新技术企业增长率（%）	150.00	51.25	1	25	1	8
千家市场主体登记企业中科技型中小企业入库数量（家）	10.69	31.07	27	9	5	2
规上工业企业中有研发活动企业占比（%）	58.30	63.36	9	9	1	2

（七）兰陵县

2021年，兰陵县综合科技创新水平得分67.41，在省财政直管县排名第28位，在临沂市排名第9位。其中，全社会R&D经费支出6.12亿元，每亿元GDP技术合同成交额达302.73万元，规上工业企业R&D经费支出占营业收入的比重1.87%，高新技术企业数46家，科技创新水平有待进一步提升。

从创新投入来看，兰陵县创新投入排名第29位。其中，全社会R&D经费支出6.12亿元，排名第17位；地方财政科技支出及占比有所提升，排名上升3位；规上工业企业每万名就业人员中研发人员数达511.44人年，排名下降9位；规上工业企业R&D经费支出占营业收入的比重排名下降2位，需引起重视。

从创新绩效来看，兰陵县创新绩效增长较快，排名由上年的第36位上升至第26位。其中，每亿元GDP技术合同成交额较上年增长148.05万元，排名上升13位；规上高新技术产业产值占规上工业产值比重排名提升2位；万人有效发明专利拥有量、人均GDP两项指标均有所提升，但排名较为落后，是创新绩效表现不佳的主要因素。

从创新生态来看，兰陵县创新生态稳中向好，排名第26位。其中，高新技术企业数46家，排名第16位，高新技术企业增长率实现较大幅度的提升，排名第8位；千家市场主体登记企业中科技型中小企业入库数量排名靠后；规上工业企业中有研发活动企业占比较上年提高12.22个百分点。

表3-96所示为临沂市兰陵县科技创新指标值和排名。

近年来，兰陵县智慧农业、智能制造、新材料、预制菜等产业蓬勃发展，产业集聚优势明显，新旧动能加速转换，现代农业加速发展，入选现代农业强县。但是，创新发展仍有一定短板。其中，万人有效发明专利拥有量、人均GDP、千家市场主体登记企业中科技型中小企业入库数量等指标排名较落后，财政科技支出及占比偏低，研发投入强度不高，应是未来重点关注的方面。

表 3-96　临沂市兰陵县科技创新指标值和排名

指标名称	指标值		省财政直管县排名		本市排名	
	上年	当年	上年	当年	上年	当年
综合科技创新水平得分	66.79	67.41	30	28	8	9
创新投入得分	69.12	67.02	19	29	7	8
全社会R&D经费支出（亿元）	5.35	6.12	15	17	8	8
全社会R&D经费支出占比（%）	1.92	1.93	22	22	6	8
地方财政科技支出（万元）	527	656	37	34	12	12
地方财政科技支出占比（%）	0.09	0.10	40	37	12	12
规上工业企业每万名就业人员中研发人员数（人年）	454.16	511.44	18	27	4	5
规上工业企业每万名就业人员中研发人员数提高幅度（人年）	178.97	57.28	12	32	5	9
规上工业企业R&D经费支出占营业收入的比重（%）	2.19	1.87	14	16	5	4
创新绩效得分	65.27	67.35	36	26	10	9
每亿元GDP技术合同成交额（万元）	154.68	302.73	31	18	5	4
规上高新技术产业产值占规上工业产值比重（%）	32.66	34.67	27	25	8	9
万人有效发明专利拥有量（件）	0.77	0.95	39	39	12	12
万元GDP综合能耗下降率（%）	0.99	3.90	28	32	9	10
人均GDP（万元/人）	2.51	2.97	40	40	12	12
创新生态得分	65.94	67.90	31	26	7	9
高新技术企业数（家）	26	46	17	16	10	10
高新技术企业增长率（%）	30.00	76.92	25	8	8	3
千家市场主体登记企业中科技型中小企业入库数量（家）	3.25	8.60	41	40	12	12
规上工业企业中有研发活动企业占比（%）	30.23	42.45	28	30	6	8

（八）费县

2021年，费县综合科技创新水平得分65.72，在其余县（市）排名第36位，在临沂市排名第12位。其中，全社会R&D经费支出6.72亿元，万人有效发明专利拥有量5.66件，人均GDP为5.95万元/人，高新技术企业数62家，千家市场主体登记企业中科技型中小企业入库数量12.43家，科技创新水平有待进一步提升。

从创新投入来看，费县创新投入排名第34位。其中，地方财政科技支出及占比实现一定程度的提升，排名分别上升10位及9位；全社会R&D经费支出6.72亿元，排名第23位；规上工业企业每万名就业人员中研发人员数排名下降4位；规上工业企业R&D经费支出占营业收入的比重排名下降5位，成为制约创新投入表现的主要因素。

从创新绩效来看，费县创新绩效排名第31位。其中，万元GDP综合能耗下降率排名上升至第5位；每亿元GDP技术合同成交额大幅增长，排名上升5位；规上高新技术产业产值占规上工业产值比重增至26.65%；万人有效发明专利拥有量较上年增长0.61件；人均GDP略有增长，排名保持第28位。

从创新生态来看，费县创新生态排名第37位。其中，高新技术企业数62家，排名第24位；高新技术企业增长率达63.16%，排名第6位；千家市场主体登记企业中科技型中小企业入库数量较上年增长6.39家；规上工业企业中有研发活动企业占比出现一定程度的下降，排名下降3位。

表3-97所示为临沂市费县科技创新指标值和排名。

近年来，费县聚焦木业、新医药、新能源、新材料四大主导产业，加大传统产业转型升级力度，全力提升旧动能，获评山东省绿色家居材料特色产业集群。但是，创新发展仍有一定短板。其中，规上工业企业每万名就业人员中研发人员数、千家市场主体登记企业中科技型中小企业入库数量、规上工业企业中有研发活动企业占比等排名靠后，研发投入规模及占比不高，财政投入不足，应特别关注。

表 3-97 临沂市费县科技创新指标值和排名

指标名称	指标值 上年	指标值 当年	其余县（市）排名 上年	其余县（市）排名 当年	本市排名 上年	本市排名 当年
综合科技创新水平得分	65.19	65.72	37	36	11	12
创新投入得分	65.99	65.81	30	34	10	12
全社会R&D经费支出（亿元）	5.86	6.72	24	23	7	7
全社会R&D经费支出占比（%）	1.43	1.43	26	26	9	9
地方财政科技支出（万元）	1593	3203	30	20	8	4
地方财政科技支出占比（%）	0.31	0.61	31	22	9	6
规上工业企业每万名就业人员中研发人员数（人年）	268.30	344.57	31	35	10	12
规上工业企业每万名就业人员中研发人员数提高幅度（人年）	11.17	76.26	25	25	9	8
规上工业企业R&D经费支出占营业收入的比重（%）	1.25	1.14	24	29	12	12
创新绩效得分	64.99	67.97	36	31	11	7
每亿元GDP技术合同成交额（万元）	3.90	136.50	36	31	12	9
规上高新技术产业产值占规上工业产值比重（%）	24.78	26.65	32	32	11	10
万人有效发明专利拥有量（件）	5.05	5.66	21	22	4	4
万元GDP综合能耗下降率（%）	2.04	10.10	20	5	6	1
人均GDP（万元/人）	5.15	5.95	28	28	4	4
创新生态得分	64.55	63.21	33	37	10	11
高新技术企业数（家）	38	62	27	24	5	6
高新技术企业增长率（%）	26.67	63.16	18	6	9	5
千家市场主体登记企业中科技型中小企业入库数量（家）	6.04	12.43	37	37	10	8
规上工业企业中有研发活动企业占比（%）	18.57	10.05	34	37	10	12

（九）平邑县

2021 年，平邑县综合科技创新水平得分 69.37，在省财政直管县排名第 15 位，在临沂市排名第 3 位。其中，全社会 R&D 经费支出 5.99 亿元，每亿元 GDP 技术合同成交额 397.12 万元，规上工业企业中有研发活动企业占比达到 69.46%，科技创新发展水平有待进一步提升。

从创新投入来看，平邑县创新投入排名降至第 14 位。其中，全社会 R&D 经费支出增至 5.99 亿元，排名第 19 位；全社会 R&D 经费支出占比达 2.15%；规上工业企业每万名就业人员中研发人员数较上年增长 242.48 人年，排名第 17 位；规上工业企业 R&D 经费支出占营业收入的比重降低 0.52 个百分点；地方财政科技支出及占比均出现一定程度的下降，科技创新投入需引起重视。

从创新绩效来看，平邑县创新绩效排名由第 34 位上升至第 30 位。其中，每亿元 GDP 技术合同成交额排名上升 17 位；万元 GDP 综合能耗下降率排名上升 11 位；万人有效发明专利拥有量排名下降；规上高新技术产业产值占规上工业产值比重有所下降，排名下降 7 位。

从创新生态来看，平邑县创新生态排名由上年的第 19 位上升至第 8 位。其中，高新技术企业数 50 家，排名第 11 位；高新技术企业增长率较快，排名上升 13 位；规上工业企业中有研发活动企业占比 69.46%，排名上升至第 7 位；千家市场主体登记企业中科技型中小企业入库数量排名下降 2 位，需要引起重视。

表 3-98 所示为临沂市平邑县科技创新指标值和排名。

近年来，平邑县形成了木业、装备制造、建材三大主导产业，中药材、食品加工、劳保手套三大特色产业，在新旧动能转换中实现产业转型升级，入选农产品加工业高质量发展先行县。但是，科技创新仍有一定短板。其中，规上高新技术产业产值占规上工业产值比重、人均 GDP、千家市场主体登记企业中科技型中小企业入库数量地方财政科技支出占比等排名较为落后，应进一步提升。

表 3-98 临沂市平邑县科技创新指标值和排名

指标名称	指标值		省财政直管县排名		本市排名	
	上年	当年	上年	当年	上年	当年
综合科技创新水平得分	68.10	69.37	19	15	5	3
创新投入得分	70.35	69.15	13	14	6	3
全社会R&D经费支出（亿元）	5.09	5.99	18	19	9	9
全社会R&D经费支出占比（%）	2.08	2.15	20	20	5	5
地方财政科技支出（万元）	1215	1111	30	27	11	10
地方财政科技支出占比（%）	0.25	0.21	31	31	11	10
规上工业企业每万名就业人员中研发人员数（人年）	387.41	629.89	26	17	7	3
规上工业企业每万名就业人员中研发人员数提高幅度（人年）	235.54	242.48	8	12	3	2
规上工业企业R&D经费支出占营业收入的比重（%）	2.92	2.40	9	10	2	2
创新绩效得分	65.37	67.29	34	30	9	10
每亿元GDP技术合同成交额（万元）	169.91	397.12	30	13	3	3
规上高新技术产业产值占规上工业产值比重（%）	30.60	21.66	28	35	9	12
万人有效发明专利拥有量（件）	2.51	2.66	20	21	8	8
万元GDP综合能耗下降率（%）	1.54	6.10	24	13	8	4
人均GDP（万元/人）	2.74	3.18	38	38	11	11
创新生态得分	68.61	71.80	19	8	4	1
高新技术企业数（家）	29	50	13	11	9	8
高新技术企业增长率（%）	31.82	72.41	23	10	6	4
千家市场主体登记企业中科技型中小企业入库数量（家）	6.12	11.46	36	38	9	9
规上工业企业中有研发活动企业占比（%）	46.30	69.46	17	7	3	1

（十）莒南县

2021年，莒南县综合科技创新水平得分68.51，在其余县（市）排名第23位，在临沂市排名第5位。多项指标排名全市前列，其中，地方财政科技支出达6206万元，高新技术企业数67家，千家市场主体登记企业中科技型中小企业入库数量22.47家，科技创新发展水平有待进一步提升。

从创新投入来看，莒南县创新投入排名由上年的第11位下降至第21位。其中，全社会R&D经费支出排名下降5位；全社会R&D经费支出占比较上年下降0.53个百分点；地方财政科技支出及占比均出现一定程度的下降，排名分别下降1位及3位；规上工业企业R&D经费支出占营业收入的比重较上年低0.35个百分点规上工业企业每万名就业人员中研发人员数较上年减少134.30人年，排名下降20位，需引起重视。

从创新绩效来看，莒南县创新绩效排名第30位。其中，每亿元GDP技术合同成交额排名上升3位；规上高新技术产业产值占规上工业产值比重较上年提高5.34个百分点；人均GDP有所提升，但排名靠后，成为制约创新绩效表现的主要因素。

从创新生态来看，莒南县创新生态排名由上年的第36位上升至第15位。其中，高新技术企业数67家，排名上升至第22位；高新技术企业增长率达91.43%，排名第2位；规上工业企业中有研发活动企业占比大幅提升，排名上升至第22位；千家市场主体登记企业中科技型中小企业入库数量排名下降7位，需要引起重视。

表3-99所示为临沂市莒南县科技创新指标值和排名。

近年来，莒南县形成以冶金钢铁、绿色食品为龙头，以高端装备、精细化工、商贸物流、文旅康养为支撑的"2+4"主导产业体系，推动全县新旧动能转换，被列为"国家花生标准化生产示范县"等。但是，创新发展仍有一定短板。其中，规上工业企业每万名就业人员中研发人员数、规上工业企业R&D经费支出占营业收入的比重等下降幅度较大，财政科技支出占比偏低，科技型企业培育有待提升，应引起重视。

表 3-99 临沂市莒南县科技创新指标值和排名

指标名称	指标值		其余县（市）排名		本市排名	
	上年	当年	上年	当年	上年	当年
综合科技创新水平得分	67.41	68.51	26	23	7	5
创新投入得分	71.82	67.80	11	21	2	4
全社会 R&D 经费支出（亿元）	10.50	10.18	15	20	3	5
全社会 R&D 经费支出占比（%）	3.53	3.00	7	6	2	3
地方财政科技支出（万元）	7336	6206	11	12	1	1
地方财政科技支出占比（%）	1.49	1.32	8	11	1	3
规上工业企业每万名就业人员中研发人员数（人年）	664.26	529.96	5	25	1	4
规上工业企业每万名就业人员中研发人员数提高幅度（人年）	59.04	-134.30	21	37	8	12
规上工业企业 R&D 经费支出占营业收入的比重（%）	1.60	1.25	15	23	7	9
创新绩效得分	66.05	67.98	31	30	7	6
每亿元 GDP 技术合同成交额（万元）	103.53	190.27	28	25	8	8
规上高新技术产业产值占规上工业产值比重（%）	37.95	43.29	22	20	5	6
万人有效发明专利拥有量（件）	3.38	3.62	28	29	6	6
万元 GDP 综合能耗下降率（%）	1.96	4.30	21	20	7	8
人均 GDP（万元/人）	3.52	4.09	34	34	8	7
创新生态得分	64.15	69.84	36	15	11	4
高新技术企业数（家）	35	67	28	22	6	5
高新技术企业增长率（%）	-27.08	91.43	37	2	12	1
千家市场主体登记企业中科技型中小企业入库数量（家）	15.93	22.47	27	34	3	5
规上工业企业中有研发活动企业占比（%）	19.60	44.95	33	22	9	7

（十一）蒙阴县

2021年，蒙阴县综合科技创新水平得分66.03，在省财政直管县排名第36位，在临沂市排名第11位。其中，地方财政科技支出占比达2.80%，每亿元GDP技术合同成交额282.41万元，规上工业企业R&D经费支出占营业收入的比重1.37%，规上高新技术产业产值占规上工业产值比重43.47%，科技创新水平还需进一步提升。

从创新投入来看，蒙阴县创新投入排名第27位。其中，地方财政科技支出实现较大幅度增长，排名上升20位；地方财政科技支出占比2.80%，在省财政直管县中排名第1位；全社会R&D经费支出较上年增长0.44亿元；全社会R&D经费支出占比排名上升2位；规上工业企业每万名就业人员中研发人员数较上年增长137.01人年；规上工业企业R&D经费支出占营业收入的比重有所下降，需引起重视。

从创新绩效来看，蒙阴县创新绩效排名由上年的第27位上升至第17位。其中，每亿元GDP技术合同成交额排名上升9位；规上高新技术产业产值占规上工业产值比重较上年提高5.87个百分点，排名第12位；万元GDP综合能耗下降率排名上升5位；人均GDP有所提升，排名保持第24位。

从创新生态来看，蒙阴县创新生态排名第40位。其中，高新技术企业数偏少，排名下降至第36位；高新技术企业增长乏力，增速排名下降25位；千家市场主体登记企业中科技型中小企业入库数量增至10.66家；规上工业企业中有研发活动企业占比较上年提高5.67个百分点，排名第39位。

表3-100所示为临沂市蒙阴县科技创新指标值和排名。

近年来，蒙阴县构建"兔－沼－果""果－菌－肥""农－工－贸"三大循环链条，通过实行产业转型升级和绿色化改造，推动农业转型升级，成为山东省特色农产品优势区和国家农产品质量安全县。但是，创新发展仍有一定短板。研发投入及财政科技投入支出较少，科技型企业培育不足，企业研发活力较弱，应引起重视。

表 3-100 临沂市蒙阴县科技创新指标值和排名

指标名称	指标值		省财政直管县排名		本市排名	
	上年	当年	上年	当年	上年	当年
综合科技创新水平得分	65.16	66.03	36	36	12	11
创新投入得分	65.90	67.16	32	27	12	7
全社会 R&D 经费支出（亿元）	1.94	2.38	37	38	12	12
全社会 R&D 经费支出占比（%）	1.12	1.22	31	29	11	10
地方财政科技支出（万元）	1287	3195	29	9	10	6
地方财政科技支出占比（%）	0.36	2.80	25	1	7	1
规上工业企业每万名就业人员中研发人员数（人年）	253.56	390.57	36	34	11	10
规上工业企业每万名就业人员中研发人员数提高幅度（人年）	75.83	137.01	22	22	7	5
规上工业企业 R&D 经费支出占营业收入的比重（%）	1.44	1.37	30	30	8	8
创新绩效得分	66.11	68.49	27	17	6	5
每亿元 GDP 技术合同成交额（万元）	150.52	282.41	32	23	6	5
规上高新技术产业产值占规上工业产值比重（%）	37.60	43.47	21	12	6	5
万人有效发明专利拥有量（件）	1.54	1.62	32	34	9	10
万元 GDP 综合能耗下降率（%）	0.59	4.20	32	27	10	9
人均 GDP（万元/人）	3.59	4.08	24	24	7	8
创新生态得分	63.38	62.22	37	40	12	12
高新技术企业数（家）	20	24	30	36	12	12
高新技术企业增长率（%）	42.86	20.00	14	39	2	12
千家市场主体登记企业中科技型中小企业入库数量（家）	5.75	10.66	37	39	11	11
规上工业企业中有研发活动企业占比（%）	12.75	18.42	39	39	12	11

（十二）临沭县

2021 年，临沭县综合科技创新水平得分 71.25，在省财政直管县排名第 7 位，在临沂市排名第 2 位。多项指标排名全市前列，其中，地方财政科技支出达 4794 万元，每亿元 GDP 技术合同成交额 452.06 万元，万人有效发明专利拥有量 7.35 件，规上工业企业中有研发活动企业占比 60.10%，科技创新成效显著。

从创新投入来看，临沭县创新投入提升较快，排名由上年的第 10 位上升至第 4 位。其中，全社会 R&D 经费支出较上年增长 1.31 亿元，排名第 8 位；全社会 R&D 经费支出占比达 3.67%，排名第 5 位；地方财政科技支出及占比分别排名第 7 位及第 6 位；规上工业企业每万名就业人员中研发人员数较上年增长 385.83 人年，提高幅度排名上升 26 位；规上工业企业 R&D 经费支出占营业收入的比重降至 2.22%，排名第 11 位。

从创新绩效来看，临沭县创新绩效稳中向好，排名第 6 位。其中，万人有效发明专利拥有量增至 7.35 件，排名第 2 位；每亿元 GDP 技术合同成交额 452.06 万元，排名上升 3 位；规上高新技术产业产值占规上工业产值比重达 54.64%，排名第 5 位；万元 GDP 综合能耗下降率排名保持第 8 位。

从创新生态来看，临沭县创新生态进一步优化，排名由上年的第 34 位上升至第 18 位。其中，高新技术企业数 49 家，排名第 12 位；规上工业企业中有研发活动企业占比大幅提升，排名提升 23 位；千家市场主体登记企业中科技型中小企业入库数量较上年增长 4.12 家，排名下降至第 35 位，是制约创新生态表现的主要因素。

表 3-101 所示为临沂市临沭县科技创新指标值和排名。

近年来，临沭县逐渐形成以化工、化肥、高端装备、杞柳编织、食品加工传统产业为支柱，生物医药、新材料、电子光电战略性新兴产业为先导的产业体系，强化产业集聚，被评为山东省技术转移先进县。但是，创新生态的几项指标仍是其主要短板。其中，高新技术企业增长率、千家市场主体登记企业中科技型中小企业入库数量等排名较为落后，需进一步提升。

表 3-101 临沂市临沭县科技创新指标值和排名

指标名称	指标值		省财政直管县排名		本市排名	
	上年	当年	上年	当年	上年	当年
综合科技创新水平得分	68.64	71.25	16	7	4	2
创新投入得分	70.78	72.80	10	4	3	1
全社会R&D经费支出（亿元）	7.22	8.53	8	8	6	6
全社会R&D经费支出占比（%）	3.53	3.67	6	5	3	2
地方财政科技支出（万元）	5022	4794	7	7	3	3
地方财政科技支出占比（%）	1.10	1.39	7	6	2	2
规上工业企业每万名就业人员中研发人员数（人年）	415.45	801.27	24	9	6	2
规上工业企业每万名就业人员中研发人员数提高幅度（人年）	-107.01	385.83	32	6	12	1
规上工业企业R&D经费支出占营业收入的比重（%）	2.52	2.22	13	11	4	3
创新绩效得分	69.58	71.33	6	6	1	1
每亿元GDP技术合同成交额（万元）	328.29	452.06	13	10	1	2
规上高新技术产业产值占规上工业产值比重（%）	57.17	54.64	6	5	2	1
万人有效发明专利拥有量（件）	7.02	7.35	2	2	2	2
万元GDP综合能耗下降率（%）	5.56	7.60	8	8	2	3
人均GDP（万元/人）	3.49	4.02	26	25	9	9
创新生态得分	65.37	69.52	34	18	9	6
高新技术企业数（家）	35	49	7	12	7	9
高新技术企业增长率（%）	25.00	40.00	28	31	10	11
千家市场主体登记企业中科技型中小企业入库数量（家）	9.37	13.49	30	35	7	7
规上工业企业中有研发活动企业占比（%）	24.29	60.10	35	12	8	3

十三、德州市

（一）德城区

2021 年，德城区综合科技创新水平得分 69.53，在市辖区排名第 38 位，在德州市排名第 4 位。其中，全社会 R&D 经费支出 24.07 亿元，规上高新技术产业产值占规上工业产值比重 70.56%，万人有效发明专利拥有量 8.05 件，人均 GDP 7.86 万元／人，高新技术企业数 136 家，科技创新发展稳中向好。

从创新投入来看，德城区创新投入排名第 33 位。其中，地方财政科技支出实现较大幅度的提升，排名上升 21 位；地方财政科技支出占比排名上升 13 位；全社会 R&D 经费支出较上年增长 0.58 亿元；全社会 R&D 经费支出占比 3.00%，排名下降 2 位；规上工业企业每万名就业人员中研发人员数较上年减少 5.26 人年，排名下降 14 位；规上工业企业 R&D 经费支出占营业收入的比重较上年降低 0.60 个百分点，需引起重视。

从创新绩效来看，德城区创新绩效排名第 33 位。其中，规上高新技术产业产值占规上工业产值比重 70.56%，排名第 10 位；万人有效发明专利拥有量排名较上年上升 2 位；万元 GDP 综合能耗下降率排名提升 24 位；人均 GDP 有所下降，排名下降 7 位；每亿元 GDP 技术合同成交额 77.43 万元，排名第 54 位，是制约创新绩效表现的主要因素。

从创新生态来看，德城区创新生态排名第 42 位。其中，高新技术企业数 136 家，排名下降 3 位；高新技术企业增长率乏力，排名落后，需引起重视；千家市场主体登记企业中科技型中小企业入库数量排名下降至第 40 位；规上工业企业中有研发活动企业占比排名下降 30 位。

表 3–102 所示为德州市德城区科技创新指标值和排名。

近年来，德城区聚焦新材料、绿色化工、健康食品三大主导产业及功能纺织、高端装备制造等优势产业，持续推进产业赋能，引导产业不断向中高端迈进。但是，创新发展仍有一定短板。技术交易效益不高，科技型企业增长乏力，专利产业效率不高，影响其科技创新发展，应重点关注。

表 3-102 德州市德城区科技创新指标值和排名

指标名称	指标值 上年	指标值 当年	市辖区排名 上年	市辖区排名 当年	本市排名 上年	本市排名 当年
综合科技创新水平得分	71.26	69.53	22	38	6	4
创新投入得分	72.53	69.30	18	33	8	6
全社会R&D经费支出（亿元）	23.49	24.07	11	14	1	1
全社会R&D经费支出占比（%）	3.32	3.00	12	14	5	5
地方财政科技支出（万元）	1350	2456	51	30	10	6
地方财政科技支出占比（%）	0.40	0.56	46	33	11	7
规上工业企业每万名就业人员中研发人员数（人年）	544.24	538.98	22	36	6	6
规上工业企业每万名就业人员中研发人员数提高幅度（人年）	119.87	−5.26	19	49	6	8
规上工业企业R&D经费支出占营业收入的比重（%）	2.54	1.94	14	22	10	11
创新绩效得分	69.20	71.04	44	33	1	1
每亿元GDP技术合同成交额（万元）	54.50	77.43	50	54	10	10
规上高新技术产业产值占规上工业产值比重（%）	63.76	70.56	16	10	1	1
万人有效发明专利拥有量（件）	6.21	8.05	44	42	2	2
万元GDP综合能耗下降率（%）	−5.63	3.60	57	33	7	6
人均GDP（万元/人）	8.02	7.86	27	34	1	1
创新生态得分	72.09	68.18	17	42	4	4
高新技术企业数（家）	102	136	28	31	1	1
高新技术企业增长率（%）	37.84	33.33	21	45	7	8
千家市场主体登记企业中科技型中小企业入库数量(家)	24.97	36.89	38	40	3	2
规上工业企业中有研发活动企业占比（%）	57.31	42.28	7	37	9	9

（二）陵城区

2021年，陵城区综合科技创新水平得分67.38，在市辖区排名第52位，在德州市排名第9位。其中，全社会R&D经费支出占比2.23%，规上工业企业R&D经费支出占营业收入的比重2.99%，千家市场主体登记企业中科技型中小企业入库数量22.84家，科技创新水平有待进一步提升。

从创新投入来看，陵城区创新投入排名由上年的第14位下降至第42位。其中，全社会R&D经费支出5.89亿元，排名下降4位；全社会R&D经费支出占比排名下降13位；地方财政科技支出及占比出现较大幅度的下降，排名分别下降27位及30位；规上工业企业每万名就业人员中研发人员数较上年减少9.14人年，企业研发人员有所流失；规上工业企业R&D经费支出占营业收入的比重下降1.08个百分点，需要引起重视。

从创新绩效来看，陵城区创新绩效排名第56位。其中，万元GDP综合能耗下降率排名由第58位上升至38位；人均GDP排名较上年上升2位；万人有效发明专利拥有量虽略有增长，但排名靠后；每亿元GDP技术合同成交额排名下降5位；规上高新技术产业产值占规上工业产值比重较上年下降3.54个百分点。

从创新生态来看，陵城区创新生态排名第51位。其中，高新技术企业数33家，排名第52位；高新技术企业增长率达37.50%，增速排名上升11位；千家市场主体登记企业中科技型中小企业入库数量较上年增长4.01家；规上工业企业中有研发活动企业占比排名下降25位。

表3-103所示为德州市陵城区科技创新指标值和排名。

近年来，陵城区坚持"新型工业化强区"战略，以工业高质量发展为目标，打造纺织服装、机车制造、数字经济和农副产品深加工4个百亿级产业集群。但是研发投入及财政科技支出大幅下降，高新技术企业数、每亿元GDP技术合同成交额、规上工业企业每万名就业人员中研发人员数等指标排名落后，应引起重视。

表 3-103　德州市陵城区科技创新指标值和排名

指标名称	指标值		市辖区排名		本市排名	
	上年	当年	上年	当年	上年	当年
综合科技创新水平得分	69.76	67.38	36	52	10	9
创新投入得分	73.66	67.93	14	42	6	8
全社会R&D经费支出（亿元）	6.56	5.89	42	46	7	8
全社会R&D经费支出占比（%）	2.85	2.23	18	31	8	8
地方财政科技支出（万元）	5549	1035	22	49	5	9
地方财政科技支出占比（%）	2.11	0.41	11	41	4	9
规上工业企业每万名就业人员中研发人员数（人年）	459.81	450.66	34	46	11	11
规上工业企业每万名就业人员中研发人员数提高幅度（人年）	44.53	−9.14	31	53	10	9
规上工业企业R&D经费支出占营业收入的比重（%）	4.07	2.99	3	7	5	7
创新绩效得分	65.92	67.24	57	56	10	9
每亿元GDP技术合同成交额（万元）	85.89	83.55	48	53	8	9
规上高新技术产业产值占规上工业产值比重（%）	43.59	40.05	33	41	7	7
万人有效发明专利拥有量（件）	1.94	2.23	57	57	9	9
万元GDP综合能耗下降率（%）	−5.93	3.31	58	38	8	8
人均GDP（万元/人）	4.41	5.37	52	50	9	9
创新生态得分	69.68	66.93	32	51	11	7
高新技术企业数（家）	24	33	53	52	7	6
高新技术企业增长率（%）	9.09	37.50	53	42	11	6
千家市场主体登记企业中科技型中小企业入库数量（家）	18.83	22.84	42	50	6	7
规上工业企业中有研发活动企业占比（%）	53.24	43.05	10	35	10	8

（三）禹城市

2021年，禹城市综合科技创新水平得分70.99，在其余县（市）排名第11位，在德州市排名第2位。多项指标在全市名列前茅，其中，地方财政科技支出达8618万元，规上工业企业R&D经费支出占营业收入的比重4.51%，万人有效发明专利拥有量达9.08件，规上工业企业中有研发活动企业占比50.00%，科技创新取得一定成效。

从创新投入来看，禹城市创新投入稳中有进，排名第2位。其中，全社会R&D经费支出及占比排名均上升2位，分别排名第14位及第2位；地方财政科技支出及占比表现较好，分别排名第8位及第3位；规上工业企业每万名就业人员中研发人员数736.16人年，排名由第2位下降至第8位；规上工业企业R&D经费支出占营业收入的比重4.51%，排名从第7位上升至第2位。

从创新绩效来看，禹城市创新绩效排名第20位。其中，每亿元GDP技术合同成交额排名下降3位；规上高新技术产业产值占规上工业产值比重排名下降3位；万人有效发明专利拥有量较上年提高1.30件；万元GDP综合能耗下降率排名上升22位；人均GDP排名第29位。

从创新生态来看，禹城市创新生态排名第21位。其中，高新技术企业数40家，排名第32位；千家市场主体登记企业中科技型中小企业入库数量较上年增长12.07家；规上工业企业中有研发活动企业占比下降14.96个百分点，需要引起重视。

表3-104所示为德州市禹城市科技创新指标值和排名。

近年来，禹城市持续实施"技术攻关＋产业化应用"科技示范工程，推动产业链创新链深度融合。强化人工智能、量子科技、虚拟现实、先进核能、生物医药与高端医疗器械等新兴产业技术攻关布局，壮大一批战略性创新型产业集群。但是科技创新方面仍有一定短板，科技型企业基础薄弱，企业研发活力不足，研发人员增速缓慢，应引起关注。

表 3-104 德州市禹城市科技创新指标值和排名

指标名称	指标值 上年	指标值 当年	其余县（市）排名 上年	其余县（市）排名 当年	本市排名 上年	本市排名 当年
综合科技创新水平得分	71.65	70.99	5	11	3	2
创新投入得分	75.42	74.61	2	2	4	3
全社会R&D经费支出（亿元）	10.45	13.25	16	14	3	3
全社会R&D经费支出占比（%）	4.25	4.66	4	2	2	1
地方财政科技支出（万元）	8609	8618	9	8	3	1
地方财政科技支出占比（%）	2.10	2.14	3	3	5	2
规上工业企业每万名就业人员中研发人员数（人年）	717.49	736.16	2	8	2	5
规上工业企业每万名就业人员中研发人员数提高幅度（人年）	209.87	18.66	10	32	2	5
规上工业企业R&D经费支出占营业收入的比重（%）	2.76	4.51	7	2	9	3
创新绩效得分	67.56	69.78	24	20	4	3
每亿元GDP技术合同成交额（万元）	237.44	241.05	14	17	6	3
规上高新技术产业产值占规上工业产值比重（%）	51.16	50.62	10	13	2	2
万人有效发明专利拥有量（件）	7.78	9.08	8	7	1	1
万元GDP综合能耗下降率（%）	-8.97	4.94	37	15	9	4
人均GDP（万元/人）	4.98	5.76	29	29	7	6
创新生态得分	72.00	68.44	6	21	6	1
高新技术企业数（家）	28	40	33	32	4	4
高新技术企业增长率（%）	33.33	42.86	16	20	9	2
千家市场主体登记企业中科技型中小企业入库数量（家）	16.93	29.00	26	24	8	6
规上工业企业中有研发活动企业占比（%）	64.96	50.00	4	19	4	1

（四）乐陵市

2021年，乐陵市综合科技创新水平得分70.21，在省财政直管县排名第12位，在德州市排名第3位。多项指标在全市名列前茅，其中，全社会R&D经费支出9.25亿元，规上工业企业每万名就业人员中研发人员数达988.42人年，千家市场主体登记企业中科技型中小企业入库数量达44.94家，科技创新成效显著。

从创新投入来看，乐陵市创新投入表现优异，排名第1位。其中，地方财政科技支出及占比分别排名第2位及第3位；规上工业企业每万名就业人员中研发人员数较上年增长362.98人年，排名第4位；规上工业企业R&D经费支出占营业收入的比重3.96%，保持第2位；全社会R&D经费支出排名第7位；全社会R&D经费支出占比排名下降至第6位。

从创新绩效来看，乐陵市创新绩效排名第32位。其中，每亿元GDP技术合同成交额较上年增长84.53万元；规上高新技术产业产值占规上工业产值比重排名下降14位；万元GDP综合能耗下降率排名下降12位。

从创新生态来看，乐陵市创新生态排名第24位。其中，千家市场主体登记企业中科技型中小企业入库数量44.94家，排名第3位；高新技术企业数35家，排名第24位；规上工业企业中有研发活动企业占比较上年下降19.40个百分点，排名下降20位。

表3-105所示为德州市乐陵市科技创新指标值和排名。

近年来，乐陵市持续优化营商环境，聚焦产业发展和企业创新需求，围绕食品调味品、医药化工、体育五金、汽车零部件四大主导产业，文化旅游、现代物流、数字经济、教育培训四大新兴产业，加速构建"4+4"现代化产业体系，推动产业向集群化、高端化、绿色化迈进。但是，创新发展仍有一定短板。高新技术企业培育需要进一步提升，高新技术产业产值占比下降，技术市场交易不够活跃，企业研发活力不足，应引起重视。

表 3-105 德州市乐陵市科技创新指标值和排名

指标名称	指标值		省财政直管县排名		本市排名	
	上年	当年	上年	当年	上年	当年
综合科技创新水平得分	72.68	70.21	1	12	2	3
创新投入得分	77.66	75.28	2	1	3	1
全社会R&D经费支出（亿元）	9.33	9.25	4	7	5	5
全社会R&D经费支出占比（%）	3.87	3.37	2	6	3	3
地方财政科技支出（万元）	8952	8099	2	2	2	3
地方财政科技支出占比（%）	2.32	2.24	2	3	3	1
规上工业企业每万名就业人员中研发人员数（人年）	625.45	988.42	5	4	5	1
规上工业企业每万名就业人员中研发人员数提高幅度（人年）	201.21	362.98	10	8	3	1
规上工业企业R&D经费支出占营业收入的比重（%）	4.85	3.96	2	2	3	4
创新绩效得分	67.01	67.16	18	32	6	10
每亿元GDP技术合同成交额（万元）	104.40	188.93	34	33	7	7
规上高新技术产业产值占规上工业产值比重（%）	46.15	33.47	12	26	6	10
万人有效发明专利拥有量（件）	3.53	4.02	8	10	4	3
万元GDP综合能耗下降率（%）	1.98	3.31	21	33	2	8
人均GDP（万元/人）	4.01	4.88	16	14	11	11
创新生态得分	73.40	68.07	2	24	1	5
高新技术企业数（家）	25	35	20	24	5	5
高新技术企业增长率（%）	78.57	40.00	4	32	2	5
千家市场主体登记企业中科技型中小企业入库数量(家)	36.45	44.94	2	3	1	1
规上工业企业中有研发活动企业占比（%）	65.48	46.08	4	24	3	4

(五)宁津县

2021年,宁津县综合科技创新水平得分68.97,在省财政直管县排名第17位,在德州市排名第6位。其中,规上工业企业每万名就业人员中研发人员数804.97人年,地方财政科技支出占比1.70%,规上工业企业R&D经费支出占营业收入的比重达到4.58%,科技创新取得一定成效。

从创新投入来看,宁津县创新投入排名第7位。其中,规上工业企业R&D经费支出占营业收入的比重4.58%,排名第1位;规上工业企业每万名就业人员中研发人员数较上年增长128.52人年,排名下降5位;全社会R&D经费支出及占比排名均下降5位;地方财政科技支出及占比大幅降低,是导致创新投入降低的主要原因。

从创新绩效来看,宁津县创新绩效排名第21位。其中,人均GDP增至5.72万元/人,保持第10位;规上高新技术产业产值占规上工业产值比重较上年提高11.75个百分点;万元GDP综合能耗下降率排名上升4位;每亿元GDP技术合同成交额排名下降9位。

从创新生态来看,宁津县创新生态排名第31位。其中,高新技术企业数24家,排名第37位;高新技术企业增长率仅26.32%,排名第38位;千家市场主体登记企业中科技型中小企业入库数量排名下降10位;规上工业企业中有研发活动企业占比较上年降低16.76个百分点,需要引起重视。

表3-106所示为德州市宁津县科技创新指标值和排名。

近年来,宁津县实施创新驱动发展战略,构建起以企业为主体、市场为导向、产学研相结合的技术创新体系,助力工业高质量发展,取得一定成效。但是,创新发展仍有一定短板,其中,全社会R&D经费支出增幅较小,高新技术企业数减少,万人有效发明专利拥有量、高新技术企业数和千家市场主体登记企业中科技型中小企业入库数量等排名靠后,限制了宁津县的科技创新发展,需要引起重视。

表 3-106 德州市宁津县科技创新指标值和排名

指标名称	指标值		省财政直管县排名		本市排名	
	上年	当年	上年	当年	上年	当年
综合科技创新水平得分	71.61	68.97	3	17	4	6
创新投入得分	77.68	72.21	1	7	2	4
全社会 R&D 经费支出（亿元）	5.69	6.08	13	18	8	7
全社会 R&D 经费支出占比（%）	2.40	2.22	12	17	10	9
地方财政科技支出（万元）	7952	4878	4	5	4	4
地方财政科技支出占比（%）	2.80	1.70	1	4	2	3
规上工业企业每万名就业人员中研发人员数（人年）	676.44	804.97	2	7	4	2
规上工业企业每万名就业人员中研发人员数提高幅度（人年）	113.53	128.52	19	24	7	2
规上工业企业 R&D 经费支出占营业收入的比重（%）	5.95	4.58	1	1	2	2
创新绩效得分	65.13	67.94	38	21	11	8
每亿元 GDP 技术合同成交额（万元）	262.27	212.20	21	30	5	6
规上高新技术产业产值占规上工业产值比重（%）	26.79	38.54	31	20	10	8
万人有效发明专利拥有量（件）	1.40	1.65	34	33	11	10
万元 GDP 综合能耗下降率（%）	−10.98	3.03	40	36	10	11
人均 GDP（万元/人）	5.13	5.72	10	10	6	7
创新生态得分	72.04	66.62	6	31	5	10
高新技术企业数（家）	19	24	32	37	8	10
高新技术企业增长率（%）	72.73	26.32	5	38	3	11
千家市场主体登记企业中科技型中小企业入库数量（家）	12.05	13.91	24	34	10	11
规上工业企业中有研发活动企业占比（%）	62.64	45.88	7	25	6	5

（六）齐河县

2021年，齐河县综合科技创新水平得分71.10，在其余县（市）排名第7位，在德州市排名第1位。多项指标在全市名列前茅，其中，全社会R&D经费支出16.49亿元，全社会R&D经费支出占比达4.13%，高新技术企业56家，人均GDP 6.95万元/人，规上工业企业R&D经费支出占营业收入的比重5.17%，科技创新成效显著。

从创新投入来看，齐河县创新投入表现优异，连续两年排名第1位。其中，规上工业企业R&D经费支出占营业收入的比重连续两年居首位；全社会R&D经费支出降至16.49亿元，排名第12位；全社会R&D经费支出占排名下降至第4位；地方财政科技支出及占比下降明显，排名分别下降3位及第4位；规上工业企业每万名就业人员中研发人员数751.55人年，排名第6位。

从创新绩效来看，齐河县创新绩效增长较快，排名由第26位上升至第17位。其中，每亿元GDP技术合同成交额较上年增长92.81万元；万元GDP综合能耗下降率排名上升30位；人均GDP较上年增长1.17万元/人；规上高新技术产业产值占规上工业产值比重排名下降6位。

从创新生态来看，齐河县的创新生态有所退步，排名由第3位下降至第23位。其中，千家市场主体登记企业中科技型中小企业入库数量排名较上年上升3位；高新技术企业数56家，但增速相对缓慢，排名下降4位；规上工业企业中有研发活动企业占比排名下降19位。

表3-107所示为德州市齐河县科技创新指标值和排名。

近年来，齐河县聚焦发展生物医药、新材料、高端装备制造等高新技术产业，积极探索培育特色优势产业，持续向现代化、高集聚、多功能、综合性产业园区转变，产业特色逐步凸显、经济规模持续壮大。但是，创新发展仍有一定短板，规上工业企业每万名就业人员中研发人员数提高幅度、高新技术企业增长率和规上工业企业中有研发活动企业占比排名下降严重，企业研发创新活跃度不高，财政科技支出偏弱，应引起关注。

表 3-107　德州市齐河县科技创新指标值和排名

指标名称	指标值		其余县（市）排名		本市排名	
	上年	当年	上年	当年	上年	当年
综合科技创新水平得分	74.40	71.10	1	7	1	1
创新投入得分	82.88	74.72	1	1	1	2
全社会R&D经费支出（亿元）	16.91	16.49	6	12	2	2
全社会R&D经费支出占比（%）	4.93	4.13	1	4	1	2
地方财政科技支出（万元）	17 805	8163	4	9	1	2
地方财政科技支出占比（%）	4.01	1.55	2	6	1	4
规上工业企业每万名就业人员中研发人员数（人年）	706.43	751.55	3	6	3	3
规上工业企业每万名就业人员中研发人员数提高幅度（人年）	270.57	45.12	4	28	1	4
规上工业企业R&D经费支出占营业收入的比重（%）	5.97	5.17	1	1	1	1
创新绩效得分	67.12	70.16	26	17	5	2
每亿元GDP技术合同成交额（万元）	63.97	156.78	30	30	9	8
规上高新技术产业产值占规上工业产值比重（%）	47.50	45.10	13	19	4	4
万人有效发明专利拥有量（件）	2.79	3.75	31	28	6	6
万元GDP综合能耗下降率（%）	−2.33	10.51	34	4	5	1
人均GDP（万元/人）	5.78	6.95	23	21	2	2
创新生态得分	73.11	68.24	3	23	2	3
高新技术企业数（家）	44	56	24	28	2	2
高新技术企业增长率（%）	51.72	27.27	3	34	5	10
千家市场主体登记企业中科技型中小企业入库数量（家）	22.48	33.79	21	18	4	5
规上工业企业中有研发活动企业占比（%）	66.86	49.63	2	21	1	2

（七）临邑县

2021年，临邑县综合科技创新水平得分67.37，在省财政直管县排名第29位，在德州市排名第10位。其中，全社会R&D经费支出9.69亿元，全社会R&D经费支出占比3.18%，万人有效发明专利拥有量3.86件，万元GDP综合能耗下降率4.99%，人均GDP达6.37万元/人，科技创新水平有待进一步提升。

从创新投入来看，临邑县创新投入排名第21位。其中，全社会R&D经费支出9.69亿元，排名下降至第6位；全社会R&D经费支出占比3.18%，排名下降至第7位；地方财政科技支出及占比排名分别下降16位及18位；规上工业企业每万名就业人员中研发人员数较上年减少57.60人年，排名下降19位；规上工业企业R&D经费支出占营业收入的比重较上年降低0.59个百分点，创新投入方面的各项指标值均出现下降，需要引起重视。

从创新绩效来看，临邑县创新绩效排名第20位。其中，规上高新技术产业产值占规上工业产值比重较上年提高8.76个百分点，排名上升11位；万元GDP综合能耗下降率排名上升15位；人均GDP排名上升至第5位；每亿元GDP技术合同成交额21.93万元，排名末位。

从创新生态来看，临邑县创新生态排名第32位。其中，高新技术企业数到32家，排名下降至第26位；千家市场主体登记企业中科技型中小企业入库数量排名较上年下降12位；规上工业企业中有研发活动企业占比较上年降低24.23个百分点，排名下降25位，需要引起重视。

表3-108所示为德州市临邑县科技创新指标值和排名。

近年来，临邑县大力培育高新技术企业、鼓励开展技术转移转化活动、加强对科技型中小企业的金融支持，促进新材料、化工行业的数字化升级，已取得一定成效，但是，从创新投入来看，地方财政科技支出不足，研发人员减少是当前存在的两大明显问题；从创新生态来看，千家市场主体登记企业中科技型中小企业入库数量和规上工业企业中有研发活动企业占比排名下降明显，需要及时采取相应对策。

表 3-108 德州市临邑县科技创新指标值和排名

指标名称	指标值		省财政直管县排名		本市排名	
	上年	当年	上年	当年	上年	当年
综合科技创新水平得分	69.99	67.37	7	29	8	10
创新投入得分	72.47	67.89	6	21	9	9
全社会 R&D 经费支出（亿元）	10.12	9.69	3	6	4	4
全社会 R&D 经费支出占比（%）	3.80	3.18	3	7	4	4
地方财政科技支出（万元）	2380	791	16	32	9	11
地方财政科技支出占比（%）	0.71	0.25	11	29	9	11
规上工业企业每万名就业人员中研发人员数（人年）	530.85	473.25	12	31	8	9
规上工业企业每万名就业人员中研发人员数提高幅度（人年）	163.60	−57.60	13	40	4	10
规上工业企业 R&D 经费支出占营业收入的比重（%）	2.54	1.95	12	13	10	10
创新绩效得分	66.00	68.04	28	20	8	7
每亿元 GDP 技术合同成交额（万元）	15.66	21.93	41	41	11	11
规上高新技术产业产值占规上工业产值比重（%）	36.23	44.99	22	11	9	5
万人有效发明专利拥有量（件）	3.28	3.86	11	11	5	5
万元 GDP 综合能耗下降率（%）	0.65	4.99	31	16	3	3
人均 GDP（万元/人）	5.40	6.37	6	5	4	3
创新生态得分	71.60	66.10	8	32	8	11
高新技术企业数（家）	25	32	19	26	5	7
高新技术企业增长率（%）	19.05	28.00	36	37	10	9
千家市场主体登记企业中科技型中小企业入库数量（家）	17.01	18.39	15	27	7	9
规上工业企业中有研发活动企业占比（%）	64.23	40.00	6	31	5	10

（八）平原县

2021年，平原县综合科技创新水平得分68.61，在省财政直管县排名第21位，在德州市排名第7位。其中，规上工业企业R&D经费支出占营业收入的比重2.54%，人均GDP 6.26万元/人，千家市场主体登记企业中科技型中小企业入库数量36.61家，规上工业企业中有研发活动企业占比49.25%，科技创新发展水平有待进一步提升。

从创新投入来看，平原县创新投入排名第17位。其中，地方财政科技支出及占比增长，排名升至第12位及第9位；全社会R&D经费支出及占比排名分别下降4位及5位；规上工业企业R&D经费支出占营业收入的比重较上年下降0.64个百分点；规上工业企业每万名就业人员中研发人员数及提高幅度排名分别下降14位及21位，是影响平原县创新投入的主要因素。

从创新绩效来看，平原县创新绩效排名第16位。其中，万元GDP综合能耗下降率排名较上年上升19位；人均GDP排名第6位；万人有效发明专利拥有量排名上升6位；规上高新技术产业产值占规上工业产值比重较上年降低5.16个百分点；每亿元GDP技术合同成交额排名下降17位，是平原县创新绩效排名下降的主要原因。

从创新生态来看，平原县创新生态排名第21位。其中，千家市场主体登记企业中科技型中小企业入库数量增至36.61家，排名第4位；高新技术企业数27家，排名下降1位；规上工业企业中有研发活动企业占比较上年降低16.89个百分点，排名下降16位。

表3-109所示为德州市平原县科技创新指标值和排名。

近年来，平原县围绕"3+3"产业布局，坚持做强农副产品深加工、绿色化工、医养健康三大主导产业，做优新材料、特色轻工、高端装备三大优势产业，推动农副产品深加工、绿色化工产业集群两大主导产业规上工业实现产值过百亿元。但是创新发展仍有一定短板。科技型企业规模偏小，研发人员不足，技术交易不够活跃，部分指标排名下降幅度较大，应引起重视。

表 3-109　德州市平原县科技创新指标值和排名

指标名称	指标值		省财政直管县排名		本市排名	
	上年	当年	上年	当年	上年	当年
综合科技创新水平得分	71.09	68.61	4	21	7	7
创新投入得分	72.24	68.64	7	17	10	7
全社会 R&D 经费支出（亿元）	7.09	7.21	9	13	6	6
全社会 R&D 经费支出占比（％）	3.00	2.71	7	12	7	6
地方财政科技支出（万元）	2469	2609	15	12	8	5
地方财政科技支出占比（％）	0.86	0.89	10	9	8	5
规上工业企业每万名就业人员中研发人员数（人年）	498.27	498.36	15	29	9	8
规上工业企业每万名就业人员中研发人员数提高幅度（人年）	131.62	0.09	17	38	5	7
规上工业企业 R&D 经费支出占营业收入的比重（％）	3.18	2.54	7	9	8	9
创新绩效得分	68.55	68.75	10	16	3	6
每亿元 GDP 技术合同成交额（万元）	349.15	219.80	11	28	3	5
规上高新技术产业产值占规上工业产值比重（％）	46.48	41.32	11	15	5	6
万人有效发明专利拥有量（件）	2.33	2.95	23	17	8	7
万元 GDP 综合能耗下降率（％）	−2.21	4.52	37	18	4	5
人均 GDP（万元/人）	5.51	6.26	4	6	3	4
创新生态得分	72.57	68.42	4	21	3	2
高新技术企业数（家）	19	27	31	32	8	8
高新技术企业增长率（％）	35.71	42.11	20	30	8	3
千家市场主体登记企业中科技型中小企业入库数量（家）	31.94	36.61	3	4	2	3
规上工业企业中有研发活动企业占比（％）	66.14	49.25	3	19	2	3

（九）武城县

2021年，武城县综合科技创新水平得分68.98，在其余县（市）排名第22位，在德州市排名第5位。部分指标在本市排名靠前，规上工业企业每万名就业人员中研发人员数741.97人年，每亿元GDP技术合同成交额295.34万元，万人有效发明专利拥有量4.02件，高新技术企业数45家，科技创新水平有待进一步提升。

从创新投入来看，武城县创新投入排名第22位。其中，全社会R&D经费支出5.42亿元，排名下降3位；全社会R&D经费支出占比较上年下降0.38个百分点；地方财政科技支出及占比排名分别下降2位及5位；规上工业企业每万名就业人员中研发人员数741.97人年，排名下降6位；规上工业企业R&D经费支出占营业收入的比重降至3.37%，排名第4位。

从创新绩效来看，武城县创新绩效排名第26位。其中，万元GDP综合能耗下降率排名较上年上升7位；万人有效发明专利拥有量增至4.02件；每亿元GDP技术合同成交额排名下降12位；规上高新技术产业产值占规上工业产值比重较上年下降4.11个百分点排名下降4位。

从创新生态来看，武城县创新生态排名第24位。其中，千家市场主体登记企业中科技型中小企业入库数量较上年增长13.10家，排名上升5位；高新技术企业数45家，增长缓慢，增速排名下降19位；规上工业企业中有研发活动企业占比较上年降低13.61个百分点。

表3-110所示为德州市武城县科技创新指标值和排名。

近年来，武城县坚持实体经济为本、制造业为本的鲜明导向，聚焦新能源与节能环保产业、汽车及汽车零部件产业、新材料（玻璃钢）三大主导产业着力优化产业结构，注重科技创新，加快产业升级。但是，创新发展仍有一定短板。财政科技支出偏少，高新技术企业培育力度不够，企业研发活力不足，应引起重视。

表 3-110 德州市武城县科技创新指标值和排名

指标名称	指标值		其余县（市）排名		本市排名	
	上年	当年	上年	当年	上年	当年
综合科技创新水平得分	71.47	68.98	7	22	5	5
创新投入得分	74.19	69.96	5	13	5	5
全社会R&D经费支出（亿元）	5.37	5.42	25	28	9	9
全社会R&D经费支出占比（%）	3.02	2.64	8	10	6	7
地方财政科技支出（万元）	3447	1801	23	25	7	7
地方财政科技支出占比（%）	1.24	0.68	15	20	6	6
规上工业企业每万名就业人员中研发人员数（人年）	737.08	741.97	1	7	1	4
规上工业企业每万名就业人员中研发人员数提高幅度（人年）	107.44	4.89	16	33	8	6
规上工业企业R&D经费支出占营业收入的比重（%）	3.71	3.37	2	4	7	5
创新绩效得分	68.57	69.28	18	26	2	4
每亿元GDP技术合同成交额（万元）	380.70	295.34	1	13	1	1
规上高新技术产业产值占规上工业产值比重（%）	50.64	46.53	11	15	3	3
万人有效发明专利拥有量（件）	3.55	4.02	27	26	3	3
万元GDP综合能耗下降率（%）	-5.33	3.34	35	28	6	7
人均GDP（万元/人）	4.91	5.69	30	30	8	8
创新生态得分	71.66	67.62	8	24	7	6
高新技术企业数（家）	32	45	30	31	3	3
高新技术企业增长率（%）	68.42	40.63	2	21	4	4
千家市场主体登记企业中科技型中小企业入库数量（家）	22.40	35.50	22	17	5	4
规上工业企业中有研发活动企业占比（%）	57.81	44.20	6	24	8	7

（十）夏津县

2021年，夏津县综合科技创新水平得分66.79，在省财政直管县排名第31位，在德州市排名第11位。其中，每亿元GDP技术合同成交额达287.41万元，规上工业企业中有研发活动企业占比44.35%，高新技术企业增长率35.71%，规上工业企业R&D经费支出占营业收入的比重3.02%，科技创新成效有待进一步提升。

从创新投入来看，夏津县创新投入排名第23位。其中，全社会R&D经费支出占比排名下降8位；地方财政科技支出及占比排名分别下降16位及11位；规上工业企业每万名就业人员中研发人员数较上年减少75.94人年，排名下降21位；规上工业企业R&D经费支出占营业收入的比重下降0.98个百分点，排名由第4位下降至第7位。

从创新绩效来看，夏津县创新绩效排名第39位。其中，人均GDP排名第13位；每亿元GDP技术合同成交额排名下降4位；规上高新技术产业产值占规上工业产值比重较上年下降7.65个百分点；万元GDP综合能耗下降率下降19位。

从创新生态来看，夏津县创新生态排名第29位。其中，千家市场主体登记企业中科技型中小企业入库数量排名下降4位；高新技术企业数19家，增速缓慢，排名第38位，排名靠后；规上工业企业中有研发活动企业占比较上年下降17.69个百分点，企业创新有待增强。

表3-111所示为德州市夏津县科技创新指标值和排名。

近年来，夏津县不断强化企业创新主体地位，建立企业研发投入正向激励机制，重点加强新材料行业、环保行业、电子行业等的高新技术企业培育，同时激发企业家创新创造的激情热情，营造尊重科技、注重创新的良好氛围。但是，创新发展仍有一定短板。其中，高新技术企业数、规上高新技术产业产值占规上工业产值比重等指标排名落后，财政投入不高，创新产出成效不明显，研发人员不足，应引起重视。

第三部分 县域科技创新水平分析

表 3-111　德州市夏津县科技创新指标值和排名

指标名称	指标值		省财政直管县排名		本市排名	
	上年	当年	上年	当年	上年	当年
综合科技创新水平得分	69.98	66.79	8	31	9	11
创新投入得分	72.75	67.63	5	23	7	11
全社会R&D经费支出（亿元）	5.03	5.00	19	21	10	10
全社会R&D经费支出占比（%）	2.56	2.21	10	18	9	10
地方财政科技支出（万元）	3464	1328	8	24	6	8
地方财政科技支出占比（%）	1.12	0.50	6	17	7	8
规上工业企业每万名就业人员中研发人员数（人年）	534.02	458.07	11	32	7	10
规上工业企业每万名就业人员中研发人员数提高幅度（人年）	10.44	−75.94	28	41	11	11
规上工业企业R&D经费支出占营业收入的比重（%）	4.00	3.02	4	7	6	6
创新绩效得分	65.99	66.00	29	39	9	11
每亿元GDP技术合同成交额（万元）	297.97	287.41	18	22	4	2
规上高新技术产业产值占规上工业产值比重（%）	22.46	14.81	37	40	11	11
万人有效发明专利拥有量（件）	1.49	1.60	33	35	10	11
万元GDP综合能耗下降率（%）	2.58	3.30	15	34	1	10
人均GDP（万元/人）	4.09	4.89	14	13	10	10
创新生态得分	71.26	66.74	9	29	9	8
高新技术企业数（家）	14	19	39	38	11	11
高新技术企业增长率（%）	40.00	35.71	19	36	6	7
千家市场主体登记企业中科技型中小企业入库数量（家）	11.85	17.05	26	30	11	10
规上工业企业中有研发活动企业占比（%）	62.04	44.35	8	27	7	6

（十一）庆云县

2021年，庆云县综合科技创新水平得分67.84，在省财政直管县排名第27位，在德州市排名第8位。其中，规上工业企业R&D经费支出占营业收入的比重2.86%，每亿元GDP技术合同成交额230.66万元，万元GDP综合能耗下降率7.40%，高新技术企业增长率50.00%，科技创新水平有待进一步提升。

从创新投入来看，庆云县创新投入排名第22位。其中，规上工业企业每万名就业人员中研发人员数较上年增长70.38人年；全社会R&D经费支出排名下降4位；全社会R&D经费支出占比较上年下降0.29个百分点；地方财政科技支出及占比出现较明显减少；规上工业企业R&D经费支出占营业收入的比重较上年降低1.25个百分点，需要引起重视。

从创新绩效来看，庆云县创新绩效排名第14位。其中，万元GDP综合能耗下降率排名上升31位；人均GDP增至5.78万元/人，排名第9位；每亿元GDP技术合同成交额排名下降17位。

从创新生态来看，庆云县创新生态排名第30位。千家市场主体登记企业中科技型中小企业入库数量较上年增长7.38家，排名上升2位；高新技术企业数27家，但增长缓慢，增速排名较上年下降24位；规上工业企业中有研发活动企业占比排名下降20位。

表3-112所示为德州市庆云县科技创新指标值和排名。

近年来，庆云县实施工业强县战略，突出高端化、智能化、绿色化和集群化，构建起锂钠电新能源新材料、电力装备、体育器材3个主导产业高标推动，新型商贸物流、现代农业、文旅康养3个优势产业协同发力的现代产业体系。电力装备、体育器材、绿色化工（新材料）获批市级特色产业集群。但是仍然面临创新投入不足与创新生态尚待完善的问题，研发人员偏少，高新技术企业增长乏力，企业研发活力下降，是导致当前庆云县综合科技创新水平得分降低的主要因素，应当给予重点关注。

表 3-112 德州市庆云县科技创新指标值和排名

指标名称	指标值		省财政直管县排名		本市排名	
	上年	当年	上年	当年	上年	当年
综合科技创新水平得分	69.63	67.84	13	27	11	8
创新投入得分	71.64	67.75	9	22	11	10
全社会R&D经费支出（亿元）	3.26	3.17	27	31	11	11
全社会R&D经费支出占比（%）	1.99	1.70	21	24	11	11
地方财政科技支出（万元）	1184	802	31	31	11	10
地方财政科技支出占比（%）	0.54	0.29	17	26	10	10
规上工业企业每万名就业人员中研发人员数（人年）	463.35	533.73	17	26	10	7
规上工业企业每万名就业人员中研发人员数提高幅度（人年）	51.03	70.38	24	30	9	3
规上工业企业R&D经费支出占营业收入的比重（%）	4.11	2.86	3	8	4	8
创新绩效得分	66.77	68.96	22	14	7	5
每亿元GDP技术合同成交额（万元）	364.71	230.66	10	27	2	4
规上高新技术产业产值占规上工业产值比重（%）	39.84	38.46	19	21	8	9
万人有效发明专利拥有量（件）	2.75	2.91	16	18	7	8
万元GDP综合能耗下降率（%）	-13.26	7.40	41	10	11	2
人均GDP（万元/人）	5.31	5.78	8	9	5	5
创新生态得分	70.52	66.73	11	30	10	9
高新技术企业数（家）	18	27	34	33	10	8
高新技术企业增长率（%）	80.00	50.00	3	27	1	1
千家市场主体登记企业中科技型中小企业入库数量（家）	14.69	22.07	21	19	9	8
规上工业企业中有研发活动企业占比（%）	51.81	39.39	12	32	11	11

十四、聊城市

（一）东昌府区

2021年，东昌府区综合科技创新水平得分69.32，在市辖区排名第41位，在聊城市排名第5位。其中，全社会R&D经费支出21.90亿元，万元GDP综合能耗下降率达6.10%，人均GDP 5.81万元/人，高新技术企业数154家，科技创新成效有待进一步提升。

从创新投入来看，东昌府区创新投入排名第37位。其中，全社会R&D经费支出增长到21.90亿元，排名第19位；全社会R&D经费支出占比排名提升4位；地方财政科技支出及占排名靠后，分别排名第46位及第53位；规上工业企业每万名就业人员中研发人员数排名下降11位，规上工业企业每万名就业人员中研发人员数提高幅度排名下降37位；规上工业企业R&D经费支出占营业收入的比重较上年下降0.39个百分点。

从创新绩效来看，东昌府区创新绩效排名第44位。其中，规上高新技术产业产值占规上工业产值比重较上年提高4.78个百分点；万人有效发明专利拥有量、人均GDP位次排名均上升1位；每亿元GDP技术合同成交额排名下降18位；万元GDP综合能耗下降率较上年下降2位。

从创新生态来看，东昌府区创新生态排名第34位。其中，高新技术企业数154家，排名第29位；千家市场主体登记企业中科技型中小企业入库数量较上年增长12.03家；规上工业企业中有研发活动企业占比排名下降19位，需要引起重视。

表3-113所示为聊城市东昌府区科技创新指标值和排名。

近年来，东昌府区紧扣"科技创新驱动"发展战略，聚焦轴承保持器、钢管、新能源汽车及零部件、高端装备四大产业，充分发挥高等院校、科研院所和新型研发机构创新带动作用，加快科技创新，并连续入选"全国科技创新百强区"。但是，创新方面仍有一定短板。地方财政科技支出及占比偏低，科技型企业培育力度不足，技术市场交易不活跃，需进一步关注。

表 3-113 聊城市东昌府区科技创新指标值和排名

指标名称	指标值		市辖区排名		本市排名	
	上年	当年	上年	当年	上年	当年
综合科技创新水平得分	70.29	69.32	31	41	2	5
创新投入得分	70.75	68.73	29	37	3	5
全社会R&D经费支出（亿元）	18.35	21.90	19	19	1	1
全社会R&D经费支出占比（%）	2.41	2.53	28	24	5	5
地方财政科技支出（万元）	1060	1271	55	46	7	4
地方财政科技支出占比（%）	0.19	0.21	57	53	8	6
规上工业企业每万名就业人员中研发人员数（人年）	537.05	606.24	23	33	4	4
规上工业企业每万名就业人员中研发人员数提高幅度（人年）	233.13	69.19	8	45	5	5
规上工业企业R&D经费支出占营业收入的比重（%）	1.94	1.55	25	36	2	7
创新绩效得分	69.28	69.91	42	44	2	5
每亿元GDP技术合同成交额（万元）	188.77	124.12	28	46	8	8
规上高新技术产业产值占规上工业产值比重（%）	52.21	56.99	23	24	1	2
万人有效发明专利拥有量（件）	8.00	9.31	36	35	1	1
万元GDP综合能耗下降率（%）	7.87	6.10	9	11	1	2
人均GDP（万元/人）	5.16	5.81	48	47	2	2
创新生态得分	70.89	69.32	22	34	3	3
高新技术企业数（家）	100	154	29	29	1	1
高新技术企业增长率（%）	29.87	54.00	33	20	5	4
千家市场主体登记企业中科技型中小企业入库数量（家）	10.96	22.99	54	49	4	3
规上工业企业中有研发活动企业占比（%）	54.72	47.92	9	28	3	5

(二）茌平区

2021年，茌平区综合科技创新水平得分70.83，在市辖区排名第28位，在聊城市排名第2位。多项指标在全市名列前茅，其中，全社会R&D经费支出达到17.35亿元，全社会R&D经费支出占比5.02%，规上工业企业每万名就业人员中研发人员数688.08人年，人均GDP达到6.70万元/人，科技创新取得一定成效。

从创新投入来看，茌平区创新投入排名由上年的第13位下降至第19位。其中，全社会R&D经费支出占比提高到5.02%，排名第1位；全社会R&D经费支出较上年增长2.68亿元；地方财政科技支出及占比均有所提升，排名分别为第45位及第47位；规上工业企业每万名就业人员中研发人员数较上年增长30.32人年，排名下降43位；规上工业企业R&D经费支出占营业收入的比重排名下降7位。

从创新绩效来看，茌平区创新绩效排名由第47位上升至第20位。其中，每亿元GDP技术合同成交额排名从第16位上升至第8位；规上高新技术产业产值占规上工业产值比重较上年提高16.11个百分点；万元GDP综合能耗下降率排名上升38位；万人有效发明专利拥有量仅1.97件，排名第58位。

从创新生态来看，茌平区创新生态排名第43位。其中，高新技术企业数39家，排名第51位；千家市场主体登记企业中科技型中小企业入库数量排名下降10位；规上工业企业中有研发活动企业占比较上年下降24.58个百分点，企业研发活力不足。

表3-114所示为聊城市茌平区科技创新指标值和排名。

近年来，茌平区聚焦铝加工、新医药、生物技术、节能环保、现代农业等行业的科技创新，将加快科技进步、提高自主创新能力，作为推动区域经济社会发展进步的战略性举措。但是创新方面仍有一定短板。地方财政科技支出及占比、创新绩效方面的万人有效发明专利拥有量、高新技术企业数和千家市场主体登记企业中科技型中小企业入库数量等排名落后，是科技创新发展的薄弱之处。

表 3-114 聊城市茌平区科技创新指标值和排名

指标名称	指标值		市辖区排名		本市排名	
	上年	当年	上年	当年	上年	当年
综合科技创新水平得分	71.86	70.83	18	28	1	2
创新投入得分	73.70	71.11	13	19	1	2
全社会R&D经费支出（亿元）	14.67	17.35	23	23	2	2
全社会R&D经费支出占比（%）	4.83	5.02	2	1	1	1
地方财政科技支出（万元）	894	1304	57	45	8	3
地方财政科技支出占比（%）	0.25	0.35	56	47	7	2
规上工业企业每万名就业人员中研发人员数（人年）	657.76	688.08	14	27	1	2
规上工业企业每万名就业人员中研发人员数提高幅度（人年）	359.34	30.32	4	47	2	6
规上工业企业R&D经费支出占营业收入的比重（%）	1.79	1.56	28	35	4	6
创新绩效得分	68.73	73.11	47	20	3	2
每亿元GDP技术合同成交额（万元）	434.80	675.91	16	8	3	1
规上高新技术产业产值占规上工业产值比重（%）	39.46	55.57	39	26	3	3
万人有效发明专利拥有量（件）	1.70	1.97	58	58	6	6
万元GDP综合能耗下降率（%）	−0.31	5.30	52	14	6	3
人均GDP（万元/人）	5.87	6.70	41	39	1	1
创新生态得分	73.23	68.13	12	43	1	6
高新技术企业数（家）	24	39	52	51	4	4
高新技术企业增长率（%）	60.00	62.50	6	10	1	3
千家市场主体登记企业中科技型中小企业入库数量（家）	18.62	21.13	43	53	2	5
规上工业企业中有研发活动企业占比（%）	68.39	43.81	3	33	1	8

（三）临清市

2021年，临清市综合科技创新水平得分67.89，在省财政直管县排名第26位，在聊城市排名第8位。其中，规上工业企业每万名就业人员中研发人员数564.44人年，千家市场主体登记企业中科技型中小企业入库数量16.82家，规上工业企业中有研发活动企业占比48.31%，科技创新水平有待进一步提升。

从创新投入来看，临清市创新投入排名第24位。其中，全社会R&D经费支出增至6.69亿元，排名第15位；全社会R&D经费支出占比排名上升4位；地方财政科技支出及占比均有所提升，排名分别上升10位及8位，政府对科技创新重视程度增加；规上工业企业R&D经费支出占营业收入的比重排名上升4位；规上工业企业每万名就业人员中研发人员数较上年增长22.86人年，但增幅较小，排名由第10位下降至第21位。

从创新绩效来看，临清市创新绩效排名第19位。其中，万元GDP综合能耗下降率排名上升9位；万人有效发明专利拥有量排名上升3位；每亿元GDP技术合同成交额排名下降7位；规上高新技术产业产值占规上工业产值比重排名由上年的第25位下降至第27位。

从创新生态来看，临清市创新生态排名第25位。其中，高新技术企业数增至47家，排名第15位；千家市场主体登记企业中科技型中小企业入库数量较上年增长6.65家；规上工业企业中有研发活动企业占比排名下降4位，需要引起重视。

表3-115所示为聊城市临清市科技创新指标值和排名。

近年来，临清市聚焦轴承、纺织、机械制造等重点产业，出台政策加大创新扶持力度，鼓励引导企业创建科技创新平台，着力打造创新高地，以科技创新塑强产业竞争优势，加快新旧动能转换。但是创新发展仍有一定短板。财政科技支出及占比偏低，科技型企业增长乏力，研发人员不足，绿色节能减排需要加力，应重点关注。

表 3-115　聊城市临清市科技创新指标值和排名

指标名称	指标值		省财政直管县排名		本市排名	
	上年	当年	上年	当年	上年	当年
综合科技创新水平得分	68.97	67.89	14	26	4	8
创新投入得分	70.23	67.54	15	24	4	7
全社会R&D经费支出（亿元）	5.26	6.69	16	15	6	6
全社会R&D经费支出占比（%）	2.21	2.49	18	14	7	6
地方财政科技支出（万元）	1111	1373	32	22	6	2
地方财政科技支出占比（%）	0.26	0.32	30	22	6	4
规上工业企业每万名就业人员中研发人员数（人年）	541.58	564.44	10	21	3	6
规上工业企业每万名就业人员中研发人员数提高幅度（人年）	466.92	22.86	1	36	1	7
规上工业企业R&D经费支出占营业收入的比重（%）	1.61	1.61	25	21	5	3
创新绩效得分	67.67	68.08	16	19	4	6
每亿元GDP技术合同成交额（万元）	518.78	419.04	4	11	2	5
规上高新技术产业产值占规上工业产值比重（%）	34.93	32.28	25	27	4	6
万人有效发明专利拥有量（件）	1.99	2.44	26	23	5	5
万元GDP综合能耗下降率（%）	−0.18	4.20	35	26	5	7
人均GDP（万元/人）	3.00	3.40	37	37	7	7
创新生态得分	69.03	68.06	18	25	5	7
高新技术企业数（家）	31	47	11	15	2	2
高新技术企业增长率（%）	34.78	51.61	22	24	4	5
千家市场主体登记企业中科技型中小企业入库数量(家)	10.17	16.82	28	31	5	6
规上工业企业中有研发活动企业占比（%）	47.85	48.31	16	20	5	4

（四）阳谷县

2021 年，阳谷县综合科技创新水平得分 69.60，在省财政直管县排名第 13 位，在聊城市排名第 3 位。部分指标在全市名列前茅，其中，地方财政科技支出 2387 万元，规上工业企业每万名就业人员中研发人员数提高幅度为 240.56 人年，万人有效发明专利拥有量 4.51 件，人均 GDP 4.56 万元/人，高新技术企业数 40 家，科技创新取得一定成效。

从创新投入来看，阳谷县创新投入排名保持第 16 位。其中，规上工业企业每万名就业人员中研发人员数较上年增长 240.56 人年，排名上升 10 位；全社会 R&D 经费支出较上年减少 3.19 亿元，排名下降 10 位；全社会 R&D 经费支出占比较上年下降 1.42 个百分点，排名下降 11 位，成为限制创新投入提升的主要原因。

从创新绩效来看，阳谷县创新绩效稳中向好，排名由第 30 位上升至第 12 位。其中，规上高新技术产业产值占规上工业产值比重增长较快，排名由第 33 位上升至第 8 位；万人有效发明专利拥有量增至 4.51 件，排名第 7 位；万元 GDP 综合能耗下降率排名上升 17 位；每亿元 GDP 技术合同成交额排名下降 5 位。

从创新生态来看，阳谷县创新生态明显优化，排名由第 33 位上升至第 12 位。其中，高新技术企业数 40 家，排名上升 8 位；高新技术企业增长率 81.82%，增速排名第 5 位；千家市场主体登记企业中科技型中小企业入库数量较上年增长 12.09 家；规上工业企业中有研发活动企业占比排名上升 15 位。

表 3-116 所示为聊城市阳谷县科技创新指标值和排名。

近年来，阳谷县着力打造高新技术产业高地，聚焦新材料、先进制造业和现代农业，把科技创新作为县域高质量发展的首选战略和首要动力。但是，科技创新仍有薄弱环节。其中，规上工业企业 R&D 经费支出占营业收入的比重、千家市场主体登记企业中科技型中小企业入库数量、万元 GDP 综合能耗下降率等排名靠后，需要加以重视。

表 3-116　聊城市阳谷县科技创新指标值和排名

指标名称	指标值		省财政直管县排名		本市排名	
	上年	当年	上年	当年	上年	当年
综合科技创新水平得分	67.25	69.60	26	13	8	3
创新投入得分	70.10	68.77	16	16	5	4
全社会R&D经费支出（亿元）	10.62	7.43	2	12	3	5
全社会R&D经费支出占比（%）	3.75	2.33	5	16	3	7
地方财政科技支出（万元）	2617	2387	14	13	1	1
地方财政科技支出占比（%）	0.60	0.53	15	15	2	1
规上工业企业每万名就业人员中研发人员数（人年）	356.41	596.97	28	18	6	5
规上工业企业每万名就业人员中研发人员数提高幅度（人年）	40.35	240.56	26	13	6	2
规上工业企业R&D经费支出占营业收入的比重（%）	1.83	1.56	19	24	3	5
创新绩效得分	65.95	69.93	30	12	6	4
每亿元GDP技术合同成交额（万元）	368.42	376.46	9	14	4	6
规上高新技术产业产值占规上工业产值比重（%）	24.59	50.09	33	8	6	4
万人有效发明专利拥有量（件）	3.91	4.51	7	7	4	4
万元GDP综合能耗下降率（%）	-3.77	4.40	38	21	8	5
人均GDP（万元/人）	4.03	4.56	15	18	4	4
创新生态得分	65.60	70.11	33	12	8	1
高新技术企业数（家）	22	40	27	19	6	3
高新技术企业增长率（%）	29.41	81.82	26	5	6	1
千家市场主体登记企业中科技型中小企业入库数量（家）	9.18	21.27	31	21	6	4
规上工业企业中有研发活动企业占比（%）	27.50	54.13	31	16	7	3

(五) 莘县

2021年，莘县综合科技创新水平得分68.06，在省财政直管县排名第23位，在聊城市排名第7位。其中，全社会R&D经费支出达10.12亿元，全社会R&D经费支出占比3.92%，人均GDP 2.78万元/人，万人有效发明专利拥有量0.71件，高新技术企业数29家，科技创新发展有待进一步提升。

从创新投入来看，莘县创新投入排名第13位。其中，全社会R&D经费支出增长较快排名从第29位上升至第5位；全社会R&D经费支出占比3.92%，排名上升至第2位；规上工业企业R&D经费支出占营业收入的比重排名上升9位；地方财政科技支出及占比排名分别下降12位及10位；规上工业企业每万名就业人员中研发人员数排名下降14位。

从创新绩效来看，莘县创新绩效排名第35位。每亿元GDP技术合同成交额排名上升3位，排名第9位；规上高新技术产业产值占规上工业产值比重较上年下降2.83个百分点；万人有效发明专利拥有量、人均GDP略有增长，但排名均居末位；万元GDP综合能耗下降率排名下降31位。

从创新生态来看，莘县创新生态排名第19位。其中，高新技术企业数29家，排名第30位；高新技术企业增长率81.25%，增速排名上升34位；千家市场主体登记企业中科技型中小企业入库数量较上年增长7.19家，排名第36位，企业创新的后备力量相对不足；规上工业企业中有研发活动企业占比排名下降18位。

表3-117所示为聊城市莘县科技创新指标值和排名。

近年来，莘县作为传统农业县，努力打造现代畜牧业，建设种子种苗生产基地，依托科研平台和高等院校加快科技创新步伐，已取得一定成效。但是，创新绩效与创新生态方面还有进步空间。其中，规上高新技术产业产值占规上工业产值比重、万人有效发明专利拥有量是明显短板，排名比较靠后；万元GDP综合能耗下降率和规上工业企业中有研发活动企业占比下降幅度较大，需要引起重视。

表 3-117　聊城市莘县科技创新指标值和排名

指标名称	指标值		省财政直管县排名		本市排名	
	上年	当年	上年	当年	上年	当年
综合科技创新水平得分	68.49	68.06	18	23	5	7
创新投入得分	68.85	69.16	22	13	7	3
全社会 R&D 经费支出（亿元）	3.12	10.12	29	5	8	4
全社会 R&D 经费支出占比（%）	1.36	3.92	25	2	8	3
地方财政科技支出（万元）	1882	656	21	33	3	7
地方财政科技支出占比（%）	0.35	0.11	26	36	4	7
规上工业企业每万名就业人员中研发人员数（人年）	545.28	558.40	9	23	2	7
规上工业企业每万名就业人员中研发人员数提高幅度（人年）	352.63	13.12	3	37	3	8
规上工业企业 R&D 经费支出占营业收入的比重（%）	1.55	1.85	27	18	7	2
创新绩效得分	65.74	66.51	33	35	7	7
每亿元 GDP 技术合同成交额（万元）	328.60	454.95	12	9	5	4
规上高新技术产业产值占规上工业产值比重（%）	20.87	18.04	39	38	7	7
万人有效发明专利拥有量（件）	0.56	0.71	41	41	8	8
万元 GDP 综合能耗下降率（%）	6.29	3.00	6	37	2	8
人均 GDP（万元/人）	2.46	2.78	41	41	8	8
创新生态得分	71.02	68.56	10	19	2	5
高新技术企业数（家）	16	29	36	30	8	8
高新技术企业增长率（%）	14.29	81.25	40	6	8	2
千家市场主体登记企业中科技型中小企业入库数量（家）	4.61	11.80	40	36	8	8
规上工业企业中有研发活动企业占比（%）	64.75	46.43	5	23	2	7

（六）东阿县

2021 年，东阿县综合科技创新水平得分 71.00，在其余县（市）排名第 9 位，在聊城市排名第 1 位。部分指标排名比较靠前，其中，规上工业企业每万名就业人员中研发人员数 718.34 人年，每亿元 GDP 技术合同成交额 641.71 万元，规上高新技术产业产值占规上工业产值比重达 66.99%，万人有效发明专利拥有量 7.69 件，高新技术企业数 39 家，科技创新成效明显。

从创新投入来看，东阿县创新投入排名第 25 位。其中，规上工业企业每万名就业人员中研发人员数较上年增长 234.03 人年，排名上升 5 位；全社会 R&D 经费支出较上年减少 4.55 亿元，全社会 R&D 经费支出占比较上年降低 3.25 个百分点，成为影响创新投入提升的主要原因之一；地方财政科技支出及占比排名分别下降 10 位及 7 位；规上工业企业 R&D 经费支出占营业收入的比重排名下降 19 位。

从创新绩效来看，东阿县创新绩效表现优异，排名由第 29 位上升至第 1 位。其中，每亿元 GDP 技术合同成交额、万元 GDP 综合能耗下降率均排名第 1 位；规上高新技术产业产值占规上工业产值比重较上年提高 34.20 个百分点；万人有效发明专利拥有量排名第 16 位。

从创新生态来看，东阿县创新生态排名第 20 位。其中，规上工业企业中有研发活动企业占比排名上升 6 位；高新技术企业数 39 家，排名下降 2 位；千家市场主体登记企业中科技型中小企业入库数量较上年增长 8.56 家，创新后备力量的建设需要提速。

表 3-118 所示为聊城市东阿县科技创新指标值和排名。

近年来，东阿县围绕阿胶及"阿胶+"、生物医药、高端装备制造、新型建材 4 个百亿产业集群，大力实施"四百"突破工程，全面推动资源要素向高端产业，实施科技创新赋能行动，狠抓企业创新能力提升，走在聊城市创新队伍的前列。但是，创新方面仍有一定短板。其中，全社会 R&D 经费支出及占比、地方财政科技支出及占比排名落后，高新技术企业数和千家市场主体登记企业中科技型中小企业入库数量增长缓慢，需要给予更多关注。

表 3-118 聊城市东阿县科技创新指标值和排名

指标名称	指标值		其余县（市）排名		本市排名	
	上年	当年	上年	当年	上年	当年
综合科技创新水平得分	69.39	71.00	15	9	3	1
创新投入得分	73.55	67.48	6	25	2	8
全社会R&D经费支出（亿元）	6.96	2.41	22	35	4	8
全社会R&D经费支出占比（%）	4.68	1.43	2	27	2	8
地方财政科技支出（万元）	2369	714	26	36	2	6
地方财政科技支出占比（%）	0.83	0.25	21	28	1	5
规上工业企业每万名就业人员中研发人员数（人年）	484.31	718.34	16	11	5	1
规上工业企业每万名就业人员中研发人员数提高幅度（人年）	−65.88	234.03	31	10	8	3
规上工业企业R&D经费支出占营业收入的比重（%）	3.58	1.26	3	22	1	8
创新绩效得分	66.42	76.61	29	1	5	1
每亿元GDP技术合同成交额（万元）	251.13	641.71	11	1	7	2
规上高新技术产业产值占规上工业产值比重（%）	32.79	66.99	25	5	5	1
万人有效发明专利拥有量（件）	7.31	7.69	10	16	2	2
万元GDP综合能耗下降率（%）	−1.90	21.10	33	1	7	1
人均GDP（万元/人）	4.26	4.89	32	32	3	3
创新生态得分	68.13	68.79	18	20	6	4
高新技术企业数（家）	30	39	31	33	3	4
高新技术企业增长率（%）	20.00	30.00	23	31	7	8
千家市场主体登记企业中科技型中小企业入库数量（家）	14.54	23.10	28	31	3	2
规上工业企业中有研发活动企业占比（%）	41.49	56.47	18	12	6	2

（七）冠县

2021年，冠县综合科技创新水平得分68.68，在省财政直管县排名第19位，在聊城市排名第6位。多项指标在全市名列前茅，其中，全社会R&D经费支出达11.30亿元，规上工业企业每万名就业人员中研发人员数达到662.12人年，规上工业企业R&D经费支出占营业收入比重3.58%，每亿元GDP技术合同成交额345.77万元，科技创新水平有待进一步提升。

从创新投入来看，冠县创新投入排名由上年的第21位上升至第3位。其中，全社会R&D经费支出较上年增长5.20亿元，排名跃升至第2位；全社会R&D经费支出占比4.57%，排名由第8位上升至第1位；规上工业企业每万名就业人员中研发人员数较上年增长355.53人年，排名上升19位；规上工业企业R&D经费支出占营业收入的比重由第28位上升至第4位；地方财政科技支出及占比出现较大幅度下降，分别排名第40位及第38位。

从创新绩效来看，冠县创新绩效排名第41位。其中，每亿元GDP技术合同成交额较上年增长32.43万元；万人有效发明专利拥有量1.03件，排名第38位；万元GDP综合能耗下降率排名下降9位；规上高新技术产业产值占规上工业产值比重仅6.33%，排名末位，成为制约创新绩效表现的主要因素。

从创新生态来看，创新生态排名由第17位下降至第27位。其中，高新技术企业30家，较上年增长36.36%，增长率排名第35位；千家市场主体登记企业中科技型中小企业入库数量较上年增长7.68家；规上工业企业中有研发活动企业占比排名下降7位。

表3-119所示为聊城市冠县科技创新指标值和排名。

近年来，以链长制为加快产业发展的总抓手，统筹推动产业科学快速发展。重点培植钢板精深加工、纺织服装、装备智能制造（轴承）、现代农业四大主导产业，以产业为依托，以企业为主体，以创新为动力，强化政策引导，打造优良环境。但是，在创新发展方面仍存在一定短板。其中，规上高新技术产业产值占规上工业产值比重、万人有效发明专利拥有量和人均GDP等亟需提升。同时，高新技术企业数、千家市场主体登记企业中科技型中小企业入库数量相对较少，需要加大对科技型企业的培育力度。

县域科技创新水平分析 | 第三部分

表 3-119 聊城市冠县科技创新指标值和排名

指标名称	指标值		省财政直管县排名		本市排名	
	上年	当年	上年	当年	上年	当年
综合科技创新水平得分	67.45	68.68	24	19	6	6
创新投入得分	68.94	73.49	21	3	6	1
全社会 R&D 经费支出（亿元）	6.10	11.30	12	2	5	3
全社会 R&D 经费支出占比（%）	2.79	4.57	8	1	4	2
地方财政科技支出（万元）	1554	421	24	40	5	8
地方财政科技支出占比（%）	0.35	0.10	27	38	4	8
规上工业企业每万名就业人员中研发人员数（人年）	306.60	662.12	34	15	7	3
规上工业企业每万名就业人员中研发人员数提高幅度（人年）	272.59	355.53	7	9	4	1
规上工业企业 R&D 经费支出占营业收入的比重（%）	1.53	3.58	28	4	8	1
创新绩效得分	64.24	65.29	41	41	8	8
每亿元 GDP 技术合同成交额（万元）	313.34	345.77	16	16	6	7
规上高新技术产业产值占规上工业产值比重（%）	6.15	6.33	41	41	8	8
万人有效发明专利拥有量（件）	0.89	1.03	37	38	7	7
万元 GDP 综合能耗下降率（%）	3.47	4.40	14	23	3	5
人均 GDP（万元/人）	3.02	3.45	36	36	6	6
创新生态得分	69.28	67.18	17	27	4	8
高新技术企业数（家）	22	30	28	28	6	7
高新技术企业增长率（%）	46.67	36.36	11	35	2	7
千家市场主体登记企业中科技型中小企业入库数量（家）	6.75	14.43	35	33	7	7
规上工业企业中有研发活动企业占比（%）	49.15	46.79	15	22	4	6

（八）高唐县

2021年，高唐县综合科技创新水平得分69.40，在省财政直管县排名第14位，在聊城市排名第4位。多项指标在全市名列前茅，其中，每亿元GDP技术合同成交额达606.70万元，万人有效发明专利拥有量6.70件，千家市场主体登记企业中科技型中小企业入库数量28.22家，规上工业企业中有研发活动企业占比达60.95%，科技创新成效有待进一步提升。

从创新投入来看，高唐县创新投入排名第20位。其中，全社会R&D经费支出较上年增长1.33亿元，全社会R&D经费支出占比排名上升6位；规上工业企业每万名就业人员中研发人员数较上年增长173.55人年；规上工业企业R&D经费支出占营业收入的比重排名上升3个位次；地方财政科技支出及占比排名分别下降6位及5位。

从创新绩效来看，高唐县创新绩效表现最优，排名第9位。其中，每亿元GDP技术合同成交额、万人有效发明专利拥有量均排名第4位；规上高新技术产业产值占规上工业产值比重排名上4位；万元GDP综合能耗下降率排名上升8位。

从创新生态来看，高唐县创新生态排名第17位。其中，高新技术企业数33家，排名第25位；千家市场主体登记企业中科技型中小企业入库数量较上年增长7.64家；规上工业企业中有研发活动企业占比大幅提升，排名上升24位，企业研发活跃度提高。

表3-120所示为聊城市高唐县科技创新指标值和排名。

近年来，高唐县优选整合装备制造业、康养食品、造纸印刷、电子信息、生物医药、纺织服装、高端板材等7条标志性产业链，全面实行实体化运营链长制，加速实现企业抱团发展、降低成本，形成集聚效应，推进新旧动能转换，加快科技创新步伐。但是，在创新方面存在一定短板。其中，规上工业企业每万名就业人员中研发人员数等排名比较靠后，研发投入、财政科技支出偏低，高新技术企业数量偏少，很大程度上限制了科技创新的发展，应该重点关注。

表 3-120 聊城市高唐县科技创新指标值和排名

指标名称	指标值		省财政直管县排名		本市排名	
	上年	当年	上年	当年	上年	当年
综合科技创新水平得分	67.38	69.40	25	14	7	4
创新投入得分	67.03	67.90	26	20	8	6
全社会R&D经费支出（亿元）	3.63	4.96	25	22	7	7
全社会R&D经费支出占比（%）	2.36	2.94	15	9	6	4
地方财政科技支出（万元）	1688	932	22	28	4	5
地方财政科技支出占比（%）	0.58	0.33	16	21	3	3
规上工业企业每万名就业人员中研发人员数（人年）	196.83	370.38	38	36	8	8
规上工业企业每万名就业人员中研发人员数提高幅度（人年）	18.78	173.55	27	17	7	4
规上工业企业R&D经费支出占营业收入的比重（%）	1.56	1.57	26	23	6	4
创新绩效得分	69.36	70.48	7	9	1	3
每亿元GDP技术合同成交额（万元）	630.65	606.70	1	4	1	3
规上高新技术产业产值占规上工业产值比重（%）	41.95	43.07	17	13	2	5
万人有效发明专利拥有量（件）	6.39	6.70	4	4	3	3
万元GDP综合能耗下降率（%）	1.07	4.50	27	19	4	4
人均GDP（万元/人）	3.36	3.73	28	31	5	5
创新生态得分	65.65	69.85	32	17	7	2
高新技术企业数（家）	23	33	25	25	5	6
高新技术企业增长率（%）	43.75	43.48	13	29	3	6
千家市场主体登记企业中科技型中小企业入库数量（家）	20.58	28.22	8	13	1	1
规上工业企业中有研发活动企业占比（%）	24.36	60.95	34	10	8	1

十五、滨州市

（一）滨城区

2021年，滨城区综合科技创新水平得分70.94，在市辖区排名第27位，在滨州市排名第7位。其中，全社会R&D经费支出22.03亿元，规上工业企业每万名就业人员中研发人员中研发人数739.74人年，人均GDP达8.71万元/人，规上高新技术产业产值占规上工业产值比重59.06%，科技创新有待进一步提升。

从创新投入来看，滨城区创新投入排名第24位。其中，全社会R&D经费支出较上年增长2.19亿元，保持第18位；地方财政科技支出及占比大幅增长，排名第23位及第24位；规上工业企业每万名就业人员中研发人员数较上年增长145.67人年；全社会R&D经费支出占比排名下降2位；规上工业企业R&D经费支出占营业收入的比重排名下降8位。

从创新绩效来看，滨城区创新绩效排名第29位。其中，每亿元GDP技术合同成交额排名上升3位；规上高新技术产业产值占规上工业产值比重为59.06%，排名第21位；万人有效发明专利拥有量较上年增长1.42件；万元GDP综合能耗下降率排名下降，由第4位下降至第6位。

从创新生态来看，滨城区创新生态排名第26位。其中，高新技术企业数增至105家，排名第36位；规上工业企业中有研发活动企业占比较上年提高9.55个百分点，企业研发意识进一步提高；千家市场主体登记企业中科技型中小企业入库数量排名下降1位。

表3-121所示为滨州市滨城区科技创新指标值和排名。

近年来，滨城区科学构建创新体系，提升创新实力，大力发展生物科技、电子科技、卫星通信等高新技术领域，构建"重点实验室原始创新＋创新中心技术创新＋工程中心应用创新"的创新体系，打造重要关键核心技术战略新高地。但是创新发展仍有一定的短板，规上工业企业R&D经费支出占营业收入的比重、每亿元GDP技术合同成交额、高新技术企业数及千家市场主体登记企业中科技型中小企业入库数量排名比较靠后，应该重点关注。

表 3-121 滨州市滨城区科技创新指标值和排名

指标名称	指标值		市辖区排名		本市排名	
	上年	当年	上年	当年	上年	当年
综合科技创新水平得分	70.75	70.94	27	27	3	7
创新投入得分	70.88	70.47	25	24	3	5
全社会 R&D 经费支出（亿元）	19.84	22.03	18	18	2	2
全社会 R&D 经费支出占比（%）	2.99	2.95	13	15	3	4
地方财政科技支出（万元）	1518	3585	47	23	5	5
地方财政科技支出占比（%）	0.38	0.82	52	24	7	5
规上工业企业每万名就业人员中研发人员数（人年）	594.06	739.74	18	21	3	3
规上工业企业每万名就业人员中研发人员数提高幅度（人年）	78.30	145.67	28	35	7	4
规上工业企业 R&D 经费支出占营业收入的比重（%）	1.73	1.55	29	37	1	2
创新绩效得分	71.16	72.08	24	29	2	2
每亿元 GDP 技术合同成交额（万元）	123.63	170.20	42	39	7	7
规上高新技术产业产值占规上工业产值比重（%）	58.19	59.06	19	21	1	1
万人有效发明专利拥有量（件）	10.78	12.20	27	29	2	2
万元 GDP 综合能耗下降率（%）	12.99	9.34	4	6	2	2
人均 GDP（万元/人）	7.84	8.71	29	29	1	1
创新生态得分	70.18	70.21	27	26	4	6
高新技术企业数（家）	77	105	35	36	1	1
高新技术企业增长率（%）	26.23	36.36	37	43	7	7
千家市场主体登记企业中科技型中小企业入库数量（家）	17.66	25.51	46	47	4	7
规上工业企业中有研发活动企业占比（%）	50.25	59.80	14	8	4	6

（二）沾化区

2021年，沾化区综合科技创新水平得分74.49，在市辖区排名第10位，在滨州市排名第1位。其中，规上工业企业每万名就业人员中研发人员数达1624.25人年，规上工业企业R&D经费支出占营业收入的比重1.84%，每亿元GDP技术合同成交额978.26万元，千家市场主体登记企业中科技型中小企业入库数量达37.04家，科技创新成效显著。

从创新投入来看，沾化区创新投入排名第6位。其中，规上工业企业每万名就业人员中研发人员数达1624.25人年，排名首位；全社会R&D经费支出较上年增长0.77亿元，全社会R&D经费支出占比3.13%，排名第11位；地方财政科技支出及占比略有增长，排名分别上升6位及8位；规上工业企业R&D经费支出占营业收入的比重排名上升8位。

从创新绩效来看，沾化区创新绩效排名第11位。其中，万元GDP综合能耗下降率排名排名第1位；规上高新技术产业产值占规上工业产值比重较上年提高13.57个百分点；每亿元GDP技术合同成交额排名下降至第6位；万人有效发明专利拥有量5.18件，排名第53位。

从创新生态来看，沾化区创新生态排名第13位。其中，规上工业企业中有研发活动企业占比77.48%，排名首位；高新技术企业数仅20家，排名落后；千家市场主体登记企业中科技型中小企业入库数量排名上升13位。

表3-122所示为滨州市沾化区科技创新指标值和排名。

近年来，沾化区产业发展不断培强存量、提升质量，化工新材料、精细氧化铝、新能源新材料三大主导产业地位凸显，现代医药农药、食品加工等优势产业规模不断升级，以发展路径创新为突破，以科技研发创新为引领，推动科技创新的发展。但是，在创新方面短板明显。其中，地方财政支出不足，研发投入偏低，专利产出不高，高新技术产业产值占比偏低，高新技术企业偏少，应引起重视。

表 3-122 滨州市沾化区科技创新指标值和排名

指标名称	指标值		市辖区排名		本市排名	
	上年	当年	上年	当年	上年	当年
综合科技创新水平得分	74.17	74.49	9	10	1	1
创新投入得分	75.00	74.78	9	6	1	1
全社会 R&D 经费支出（亿元）	4.82	5.59	47	47	6	7
全社会 R&D 经费支出占比（%）	2.95	3.13	15	11	4	3
地方财政科技支出（万元）	1231	1262	53	47	7	7
地方财政科技支出占比（%）	0.39	0.42	48	40	6	7
规上工业企业每万名就业人员中研发人员数（人年）	1085.88	1624.25	3	1	1	1
规上工业企业每万名就业人员中研发人员数提高幅度（人年）	882.31	538.37	1	2	1	1
规上工业企业 R&D 经费支出占营业收入的比重（%）	1.51	1.84	34	26	2	2
创新绩效得分	73.05	75.24	13	11	1	1
每亿元 GDP 技术合同成交额（万元）	1439.32	978.26	1	6	1	1
规上高新技术产业产值占规上工业产值比重（%）	24.56	38.13	53	44	7	5
万人有效发明专利拥有量（件）	4.64	5.18	53	53	5	5
万元 GDP 综合能耗下降率（%）	1.82	16.83	45	1	4	1
人均 GDP（万元/人）	4.87	5.28	50	51	6	6
创新生态得分	74.48	73.38	10	13	2	2
高新技术企业数（家）	12	20	57	57	7	7
高新技术企业增长率（%）	100.00	66.67	3	7	1	4
千家市场主体登记企业中科技型中小企业入库数量（家）	11.95	37.04	52	39	7	1
规上工业企业中有研发活动企业占比（%）	75.00	77.48	2	1	2	3

(三)邹平市

2021年，邹平市综合科技创新水平得分71.04，在其余县（市）排名第8位，在滨州市排名第6位。其中，全社会R&D经费支出29.67亿元，全社会R&D经费支出占比4.69%，地方财政科技支出3.66亿元，万元GDP综合能耗下降率7.10%，高新技术企业数78家，科技创新发展有待进一步提升。

从创新投入来看，邹平市创新投入排名第4位。其中，全社会R&D经费支出较上年增长5.21亿元，排名保持第2位；全社会R&D经费支出占比4.69%，排名第1位；地方财政科技支出及占比排名分别上升20位及25位；规上工业企业R&D经费支出占营业收入的比重较上年提高0.10个百分点；规上工业企业每万名就业人员中研发人员数略有下降，排名下降12位，企业研发人员规模缩小，成为制约创新投入得分的主要因素之一。

从创新绩效来看，邹平市创新绩效排名第18位。人均GDP增至8.22万元/人，保持第13位；每亿元GDP技术合同成交额较上年增长85.52万元；规上高新技术产业产值占规上工业产值比重、万人有效发明专利拥有量虽较上年略有增长，但排名均下降3位；万元GDP综合能耗下降率排名下降9位。

从创新生态来看，邹平市创新生态排名第19位。其中，高新技术企业数78家，较上年增长50.00%；千家市场主体登记企业中科技型中小企业入库数量排名下降8位；规上工业企业中有研发活动企业占比较上年提高5.80个百分点，排名第20位。

表3-123所示为滨州市邹平市科技创新指标值和排名。

近年来，邹平市聚焦制造业、铝产业、纺织产业等传统产业的发展，全力实施"工业提质提效、服务业培优培强、三农优先领先、改革赋力赋能"等九大工程，并致力于推动新旧动能转换和高质量发展。但是，在创新方面仍存在一定短板。其中，规上工业企业每万名就业人员中研发人员数及提高幅度、规上工业企业R&D经费支出占营业收入的比重、规上高新技术产业产值占规上工业产值比重、千家市场主体登记企业中科技型中小企业入库数量等指标排名比较靠后，应重点关注。

县域科技创新水平分析 | 第三部分

表 3-123 滨州市邹平市科技创新指标值和排名

指标名称	指标值		其余县（市）排名		本市排名	
	上年	当年	上年	当年	上年	当年
综合科技创新水平得分	69.89	71.04	13	8	5	6
创新投入得分	70.82	73.65	14	4	4	2
全社会R&D经费支出（亿元）	24.46	29.67	2	2	1	1
全社会R&D经费支出占比（%）	4.31	4.69	3	1	1	1
地方财政科技支出（万元）	4563	36 557	22	2	2	1
地方财政科技支出占比（%）	0.41	3.80	27	2	5	1
规上工业企业每万名就业人员中研发人员数（人年）	476.35	469.99	17	29	5	7
规上工业企业每万名就业人员中研发人员数提高幅度（人年）	123.69	-6.36	15	34	6	7
规上工业企业R&D经费支出占营业收入的比重（%）	0.71	0.81	33	33	7	7
创新绩效得分	69.21	70.09	12	18	4	7
每亿元GDP技术合同成交额（万元）	142.02	227.54	23	22	6	6
规上高新技术产业产值占规上工业产值比重（%）	39.08	41.75	20	23	4	3
万人有效发明专利拥有量（件）	5.63	6.05	18	21	4	4
万元GDP综合能耗下降率（%）	13.45	7.10	3	12	1	7
人均GDP（万元/人）	7.32	8.22	13	13	3	4
创新生态得分	69.62	69.28	15	19	5	7
高新技术企业数（家）	52	78	18	20	2	2
高新技术企业增长率（%）	36.84	50.00	12	12	6	6
千家市场主体登记企业中科技型中小企业入库数量（家）	24.81	29.00	17	25	2	5
规上工业企业中有研发活动企业占比（%）	44.06	49.86	17	20	6	7

（四）惠民县

2021年，惠民县综合科技创新水平得分71.42，在省财政直管县排名第5位，在滨州市排名第5位。其中，规上工业企业每万名就业人员中研发人员数提高幅度达305.28人年；每亿元GDP技术合同成交额787.25万元；万元GDP综合能耗下降率9.17%，千家市场主体登记企业中科技型中小企业入库数量34.02家，创新发展水平进一步提升。

从创新投入来看，惠民县创新投入提升较大，排名由上年的第24位上升至第12位。其中，全社会R&D经费支出及占比较上年增长，排名均上升4位；地方财政科技支出及占比排名分别上升4位和5位；规上工业企业每万名就业人员中研发人员数731.74人年，排名上升至第12位，企业研发人员规模进一步扩大；规上工业企业R&D经费支出占营业收入的比重排名第33位，排名相对落后。

从创新绩效来看，惠民县创新绩效优势明显，排名由第12位上升至第3位。其中，每亿元GDP技术合同成交额大幅增长，排名跃升至第2位；万元GDP综合能耗下降率排名提升18位；万人有效发明专利拥有量排名第9位；规上高新技术产业产值占规上工业产值比重较上年降低14.48个百分点，是创新绩效指数排名不佳的主要原因之一。

从创新生态来看，惠民县创新生态优化明显，排名由上年的第20位上升至第7位。其中，高新技术企业数40家，排名第18位；千家市场主家体登记企业中科技型中小企业入库数量较上年增长16.47家，排名第5位；规上工业企业中有研发活动企业占比排名上升18位。

表3-124所示为滨州市惠民县科技创新指标值和排名。

近年来，惠民县已经形成了以高端铝、风电装备制造、新型绳网三大产业为主导的产业体系。同时，惠民县的新旧动能转换步伐也在逐步加快，现代产业体系日趋完善。但是，在创新方面仍存在一定短板，其中，规上工业企业R&D经费支出占营业收入的比重、规上高新技术产业产值占规上工业产值比重、人均GDP等指标排名比较靠后，地方财政科技支出占比偏低，全社会研发投入总量有待进一步提升。

表 3-124 滨州市惠民县科技创新指标值和排名

指标名称	指标值		省财政直管县排名		本市排名	
	上年	当年	上年	当年	上年	当年
综合科技创新水平得分	68.02	71.42	20	5	7	5
创新投入得分	67.91	69.56	24	12	7	6
全社会 R&D 经费支出（亿元）	4.73	6.45	20	16	7	6
全社会 R&D 经费支出占比（%）	2.36	2.82	14	10	7	6
地方财政科技支出（万元）	2068	2176	20	16	4	6
地方财政科技支出占比（%）	0.52	0.53	19	14	3	6
规上工业企业每万名就业人员中研发人员数（人年）	426.47	731.74	22	12	7	4
规上工业企业每万名就业人员中研发人员数提高幅度（人年）	144.10	305.28	16	10	5	3
规上工业企业 R&D 经费支出占营业收入的比重（%）	1.04	1.08	34	33	4	4
创新绩效得分	68.05	71.90	12	3	6	3
每亿元 GDP 技术合同成交额（万元）	258.12	787.25	22	2	3	2
规上高新技术产业产值占规上工业产值比重（%）	50.56	36.08	7	23	2	7
万人有效发明专利拥有量（件）	3.41	4.21	10	9	6	7
万元 GDP 综合能耗下降率（%）	1.72	9.17	23	5	5	3
人均 GDP（万元/人）	3.50	3.99	25	26	7	7
创新生态得分	68.10	72.89	20	7	7	5
高新技术企业数（家）	22	40	28	18	5	5
高新技术企业增长率（%）	83.33	81.82	2	4	2	2
千家市场主体登记企业中科技型中小企业入库数量（家）	17.55	34.02	12	5	5	2
规上工业企业中有研发活动企业占比（%）	34.03	69.10	26	8	7	4

（五）阳信县

2021年，阳信县综合科技创新水平得分72.13，在省财政直管县排名第3位，在滨州市排名第2位。多项指标在全市名列前茅，其中，规上工业企业每万名就业人员中研发人员数1033.37人年，每亿元GDP技术合同成交额496.90万元，千家市场主体登记企业中科技型中小企业入库数量33.18家，规上工业企业中有研发活动企业占比77.56%，科技创新水平进一步提升。

从创新投入来看，阳信县创新投入持续增长，排名由上年的第14位上升至第8位。其中，全社会R&D经费支出7.58亿元，位次保持第11位；全社会R&D经费支出占比2.95%，排名上升至第8位；地方财政科技支出及占比出现大幅度提升，排名分别跃升至第6位及第7位；规上工业企业每万名就业人员中研发人员数1033.37人年，保持第3位，企业研发人员规模扩大；规上工业企业R&D经费支出占营业收入的比重排名上升4位。

从创新绩效来看，阳信县创新绩效排名第7位。其中，万人有效发明专利拥有量保持第3位；万元GDP综合能耗下降率和人均GDP排名均保持第7位；每亿元GDP技术合同成交额出现小幅下降，排名下降4位；规上高新技术产业产值占规上工业产值比重排名第19位，排名落后。

从创新生态来看，阳信县创新生态逐步优化，排名由第15位上升至第4位。其中，规上工业企业中有研发活动企业占比达77.56%，排名由第18上升至第2位；高新技术企业数排名第29位，排名落后；千家市场主体登记企业中科技型中小企业入库数量33.18家，排名下降至第7位。

表3-125所示为滨州市阳信县科技创新指标值和排名。

近年来，阳信县聚焦新能源新材料、铝加工、绿色牛肉、电子信息等特色产业的发展，持续推进新旧动能转换，推动产业转型升级和高质量发展，工业企业亩均税收排名全市第2位。但是，在创新方面仍存在一定短板。其中，规上工业企业R&D经费支出占营业收入的比重、规上高新技术产业产值占规上工业产值比重、高新技术企业数等指标排名比较靠后，应引起重视。

表 3-125 滨州市阳信县科技创新指标值和排名

指标名称	指标值		省财政直管县排名		本市排名	
	上年	当年	上年	当年	上年	当年
综合科技创新水平得分	69.81	72.13	11	3	6	2
创新投入得分	70.23	72.10	14	8	5	3
全社会 R&D 经费支出（亿元）	6.17	7.58	11	11	5	5
全社会 R&D 经费支出占比（%）	2.75	2.95	9	8	5	5
地方财政科技支出（万元）	1480	4830	26	6	6	3
地方财政科技支出占比（%）	0.48	1.30	20	7	4	3
规上工业企业每万名就业人员中研发人员数（人年）	662.93	1033.37	3	3	2	2
规上工业企业每万名就业人员中研发人员数提高幅度（人年）	178.98	370.44	11	7	4	2
规上工业企业 R&D 经费支出占营业收入的比重（%）	1.51	1.50	29	25	2	3
创新绩效得分	69.77	71.01	4	7	3	5
每亿元 GDP 技术合同成交额（万元）	537.14	496.90	3	7	2	3
规上高新技术产业产值占规上工业产值比重（%）	38.08	39.37	20	19	6	4
万人有效发明专利拥有量（件）	6.75	6.98	3	3	3	3
万元 GDP 综合能耗下降率（%）	5.69	8.16	7	7	3	6
人均 GDP（万元/人）	5.31	6.06	7	7	5	5
创新生态得分	69.42	73.35	15	4	6	3
高新技术企业数（家）	18	30	33	29	6	6
高新技术企业增长率（%）	50.00	66.67	10	13	5	4
千家市场主体登记企业中科技型中小企业入库数量（家）	26.60	33.18	4	7	1	3
规上工业企业中有研发活动企业占比（%）	45.93	77.56	18	2	5	2

（六）无棣县

2021年，无棣县综合科技创新水平得分71.48，在省财政直管县排名第4位，在滨州市排名第4位。其中，人均GDP 8.33万元/人，地方财政科技支出5138万元，规上高新技术产业产值占规上工业产值比重42.52%，规上工业企业中有研发活动企业占比77.78%，科技创新成效进一步提升。

从创新投入来看，无棣县创新投入排名第15位。其中，全社会R&D经费支出10.67亿元，排名由第6位上升至第3位；全社会R&D经费支出占比2.75%；地方财政科技支出及占比分别排名第3位及第5位；规上工业企业每万名就业人员中研发人员数较上年增长132.57人年，保持第19位；规上工业企业R&D经费支出占营业收入的比重居第34位，排名落后。

从创新绩效来看，无棣县的创新绩效排名第4位。其中，人均GDP达8.33万元/人，排名第1位；万人有效发明专利拥有量较上年增长1.50件，排名第6位；万元GDP综合能耗下降率明显改善，排名上升33位；每亿元GDP技术合同成交额排名上升18位；规上高新技术产业产值占规上工业产值比重排名上升2位。

从创新生态来看，无棣县创新生态排名第3位。其中，规上工业企业中有研发活动企业占比排名由上年的第2位上升至第1位；高新技术企业数56家，排名上升至第7位；千家市场主体登记企业中科技型中小企业入库数量较上年增长9.02家。

表3-126所示为滨州市无棣县科技创新指标值和排名。

近年来，无棣县聚焦制造业、电力、热力及水生产和供应业等产业的发展，持续推动新旧动能转换，并取得了显著的成效，工业企业亩均税收高于滨州市的平均水平。但是，在创新方面仍存在一定短板。其中，规上工业企业每万名就业人员中研发人员数提高幅度、规上工业企业R&D经费支出占营业收入的比重、规上高新技术产业产值占规上工业产值比重等排名比较靠后，应重点关注。

表 3-126　滨州市无棣县科技创新指标值和排名

指标名称	指标值		省财政直管县排名		本市排名	
	上年	当年	上年	当年	上年	当年
综合科技创新水平得分	69.95	71.48	9	4	4	4
创新投入得分	69.34	68.87	18	15	6	7
全社会R&D经费支出（亿元）	8.44	10.67	6	3	4	4
全社会R&D经费支出占比（%）	2.50	2.75	11	11	6	7
地方财政科技支出（万元）	5086	5138	6	3	1	2
地方财政科技支出占比（%）	1.48	1.40	5	5	1	2
规上工业企业每万名就业人员中研发人员数（人年）	453.06	585.63	19	19	6	6
规上工业企业每万名就业人员中研发人员数提高幅度（人年）	209.51	132.57	9	23	3	6
规上工业企业R&D经费支出占营业收入的比重（%）	1.03	0.97	35	34	5	5
创新绩效得分	67.80	71.82	15	4	7	4
每亿元GDP技术合同成交额（万元）	199.33	455.95	26	8	5	4
规上高新技术产业产值占规上工业产值比重（%）	42.12	42.52	16	14	3	2
万人有效发明专利拥有量（件）	3.15	4.65	12	6	7	6
万元GDP综合能耗下降率（%）	-4.27	8.41	39	6	7	5
人均GDP（万元/人）	7.27	8.33	1	1	4	3
创新生态得分	72.89	73.88	3	3	3	1
高新技术企业数（家）	32	56	9	7	3	4
高新技术企业增长率（%）	60.00	75.00	8	9	4	3
千家市场主体登记企业中科技型中小企业入库数量（家）	21.31	30.33	6	12	3	4
规上工业企业中有研发活动企业占比（%）	66.25	77.78	2	1	3	1

（七）博兴县

2021年，博兴县综合科技创新水平得分71.53，在其余县（市）排名第5位，在滨州市排名第3位。多项指标在全市名列前茅，其中，全社会R&D经费支出达18.35亿元，全社会R&D经费支出占比达4.15%，人均GDP 8.69万元/人，万人有效发明专利拥有量16.80件，高新技术企业增长率96.88%，科技创新成效显著。

从创新投入来看，博兴县创新投入排名第10位。其中，全社会R&D经费支出较上年增长2.66亿元，排名上升至第8位；全社会R&D经费支出占比4.15%，排名第3位；地方财政科技支出及占比排名分别上升8位及6位；规上工业企业每万名就业人员中研发人员数较上年增长138.33人年；规上工业企业R&D经费支出占营业收入的比重排名降至第32位，需要引起重视。

从创新绩效来看，博兴县创新绩效排名第15位。其中，万人有效发明专利拥有量16.80件，排名第2位；万元GDP综合能耗下降率排名上升22位；人均GDP较上年增长1.19万元/人；每亿元GDP技术合同成交额排名上升5位；规上高新技术产业产值占规上工业产值比重较上年下降1.63个百分点。

从创新生态来看，博兴县创新生态排名第5位。其中，高新技术企业数63家，排名上升6位；高新技术企业增长率达96.88%，排名第1位；规上工业企业中有研发活动企业占比下降至64.97%，排名第5位；千家市场主体登记企业中科技型中小企业入库数量较上年增长15.43家。

表3-127所示为滨州市博兴县科技创新指标值和排名。

近年来，博兴县聚焦石油化工、粮油食品深加工、金属板材、高端铝箔、商用厨具等传统产业集群的发展，持续推动产业升级和创新发展，加快新旧动能转换的步伐。但是，在创新方面仍存在一定短板。其中，地方财政科技支出及占比、规上工业企业R&D经费支出占营业收入的比重、规上高新技术产业产值占规上工业产值比重等指标排名比较靠后，科技型企业培育不足，应重点关注。

表 3-127 滨州市博兴县科技创新指标值和排名

指标名称	指标值		其余县（市）排名		本市排名	
	上年	当年	上年	当年	上年	当年
综合科技创新水平得分	71.75	71.53	4	5	2	3
创新投入得分	71.83	70.88	10	10	2	4
全社会R&D经费支出（亿元）	15.69	18.35	10	8	3	3
全社会R&D经费支出占比（%）	4.12	4.15	5	3	2	2
地方财政科技支出（万元）	2779	4436	25	17	3	4
地方财政科技支出占比（%）	0.62	0.90	23	17	2	4
规上工业企业每万名就业人员中研发人员数（人年）	586.62	724.96	9	10	4	5
规上工业企业每万名就业人员中研发人员数提高幅度（人年）	350.43	138.33	2	16	2	5
规上工业企业R&D经费支出占营业收入的比重（%）	0.96	0.91	30	32	6	6
创新绩效得分	68.58	70.87	17	15	5	6
每亿元GDP技术合同成交额（万元）	218.28	298.02	17	12	4	5
规上高新技术产业产值占规上工业产值比重（%）	39.02	37.39	21	26	5	6
万人有效发明专利拥有量（件）	13.81	16.80	2	2	1	1
万元GDP综合能耗下降率（%）	0.61	8.74	29	7	6	4
人均GDP（万元/人）	7.50	8.69	12	9	2	2
创新生态得分	75.02	72.94	1	5	1	4
高新技术企业数（家）	32	63	29	23	3	3
高新技术企业增长率（%）	77.78	96.88	1	1	3	1
千家市场主体登记企业中科技型中小企业入库数量（家）	12.53	27.96	35	27	6	6
规上工业企业中有研发活动企业占比（%）	77.82	64.97	1	5	1	5

十六、菏泽市

（一）牡丹区

2021年，牡丹区综合科技创新水平得分66.86，在市辖区排名第56位，在菏泽市排名第3位。其中，人均GDP 5.68万元/人，全社会R&D经费支出7.22亿元，高新技术企业数117家，规上高新技术产业产值占规上工业产值比重达66.97%，创新发展水平有待进一步提升。

从创新投入来看，牡丹区创新投入排名第53位。其中，规上工业企业每万名就业人员中研发人员数较上年增长173.55人年，提高幅度排名上升10位；全社会R&D经费支出较上年增长1.17亿元，排名保持第44位；全社会R&D经费支出占比0.75%，排名第55位；规上工业企业R&D经费支出占营业收入的比重降至0.55%，排名第56位；地方财政科技支出及占比连续两年排名市辖区末位。

从创新绩效来看，牡丹区创新绩效排名第45位。其中，规上高新技术产业产值占规上工业产值比重66.97%，排名第12位；每亿元GDP技术合同成交额较上年增长36.23万元；万人有效发明专利拥有量较上年增长1.12件；人均GDP排名保持第49位；万元GDP综合能耗下降率位次下降9位。

从创新生态来看，牡丹区创新生态排名第55位。其中，高新技术企业数较上年增长37.65%；千家市场主体登记企业中科技型中小企业入库数量、规上工业企业中有研发活动企业占比排名分别下降6位、4位。

表3-128所示为菏泽市牡丹区科技创新指标值和排名。

近年来，牡丹区大力实施产业集群培育工程，高端机电制造产业园、陆港产业新城产业园、食品产业园等快速形成，专用车制造、机电装备、新型材料、休闲食品、牡丹加工等产业集群化发展，产业集群发展精彩"聚"变，实现质效同步提升。但是，在创新方面仍存在一定短板。其中，全社会R&D经费支出占比、地方财政科技支出及占比、规上工业企业R&D经费支出占营业收入的比重、规上工业企业中有研发活动企业占比等指标排名落后，如何发挥政府资金的引领带动作用，鼓励全社会各创新主体重视和加大研发投入，推动企业研发创新的积极性，应重点关注。

表 3-128　菏泽市牡丹区科技创新指标值和排名

指标名称	指标值		市辖区排名		本市排名	
	上年	当年	上年	当年	上年	当年
综合科技创新水平得分	66.50	66.86	54	56	3	3
创新投入得分	64.27	64.85	56	53	5	4
全社会R&D经费支出（亿元）	6.05	7.22	44	44	1	1
全社会R&D经费支出占比（%）	0.71	0.75	54	55	5	6
地方财政科技支出（万元）	782	283	58	58	6	9
地方财政科技支出占比（%）	0.14	0.06	58	58	7	8
规上工业企业每万名就业人员中研发人员数（人年）	218.12	391.68	53	50	6	4
规上工业企业每万名就业人员中研发人员数提高幅度（人年）	17.84	173.55	36	26	6	2
规上工业企业R&D经费支出占营业收入的比重（%）	0.77	0.55	51	56	5	6
创新绩效得分	69.37	69.90	41	45	1	1
每亿元GDP技术合同成交额（万元）	51.97	88.20	51	52	9	9
规上高新技术产业产值占规上工业产值比重（%）	68.19	66.97	11	12	1	1
万人有效发明专利拥有量（件）	5.50	6.62	48	50	1	1
万元GDP综合能耗下降率（%）	3.64	3.13	33	42	4	7
人均GDP（万元/人）	5.04	5.68	49	49	2	2
创新生态得分	65.81	65.76	53	55	5	5
高新技术企业数（家）	85	117	32	34	1	1
高新技术企业增长率（%）	21.43	37.65	45	41	8	7
千家市场主体登记企业中科技型中小企业入库数量(家)	17.27	19.93	48	54	1	3
规上工业企业中有研发活动企业占比（%）	24.41	31.61	54	50	5	6

（二）定陶区

2021年，定陶区综合科技创新水平得分67.32，在市辖区排名第53位，在菏泽市排名第2位。其中，地方财政科技支出3503万元，每亿元GDP技术合同成交额398.46万元，千家市场主体登记企业中科技型中小企业入库数量76.56家，科技创新水平有待进一步提升。

从创新投入来看，定陶区创新投入排名第55位。其中，地方财政科技支出及占比排名均上升26位；全社会R&D经费支出较上年增长0.34亿元；规上工业企业每万名就业人员中研发人员数较上年增长129.25人年；规上工业企业R&D经费支出占营业收入的比重列第55位，排名较为靠后。

从创新绩效来看，定陶区创新绩效排名第54位。其中，每亿元GDP技术合同成交额下降，排名第17位；规上高新技术产业产值占规上工业产值比重排名下降10位；万元GDP综合能耗下降率排名较上年下降22位；万人有效发明专利拥有量、人均GDP较上年略有提升，排名保持第56位、第55位，科技创新的质量和效率有待提升。

从创新生态来看，定陶区创新生态排名第35位。其中，千家市场主体登记企业中科技型中小企业入库数量大幅提升，排名第13位；规上工业企业中有研发活动企业占比较上年提高12.49个百分点；高新技术企业数仅19家，排名末位。

表3-129所示为菏泽市定陶区科技创新指标值和排名。

近年来，定陶区聚焦全市"231"产业体系，结合自身产业基础，培育出独具定陶特色的"1+3"产业体系，绘制了5G新材料、高端纤维面料等7张产业图谱，持续推进新旧动能转换。但是，在创新方面仍存在一定短板。其中，规上工业企业R&D经费支出占营业收入的比重、万人有效发明专利拥有量、高新技术企业数等指标排名靠后，应进一步巩固企业创新主体地位，加大高新技术企业培育力度，增加全社会研发投入，重视专利产出质量，提升科技创新效率。

表 3-129 菏泽市定陶区科技创新指标值和排名

指标名称	指标值		市辖区排名		本市排名	
	上年	当年	上年	当年	上年	当年
综合科技创新水平得分	66.24	67.32	56	53	4	2
创新投入得分	63.84	64.75	57	55	6	5
全社会 R&D 经费支出（亿元）	1.92	2.26	54	55	8	8
全社会 R&D 经费支出占比（%）	0.90	0.89	49	51	3	3
地方财政科技支出（万元）	1418	3503	50	24	2	2
地方财政科技支出占比（%）	0.39	0.90	47	21	1	1
规上工业企业每万名就业人员中研发人员数（人年）	126.63	255.88	56	56	8	7
规上工业企业每万名就业人员中研发人员数提高幅度（人年）	0.83	129.25	41	39	7	4
规上工业企业 R&D 经费支出占营业收入的比重（%）	0.75	0.70	54	55	6	5
创新绩效得分	68.41	68.12	48	54	2	2
每亿元 GDP 技术合同成交额（万元）	422.52	398.46	18	17	1	1
规上高新技术产业产值占规上工业产值比重（%）	38.48	31.45	42	52	2	3
万人有效发明专利拥有量（件）	2.99	3.18	56	56	3	3
万元 GDP 综合能耗下降率（%）	4.77	3.05	22	44	1	8
人均 GDP（万元/人）	3.99	4.71	55	55	3	3
创新生态得分	66.47	69.20	49	35	4	2
高新技术企业数（家）	11	19	58	58	8	7
高新技术企业增长率（%）	83.33	72.73	4	5	1	2
千家市场主体登记企业中科技型中小企业入库数量（家）	4.72	76.56	58	13	9	1
规上工业企业中有研发活动企业占比（%）	28.30	40.79	48	39	4	4

（三）曹县

2021年，曹县综合科技创新水平评价得分64.20，在省财政直管县排名第41位，在菏泽市排名第9位。其中，地方财政科技支出达4139万元，地方财政科技支出占比0.56%，万元GDP综合能耗下降率9.75%，科技创新水平有待进一步提升。

从创新投入来看，曹县创新投入排名第41位。其中，全社会R&D经费支出2.90亿元；全社会R&D经费支出占比0.55%；地方财政科技支出及占比增长，排名分别为第8位及第13位；规上工业企业每万名就业人员中研发人员数及规上工业企业R&D经费支出占营业收入的比重连续两年排名落后，应鼓励企业加大研发经费和人员投入力度，增强企业自主创新能力。

从创新绩效来看，曹县创新绩效排名第37位。其中，万元GDP综合能耗下降率排名由上年的第12位上升至第4位；人均GDP排名上升2位；每亿元GDP技术合同成交额排名下降2位；规上高新技术产业产值占规上工业产值、万人有效发明专利拥有量均出现下降，且排名均下降6位。

从创新生态来看，曹县创新生态排名第39位。其中，高新技术企业数25家，保持第35位；千家市场主体登记企业中科技型中小企业入库数量、规上工业企业中有研发活动企业占比虽较上年有所增长，但排名均列省财政直管县末位。

表3-130所示为菏泽市曹县科技创新指标值和排名。

近年来，曹县聚焦殡葬业、演出服业、汉服等产业发展，形成了较为完整的产业链，与此同时，注重棺木、纺织品等特色产业的发展，建立了7个"海外仓"，形成了全国唯一的木制品跨境电商产业带。但是，在创新方面仍存在一定短板。全社会研发投入、财政科技支出较低，企业整体创新能力不强，科技型企业培育有待加强，技术市场交易不活跃，应引起重视。

表 3-130　菏泽市曹县科技创新指标值和排名

指标名称	指标值		省财政直管县排名		本市排名	
	上年	当年	上年	当年	上年	当年
综合科技创新水平得分	63.77	64.20	40	41	8	9
创新投入得分	63.27	63.35	40	41	8	9
全社会R&D经费支出（亿元）	2.47	2.90	34	34	5	4
全社会R&D经费支出占比（%）	0.54	0.55	39	40	8	8
地方财政科技支出（万元）	485	4139	39	8	8	1
地方财政科技支出占比（%）	0.06	0.56	41	13	9	2
规上工业企业每万名就业人员中研发人员数（人年）	160.37	199.49	40	41	7	9
规上工业企业每万名就业人员中研发人员数提高幅度（人年）	47.94	39.13	25	34	5	9
规上工业企业R&D经费支出占营业收入的比重（%）	0.49	0.37	39	40	8	8
创新绩效得分	65.31	66.35	35	37	7	7
每亿元GDP技术合同成交额（万元）	101.18	98.69	36	38	8	8
规上高新技术产业产值占规上工业产值比重（%）	28.66	21.00	30	36	6	8
万人有效发明专利拥有量（件）	2.01	1.78	24	30	8	8
万元GDP综合能耗下降率（%）	4.22	9.75	12	4	3	1
人均GDP（万元/人）	3.31	3.84	31	29	7	7
创新生态得分	62.68	62.84	41	39	9	8
高新技术企业数（家）	16	25	35	35	5	6
高新技术企业增长率（%）	23.08	56.25	33	18	7	5
千家市场主体登记企业中科技型中小企业入库数量（家）	4.82	7.76	39	41	8	9
规上工业企业中有研发活动企业占比（%）	10.85	14.36	41	41	9	9

(四)单县

2021年,单县综合科技创新水平得分70.64,在省财政直管县排名第11位,在菏泽市排名第1位。多项指标在全市名列前茅,其中,规上工业企业R&D经费支出占营业收入的比重1.48%,规上工业企业每万名就业人员中研发人员数1164.67人年,千家市场主体登记企业中科技型中小企业入库数量46.48家,科技创新水平取得一定成效。

从创新投入来看,单县创新投入排名第11位。其中,规上工业企业每万名就业人员中研发人员数较上年增长,排名第1位,企业研发人员规模进一步扩大;全社会R&D经费支出较上年增长0.93亿元;地方财政科技支出较上年上升8位;规上工业企业R&D经费支出占营业收入的比重1.48%,排名下降3位。

从创新绩效来看,单县创新绩效排名第27位。其中,每亿元GDP技术合同成交额较上年增长21.33万元;万人有效发明专利拥有量、万元GDP综合能耗下降率排名均下降3位;规上高新技术产业产值占规上工业产值比重较上年下降6.59个百分点,排名下降4位。

从创新生态来看,单县创新生态排名第2位。其中,高新技术企业数28家;千家市场主体登记企业中科技型中小企业入库数量较上年增长33.55家,跃升至第2位;规上工业企业中有研发活动企业占比较上年提高34.69个百分点,排名上升至第5位。

表3-131所示为菏泽市单县科技创新指标值和排名。

近年来,单县聚焦高端化工业、生物医药业、机电设备制造业、纺织服装业、农副产品加工业等产业的发展,加速推动新旧动能转换,以实现经济社会的快速发展。但是,在创新方面仍存在一定短板。全社会研发投入强度、财政支出占比均较低,高新技术企业较少,企业创新能力不强,产业结构转型升级压力较大,应引起关注。

表 3-131 菏泽市单县科技创新指标值和排名

指标名称	指标值		省财政直管县排名		本市排名	
	上年	当年	上年	当年	上年	当年
综合科技创新水平得分	67.84	70.64	22	11	1	1
创新投入得分	68.95	70.61	20	11	1	1
全社会R&D经费支出（亿元）	3.31	4.24	26	26	3	3
全社会R&D经费支出占比（%）	0.97	1.07	32	32	2	2
地方财政科技支出（万元）	1336	1502	28	20	4	3
地方财政科技支出占比（%）	0.22	0.21	33	32	4	5
规上工业企业每万名就业人员中研发人员数（人年）	621.25	1164.67	6	1	1	1
规上工业企业每万名就业人员中研发人员数提高幅度（人年）	345.45	543.42	4	1	1	1
规上工业企业R&D经费支出占营业收入的比重（%）	1.72	1.48	23	26	2	1
创新绩效得分	66.78	67.35	21	27	4	4
每亿元GDP技术合同成交额（万元）	257.14	278.47	23	24	4	4
规上高新技术产业产值占规上工业产值比重（%）	34.37	27.78	26	30	5	5
万人有效发明专利拥有量（件）	3.48	3.75	9	12	2	2
万元GDP综合能耗下降率（%）	4.25	5.87	11	14	2	3
人均GDP（万元/人）	3.33	3.89	30	27	6	6
创新生态得分	67.78	74.18	22	2	1	1
高新技术企业数（家）	15	28	37	31	6	4
高新技术企业增长率（%）	25.00	86.67	29	3	6	1
千家市场主体登记企业中科技型中小企业入库数量（家）	12.93	46.48	23	2	3	2
规上工业企业中有研发活动企业占比（%）	41.13	75.82	20	5	1	1

（五）成武县

2021年，成武县综合科技创新水平得分65.59，在省财政直管县排名第38位，在菏泽市排名第6位。其中，地方财政科技支出占比0.30%，规上工业企业R&D经费支出占营业收入的比重0.94%，每亿元GDP技术合同成交额达到292.14万元，规上高新技术产业产值占规上工业产值比重38.27%，科技创新水平有待进一步提升。

从创新投入来看，成武县创新投入排名第38位。其中，地方财政科技支出及占比排名分别上升至第25位及第24位；全社会R&D经费支出较上年增长0.36亿元，全社会R&D经费支出占比0.80%；规上工业企业每万名就业人员中研发人员数较上年增长112.15人年；规上工业企业R&D经费支出占营业收入的比重排名上升2位。

从创新绩效来看，成武县创新绩效排名第29位。其中，每亿元GDP技术合同成交额略有增长，排名第20位；规上高新技术产业产值占规上工业产值比重较上年提高2.33个百分点；万人有效发明专利拥有量排名下降2位；万元GDP综合能耗下降率排名下降20位；人均GDP排名保持第39位，位次靠后。

从创新生态来看，成武县创新生态排名第36位。其中，规上工业企业中有研发活动企业占比较上年提高19.35个百分点；高新技术企业数及千家市场主体登记企业中科技型中小企业入库数量排名分别下降10位及15位。

表3-132所示为菏泽市成武县科技创新指标值和排名。

近年来，成武县聚焦精细化工、生物医药、机械制造、新材料新能源和农副产品精深加工等五大主导产业的发展，加快形成发展新优势。同时，在城市更新和工业产业发展方面采取了一系列措施，以促进新旧动能转换和产业升级。但是，在创新方面仍存在一定短板。其中，全社会研发投入及占比偏低，政府资金投入力度不高，企业研发创新活力不足，企业整体创新能力有待加强，应进一步引导企业加大研发经费和人力投入，加强科技创新政策宣讲，激发企业创新活力，推动企业创新发展。

表 3-132 菏泽市成武县科技创新指标值和排名

指标名称	指标值		省财政直管县排名		本市排名	
	上年	当年	上年	当年	上年	当年
综合科技创新水平得分	64.58	65.59	38	38	7	6
创新投入得分	63.31	64.56	39	38	7	6
全社会 R&D 经费支出（亿元）	1.05	1.41	41	41	9	9
全社会 R&D 经费支出占比（%）	0.68	0.80	37	36	6	5
地方财政科技支出（万元）	1342	1315	27	25	3	4
地方财政科技支出占比（%）	0.33	0.30	28	24	3	3
规上工业企业每万名就业人员中研发人员数（人年）	219.03	331.18	37	38	5	6
规上工业企业每万名就业人员中研发人员数提高幅度（人年）	−195.27	112.15	34	26	9	6
规上工业企业 R&D 经费支出占营业收入的比重（%）	0.83	0.94	37	35	4	3
创新绩效得分	66.49	67.31	23	29	5	6
每亿元 GDP 技术合同成交额（万元）	276.84	292.14	20	20	3	2
规上高新技术产业产值占规上工业产值比重（%）	35.94	38.27	23	22	3	2
万人有效发明专利拥有量（件）	2.74	2.84	17	19	4	4
万元 GDP 综合能耗下降率（%）	2.13	2.13	18	38	6	9
人均 GDP（万元/人）	2.61	2.99	39	39	9	9
创新生态得分	63.91	64.87	36	36	6	6
高新技术企业数（家）	23	26	24	34	3	5
高新技术企业增长率（%）	15.00	13.04	39	40	9	8
千家市场主体登记企业中科技型中小企业入库数量（家）	15.60	16.70	17	32	2	7
规上工业企业中有研发活动企业占比（%）	17.36	36.71	36	33	6	5

（六）巨野县

2021年，巨野县综合科技创新水平得分66.85，在省财政直管县排名第30位，在菏泽市排名第4位。其中，全社会R&D经费支出4.55亿元，规上工业企业每万名就业人员中研发人员数503.83人年，万元GDP综合能耗下降率7.46%，规上工业企业中有研发活动企业占比43.88%，科技创新水平有待进一步提升。

从创新投入来看，巨野县创新投入排名第34位。其中，全社会R&D经费支出较上年增长0.55亿元；地方财政科技支出及占比排名分别上升7位及5位；规上工业企业每万名就业人员中研发人员数较上年增长150.84人年；规上工业企业R&D经费支出占营业收入的比重排名下降1位。

从创新绩效来看，巨野县创新绩效排名第22位。其中，规上高新技术产业产值占规上工业产值比重较上年提高3.47个百分点；万元GDP综合能耗下降率排名上升7位，列第9位；人均GDP排名保持第21位；每亿元GDP技术合同成交额排名下降4位。

从创新生态来看，巨野县创新生态排名第28位。其中，千家市场主体登记企业中科技型中小企业入库数量较上年增长11.71家；高新技术企业数36家，排名第23位；规上工业企业中有研发活动企业占比较上年提高8.41个百分点。

表3-133所示为菏泽市巨野县科技创新指标值和排名。

近年来，巨野县聚焦农业、工业和服务业的发展，在全县构建"一镇一业"特色产业格局，持续加大新旧动能转换力度，逐步降低煤炭依赖。但是，在创新方面仍存在一定短板。全社会研发投入及占比较低，地方财政科技支出偏弱，企业创新能力有待加强，科技型企业培育力度有待加大，应引起重点关注。

表 3-133 菏泽市巨野县科技创新指标值和排名

指标名称	指标值		省财政直管县排名		本市排名	
	上年	当年	上年	当年	上年	当年
综合科技创新水平得分	66.60	66.85	32	30	2	4
创新投入得分	66.57	65.83	27	34	2	2
全社会R&D经费支出（亿元）	4.00	4.55	22	23	2	2
全社会R&D经费支出占比（%）	1.17	1.15	30	31	1	1
地方财政科技支出（万元）	1018	1226	33	26	5	5
地方财政科技支出占比（%）	0.18	0.24	35	30	5	4
规上工业企业每万名就业人员中研发人员数（人年）	352.99	503.83	30	28	3	2
规上工业企业每万名就业人员中研发人员数提高幅度（人年）	308.63	150.84	6	20	2	3
规上工业企业R&D经费支出占营业收入的比重（%）	0.90	0.89	36	37	3	4
创新绩效得分	65.92	67.71	31	22	6	3
每亿元GDP技术合同成交额（万元）	304.61	291.41	17	21	2	3
规上高新技术产业产值占规上工业产值比重（%）	22.92	26.39	36	33	7	7
万人有效发明专利拥有量（件）	1.65	1.69	30	31	9	9
万元GDP综合能耗下降率（%）	2.42	7.46	16	9	5	2
人均GDP（万元/人）	3.75	4.32	21	21	5	5
创新生态得分	67.36	67.02	25	28	3	4
高新技术企业数（家）	26	36	16	23	2	3
高新技术企业增长率（%）	52.94	38.46	9	33	3	6
千家市场主体登记企业中科技型中小企业入库数量（家）	7.72	19.43	33	25	5	4
规上工业企业中有研发活动企业占比（%）	35.47	43.88	24	28	3	3

（七）郓城县

2021年，郓城县综合科技创新水平得分64.46，在省财政直管县排名第39位，在菏泽市排名第7位。其中，人均GDP 4.44万元/人，万元GDP综合能耗下降率4.91%，高新技术企业数39家，科技创新发展水平有待进一步提升。

从创新投入来看，郓城县创新投入排名第40位。其中，全社会R&D经费支出2.53亿元；规上工业企业每万名就业人员中研发人员数较上年增长127.44人年；全社会R&D经费支出占比0.51%，排名末位；地方财政科技支出及占比排名分别下降20位及15位；规上工业企业R&D经费支出占营业收入的比重较上年下降0.12个百分点。

从创新绩效来看，郓城县创新绩效排名第40位。其中，规上高新技术产业产值占规上工业产值较上年提高3.46个百分点；万元GDP综合能耗下降率排名上升5位；人均GDP较上年增长0.61万元/人；每亿元GDP技术合同成交额排名下降2位；万人有效发明专利拥有量排名下降4位。

从创新生态来看，郓城县创新生态排名第38位。其中，高新技术企业数39家，排名上升至第20位；千家市场主体登记企业中科技型中小企业入库数量较上年增长4.53家；规上工业企业中有研发活动企业占比较上年提高6.20个百分点。

表3-134所示为菏泽市郓城县科技创新指标值和排名。

近年来，郓城县正加快推进新旧动能转换，实现由"加工制造"向"智能制造"转变，同时，打造特色服务业产业园区，推动各类新经济要素资源整合，促进老工业区传统动能转型升级。但是，在创新方面仍存在一定短板。全社会研发经费投入规模及占比偏低，企业创新活力不足，科技型企业较少，产业转型升级面临较大压力，应重点关注。

第三部分 县域科技创新水平分析

表 3-134 菏泽市郓城县科技创新指标值和排名

指标名称	指标值		省财政直管县排名		本市排名	
	上年	当年	上年	当年	上年	当年
综合科技创新水平得分	63.63	64.46	41	39	9	7
创新投入得分	63.18	63.50	41	40	9	8
全社会 R&D 经费支出（亿元）	2.13	2.53	35	36	6	6
全社会 R&D 经费支出占比（%）	0.50	0.51	40	41	9	9
地方财政科技支出（万元）	2371	536	17	37	1	6
地方财政科技支出占比（%）	0.36	0.08	24	39	2	6
规上工业企业每万名就业人员中研发人员数（人年）	126.09	253.52	41	40	9	8
规上工业企业每万名就业人员中研发人员数提高幅度（人年）	-1.36	127.44	29	25	8	5
规上工业企业 R&D 经费支出占营业收入的比重（%）	0.52	0.40	38	39	7	7
创新绩效得分	64.60	65.93	40	40	9	9
每亿元 GDP 技术合同成交额（万元）	242.02	232.32	24	26	5	5
规上高新技术产业产值占规上工业产值比重（%）	12.28	15.74	40	39	9	9
万人有效发明专利拥有量（件）	2.43	2.41	21	25	6	7
万元 GDP 综合能耗下降率（%）	1.98	4.91	22	17	8	4
人均 GDP（万元/人）	3.83	4.44	20	19	4	4
创新生态得分	63.10	63.93	40	38	8	7
高新技术企业数（家）	23	39	23	20	3	2
高新技术企业增长率（%）	35.29	69.57	21	11	5	3
千家市场主体登记企业中科技型中小企业入库数量（家）	7.03	11.56	34	37	6	8
规上工业企业中有研发活动企业占比（%）	11.26	17.46	40	40	8	8

（八）鄄城县

2021年，鄄城县综合科技创新水平得分66.41，在省财政直管县排名第34位，在菏泽市排名第5位。其中，规上工业企业R&D经费支出占营业收入的比重1.38%，全社会R&D经费支出占比0.86%，规上工业企业中有研发活动企业占比47.77%，科技创新水平有待进一步提升。

从创新投入来看，鄄城县创新投入排名第36位。其中，全社会R&D经费支出2.39亿元；规上工业企业每万名就业人员中研发人员数较上年增长90.82人年；地方财政科技支出及占比排名分别下降6位及3位；规上工业企业R&D经费支出占营业收入的比重排名下降9位。

从创新绩效来看，鄄城县创新绩效排名第38位。其中，规上高新技术产业产值占规上工业产值比重排名上升7位；人均GDP较上年增长0.47万元/人；万人有效发明专利拥有量排名下降至第20位；每亿元GDP技术合同成交额略有增长，排名第29位；万元GDP综合能耗下降率排名较上年下降9位。

从创新生态来看，鄄城县创新生态排名第23位。其中，规上工业企业中有研发活动企业占比较上年提高10.14个百分点；千家市场主体登记企业中科技型中小企业入库数量排名第29位；高新技术企业数16家，排名第39位。

表3-135所示为菏泽市鄄城县科技创新指标值和排名。

近年来，鄄城县聚焦新能源、新材料、生物医药、数字经济、装备制造等新兴产业的发展，持续推进新旧动能转换，加快实现由"加工制造"向"智能制造"转变。但是，在创新方面仍存在一定短板。其中，地方财政科技支出及占比较低，全社会研发投入力度有待加强，科技型企业数量较少，产业转型升级面临较大压力，应引起关注。

表 3-135 菏泽市鄄城县科技创新指标值和排名

指标名称	指标值		省财政直管县排名		本市排名	
	上年	当年	上年	当年	上年	当年
综合科技创新水平得分	66.22	66.41	34	34	5	5
创新投入得分	66.23	64.93	31	36	3	3
全社会 R&D 经费支出（亿元）	2.10	2.39	36	37	7	7
全社会 R&D 经费支出占比（%）	0.87	0.86	33	34	4	4
地方财政科技支出（万元）	672	347	35	41	7	8
地方财政科技支出占比（%）	0.14	0.07	37	40	7	7
规上工业企业每万名就业人员中研发人员数（人年）	275.71	366.52	35	37	4	5
规上工业企业每万名就业人员中研发人员数提高幅度（人年）	112.95	90.82	20	29	4	7
规上工业企业 R&D 经费支出占营业收入的比重（%）	1.76	1.38	20	29	1	2
创新绩效得分	64.88	66.31	39	38	8	8
每亿元 GDP 技术合同成交额（万元）	198.89	218.47	27	29	6	6
规上高新技术产业产值占规上工业产值比重（%）	21.54	26.96	38	31	8	6
万人有效发明专利拥有量（件）	2.65	2.82	18	20	5	5
万元 GDP 综合能耗下降率（%）	1.13	3.29	26	35	9	6
人均 GDP（万元/人）	3.25	3.72	32	32	8	8
创新生态得分	67.64	68.10	23	23	2	3
高新技术企业数（家）	10	16	41	39	9	8
高新技术企业增长率（%）	66.67	60.00	7	17	2	4
千家市场主体登记企业中科技型中小企业入库数量（家）	5.17	17.28	38	29	7	6
规上工业企业中有研发活动企业占比（%）	37.63	47.77	22	21	2	2

（九）东明县

2021年，东明县综合科技创新综合水平得分64.43，在省财政直管县排名第40位，在菏泽市排名第8位。其中，人均GDP 6.40万元/人，规上工业企业每万名就业人员中研发人员数429.35人年，规上高新技术产业产值占规上工业产值比重29.08%，科技创新水平有待进一步提升。

从创新投入来看，东明县创新投入排名第39位。其中，全社会R&D经费支出较上年增长0.30亿元；全社会R&D经费支出占比仅0.59%，排名下降1位；地方财政科技支出排名上升3位；地方财政科技支出占比仅0.06%，排名降至末位；规上工业企业每万名就业人员中研发人员数较上年增长70.07人年，排名下降6位；规上工业企业R&D经费支出占营业收入的比重连续两年排名省财政直管县末位，需要引起重视。

从创新绩效来看，东明县创新绩效排名第28位。其中，人均GDP增至6.40万元/人，排名第4位；万人有效发明专利拥有量排名保持第22位；每亿元GDP技术合同成交额排名下降5位；规上高新技术产业产值占规上工业产值比重较上年下降6.05个百分点。

从创新生态来看，东明县创新生态排名第41位。千家市场主体登记企业中科技型中小企业入库数量较上年增长10.19家，排名上升4位；规上工业企业中有研发活动企业占比较上年提高6.13个百分点；高新技术企业数15家，增速7.14%，均排名财政直管县末位，成为制约创新生态的主要因素。

表3-136所示为菏泽市东明县科技创新指标值和排名。

近年来，东明县聚焦石油化工、生物医药、农产品加工、商贸物流等产业的发展，持续推进新旧动能转换，深化供给侧结构性改革，促进实体经济高质量发展。但是，在创新方面仍存在一定短板。其中，全社会研发投入规模及占比偏低，地方财政科技支出不足，企业创新能力有待提升，应重点关注。

表 3-136 菏泽市东明县科技创新指标值和排名

指标名称	指标值		省财政直管县排名		本市排名	
	上年	当年	上年	当年	上年	当年
综合科技创新水平得分	64.94	64.43	37	40	6	8
创新投入得分	64.39	63.75	36	39	4	7
全社会R&D经费支出（亿元）	2.55	2.85	33	35	4	5
全社会R&D经费支出占比（%）	0.61	0.59	38	39	7	7
地方财政科技支出（万元）	332	478	41	38	9	7
地方财政科技支出占比（%）	0.15	0.06	36	41	6	8
规上工业企业每万名就业人员中研发人员数（人年）	359.27	429.35	27	33	2	3
规上工业企业每万名就业人员中研发人员数提高幅度（人年）	158.88	70.07	15	31	3	8
规上工业企业R&D经费支出占营业收入的比重（%）	0.25	0.21	41	41	9	9
创新绩效得分	66.98	67.34	19	28	3	5
每亿元GDP技术合同成交额（万元）	174.21	166.99	29	34	7	7
规上高新技术产业产值占规上工业产值比重（%）	35.13	29.08	24	29	4	4
万人有效发明专利拥有量（件）	2.39	2.48	22	22	7	6
万元GDP综合能耗下降率（%）	2.13	4.46	19	20	6	5
人均GDP（万元/人）	5.50	6.40	5	4	1	1
创新生态得分	63.37	62.06	38	41	7	9
高新技术企业数（家）	14	15	38	41	7	9
高新技术企业增长率（%）	40.00	7.14	18	41	4	9
千家市场主体登记企业中科技型中小企业入库数量（家）	7.93	18.12	32	28	4	5
规上工业企业中有研发活动企业占比（%）	13.01	19.14	38	38	7	7

附 录

一、指标体系

序号	一级指标	二级指标	数据来源
1	创新投入	全社会 R&D 经费支出（亿元）及占比（%）	省统计局
2		地方财政科技支出（万元）及占比（%）	省科技厅
3		规上工业企业每万名就业人员中研发人员数（人年）及提高幅度（人年）	省统计局
4		规上工业企业 R&D 经费支出占营业收入的比重（%）	省统计局
5	创新绩效	每亿元 GDP 技术合同成交额（万元）	省科技厅、省统计局
6		规上高新技术产业产值占规上工业产值比重（%）	省统计局
7		万人有效发明专利拥有量（件）	省市场监管局
8		万元 GDP 综合能耗下降率（%）	省统计局
9		人均 GDP（万元/人）	省统计局
10	创新生态	企业享受研发费用加计扣除优惠政策获得的税收减免额（万元）	省税务局
11		高新技术企业数（家）及增长率（%）	省科技厅
12		千家市场主体登记企业中科技型中小企业入库数量（家）	省科技厅、省市场监管局
13		规上工业企业中有研发活动企业占比（%）	省统计局

二、指标解释

1. 全社会 R&D 经费支出及占比

该指标是国际上广泛使用的、衡量一个国家或地区自主创新投入规模及水平的重要指标。其中，全社会 R&D 经费支出是指调查单位在报告年度内用于内部开展

R&D 活动的实际支出。GDP 是指按市场价格计算的一个国家或地区所有常住单位在一定时期内生产活动的最终成果。

计算公式：

$$全社会 R\&D 经费支出占比 = \frac{全社会 R\&D 经费支出}{GDP} \times 100\%。$$

2. 地方财政科技支出及占比

该指标是衡量地方政府财政科技投入规模和投入力度的重要指标。其中，地方财政科技支出是指地方用于科学技术方面的公共财政支出，包括科学技术管理事务、基础研究、应用研究、技术研究与开发、科技条件与服务、社会科学、科学技术普及、科技交流与合作等。一般公共预算支出是指地方财政将筹集起来的资金进行分配使用，以满足经济建设和各项事业的需要。

计算公式：

$$地方财政科技支出占比 = \frac{地方财政科技支出}{一般公共预算支出} \times 100\%。$$

3. 规上工业企业每万名就业人员中研发人员数及提高幅度

该指标是反映科技人力资源和研发活动人力投入强度及增长情况的重要指标。其中，研发人员指调查单位内部从事基础研究、应用研究和试验发展 3 类活动的全时人员加非全时人员按工作量折算为全时人员数的总和。就业人员指在 16 周岁及以上，从事一定社会劳动并取得劳动报酬或经营收入的人员。

计算公式：

$$规上工业企业每万名就业人员中研发人员数 = \frac{研发人员数}{就业人员数} \times 10\,000。$$

规上工业企业每万名就业人员中研发人员数提高幅度 = 当年规上工业企业每万名就业人员中研发人员数 − 上年规上工业企业每万名就业人员中研发人员数。

4. 规上工业企业 R&D 经费支出占营业收入的比重

该指标是衡量规上工业企业创新能力和创新投入水平的重要指标。其中，规上工业企业是指年主营业务收入在 2000 万元以上的工业企业。规上工业企业 R&D 经费是指规上工业企业在报告年度内用于内部开展 R&D 活动的实际支出。营业收入是指企业经营主要业务和其他业务所确认的收入总额，包括"主营业务收入"和

"其他业务收入"。

计算公式：

$$规上工业企业R\&D经费支出占营业收入的比重 = \frac{规上工业企业R\&D经费支出}{规上工业企业营业收入} \times 100\%。$$

5. 每亿元GDP技术合同成交额

该指标是反映科技成果转化的重要指标，指技术合同成交额与GDP之比。技术合同成交额是指报告期内在全国技术合同网上登记系统登记的技术合同（技术开发、技术转让、技术咨询、技术服务）成交项目的总金额。

计算公式：

$$每亿元GDP技术合同成交额 = \frac{技术合同成交额}{GDP} \times 10\,000。$$

6. 规上高新技术产业产值占规上工业产值比重

该指标是衡量高新技术产业产出水平的重要指标，反映科技创新对产业结构的优化程度。其中，规上高新技术产业产值是指属于山东省高新技术产业统计范围的行业的规上企业产值。规上工业产值是指以货币形式表现的，规上工业企业在一定时期内生产的工业最终产品或提供工业性劳务活动的总价值量，它反映一定时间内规上工业生产的总规模和总水平。

计算公式：

$$规上高新技术产业产值占规上工业产值比重 = \frac{规上高新技术产业产值}{规上工业产值} \times 100\%。$$

7. 万人有效发明专利拥有量

该指标反映相对于人口规模发明专利的存量水平。其中，有效发明专利拥有量是指调查单位作为专利权人在报告年度拥有的、经国内外知识产权行政部门授权且在有效期内的发明专利件数。常住人口包括：居住在本乡镇街道且户口在本乡镇街道或户口待定的人；居住在本乡镇街道且离开户口登记地所在的乡镇街道半年以上的人；户口在本乡镇街道且外出不满半年或在境外工作学习的人。

计算公式：

$$\text{万人有效发明专利拥有量} = \frac{\text{有效发明专利拥有量}}{\text{常住人口数}} \times 10\,000。$$

8. 万元GDP综合能耗下降率

该指标是反映能源消费水平和节能降耗状况的主要指标，是指在一定区域内，国民经济各行业和居民家庭在一定时间消费的各种能源总和与上一年相比的下降幅度。

计算公式：

$$\text{万元GDP综合能耗下降率} = \left(1 - \frac{\text{本年万元GDP综合能耗}}{\text{上年万元GDP综合能耗}}\right) \times 100\%。$$

9. 人均GDP

该指标是反映一个地区人均经济发展水平的指标，是重要的宏观经济指标之一。

计算公式：

$$\text{人均GDP} = \frac{\text{地区生产总值}}{\text{常住人口数}}。$$

10. 企业享受研发费用加计扣除优惠政策获得的税收减免额

该指标是反映研发费用加计扣除减免税政策落实情况的指标，反映政府对企业科技活动重视程度，指规模以上工业企业按有关政策和税法规定税前加计扣除的研发活动费用所产生的所得税减免额。

11. 高新技术企业数及增长率

该指标反映地区创新主体培育的情况。高新技术企业是指按照《高新技术企业认定管理办法》获得认定的，在《国家重点支持的高新技术领域》内，持续进行研究开发与技术成果转化，形成企业核心自主知识产权，并以此为基础开展经营活动，在中国境内（不包括港、澳、台地区）注册的居民企业。

计算公式：

$$\text{高新技术企业增长率} = \frac{\text{当年高新技术企业数} - \text{上年高新技术企业数}}{\text{上年高新技术企业数}} \times 100\%。$$

12. 千家市场主体登记企业中科技型中小企业入库数量

该指标是衡量科技型中小企业规模的指标，指在有效期内每千家市场登记主体企业中科技型中小企业的数量。

计算方法：

$$千家市场主体登记企业中科技型中小企业入库数量 = \frac{年末科技型中小企业入库数量}{年末市场主体登记企业数量} \times 1000。$$

13. 规上工业企业中有研发活动企业占比

该指标是反映企业创新活跃度的重要指标，指有研发活动的规上工业企业数量与规上工业企业数量之比。

计算公式：

$$规上工业企业中有研发活动企业占比 = \frac{有研发活动的规上工业企业数}{规上工业企业数} \times 100\%。$$

三、评价方法

步骤一：通过功效系数法对单个县（市、区）单项指标值进行标准化处理，计算个体分数。

正向指标：即指标值越大，得分越高。计算公式为：

$$Y_i = 60 + \frac{X_i - X_{i\min}}{X_{i\max} - X_{i\min}} \times 40,$$

其中，Y_i 为该县（市、区）第 i 项指标得分，X_i 为该县（市、区）第 i 项指标值，$X_{i\max}$ 为第 i 项指标各县（市、区）的最大值，$X_{i\min}$ 为第 i 项指标各县（市、区）的最小值。

步骤二：对个体分数进行加权，计算各县（市、区）综合得分。计算公式为：

$$F = \sum W_i Y_i,$$

其中，F 为该县（市、区）综合得分，W_i 为该县（市、区）第 i 项指标的个体分数，Y_i 为第 i 指标的权重。